国家出版基金项目
NATIONAL PUBLICATION FOUNDATION

中国参政党丛书

中国国民党革命委员会史

中国国民党革命委员会中央委员会 著

華文出版社
SINO-CULTURE PRESS

图书在版编目（CIP）数据

中国国民党革命委员会史 / 中国国民党革命委员会中央委员会著. -- 北京 : 华文出版社, 2024.10

(中国参政党丛书)

ISBN 978-7-5075-5796-1

Ⅰ. ①中… Ⅱ. ①中… Ⅲ. ①中国国民党革命委员会—党史 Ⅳ. ①D665.1

中国国家版本馆 CIP 数据核字(2024)第 070298 号

中国参政党丛书：中国国民党革命委员会史

标准书号： ISBN 978-7-5075-5796-1
丛书编者： “中国参政党丛书”编辑委员会
本册著者： 中国国民党革命委员会中央委员会
责任编辑： 雷 平
责任印制： 刘力新
封面设计： 李琳琳
出版发行： 华文出版社
地　　址： 北京市西城区广外大街 305 号 8 区 2 号楼
邮政编码： 100055
电　　话： 总 编 室 010－58336239　发行部 010－58336270
责任编辑 010－58336254
经　　销： 新华书店
印　　刷： 北京新华印刷有限公司
开　　本： 710mm×1000mm　1/16
印　　张： 29.75
字　　数： 426 千字
版　　次： 2024 年 10 月第 1 版
印　　次： 2024 年 10 月第 1 次印刷
定　　价： 698.00 元（全 8 册）

“中国参政党丛书”
编辑委员会

总　序

2018年3月，习近平总书记在看望参加全国政协十三届一次会议的民盟、致公党、无党派人士和侨联界委员时明确指出：中国共产党领导的多党合作和政治协商制度作为我国一项基本政治制度，是中国共产党、中国人民和各民主党派、无党派人士的伟大政治创造，是从中国土壤中生长出来的新型政党制度。习近平总书记的重大理论判断，为我们理解中国的政党和政党制度提供了根本遵循。

一个国家实行什么样的政党制度，是由其特定的历史传承、文化传统、政治经济状况和现实国情等因素决定的。中国共产党领导的多党合作和政治协商制度植根于中华优秀传统文化，孕育于近代以来中国民主革命的历史进程，形成于协商建立新中国的伟大实践，发展于社会主义革命、建设、改革的伟大事业，完善于中国特色社会主义新时代，它是中国近现代社会发展的必然结果，是马克思主义政党理论与中国实际紧密结合的产物，是中国共产党、各民主党派和中国人民的共同政治选择，符合中国的基本国情，体现了中国人民的政治智慧。中国新型政党制度以合作、参与、协商为基本精神，以团结、民主、和谐为本质属性，具有政治参与、利益表达、社会整合、民主监督和维护稳定的重要功能，实现了执政与参政、领导与合作、协商与监督的有机统一，是人民当家作主的重要实现形式和社会主义协商民主的重要制度载体。它能够实现利益代表的广泛性，体现奋斗目标的一致性，促进决策施策的科学性，保障国家治理的有效性，在发展全过程人民民主中发挥了重要作用。

中国新型政党制度中包括中国共产党和八个民主党派，以及无党派人士。八个民主党派是中国国民党革命委员会（简称民革）、中国民主同盟（简称民盟）、中国民主建国会（简称民建）、中国民主促进会（简称民进）、中国农工民主党（简称农工党）、中国致公党（简称致公党）、九三学社、台湾民主自治同盟（简称台盟）。

长期以来，中国共产党同各民主党派长期共存、互相监督、肝胆相照、荣辱与共，形成了通力合作、团结和谐的新型政党关系，奠定了"共产党领导、多党派合作，共产党执政、多党派参政"的政治格局。中国共产党处于领导地位和执政地位。中国共产党是中国特色社会主义事业的坚强领导核心，各民主党派、无党派人士自觉接受中国共产党的领导，拥护中国共产党的领导地位和执政地位。中国共产党对各民主党派、无党派人士的领导，主要是政治领导，即政治原则、政治方向和重大方针政策的领导，中国共产党支持各民主党派、无党派人士独立自主地开展工作，充分履行职能、积极发挥作用。民主党派不是在野党、反对党，也不是旁观者、局外人，而是中国特色社会主义参政党，在中国共产党领导下参与国家治理。民主党派的基本职能是参政议政、民主监督、参加中国共产党领导的政治协商。民主党派参政的基本点是，参加国家政权，参与重要方针政策、重要领导人选的协商，参与国家事务的管理，参与国家方针政策、法律法规的制定和执行。民主党派的参政地位和参政权利受宪法保护，这是人民民主的重要体现。民主党派围绕国家经济社会发展中的重大问题献计出力，是中国特色社会主义事业的亲历者、实践者、维护者、捍卫者。

各民主党派是在中国人民反帝爱国、争取民主和反对独裁专制的斗争中产生和发展起来的，其社会基础主要是民族资产阶级、城市小资产阶级以及同这些阶级相联系的知识分子和其他爱国人士。除致公党 1925 年成立于美国旧金山、农工党成立于 1930 年外，民主党派大都成立于抗日战争和解放战争时期。在中国共产党统一战线政策的影响和团结下，各民主党派不断加深对中国共产党的了解，特别是1948年中国共产党发布“五一口号”后，民主党派积极响应，纷纷表示“愿在中共领导下，献其绵薄，贯彻始终，以冀中国人民民主革命之迅速成功，独立、自由、和平、幸福的新中国之早日实现”，积极参加新中国的筹备工作。在血与火的斗争洗礼和比较选择中，民主党派在政治上实现了从同情和倾向中国共产党到公开表示自觉接受中国共产党领导、走新民主主义道路的根本转变。1949年新政协的召开，标志着中国共产党领导的多党合作和政治协商制度这一新型政党制度的正式确立，为各民主党派同中国共产党在更大范围和更深程度上的团结合作提供了制度保障。

在社会主义革命和建设时期，各民主党派积极参加国家政权和国家事务的管理，调动成员和所联系的群众参加各项民主改革和新中国的建设，参加社会主义改造，作出了重要贡献，其自身阶级属性发生深刻变化，逐渐成为一部分劳动者的政党。

进入改革开放和社会主义现代化建设新的历史时期，各民主党派努力加强自身建设，充分发挥各自特点和优势，在深化改革、扩大开放、建设社会主义事业、维护安定团结的政治局面、促进国家统一方面不断作出新贡献。随着中国特色社会主义事业的不断推进，各民主党派进一步发展成为各自所联系的一部分社会主义劳动者、社会主义事业建设者和拥护社会主义的爱国者的政治联盟，成为接受中国共产党领导、同中国共产党通力合作的亲密友党，成为进步性与广泛性相统一、致力于中国特色社会主义事业的参政党。民主党派的性质发生了根本变化，由阶级联盟转变为政治联盟。共产党领导、多党派合作，共产党执政、多党派参政的良好政治格局更加巩固，民主团结、生动活泼的和谐政党关系更加融洽。

中国特色社会主义进入新时代，以习近平同志为核心的中共中央统筹中华民族伟大复兴战略全局和世界百年未有之大变局，形成了习近平总书记关于做好新时代党的统一战线工作的重要思想，强调必须坚持好发展好完善好中国新型政党制度；提出各民主党派是中国特色社会主义参政党，基本职能是参政议政、民主监督、参加中国共产党领导的政治协商；提出要推动多党合作展现新气象，思想共识取得新提高，履职尽责展现新作为，各民主党派要做中国共产党的好参谋、好帮手、好同事。这些新理念新思想新论断，系统回答了在新时代“坚持和发展什么样的多党合作制度、怎样坚持和发展多党合作制度”“建设什么样的参政党、怎样建设参政党”等重大问题。各民主党派认真学习习近平新时代中国特色社会主义思想，不断加强自身建设，提高建言资政水平，为推进国家各项事业发展作出了重要贡献。

知所从来，思所将往。习近平总书记指出：“一切向前走，都不能忘记走过的路；走得再远、走到再光辉的未来，也不能忘记走过的过去，不能忘记为什么出发。”回首中国新型政党制度和各民主党派的形成和发展，同样有着值得铭记的历史和不能忘却的初心。民主党派几经变迁和考验，始终秉持进步理念、认真履行职能、保持自身特色，形成了许多优良传统和宝贵经验，给人以深刻启示。

自觉接受中国共产党领导，是民主党派不断发展的根本保证。中国共产党的领导是中国特色社会主义最本质的特征，是中国特色社会主义制度的最大优势。历史和实践充分表明，中国共产党的领导是民主党派加强自身建设、不断发展进步的根本保证。民主党派的发展史，就是对中国共产党在认识上不断深化、政治上不断认同、行动上不断靠拢的历史。中国共产党的领导核心地位越突出，民主党派自身建设就越有力，多党合作的政治格局就越稳固。迈进新的征程，各民主党派要坚持自觉接受中国共产党领导的政治立场不变、与中国共产党亲密合作和同心同德的政治态度不变，始终做到肝胆相照、荣辱与共。

致力于国家富强、民族复兴和人民幸福，是民主党派不断发展的价值追求。正确的价值取向和目标追求，反映着政党的进步性，决定着政党的生命力。我国民主党派之所以能够经历大浪淘沙、不断发展，就是因为从一开始就以国家和民族大义为团结奋斗的价值追求。围绕这一价值目标，民主党派在民主革命时期同帝国主义和国民党反动派进行不屈的斗争，最后同中国共产党走到了一起。围绕这一价值目标，在新中国建设 70 多年历程中，各民主党派发挥优势作用，凝聚奋进力量，作出重要贡献。迈进新的征程，民主党派只有始终高扬爱国主义旗帜，积极践行致力于国家富强、民族振兴和人民幸福的价值追求，才能更加有所作为、有所进步。

推进社会主义民主政治建设，是民主党派不断发展的重要基础。人民民主是社会主义的生命，也是我国多党合作制度的基石。中国共产党自诞生之日起，就以发展人民民主为己任，开启了中国民主政治发展新征程。中国新型政党制度，就是中国共产党与各民主党派共同推动中国民主政治发展的重大成果，同时又是在新的历史条件下进一步推进全过程人民民主、最广泛地动员和组织人民依法管理国家和社会事务的重要途径。在这一制度下，民主党派作为参政党的作用和优势得到充分发挥。迈进新的征程，各民主党派要始终坚持走中国特色社会主义政治发展道路，进一步把中国新型政党制度坚持好、发展好、完善好，使我国社会主义政治制度的特点和优势得到更充分体现。

坚持进步性与广泛性的统一，是民主党派不断发展的内在要求。民主党派的进步性，集中体现在同中国共产党通力合作，共同建立新中国，共同致力于推进中国特色社会主义事业。民主党派的广泛性，主要表现在其成员来自不同的社会阶层和群体，负有更多地反映和代表各自所联系群众的具体利益和要求的责任。没有进步性，民主党派与中国共产党的合作就没有存在的基础；没有广泛性，民主党派就失去了存在的意义。迈进新的征程，民主党派要紧跟时代步伐、适应形势发展，不断增强进步性、保持广泛性，认真学习借鉴执政党建设的创新理念、经验做法，转化为符合自身实际、体现各自特色的思路举措，始终沿着正确的方向健康发展，不断前进。

为了更好地继承和弘扬民主党派的优良传统，在中央统战部的大力支持下，各民主党派中央持续开展历史传统记录工程，在此基础上撰写了“中国参政党丛书”。这套丛书共八册，主要目的是回望过去，把握现在，展望未来。回望过去，就是系统梳理各民主党派产生、发展、演变的历史脉络，深入总结历史经验，帮助民主党派广大成员深入理解统一战线和多党合作因党而生、伴党而行的光荣历史，充分认识中国共产党对民主党派发展的指引和帮助，感悟民主党派老一辈领导人对中国共产党的深厚感情，传承他们的爱国情怀，弘扬优良传统，搞好政治交接；把握现在，就是立足中国特色社会主义进入新时代的历史方位，从中西对比中深刻认识中国新型政党制度的进步性和优越性，深刻理解多党合作所蕴含的制度价值、政治价值、思想价值和文明价值，坚定制度自信；展望未来，就是顺应中国特色社会主义进入新时代、世界面临百年未有大变局的大趋势，从完善我国基本政治制度、发展全过程人民民主的高度，贯彻落实中共中央关于加强参政党建设的部署和要求，从中国共产党百年奋斗的伟大成就和历史经验中汲取智慧和力量，始终做同中国共产党通力合作的亲密友党和好参谋、好帮手、好同事，在全面建设社会主义现代化国家新征程中再立新功。

我们相信，在以习近平同志为核心的中共中央坚强领导下，我国各民主党派一定能够紧跟时代步伐，保持正确政治方向，谱写蓬勃发展、凝心聚力的崭新篇章！中国新型政党制度这一具有中国特色、中国气派、中国底蕴的好制度，将会展现更加超凡的制度优势，迈出更加坚实的发展步伐！

“中国参政党丛书”编辑委员会

2022 年 8 月

序　言

民革中央主席　万鄂湘

习近平总书记指出：“一切向前走，都不能忘记走过的路；走得再远、走到再光辉的未来，也不能忘记走过的过去，不能忘记为什么出发。”民革作为中国共产党领导的多党合作和政治协商制度中的一员，作为中国特色社会主义参政党，始终与中国共产党风雨同舟、荣辱与共，既是历史的见证者，也是历史的参与者。在中国共产党成立100周年这一重要历史节点，全面、深入、系统地回顾总结民革历史，具有深远的历史意义和极强的现实意义。

民革是1948年1月1日在香港宣布成立的。当时，由国民党统治集团挑起的全面内战形势正在发生重要变化，中国共产党领导的人民武装力量开始战略反攻，国民党统治集团在军事上节节败退、政治上日益孤立。李济深、何香凝等坚持孙中山先生“三大政策”的国民党民主派及其他爱国民主人士，在推翻国民党反动统治的共同目标下，“脱离蒋介石劫持下的反动中央”，集结在和平民主建国旗帜下，实现了国民党各民主派别和其他爱国民主人士的大联合。民革的成立，加速了国民党内部的分化，使中国的政治格局发生了重要变化。民革从成立开始，就旗帜鲜明地表明了反对国民党统治集团卖国、独裁、内战的明确立场，旗帜鲜明地拥护中国共产党关于成立联合政府的主张，接受中国共产党领导，全力投入到人民解放战争的革命洪流中。

由于历史原因，很多民革前辈在国民党军政界有着特殊的影响力。民革充分利用这一特点，积极策动了国民党军政人员起义，为配合人民解放战争顺利开展，作出了独特的贡献。

1948年4月30日，中共中央发布了召集各民主党派、各人民团体、各社会贤达迅速召开新政治协商会议以建立民主联合政府的“五一口号”。“五一口号”发布以后，民革立即公开发表宣言响应中共中央的号召，明确表明接受中国共产党领导的政治立场。应中国共产党的诚挚邀请，李济深等民革领导人相继到达解放区，与中共中央及各民主党派共商建国大业，参与中国人民政治协商会议的筹备和召开，参与《中国人民政治协商会议共同纲领》（以下简称《共同纲领》）的制定，出席中华人民共和国开国大典，为新中国的成立作出了积极贡献。

中华人民共和国成立之初，民革在中国共产党领导和《共同纲领》《中华人民共和国宪法》的指引下，参加国家管理，参与国家重大决策协商，动员广大党员和所联系人士投身新中国建设，并将推动祖国和平统一作为自己的神圣职责，发挥了民主党派在国家政治生活中的应有作用。

改革开放后，民革根据新时期统一战线和民主党派的性质、任务、作用，决定把工作重点转移到为社会主义现代化建设服务上来，并制定了以服务社会主义现代化建设为中心，以促进祖国统一为重点的工作方针，使新时期的民革工作同改革开放和社会主义建设密切结合，同振兴中华、统一祖国密切结合。

自1989年《中共中央关于坚持和完善中国共产党领导的多党合作和政治协商制度的意见》颁布以来，民革作为中国特色社会主义政党制度中的参政党，更加积极作为、尽职履责。民革各级组织一方面努力加大自身建设的力度，建立健全适应新形势、新任务的参政党机制；另一方面积极探索参政议政、民主监督工作的新思路、新途径、新形式，努力发挥参政党作用，切实履行好参政党职责。通过各级组织和广大党员的共同努力，民革不仅在自身建设上取得了很大进展，其参政议政、民主监督工作也开始走上制度化、规范化、程序化轨道，迈上了一个新的台阶。

2005年《中共中央关于进一步加强中国共产党领导的多党合作和政治协商制度建设的意见》颁布，进一步明确了坚持、完善中国共产党领导的多党合作和政治协商制度的发展方向，使多党合作和政治协商更加制度化、规范化、程序化。民革以建设适应新世纪新阶段要求的高素质参政党为目标，在坚定不移地走中国特色社会主义政治发展道路的基本前提下，大力加强思想、组织、制度等建设，努力提高政治把握能力、参政议政能力、组织领导能力、合作共事能力。同时，把发展作为参政议政、民主监督的第一要务，围绕改革、发展、稳定大局和国家中心工作，进一步增强政治协商、参政议政、民主监督的能力和水平，开创了民革为中国特色社会主义建设事业服务工作的新局面。

中共十八大以来，中国特色社会主义进入新时代。以习近平同志为核心的中共中央，加强对多党合作事业的全面领导，作出一系列重大决策部署，召开中央统一战线工作会议、中央政协工作会议等，印发《关于加强社会主义协商民主建设的意见》等一系列重要文件，中共十九大把坚持和完善中国共产党领导的多党合作和政治协商制度纳入党的基本方略。习近平总书记就坚持和完善我国政党制度发表一系列重要论述，作出“新型政党制度”的重大政治论断和理论概括，为新时代多党合作事业发展指明了前进方向、提供了根本遵循，使民革的发展基础更为深厚、平台更为广阔。民革中央带领全党牢牢把握新时代政治方向和发展目标，毫不动摇坚持中国共产党领导，增强“四个意识”、坚定“四个自信”、做到“两个维护”，自觉用习近平新时代中国特色社会主义思想武装头脑、指导实践、推动工作，坚定不移践行新型政党制度，认真贯彻“四新”“三好”要求，以思想政治建设统领民革事业发展，把思想和行动统一到中共十八大、十九大精神上来，奋力开启建设高水平新时代中国特色社会主义参政党的新征程。

民革成立以来，历届领导人非常重视党史研究与资料收集工作。特别是中共中央十一届三中全会之后，在多党合作春风的吹拂下，民革中央相继编辑出版了《中国国民党革命委员会的历史道路》《中国国民党革命委员会40年》《中国国民党革命委员会50年》《中国国民党革命委员会60年》等一系列图书和画册，对民革历史进行了较为全面客观的研究和总结。

盛世修史。为了更好地总结民革历史，继承发扬民革优良传统，加强思想政治建设，在中共中央统战部的统一指导下，我们编辑出版了《中国国民党革命委员会史》一书，希望包括民革党员在内的社会各界能从中得到以下几点启示：

（一）坚持中国共产党领导，不忘合作初心、继续携手前进，是民革的立党之本、发展之基

中国共产党是全中国人民的领导核心，是中国特色社会主义事业的坚强领导核心。没有共产党，就没有富强、民主、文明、和谐、美丽的社会主义新中国，这是历史的结论，也是全中国人民的共同心声。对于民革来说，没有中国共产党的领导，就没有民革的今天。历史告诉我们，民革每一次重要的进步和成果的取得，都离不开中国共产党的领导和关怀，都得益于多党合作制度的不断发展和完善。当年，民革前辈正是在中国共产党的支持下，冒着危险聚集到香港，成立了民革。“五一口号”发布后，民革公开宣布接受中国共产党领导，并决心在中国共产党领导下为实现中华民族伟大复兴而不懈奋斗，这是民革的初心，是民革一直以来始终坚持、不断传承、赖以发展的立党之本。不论在任何时候、任何情况下，我们都要坚决接受中国共产党的领导，坚定不移地走中国特色社会主义政治发展道路，绝不能有丝毫的动摇。

民革全党要在习近平新时代中国特色社会主义思想指引下，大力弘扬民革优良传统，以丰富鲜活的历史，摆事实、讲道理，深入浅出，讲好民革故事，讲好多党合作故事，不断增进对中国共产党和中国特色社会主义的政治认同，牢牢守住我们的政治生命线，把稳我们的政治方向盘，绝不能有一丝一毫的动摇与偏离。

（二）加强自身建设，积极履行职能，是民革的成事之方、奉献之道

民革一直注重加强自身建设，不断增强民革组织的向心力、凝聚力，将全体党员紧密团结在中国共产党周围，为国家和民族根本利益、为执政

党的治国理政建真言、献良策。在参政议政工作中，逐步在社会和法制、“三农”、促进祖国和平统一等重点工作领域，取得了一系列调研成果，形成了大量参政议政意见和建议。特别是近年来，民革全党按照习近平总书记“多党合作要有新气象，思想共识要有新提高，履职尽责要有新作为，参政党要有新面貌”的重要指示精神，努力增强责任和担当，坚持以思想政治建设为统领，全面加强自身建设，着力加强参政能力建设，深入推进“举全党之力抓参政议政”，把参政议政作为“一把手工程”认真谋划，坚持将中华民族伟大复兴的战略全局和世界百年未有之大变局作为民革参政议政工作的着眼点和出发点，坚持“没有调研就没有发言权”，充分发挥中央专委会、中山议政会、经济研究中心等重要平台抓手作用，把智慧和力量统一到中国共产党和国家重大决策部署上来，不断提高政党协商、政协协商等建言质量，不断提高履职实效，围绕脱贫攻坚民主监督、中医药事业传承发展、优化营商环境、“一带一路”建设、乡村振兴战略、康养产业、遏制“台独”等关乎国家经济社会发展全局性、战略性、前瞻性的问题理性建言、热诚献策，取得了一系列成果。

（三）孙中山先生爱国、革命、不断进步精神，是民革的理想之核、情怀之光

历史证明，中国共产党人是孙中山先生革命事业最坚定的支持者、最忠诚的合作者、最忠实的继承者。在中国共产党领导下，中国人民选择了社会主义道路，实现了一个又一个伟大飞跃，取得了举世瞩目的辉煌成就。近代以来，久经磨难的中华民族迎来了从站起来、富起来到强起来的伟大飞跃，迎来了实现伟大复兴的光明前景。我们比历史上任何时期都更接近中华民族伟大复兴的目标，比历史上任何时期都更有信心、有能力实现这个目标。

作为由原国民党民主派为主创建的民主党派，民革对孙中山先生一向怀有崇高的敬意和深厚的感情。自成立 70 多年来，民革以孙中山振兴中华理想引导自己，以孙中山爱国、革命、不断进步精神激励自己，把继承

孙中山振兴中华理想的情怀，转化为坚持中国共产党领导、实现中华民族伟大复兴中国梦的巨大精神动力。民革中央先后成立了孙中山研究学会、中国辛亥革命研究会、中华中山文化交流协会、中山博爱基金会等机构和组织，从不同角度开展工作。每逢孙中山的诞辰、逝世纪念日，民革各级组织纷纷举行纪念活动，缅怀伟人的业绩和精神，抒发爱国的情怀和志向。这些工作和活动吸引了众多民革党员的积极参与，加深了他们对孙中山先生的感情，增强了民革全党继承发扬孙中山爱国、革命、不断进步精神的自觉性。基于这一历史，“继承和发扬孙中山爱国、革命、不断进步精神”作为自身的优良传统和基本特色，被郑重写入《中国国民党革命委员会章程》中。我们一定要将这一优良传统和基本特色与民革自身建设紧密结合起来，代代相传，不断发扬光大。

历史是最好的教科书，是最好的清醒剂。民革历史，蕴藏着民革的初心和基因，饱含着全体民革党员，特别是民革创始人、历届领导人的心血和汗水，反映了民革的贡献和作为。《中国国民党革命委员会史》的编辑出版，是民革中央贯彻落实习近平总书记重要讲话精神、按照“四新”“三好”要求建设高水平新时代中国特色社会主义参政党的重要举措，是大力弘扬民革优良传统，以丰富鲜活的历史，讲好民革故事，讲好多党合作故事的一次具体实践。

希望民革党员将学习《中国国民党革命委员会史》与中国共产党史、新中国史、改革开放史、社会主义发展史有机结合起来，从书中汲取养分，更加紧密地团结在以习近平同志为核心的中共中央周围，增强“四个意识”、坚定“四个自信”、做到“两个维护”，自觉用习近平新时代中国特色社会主义思想武装头脑、指导实践、推动工作，为中华民族伟大复兴的中国梦贡献力量，不辜负伟大的新时代。

是为序。

2021 年 1 月

目录

第二章 多方汇聚力量，为新中国成立而团结奋斗

第三章 整顿发展组织，参加新中国初期建设

第六章　加强参政党建设，发挥参政党作用

第一章

继承发扬孙中山精神，在民主革命中孕育和诞生

作为由原中国国民党民主派人士创建的政治组织，民革从酝酿到成立，经历了较长的过程。

国民党民主派是在国民党左派的基础上发展而来的，以宋庆龄、李济深、何香凝、谭平山、柳亚子等人为代表。国民党民主派人士早年在孙中山影响下投身革命，拥护孙中山改组中国国民党，参与了第一次国共合作。在孙中山逝世、大革命失败后，他们高举孙中山旗帜，与中国共产党保持着密切的联系和良好的互动。九一八事变后，中华民族面临着越来越严重的生存危机。国民党民主派人士拥护中国共产党提出的抗日民族统一战线政策，反对蒋介石统治集团的消极抗日、积极反共主张，经历了多次分化和集结。在抗日战争胜利后中国历史发生转折的重要关头，在中国共产党的大力支持和帮助下，国民党民主派及其他爱国民主人士顺应时代潮流，决定成立民革，以更好地集中志同道合的人士，为实现民主建国而努力。

民革的成立，强烈地震撼了蒋介石统治集团，加速了国民党内部的分化，引起了国内外政治势力的高度关注，使中国的政治格局发生了重要变化。

一、孙中山与中国国民党的成立

（一）孙中山发起旧民主主义革命

从1840年鸦片战争开始，西方帝国主义列强凭借坚船利炮，不断对中国进行武装侵略，逼迫腐败无能的清政府签订了一个又一个丧权辱国的不平等条约，使具有五千年文明史的中国逐步沦为半殖民地半封建国家。爱国是中华民族历久弥新的基因，中国人民为了求得民族独立和解放，奋起进行了长期不屈不挠的斗争。侵略与反侵略、压迫与反压迫的斗争，贯穿着中国的整个近代历史。

19 世纪 90 年代初，中国民族资产阶级作为一个新生的独立阶级，开始提出反对封建君主制度和建立一个资本主义国家的政治追求，从而为资产阶级革命团体的建立和资产阶级民主革命运动的兴起创造了充分的条件。中国半殖民地半封建社会的地位，决定了中国的资产阶级民主革命不同于西方的资产阶级革命，它不仅具有反封建的性质，而且具有反对帝国主义侵略的性质，是一场反帝反封建的民族民主革命。

革命的运动需要革命的领袖。在资产阶级革命即将兴起之际，中国民主革命的伟大先驱——孙中山站在时代的前列，担负起了领导中国资产阶级民主革命的重任。

孙中山于 1866 年出生于侨乡广东，少年时赴檀香山求学，后又在香港学医，深受西方的影响。他“爱国若命”，长期身处海外仍十分关注祖国的前途和命运，并苦心求索救国途径。1894 年 11 月，孙中山在檀香山发起并成立了中国历史上第一个资产阶级革命团体——兴中会，最先喊出了“振兴中华”的口号。

随着革命形势的发展，孙中山认识到，兴中会已不能适应需要，必须“招集同志，合成大团”，将全国各地分散的革命力量联合起来，组成一个全国性的统一革命政党，如此才有可能取得革命的胜利。

1905 年夏，孙中山在日本同华兴会、光复会等革命团体代表及留学生代表黄兴、宋教仁、陈天华等一起，商谈建立统一的革命组织问题。8 月 20 日，以孙中山为总理的中国第一个资产阶级政党——中国同盟会在东京正式成立。根据孙中山的建议，同盟会将“驱除鞑虏，恢复中华，创立民国，平均地权”作为革命纲领。众多民革前辈，纷纷加入同盟会，投入革命的洪流。

同盟会成立后不久，孙中山就提出了以民族、民权、民生三大主义为基本内容的三民主义思想。其中，民族主义的基本内容是“驱除鞑虏，恢复中华”，即以武力推翻清王朝的封建统治，建立一个“中国人之中国”；民权主义的基本内容是“创立民国”，即建立一个资产阶级民主共和国；民生主义的基本内容是“平均地权”，即逐步实现“土地国有”后达到“为国民所共享”之目的。

尽管三民主义的政治纲领存在着很大的局限性，但在当时的历史条件下，它还是具有非常重要的历史意义的。正如毛泽东所指出的那样：“旧三民主义在旧时期内是革命的，它反映了旧时期的历史特点。”①

同盟会的成立，使中国的民主革命有了一个统一的指挥中心。同盟会成立以后，在孙中山的领导和同盟会革命纲领的指导下，各地的革命党人一方面开展了同保皇派的论战，积极宣传以三民主义为基本内容的革命思想，使资产阶级民主共和的思想更加深入人心；另一方面，革命党人组织、发动了一系列的武装起义，沉重地打击了清王朝的反动统治，推动了以辛亥革命为标志的全国革命高潮迅速到来。

1911 年 10 月 10 日，革命党人在湖北武昌发动起义，并很快攻下武汉三镇，成立了湖北军政府。随后，各地的革命党人纷纷趁势举行起义，各省纷纷宣布独立，形成了全国规模的辛亥革命。

1911 年 12 月 29 日，全国 17 个省的代表在南京集会，选举孙中山为中华民国临时大总统。1912 年 1 月 1 日，孙中山在南京正式就职，宣布中华民国成立。紧接着，孙中山又领导组建了中华民国临时政府和临时参议院，制定了《中华民国临时约法》。至此，以孙中山为代表的革命党人，在经历了近 20 年的艰苦斗争之后，在中华大地上仿照西方民主形式建立起了亚洲第一个资产阶级共和国。

（二）中国国民党的成立

中华民国成立不久，辛亥革命的胜利成果就落入了以袁世凯为首的北

① 《毛泽东选集》第二卷，人民出版社 1991 年版，第 693 页。

洋军阀集团手里。

1912 年 8 月 25 日，宋教仁以同盟会为基础，联合统一共和党、国民公党、国民共进会、共和实进会等四个小党，在北京成立国民党，想通过以国会多数党的身份出面组织责任内阁，以推行自己的革命主张，并限制袁世凯的权力。孙中山出席了国民党成立大会，并被推举为理事长。在当年 11 月开始的第一次国会选举中，国民党获得了绝对优势的胜利。1913 年 3 月 20 日，正当宋教仁准备北上组织国民党内阁的时候，他被袁世凯派人暗杀于上海火车站。

宋教仁被暗杀，宣告了资产阶级在中国试水西方议会政治的破产，使以孙中山为首的资产阶级革命派警醒过来，重新举起了民主革命的旗帜。7 月 12 日，李烈钧根据孙中山的指令，在江西湖口组织讨袁军，宣布江西独立，从而开始了二次革命。接着，江苏、安徽、上海、广东、福建、湖南等省也先后参加讨袁。由于双方力量悬殊，加之讨袁军内部涣散和缺乏后援，二次革命不到两个月就失败了。

二次革命失败后，孙中山出走日本。在日本期间，他深刻地反省和总结了以往革命的经验教训，认为二次革命的失败，“非袁氏兵力之强”，“乃同党人心之涣散”，因而决心重新集结革命力量，继续开展反袁斗争。经过半年多筹组，1914 年 7 月 8 日，中华革命党在东京正式成立，孙中山任总理。

1915 年底，蔡锷等在云南发动反对袁世凯复辟帝制的护国战争，孙中山立刻领导中华革命党在全国各地兴兵响应，迫使袁世凯不得不宣布取消帝制，并在全国人民的唾骂声中死去。可是，袁世凯死后把持北京政权的段祺瑞，依旧坚持军阀独裁统治，拒绝恢复《中华民国临时约法》。

1917 年 7 月，孙中山在广州高举起“护法”旗帜，号召“拥护约法，恢复国会”。9 月，他领导组建了广州护法军政府，并以军政府大元帅名义颁布讨伐令，发起了护法战争。然而，参加护法军政府的西南地方军阀和部分政客却别有用心。为了排挤主张积极讨伐北京政府的孙中山，他们串通一气，于 1918 年 4 月操纵非常国会通过《修正军政府组织法》，将大元帅制改为总裁合议制。5 月，孙中山被迫辞去大元帅职务，并愤而离开广州前往上海。

二次革命、护国运动和护法运动迭遭失败，使孙中山认识到，必须加强革命党的建设，只有依靠自己的力量才能彻底推翻军阀专制统治。为此，他决定将中华革命党改组为中国国民党。1919 年 10 月 10 日，孙中山发出通告，宣布将中华革命党正式改名为中国国民党。在随之而发布的《中国国民党规约》中，他又恢复了三民主义的政治纲领，规定“本党以巩固共和，实行三民主义为宗旨”。

中华革命党虽然改组成了中国国民党，而且在政治纲领、组织制度等方面都有了很大的改进，但其由于缺乏对中国民族民主革命的更进一步认识，没能提出完整、彻底的反帝反封建革命纲领，也没有根本改变中华革命党成员纷杂、组织涣散、纪律松弛和缺少中坚力量等现象。这一切都表明，资产阶级领导的旧民主主义革命，已经走到了自己的尽头。

（三）民革前辈深受孙中山爱国思想感召

民革成立于 1948 年，当时孙中山已经逝世 20 多年。作为由原国民党民主派和其他爱国民主人士创建的民主党派，民革对孙中山一向怀有崇高的敬意和深厚的感情。

孙中山爱国、革命和不断进步的精神，是凝聚国民党各派爱国民主力量的精神纽带，也是民革成立的思想基础。在孙中山领导的革命斗争中，许多民革创始人深受孙中山爱国思想和革命精神的感召，追随孙中山投身民主革命。下面，以民革中央前五任主席为例，简要列举他们与孙中山有关的重要活动或职务，从中可以一窥民革前辈与孙中山的关系。

李济深。1911 年，在保定军校读书期间，南下参加广东北伐军的北伐，因战功被破格提拔为第 22 师参谋长。1921 年，任孙中山广东护法军政府粤军第一师参谋长，加入国民党。陈炯明叛变后，李济深打算彻底离开粤军。孙中山特地派人转告李济深，劝他不要离开第一师，需等待时机，将来里应外合，打败陈炯明。1922 年 12 月，孙中山通电讨伐陈炯

★ 1948 年 1 月，民革中央部分同志在香港合影，背后是孙中山像。前排左起：朱蕴山、柳亚子、蔡廷锴、李济深、张文、何香凝。前排右一王葆真，右三彭泽民。中排左第二人起：郑坤廉、梅龚彬、刘逻翚、张克明、冯伯恒、李子诵、陈其瑗。中排右一周颖。

明，李济深率领第一师的两个团及邓演达的工兵营在封开举行阵前起义，击败了陈炯明，孙中山重新回到广州。由于功勋卓著，李济深被提升为第一师师长。孙中山在西江地区建立了西江善后督办公署，破格委任李济深兼任西江善后督办。在此任上，李济深征得孙中山的同意，以西江督办公署的名义在肇庆创办了西江陆海军讲武堂，并尽力支持黄埔军校的顺利开办，同时任副校长。孙中山逝世后，李济深提议在广西梧州修建全国第一座孙中山纪念堂。

何香凝。1905 年，何香凝、廖仲恺夫妇在日本加入同盟会，何香凝是最早的女会员之一。何香凝支持丈夫廖仲恺奔走革命，她也始终担负同盟会的各项勤务工作，把家作为同盟会的秘密集会和联络通信地点，深受孙中山的倚重和信赖。辛亥革命胜利后，何香凝、廖仲恺坚定地和孙中山一起，经历了忍痛让权、组建国民党、宋教仁遇刺、发动二次革命讨袁、逃亡日本、创建中华革命党和护法运动等诸多活动和斗争。1921 年 5 月

5日，孙中山就任非常大总统，何香凝携儿女与丈夫一起出席了庆典。6月，为了巩固广东革命政权，孙中山挥师进军广西消灭桂系残余势力，何香凝和宋庆龄在广州发动广东妇女，组织起女界出征军人慰劳会，宋庆龄任会长，何香凝任总干事，慰劳讨桂前线将士。这是近代中国妇女运动史上第一个慰问义师的组织。陈炯明叛变，何香凝协助宋庆龄脱险，面斥陈炯明部下，并为避居永丰舰的孙中山奔走，后与廖仲恺随孙中山到上海。国民党一大召开，何香凝是孙中山指定的三个女代表之一，任国民党中央妇女部部长，兼任国民党广东省党部妇女部部长。孙中山北上病重，何香凝与廖仲恺随侍左右，是遗嘱的见证人之一。

朱蕴山。早年在徐锡麟介绍下加入光复会，参加皖浙起义。1916年4月，朱蕴山与段瑞兰等在安庆发动武装起义，反对袁世凯称帝。1923年12月，朱蕴山到上海，向上海安徽同乡会报告五代表赴京请愿废除督军制结果，谒见了孙中山，得到孙中山的鼓励。1924年年底，孙中山北上到达天津后，朱蕴山专程前往谒见，这是他与孙中山的最后一次见面。

王昆仑。五四运动爆发后，王昆仑是北京大学一年级学生会主席，他带领学生走上街头。1922年年底，王昆仑与中共党员黄日葵等被推选为代表，南下上海，拜谒孙中山先生。孙中山亲自介绍王昆仑加入国民党。回到北京后，王昆仑不负孙中山的嘱托，建起了北京大学第一个国民党支部。孙中山北上病重期间，王昆仑多次谒见并陪伴。孙中山逝世，王昆仑悲痛万分，出殡的时候，他主动去当警卫，还步行到香山为孙中山守灵。

屈武。五四运动爆发后，屈武在陕西参加五四运动，并作为代表到北京请愿。1919年7月，屈武由北京到上海，参加中华民国第一次全国学生代表大会，并第一次谒见孙中山。经孙中山提议，屈武加入国民党。1924年年底，孙中山北上到达天津，屈武由北京赶往天津探望孙中山，并作为孙中山的私人代表，到西北地区宣传孙中山关于召开国民会议的主张。1925年2月底，屈武陪同于右任探望孙中山，简要汇报了陕西之行的情况和河南战事。这是他最后一次谒见孙中山。

二、中国国民党改组与第一次国共合作

（一）五四运动与中国共产党的成立

1919 年 5 月 4 日，正当孙中山在上海专注于国民党的思想理论建设和组织建设之时，伟大的五四运动爆发了。

五四运动是中国近代史上具有划时代意义的事件，它标志着中国工人阶级开始以独立的姿态登上政治舞台，标志着中国新民主主义革命的伟大开端。谭平山、王昆仑、屈武、孙越崎等民革前辈，是各地的学生运动领袖，他们热情地投身于五四运动，并通过不同的机缘受到孙中山的影响。

五四运动的爆发，极大地促进了马克思主义在中国的传播。随着马克思主义在中国的广泛传播及其同中国工人运动的初步结合，中国社会内部出现了一批接受马克思主义的先进分子，从而使建立新型的工人阶级革命政党成为可能。

1920 年 8 月，共产党早期组织在上海成立。随后，北京、武汉、长沙、广州、济南等共产党早期组织相继建立。各地共产党早期组织的成立，为中国共产党的创建在思想上和组织上做好了准备。

1921 年 7 月，中国共产党第一次全国代表大会在上海召开，宣告了中国共产党的正式成立。从此，在中国出现了完全新式的，以共产主义为目的、以马克思主义为指导思想的统一的工人阶级政党。中国新民主主义革命有了领导者。

中国共产党的成立，给苦难深重的中国人民带来了光明和希望。它像光芒四射的灯塔，指明了中国人民斗争的道路，指引着中国人民从胜利走向胜利。在中国，自从有了中国共产党，中国革命的面貌就焕然一新了。

初生的中国共产党很快就制定了“联合全国革新党派，组织民主的联合战线，以扫清封建军阀推翻帝国主义的压迫，建设真正民主政治的独立国家”的政策和任务，决定共产党员以个人身份加入国民党的方式实现国共合作，积极推动第一次国共合作的正式形成和大革命高潮的到来。

（二）中国共产党支持孙中山改组中国国民党，实现第一次国共合作

轰轰烈烈的五四运动，给了孙中山很大的影响，使他初步认识到广大人民群众的力量，并促使他重新认识民族问题和恢复三民主义的革命纲领。

1920 年 10 月，陈炯明奉孙中山命令，率粤军回师广东成功驱逐桂系军阀。11 月，孙中山重返广州。1921 年 4 月，重新召集的非常国会选举孙中山为广东革命政府大总统。10 月，孙中山趁胜利统一两广之势，决定进行北伐，以武力推翻北洋军阀统治。

1922 年 6 月，正当北伐军攻克江西赣州，准备直取南昌之时，陈炯明突然在广州发动叛乱，包围了总统府，并炮击孙中山住所。孙中山仓促脱险登上永丰舰，指挥平叛未成功，被迫离粤赴沪。第二次护法运动再次宣告失败。

陈炯明是 1909 年加入中国同盟会的老会员，长期追随孙中山，深得孙中山的信任。因此，陈炯明的叛变，使孙中山极为痛苦，他认为这是自己一生中最为惨重的一次失败。就在这时，共产党人向他伸出了援助之手。

早在 1917 年俄国十月革命胜利之后，孙中山即同列宁及其领导的苏俄政府几次互致函电。他十分赞赏苏俄政府执行革命外交政策，宣告废除沙皇政府与其他国家缔结的一切不平等条约，特别是宣布放弃在中国的一切特权。从 1920 年秋开始，孙中山与共产国际远东局代表马林、维经斯基等人进行了多次会谈，商谈国民党同苏俄政府结成联盟的事宜。

在孙中山积极探索“联俄”之路的同时，刚刚成立的中国共产党也在积极开展和促进国共合作的工作。1922 年 6 月 15 日，针对陈炯明的叛乱，中共中央发表了《对于时局的主张》，旗帜鲜明地支持孙中山，谴责

陈炯明。中国共产党的这一行动，使孙中山深受感动。

1922 年 8 月，中共中央在杭州西湖举行特别会议，决定共产党员以个人名义参加国民党，帮助和推动孙中山领导的国民革命运动。在此前后，中共领导人陈独秀、李大钊及马林等多次与孙中山会面，向孙中山介绍中国共产党提出的反帝反封建革命纲领，建议他按照民主原则改组国民党，吸收共产党员加入国民党，实行国共两党合作，并讨论了“振兴国民党以振兴中国的种种问题”。

在共产党人的真诚帮助下，孙中山认识到了国民党存在的众多根本性缺陷，认识到了他屡次失败的根本原因所在，认识到了一个完整的反帝反封建革命纲领和一个联合各阶层群众的坚强革命政党对于革命胜利的重要性。他欣然接受了中国共产党的建议，决定实行“联共”政策，欢迎共产党员以个人身份加入国民党，并依照民主原则改组国民党，实现国共两党的合作。

1923 年 1 月，孙中山与苏联驻华大使越飞在上海多次会谈后，发表了《孙中山与越飞联合宣言》，正式确立“联俄”政策。接着，作为“联俄、联共”政策的必然延续，孙中山又确立了“扶助农工”的政策。“联俄、联共、扶助农工”三大政策的确立，标志着孙中山从旧三民主义转向了新三民主义，实现了他一生中最为重要的思想转变。

在确定三大政策的同时，孙中山又在共产党人的帮助下，开始了改组国民党的准备工作。从 1922 年 9 月起，他先后在上海三次召开有陈独秀等共产党人参加的国民党改组会议，制定了改组计划，并成立包括陈独秀在内的党务改进案起草委员会，负责起草改组方案和党纲、党章。1923 年 1 月 1 日，孙中山发表《中国国民党宣言》，提出了革命要依靠工农和反对帝国主义、取消不平等条约的思想。《中国国民党宣言》的发表，标志着国民党政策的重大转变。

1923 年 1 月，在孙中山的策动下，滇军和桂军各部将陈炯明逐出广州。2 月，孙中山回到广州，重新就任陆海军大元帅，同时继续推进国民党改组工作。

1923年10月18日，孙中山委任苏联政府代表鲍罗廷为国民党组织教练员，具体帮助和指导国民党改组。11月25日，国民党临时中央执委会发表《中国国民党改组宣言》，进一步说明国民党改组的必要性和重要性，表明了孙中山改造国民党的决心与信心。1924年1月，中国国民党第一次全国代表大会在广州召开。这次大会是在共产党人的大力帮助下召开的，到会的代表中，共产党员占了10%以上，其中李大钊还被孙中山指定为主席团的5位成员之一。孙中山在大会上作了多次重要讲话，反复强调大会要坚持“联俄、联共”的原则，把握方向，维护团结。在孙中山的主持下，大会通过了《中国国民党第一次全国代表大会宣言》（以下简称《宣言》）。《宣言》在正确分析中国现状的基础上，接受中国共产党所提出的反帝反封建主张，提出了以打倒帝国主义和国内封建军阀为奋斗目标的革命纲领，并据此确立了国民党的一系列内外政策。

《宣言》还以三大政策为基础，重新解释了三民主义，使之成为具有反帝反封建内容的新三民主义。重新解释的三民主义中的民族主义，一是主张“中国民族自求解放”，“免除帝国主义之侵略”，二是主张“中国境内各民族一律平等”；民权主义主张直接的、普遍的、革命的民权，使民权“为一般平民所共有，非少数人所得而私”；民生主义主张“平均地权”和“节制资本”，防止“土地权之为少数人所操纵”，并且由国家经营管理具有独占性质或规模过大的企业，使私人资本“不能操纵国民之生计”。《宣言》还强调，国民党对于农民工人的运动，要“以全力助其开展”。

《宣言》是国民党一大制定的最重要的文件，它确定了反帝反封建的革命奋斗目标，事实上确立了“联俄、联共、扶助农工”三大政策，并制定了以三大政策为灵魂的新三民主义革命纲领，使之成为国共两党和各个革命阶级统一战线的共同政治基础。

大会最后选举了中央执行委员会和中央监察委员会。在由41人组成的中央执委会里，有李大钊、谭平山、张国焘、毛泽东等10名共产党员。

国民党一大的成功召开，标志着国民党改组的基本完成和以国共两党合作为基础的民族民主革命统一战线的正式建立。它是共产党人帮助的结果，也是孙中山爱国、革命和不断进步精神发展的必然产物。改组后的国民党已经不再是一个单纯的资产阶级政党，而基本上成了一个包括工人、农民、小资产阶级和民族资产阶级在内的具有统一战线性质的联盟。

（三）孙中山逝世与第一次国共合作破裂

国民党的改组和国共合作的建立，极大地推动了全国革命运动的高涨。在中国共产党的领导下，以广东、湖南、湖北为中心的全国农民运动蓬勃发展，形成了一个前所未有的农民运动高潮；以五卅运动和省港大罢工为代表的工人运动风起云涌，遍及全国各地。

在全国工农运动快速发展的同时，孙中山在苏联政府和中国共产党的帮助下，建立了黄埔陆军军官学校，着力进行革命武装的建设。之后，又平定了广州商团叛乱和进行了第一次东征，使广东革命根据地得到了初步稳定。许多年轻的民革前辈，如郑洞国、侯镜如、覃异之、郑庭笈、廖运泽、廖运升、廖运周等，纷纷考入黄埔军校，参加孙中山的革命队伍。

这一时期，孙中山还致力于三民主义思想的完善和理论研究工作，系统阐述了新三民主义的深刻内涵，并且发展了原先对民生主义的解释，明确提出了“耕者有其田”的主张，承认农民应该拥有土地。

就在国民革命运动蓬勃发展的时候，孙中山在应冯玉祥之邀北上“主持大计”期间，不幸于1925年3月12日在北京病逝。

孙中山逝世后，原本就因对待三大政策的态度不同而出现左、中、右派政治分野的国民党内的矛盾与斗争日益公开化。以廖仲恺、宋庆龄、何香凝为代表的国民党左派，坚持孙中山制定的三大政策，坚持国民党一大制定的各项政策，密切同中国共产党合作，继续推动国民革命运动的开展。廖仲恺等人的活动触怒了反对三大政策的国民党右派。1925年8月，廖仲恺被暗杀，第一次国共合作处于十分危急之中。

1925 年 11 月，邹鲁、谢持、张继等十余名国民党中央执行委员和中央监察委员，在北京西山碧云寺非法召开“国民党一届四中全会”，通过了《取消共产党员在本党党籍案》等一系列反共决议。会后，他们又在上海另立中央，企图与广州国民党中央对抗。与此同时，国民党右派理论家戴季陶也发表一系列文章，为反共活动制造理论依据。

面对国民党右派的猖狂进攻和分裂活动，共产党人联合国民党左派进行了坚决的回击。1925 年 12 月，国民党一届四中全会在广州召开。会议斥责了西山会议派的分裂活动，并决定立即召开国民党二大来解决这一问题。

1926 年 1 月，中国国民党第二次全国代表大会在广州召开。在共产党人和国民党左派的共同努力、斗争下，国民党二大继续坚持反帝反封建的政治主张，坚持孙中山制定的三大政策，坚持国民党一大制定的各项政策，维护革命统一战线，同时对参加西山会议的国民党右派分子分别给予了党纪处分。

国民党二大坚持孙中山的革命政策，打击了右派分子的分裂活动，维护了国民党的团结，促进了中国革命运动的发展。但是，由于大会在对待国民党右派的态度上采取妥协退让的态度，使得国民党新右派基本没有被触动。其首要人物蒋介石还在大会上当选为中央执行委员，继而成为中央常委，之后又担任了国民革命军总监，他逐渐进入了国民党的最高权力核心。

国民党二大前后，在共产党人和国民党左派的共同推动下，广东革命政府先后进行了第二次东征和南征，完成了广东全省的统一，并促成了两广的统一。同时，全国各地的工农运动更加高涨，极大地动摇了北洋军阀的统治，使大革命运动出现了前所未有的大好形势。

然而，在这大好的革命形势下，蒋介石却加快了反共步伐。1926 年 3 月，蒋介石制造了中山舰事件。随后，在 5 月召开的国民党二届二中全会上，他提出了《整理党务决议案》，迫使担任国民党中央部长及其他重要职务的共产党员辞去职务，而他自己则担任了国民党中央组织部部长兼军人部长。随后，他又当上了国民党中央常委会主席和国民革命军总司令，掌握了国民党的党、军大权。

1926 年 6 月，广州国民政府发布北伐动员令。7 月 9 日，国民革命军举行誓师典礼，正式开始北伐战争。

北伐战争开始以后，在中国共产党领导的工农运动的配合和人民群众的支持下，北伐军进展迅速。到 1926 年年底，已先后歼灭北洋军阀吴佩孚、孙传芳两部主力，控制了除江苏、浙江、安徽以外的南部各省。冯玉祥部也已控制西北地区。

1927 年 3 月，在中国共产党领导的上海工人第三次武装起义胜利后，长江以南的全部地区都为北伐军占领。北伐战争的顺利发展，说明北伐胜利的大局已定，北洋军阀统治的最终覆灭只是时间问题。

就在北伐战争即将取得全面胜利的大好形势下，蒋介石越来越公开地显露出他的反共面目。1927 年 3 月 26 日，他到达上海以后，加紧进行反革命政变的准备。4 月 12 日，蒋介石在帝国主义和国内反动派的支持下，突然在上海发动反革命政变，大肆捕杀共产党人和革命群众。政变之后，他又指使江苏、浙江、安徽、福建、广东、广西等省的国民党右派相继以“清党”为名，屠杀共产党人和革命群众。4 月 18 日，蒋介石在南京成立代表大地主大资产阶级利益的“国民政府”，与同年初迁到武汉的国民政府相对抗。

蒋介石发动四一二反革命政变后，武汉国民政府内的反共势力积极响应。经过几个月的准备，1927 年 7 月 15 日，汪精卫在武汉正式宣布同共产党决裂，并在“分共”中大肆捕杀共产党人和革命群众。

至此，第一次国共合作全面破裂，规模空前的中国大革命由于蒋介石、汪精卫的相继叛变，最终归于失败。

三、中国国民党的分化与爱国民主力量的集结

（一）大革命失败后中国国民党的初步分化

面对汹涌的革命浪潮，民革前辈纷纷作出了选择。有的坚决反对蒋介石背叛革命的行为，有的因被蒋介石蒙蔽，选择了追随蒋介石。谭平山、蔡廷锴、侯镜如、梅龚彬、林一元、廖运周、廖运泽、欧百川等人，参加了中国共产党领导的八一南昌起义，起义失败后，他们各自走上了不同的政治道路。

以蒋介石、汪精卫为代表的国民党反动集团公开背弃了孙中山制定的三大政策后，以宋庆龄、何香凝为代表的国民党左派，依然高举孙中山的旗帜，继承他爱国、革命和不断进步的精神，坚持孙中山革命原则和政策，并为之展开了坚决的斗争。

四一二反革命政变后，宋庆龄等国民党左派迅即对蒋介石集团的反革命暴行进行了严厉谴责。4 月 17 日，宋庆龄等国民党左派联合共产党人，推动武汉国民党中央发出通电，宣布“蒋中正屠民众，摧残党部，甘心反动，罪恶昭彰，已经中央执行委员会议决，开除党籍，免去本兼各职”，并命令全体将士及革命民众团体将蒋介石“拿解中央，按反革命罪条例惩治”。4 月 22 日，宋庆龄、何香凝等国民党左派与毛泽东、吴玉章、林伯渠、恽代英、董必武等共产党人一起，以国民党中央执监委员、中央候补执监委员、国民政府委员和军事委员会委员的名义发表讨蒋通电，痛斥蒋介石叛变革命的行为，直斥“蒋介石是总理之叛徒，本党之败类，民众之蟊贼”，号召全国民众、全体党员和全体革命军人勇敢地站出来，与蒋介石叛变革命、分裂国民党的反动行为作坚决斗争。

7 月 14 日，宋庆龄在得知汪精卫决意发动反革命政变后，毅然发表《为抗议违反孙中山的革命原则和政策的声明》，严厉谴责汪精卫集团违

背孙中山三大政策和背叛革命的罪恶行径，认为国民党已不再是革命的党，“而不过是这个或那个军阀的工具而已”。她还在声明中严正宣布：“本党若干执行委员对孙中山的原则和政策所作的解释，在我看来，是违背了孙中山的意思和理想的。因此，对于本党新政策的执行，我将不再参加。”以后，她又多次发表声明，揭露蒋介石、汪精卫集团背叛孙中山三大政策的种种行径，号召一切忠于孙中山革命纲领和政策的国民党人继续坚持斗争。

8月1日，中国共产党在南昌举行武装起义，宋庆龄、何香凝、屈武等国民党左派人士给予了支持，一些民革前辈参加了起义队伍。

8月下旬，宋庆龄为了表明自己和国民党民主派坚持孙中山革命原则和政策的立场，同时也为实现孙中山生前访问苏联的愿望，决定赴苏联访问。在8月22日发表的《赴莫斯科前的声明》中，她再一次痛斥了“国民党冒牌领袖们”违背三大政策，残酷镇压共产党人和工农群众的反革命行径，重申自己坚持三大政策的坚定立场，相信“虽然有些人已经投靠了反动势力与反革命，但是，还有许多人将继续忠于孙中山为指导与推进革命工作所制定的三大政策”。9月初，宋庆龄抵达莫斯科后，又陆续发表一系列声明和文电，进一步揭露了以蒋介石为代表的国民党新军阀的反动本质，表达了坚持孙中山革命主张的国民党民主派在中国革命问题上的立场和态度。11月1日，宋庆龄又同邓演达、陈友仁联名在莫斯科发表《对中国及世界革命民众宣言》（即《莫斯科宣言》），斥责蒋介石、汪精卫集团已成为“旧势力之化身，军阀之工具，民众之仇敌”，倡议组织中国国民党临时行动委员会，推翻蒋介石集团，使国民党重新成为坚持孙中山革命精神和原则、坚决执行孙中山革命政策的革命政党。

何香凝等原国民党左派代表人物也积极开展了反对蒋介石、汪精卫集团的斗争。七一五反革命政变后，何香凝坚决反对汪精卫集团的“分共”政策，毅然辞去在国民党中央和武汉国民政府里的各项职务，回到广州创办仲恺农工学校。她还以各种方式揭露国民党反动集团背弃孙中山三大政策，残酷杀害共产党人和工农群众的暴行，明确表示绝不同孙中山的背叛者合作，并号召一切坚持孙中山革命精神和三大政策的国民党人士勇敢地站出来，同以蒋介石、汪精卫为代表的国民党反动统治集团进行坚决的斗争。

大革命失败以后，宋庆龄、何香凝等国民党民主派人士在极其困难的条件下进行的这些斗争，对揭露以蒋介石为代表的国民党反动统治集团背弃三大政策、背叛孙中山革命事业的反动实质，促使更多的国民党人士成为民主派，起到了重要的作用。

（二）九一八事变后中国国民党的进一步分化

随着形势的发展，李济深等民革前辈很快便看清了蒋介石的真面目，他们相继与蒋介石分道扬镳，毅然举起了推动国共合作、逼蒋抗日的旗帜，成为国民党中坚定的反蒋民主派，成为民革的发起人和创始人。

1931 年 9 月 18 日，日本帝国主义制造借口侵占沈阳。东北军首领张学良奉蒋介石“绝对不抵抗”的命令，让东北军大部撤至山海关内，致使日军在随后几个月内占领了辽宁、吉林和黑龙江三省，并开始向热河进攻。一时间，东北沦陷，华北危急，中国面临着日本帝国主义的全面侵略和空前严重的民族危机。侵略者的炮火，唤起了中华民族的觉醒，亿万人民齐声喊出了抗日的震天怒吼，掀起了声势浩大的抗日救亡运动。

可是，在这民族危机空前严重之时，国民党统治集团顽固坚持“不抵抗”政策和“攘外必先安内”的反动方针，置民族危亡于不顾，依然倾其全力进行反共内战。国民党统治集团的这种倒行逆施，遭到了全国各族人民的强烈反对。正是在这样一种形势面前，围绕着是停止内战、积极抗日，还是坚持反共、对日妥协所进行的斗争，国民党内产生了进一步的分化。

宋庆龄、何香凝等人不断发表言论，揭露和谴责国民党统治集团坚持反共内战和向日本帝国主义妥协、投降的反动立场，积极响应中国共产党团结抗日的号召，动员各界同胞抗日救国。他们的爱国行动，在全国及国民党内部产生了很大的影响。

在全国抗日救亡运动的推动下，国民党内的爱国人士，包括一部分实力派，因不满国民党统治集团的倒行逆施，奋起抗日。1931 年 10 月，东北军将领马占山在黑龙江率部抗击日本侵略者，给日军以重创。民革前辈冯占海组织了吉林自卫军，抵抗日寇。1932 年 1 月 28 日，日军发动侵略上海的战争后，在陈铭枢等人支持下，蒋光鼐、蔡廷锴领导第十九路军，与淞沪警备司令戴戟共同违抗蒋介石的命令，奋起抵抗，沉重地打击了日军。黄埔军校教务长张治中主动请缨，率第五军由南京奔赴上海，与十九路军并肩作战。1933 年，冯玉祥、方振武、吉鸿昌等在中国共产党的大力帮助下，在察哈尔组织抗日同盟军，奋起抗击日本侵略军。这些抗日爱国行动，虽然最后都被国民党统治集团破坏，但却狠狠打击了侵略者的嚣张气焰，鼓舞了抗日军人的士气，振奋了民族精神，获得了世界进步舆论的赞扬，同时也推动了国民党爱国民主力量的发展。

这一时期，中国共产党面临着严重的白色恐怖，但依然不屈不挠地顽强斗争。王昆仑虽然在国民党政权内任职，但他对“攘外必先安内”的政策越来越不满，于是冒险秘密加入中国共产党，开展地下工作。

福建人民政府的成立，是国民党民主派和其他抗日反蒋力量在九一八事变后的一次重大集结和联合斗争。1933 年 11 月，蒋介石将公然违抗自己命令的第十九路军调到福建“剿共”，蒋光鼐、蔡廷锴联合李济深、陈铭枢、冯玉祥、李章达及第三党的黄琪翔、章伯钧等人，在福州召开中国人民临时代表大会，成立中华共和国人民革命政府，选举李济深为主席。福建人民政府成立后，高举抗日反蒋的旗帜，号召“打倒以南京政府为中心的国民党”，并同中国共产党领导的中华苏维埃政府和工农红军签订《反日反蒋初步协定》，进行联合抗日反蒋斗争。这次斗争虽然很快失败，但它是爱国民主力量第一次在公开打出抗日反蒋旗帜的情况下，同国民党统治集团采取的外部对抗斗争形式，标志着国民党民主派所开展的斗争有了新的发展，这些行动也是国民党进一步分化的显著标志。

在抗日将领们于战场上进行抗日反蒋斗争的同时，宋庆龄等也在积极进行抗日救亡活动。1932 年 12 月，由宋庆龄、鲁迅等组织发起，并得到国民党爱国民主人士蔡元培、杨杏佛、史量才等人大力支持的中国民权保障同盟，在上海正式成立。民权保障同盟成立后，积极配合中国共产党领导的抗日反蒋斗争，在保障人民抗日民主权利、反对国民党政府非法拘禁和杀害爱国者、营救政治犯等方面，做了大量的工作。民权保障同盟的活动引起了蒋介石的极大恐慌。6 月 18 日，受蒋介石指令的国民党特务暗杀了民权保障同盟总干事杨杏佛。

蒋介石的血腥暗杀行为并没有使宋庆龄等停止抗日救亡活动。1934 年 4 月，由中国共产党提出，经宋庆龄、何香凝、李杜等 1779 人签名，以中华民族武装自卫委员会筹备会名义发表了《中国人民对日作战的基本纲领》，呼吁中华民族进行武装自卫，把日本帝国主义驱逐出中国。5 月，中华民族武装自卫委员会总会正式在上海成立。总会成立后，各地纷纷建立分会，迅即掀起了全国范围内的武装自卫运动。

1935 年 8 月，中共中央发表《为抗日救国告全体同胞书》，号召全国人民团结起来，停止内战，一致抗日，组织国防政府和抗日联军。这个号召立即得到宋庆龄、何香凝、柳亚子等人的积极响应。

1935 年秋，福建事变后流亡海外的国民党民主派人士，以原第十九路军干部为主体，同时包括其他方面抗日爱国人士，在香港正式成立中华民族革命同盟（简称大同盟）。大同盟推举李济深为主席，由李济深、陈铭枢、蒋光鼐、蔡廷锴、李章达等组成中央委员会，实行集体领导。大同盟成立后，即发表声明响应中国共产党的号召，要求国民党放弃一党专政，召开国民代表大会，立即缔结抗日救国联合战线，共同解决民族危机。中华民族革命同盟是在中国共产党的帮助下成立的一个重要政治团体，它不仅在华南地区积极推动和支持抗日救国运动，开展抗日救国宣传，而且同国民党内各方面的爱国民主力量都有密切联系，为以后成立的国民党民主派组织打下了一定的思想基础和组织基础。

1935 年 12 月，中共中央政治局会议通过了《关于目前政治形势与党的任务决议》，确立了建立抗日民族统一战线的方针和政策。同月，中国共产党领导北平爱国学生，举行了声势浩大的一二九运动，掀起了全国抗日救国的新高潮。

在中国共产党抗日民族统一战线政策和一二九运动的推动、影响下，各界人士纷纷成立抗日救亡组织，许多国民党爱国民主人士积极参与了抗日救亡组织的创建工作。1936 年 5 月，上海各界救国联合会联合各地救亡团体，组成全国各界救国联合会（后改称中国人民救国会），宋庆龄、何香凝、马相伯、沈钧儒等 15 人被选为常务委员。11 月，国民党政府非法逮捕沈钧儒、邹韬奋、李公朴、史良、沙千里、章乃器、王造时 7 名救国会领导人，制造了著名的七君子事件。该事件发生后，全国震动，群情愤慨。宋庆龄、何香凝等发起“救国入狱”运动，宋庆龄等还亲赴苏州，要求与七君子同服“爱国罪”。冯玉祥、于右任、孙科等 20 多名国民党中央执行委员也联名致电蒋介石，要求其对此事“慎重处理”。迫于舆论的压力和群众的声援，国民党政府不得不于 1937 年 12 月将七君子释放。

1936 年 12 月 12 日，国民党爱国将领张学良、杨虎城发动西安事变，扣押了前来西安部署“剿共”的蒋介石，并通电全国，提出改组南京政府、停止内战、释放政治犯、释放上海救国会爱国领袖、开放民众爱国运动、保障人民政治自由、遵行孙中山遗嘱、召开救国会议等八项主张。西安事变发生后，中共中央正确分析了错综复杂的政治形势，确定了和平解决的方针，派周恩来等前往西安参加谈判，迫使蒋介石接受了联共抗日的条件。西安事变的和平解决，对推动国共两党第二次合作和抗日民族统一战线的形成，起了重大的作用。

1937 年 2 月，国民党五届三中全会召开。10 日，中国共产党致电国民党五届三中全会，要求国民党实践停止内战、团结抗日的诺言。15 日，宋庆龄、何香凝、冯玉祥等向会议提出恢复孙中山三大政策的提案。18 日，宋庆龄在会上发表题为《实行孙中山遗嘱》的演说，严厉斥责汪精卫的卖国谬论，批驳了“抗日必先剿共”的反动方针，坚决主张实行孙中山的三大政策，停止内战，团结包括共产党在内的全国抗日力量。刘湘、李宗仁等地方实力派也要求抗日和民主。经过激烈的斗争，会议终于通过了有关宣言和决议，宣布对日要抵抗，对内要和平，并开始进行国共两党的谈判。

国民党五届三中全会以后，国共两党的代表先后在西安、杭州、庐山多次进行关于两党合作抗日的谈判，为第二次国共合作和抗日民族统一战线的正式建立打下了基础。

（三）全面抗战爆发后中国国民党爱国民主力量的集结

1937年7月7日，日本侵略军在卢沟桥突然向中国军队发起进攻，中国军队奋起抵抗，全面抗战自此爆发了。

卢沟桥事变的第二天，中国共产党发出通电，主张国共两党亲密合作，筑成抗日民族统一战线的坚固长城，实行全民族抗战，抵抗日本的侵略。国民党爱国民主人士也纷纷以各种方式，要求国民党统治集团以民族利益为重，遵循孙中山的遗教，同中国共产党亲密合作，共同抗击日本的侵略。在全国人民的一致要求下，9月22日，国民党中央通讯社公开发表《中共中央为公布国共合作宣言》。翌日，蒋介石发表谈话，承认共产党的合法地位。至此，第二次国共合作和抗日民族统一战线正式建立。

第二次国共合作的实现和抗日民族统一战线的建立，受到了全国人民的热烈欢迎。宋庆龄专门就国共合作发表声明，认为只有举国上下团结一致，才能取得抗日战争的最后胜利。李济深提出坚持抗战和实行民主两大主张，建议邀请毛泽东、周恩来等中共领导人及其他主张抗战的人士，组织最高国防会议。李济深、冯玉祥、陈铭枢、蒋光鼐、蔡廷锴等纷纷捐弃以前的反蒋立场，奔赴南京参加抗战。一时间，在中国共产党抗日民族统一战线政策的指导和影响下，全国出现了团结抗战的高潮，呈现出了一派气势蓬勃的新景象。

为了协调国共两党两军之间的“摩擦”，更好地团结抗日，国民政府在重庆成立了战地党政委员会，李济深任副主任。该委员会的主要任务是对战区中国民党和政府的政策、法令及其行政措施进行指导、检查与监督，提出建议。李济深在主持工作期间，以抗日大局为重，聘请了周恩来、董必武、王明等一批中共党员和爱国民主人士到委员会或分会任职，把战地党政委员会办成了一个能动员各方面抗日力量团结合作，限制蒋介石分裂独裁的“政府内的统一战线”。后来，蒋介石撤销了战地党政委员会，任命李济深为军事委员会桂林办公厅主任。在李济深的支持下，宋庆龄、陈嘉庚等人募捐的医药、器材、款项等大批援助八路军的抗战物资，经桂林运往陕北抗日根据地。李济深还以自己的地位和影响，掩护和营救了大批共产党员和进步人士，尽力保护八路军桂林办事处，使李克农一行安全离开桂林。

程潜在担任军事委员会天水行营主任、卫立煌在担任第二战区副司令长官兼前敌总指挥、邓宝珊在驻防陕北榆林期间，都积极团结抗日，对共产党及其领导的军队给予了支持。毛泽东在延安为邓宝珊分析国际国内形势，坚定了邓宝珊团结抗日的信念。邓宝珊由衷地感叹：“中国有毛先生这样一位领导，是民族之福。”

1938 年 3 月，国民党临时全国代表大会在武汉召开，制定了《抗战建国纲领》。根据纲领的有关规定，设立了包括各党派和各方面代表人物组成的国民参政会。宋庆龄、何香凝等国民党民主派和国民党其他爱国民主人士被选为参政员。第一届国民参政会具有较为广泛的代表性，在一定程度上起了战时民意机关的作用。参加参政会的国民党民主派和国民党其他爱国民主人士，在一些重大问题上同共产党和其他党派及无党派参政员合作，促使参政会通过了一些比较符合人民愿望的宣言和决议，促进了抗日民族统一战线的发展，并在坚持团结抗日、反对汪精卫亲日派投降阴谋等方面，发挥了积极的作用。

1938 年 10 月武汉失陷后，国民党统治集团开始把重点转到防共反共上，实行“消极抗日，积极反共”的错误方针。1939 年 1 月召开的国民党五届五中全会，制定了《限制异党活动办法》《共党问题处置方法》等反动文件。此后，国民党顽固派不断制造同共产党的军事摩擦，同时在后方袭击八路军、新四军的办事机构，逮捕、杀害共产党人和进步青年，取缔抗日救亡团体，查禁进步书刊，监视爱国民主人士的活动。1941 年 1 月，国民党顽固派武装袭击奉命北移的新四军军部及所属部队，制造了震惊中外的皖南事变。皖南事变的发生，使国民党统治集团反共独裁的真实面目暴露无遗。

皖南事变发生后，宋庆龄、何香凝、柳亚子、彭泽民等联名通电蒋介石，严厉斥责他的倒行逆施，要求他以后必须绝对停止以武力攻击共产党，必须停止镇压共产党的行动。柳亚子还拒绝了蒋介石的电邀，并在复电中严词质问蒋介石，因而触怒了国民党统治集团，被开除国民党党籍。

国民党五届五中全会以后，特别是皖南事变以后，国民党民主派和爱国民主人士在中国共产党“坚持抗战，反对妥协；坚持团结，反对分裂；坚持进步，反对倒退”方针的指引下，积极参加抗日民主运动，密切同共产党人的合作，坚决反对国民党顽固派掀起的反共高潮。在斗争中，国民党民主派和爱国民主人士进一步集结，并根据斗争发展的需要，开始酝酿建立国民党民主派的组织。

1941 年夏，在中共中央南方局的帮助和领导下，由王昆仑、许宝驹、王炳南、屈武、阎宝航、郭春涛、曹孟君、谭惕吾发起，中国民主大众同盟（后改称中国民主革命同盟，史称小民革）在重庆秘密成立，其成员包括一部分共产党人和一部分国民党爱国民主人士，主要负责人为王昆仑、许宝驹，王炳南以公开共产党员身份负责联系。小民革是一个由中国共产党领导的革命组织，主要任务是在国民党内部坚持抗战、坚持团结、坚持进步，争取和团结国民党内的爱国民主人士。它虽然不属于国民党民主派的组织，但是同国民党爱国民主力量有密切联系，它的不少成员后来成为民革和其他民主党派的重要骨干。

1943 年 2 月，在中共中央南方局的支持下，谭平山、王昆仑、陈铭枢、杨杰、郭春涛、朱蕴山等在重庆发起组织民主同志座谈会，以座谈时事的形式，联系和团结国民党上层人士。8 月，参加座谈会的人士经过交换意见，决定以座谈会为基础，筹组一个正式组织。9 月，由谭平山、陈铭枢、杨杰、朱蕴山、王昆仑、郭春涛、许宝驹、于振瀛、何公敢、甘祠森 10 人组成筹备小组，着手进行组织的筹建工作。筹备小组最初将组织的名称定为中国国民党民主同志联合会，后经多次商讨，最后正式定名为三民主义同志联合会（简称民联）。其后，尽管民联仍处于筹备期间，但从 1944 年上半年起，就开始以民联名义吸收成员，并开展活动。

在重庆的国民党爱国民主人士积极筹组革命组织的同时，桂林的国民党爱国民主人士也开始积极酝酿建立民主派组织。1941 年夏，在中共中央南方局的直接帮助下，由李章达、梅龚彬执笔，经过与同在香港的何香凝、柳亚子等多次商谈，起草了一个国民党民主派组织的纲领。何香凝等认为，只有成立了国民党民主派组织，才能更好地开展巩固和发展抗日民族救国统一战线的工作。纲领起草完毕后，李章达、梅龚彬又将纲领草稿先后带到韶关和桂林，征求李济深、蒋光鼐、蔡廷锴、陈劭先等人的意见，得到了他们的一致赞同。不久，太平洋战争爆发，何香凝、柳亚子等一部分在香港的爱国民主人士在中国共产党领导的东江纵队帮助下，脱离险境，辗转到达桂林。此后，李济深、何香凝、李任仁、陈劭先、陈此生等人经常聚会座谈时事，讨论抗日救国的途径与方法。经过讨论，大家一致认为，要战胜日本帝国主义，必须首先改变国民党统治集团反共、独裁和对日妥协的错误政策，恢复孙中山三大政策；而要达成此目的，除了国民党以外的政治力量，还要把国民党内部的民主力量组织起来，在国民党内开展斗争，瓦解、分化蒋介石集团的力量。为此，他们决定着手准备建立国民党民主派组织的工作，并推举何香凝、李济深来领导这一工作。1944 年 6 月，日军大举进攻广西，李济深到广东会见蔡廷锴，二人就建立国民党民主派组织之事交换了意见，并取得一致看法。之后，在中共广东临时省委和东江纵队的支持、帮助下，李济深、何香凝、蔡廷锴等开始了国民党民主派组织的筹建工作。

1945 年 4 月，中国国民党第六次全国代表大会在重庆召开。国民党六大是在抗日战争已经胜利在望的前提下召开的。此时，全国人民普遍关注抗战胜利后中国往何处去的问题，一致要求结束国民党一党专政，实现国内和平，成立民主联合政府，建设一个独立、民主的新中国。可是，国民党六大拒绝了中国共产党和各民主党派的正确主张，片面决定于 11 月 12 日召开国民党一手包办的“国民大会”，企图继续推行反共独裁的政策。国民党六大的决定，遭到了中国共产党和各民主党派的一致反对。会议召开期间，王昆仑、吴茂荪利用代表身份，对蒋介石集团的反动行径进行了坚决的公开斗争。

与国民党六大同时，中国共产党也在延安举行了第七次全国代表大会。大会制定了“放手发动群众，壮大人民力量，在我党的领导下，打败日本侵略者，解放人民，建立一个新民主主义的中国”的正确路线。中共七大制定的正确路线和方针、政策，给全中国人民带来了光明和希望，得到了包括国民党爱国民主人士在内的各民主党派和各界爱国民主人士的赞同，对中国民主革命的最后胜利起到了决定性的作用。柳亚子经常在重庆公开宣称：“中国的光明在延安。”

九一八事变以后，特别是抗日战争时期，是国民党进一步分化和国民党爱国民主力量集结的重要时期。这一时期里，在中国共产党的支持、帮助下，在爱国主义的旗帜下，在同国民党反动统治集团的不断斗争中，国民党爱国民主力量逐渐集结、壮大，并开始筹建国民党民主派组织，为抗战胜利后国民党民主派组织的正式建立，打下了坚实的基础。

（四）三民主义同志联合会、中国国民党民主促进会的成立与海外国民党爱国民主力量的集结

1945 年 8 月 14 日，日本政府宣布无条件投降，艰苦卓绝的抗日战争终于取得了伟大胜利。随着抗战胜利的到来，有关中国两个前途、两种命运道路的选择问题，摆在了全国人民的面前：一条是中国共产党所指引的光明的道路，即结束国民党一党专政，实现国内和平，成立民主联合政府，建设一个独立、民主的新中国；一条是国民党统治集团所要走的黑暗的道路，即坚持国民党的独裁统治，坚持反共内战政策，维系一个半殖民地半封建的、分裂的、贫弱的旧中国。

8 月 25 日，中共中央发表《对目前时局的宣言》，阐明中共争取和平民主，反对内战、独裁的方针，要求国民党政府承认解放区的民选政府，召开各党派和无党派代表人物的会议，成立举国一致赞同的民主联合政

府，避免内战，奠定和平建国的基础。

中国共产党要求进行和平民主建国的主张，得到了各民主党派和各界爱国民主人士的积极响应，他们纷纷举行集会并发表宣言和声明，呼吁和平，反对内战，反对召开由国民党一手包办的国民大会，要求结束国民党一党专政，召开各党派和无党派代表人物参加的政治会议，成立联合政府。

8 月 28 日，中共领导人毛泽东、周恩来、王若飞等在“和平将军”张治中的陪同下，带着全国人民的共同意愿，到达重庆同蒋介石等举行直接谈判。邵力子、傅学文等人到机场迎接。为了保证毛泽东的安全，张治中特地让出了自己居住的桂园。经过 43 天的会谈，国共双方签署了《政府与中共代表会谈纪要》，即双十协定，国民党被迫表示同意和平建国的基本方针，承认各党派的平等合法地位和人民的某些民主权利，并允诺召开政治协商会议。该协定的签订，受到各党派和各阶层人士的欢迎。

在重庆谈判期间，毛泽东曾多次会见宋庆龄、冯玉祥、柳亚子、谭平山、王昆仑、屈武、许宝驹等国民党爱国民主人士，加深了他们对共产党的认识。毛泽东与柳亚子的诗词唱和，轰动全国，一度洛阳纸贵。被蒋介石以阴谋手段解除兵权，从昆明胁迫到重庆的龙云有一句口头禅：“此路走不通，去找毛泽东！”

与中共领导人的会见，特别是双十协定签订后的政治形势发展，使重庆的国民党爱国民主人士感到应当立即正式成立民主派组织。10 月 28 日，三民主义同志联合会第一次全体大会在重庆上清寺特园召开。大会通过了《政治主张》《大会决议案》和《临时组织总章》，选举谭平山、陈铭枢、郭春涛、杨杰、柳亚子等 17 人组成民联中央临时干事会。之后，又在干事会上选出谭平山、陈铭枢、杨杰、柳亚子、朱蕴山、王昆仑、郭春涛、许宝驹、于振瀛 9 人为常务干事，马寅初、潘震亚、孙荪荃、于志侯、秦德君 5 人为常务监察。

通过民联一大制定的各项文件，民联宣布，“接受三民主义及中国国民党第一次全国代表大会宣言与决议案”，“主张中国国民党应即自动结束党治，建立举国一致的民主联合政府”，“保障人民的民主权利”，“国内一切民主党派，一律处于合法平等地位”。民联还提出了对于国民党的改革方案，认为国民党应以革命的三民主义为组织路线的最高原则，以工农大众为主要发展对象，实行民主集中制，发扬党内民主。

民联的成立，推动了国民党爱国民主力量的斗争。在斗争形式上，民联采取组织公开、领导人不公开的形式，其活动主要从两个方面进行：一是在国民党内部同蒋介石集团进行坚决斗争，以教育、争取和团结国民党中上层爱国民主人士，分化、孤立蒋介石集团；二是与其他民主党派一起，同国民党统治集团进行外部的政治斗争，争取推翻其反动统治。

12 月，美国特使马歇尔来华“调处”国共两党冲突，民联派代表向他递交了一封公开信，信中郑重声明：蒋介石所垄断的国民党早已背叛了三民主义，他不能代表大多数党员的意见；蒋介石所领导的政府是个人独裁政府；中国要实现和平，就必须要蒋介石立即停止内战，希望美国能停止对蒋介石的援助，并撤退驻华美军。民联的这封公开信，在当时产生了较大的影响。

1946 年 1 月旧政治协商会议召开期间，民联在会外做了不少有益的工作，一些成员还分别赴上海、南京、北平和香港等地活动。3 月，国民党六届二中全会在重庆召开。会上，针对蒋介石集团公开推翻政协会议通过的各项决议的企图，民联和其他国民党爱国民主人士联合发表《我们对于本党二中全会的表示》，坚决反对蒋介石集团的这一行径，认为这不仅完全违背了“总理遗教、本党纲领及当前人民意志”，而且还完全违背了“本党大多数真实忠于三民主义的同志的主张”。10 月 11 日，民联上海分会发表《我们对于本党二中全会的表示》，认为“停战第一，和平第一”是解决时局的唯一前提。1947 年 2 月，民联在上海举行第四次政治会议，呼吁国民党内爱国民主力量团结起来，组成一支争取和平民主的生力军，和工农群众结成民主联合阵线，同国际民主力量配合，集中打击反民主势力，并提出将来进行政治协商时，应有国民党民主派参加。

民联还积极参加了一些党派、团体联合组织的反内战协会和其他和平民主活动，并创办了《民联》《民潮》等刊物，积极进行反内战、反独裁和要求民主的宣传活动。与此同时，民联成员分别赴各地开展组织发展工作，先后在19个省和10个市建立了地方组织。

民联正式成立之后，广州的国民党爱国民主人士也加紧了建立民主派组织的工作。抗战胜利后，李济深、何香凝等认为，由于蒋介石集团依然坚持反共、内战和独裁的政策，为了加强同蒋介石集团的斗争，应该将酝酿已久的国民党民主派组织尽快建立起来。经过讨论，草拟了组织的政治纲领和组织章程。在李济深、何香凝、蔡廷锴同意后，由蔡廷锴、李章达负责，在广州正式开始成立组织的准备工作。1946年3月12日和4月14日，广州的国民党爱国民主人士先后两次举行会议，正式成立中国民主促进会（为与马叙伦等人在上海成立的同名组织相区别，后改名为中国国民党民主促进会，简称民促）。会议推举李济深为中央主席，推举李济深、蔡廷锴、李章达、张文、秦元邦、陈此生、谭冬菁、司马文森、叶少泉、余勉群为常务理事。会议发表的《中国民主促进会成立宣言》宣布，民促忠诚于孙中山的革命三民主义，以“民有、民治、民享”为最高准则，反对蒋介石的内战和独裁政策，要求国民党根据孙中山“天下为公”的精神，自动结束党治，建立联合政府。

民促成立后，首先在广州等地开展反蒋民主活动，并出版《现代》月刊，积极进行反蒋宣传。5月18日，民促（香）港九（龙）总支部在成立的同时发表宣言，主张召集民主会议，解决国是，成立联合政府，还政于民。5月21日，民促在香港发表政治主张，重申民促在成立宣言中的政治理念。7月5日，蔡廷锴发表讲话，呼吁停止内战，创造和平。7月29日，李章达、何香凝、张文、陈其瑗、陈此生、陈汝棠等联合致电美国人民，要求美国人民督促政府立即停止对蒋介石集团的军事援助，撤走驻华美军。8月21日，何香凝为纪念廖仲恺被暗杀21周年，发表《告黄埔军校同学书》，呼吁黄埔同学遵循孙中山、廖仲恺遗教，顺从人民意志，反对内战，争取和平民主。

民促的活动，使国民党统治集团感到莫大的恐慌。在国民党统治集团的压迫下，《现代》月刊被封停，蔡廷锴、李章达被迫离开广州，民促总部也不得不迁往香港，并将反蒋民主活动转入地下。1947 年 3 月 19 日，李济深从内地到达香港后，发表《对时局意见》，揭露国民党“被独裁专制气氛所笼罩”，“革命精神，完全丧失，由为民服务，一变而为奴役人民”，蒋介石也已成为“反动派之领袖”。他还提出挽救时局的七点意见。李济深的意见，得到了民联的积极响应，但他因深刻揭露了蒋介石集团的实质，被国民党中央以“背叛党国”的罪名开除了党籍。5 月 20 日，何香凝为李济深被开除国民党党籍一事发表答记者问，认为蒋介石控制下的国民党和政府的种种行为违反了孙中山救国救民的意愿，表示“不愿为他们分负祸国殃民的责任”，并认为李济深被开除国民党党籍，“对于李先生丝毫无损”，只足以证明国民党统治集团“不过是周厉王、秦始皇这一流人物”。

国内革命斗争的胜利发展，极大地鼓舞了海外的国民党爱国民主力量。在国内的国民党爱国民主力量成立民主派组织的同时，他们也开始集结，并进行有组织的活动，以配合国内的革命斗争。

1946 年 9 月，由于受蒋介石排挤，冯玉祥被迫赴美国“考察水利事宜”。王昆仑、吴茂荪、赖亚力等人，也陆续到达美国。1947 年 9 月，冯玉祥开始着手联合在美国的国民党爱国民主人士。10 月 10 日，他在纽约举行记者招待会，向世界舆论公开表明自己反对蒋介石集团独裁统治和反对美国支持蒋介石打内战的政治立场。当晚，他又在哥伦比亚大学发表《国庆演词》，猛烈抨击蒋介石集团的法西斯独裁统治和反人民的内战政策，认为民主的胜利已经为期不远了。10 月 11 日，冯玉祥约集在美国的国民党民主派及民盟等人士一起座谈形势，大家认为有必要建立一个民主统一战线的组织，以更好地开展反蒋反美斗争。11 月 9 日，旅美中国和平民主联盟在纽约成立，冯玉祥、王昆仑、赖亚力、吴茂荪等 13 人被推举为联盟的执行委员，冯玉祥为主席。该联盟成立后，很快在旅美爱国侨胞中开展了工作，先后在旧金山、华盛顿、明尼苏达等地成立了分部，并发展了一批会员。冯玉祥等联盟负责人经常到美国各地参加集会，发表演说和撰写文章，以揭露国民党统治集团的反动本质和美国政府所谓“援华”的真相，争取爱国侨胞参加斗争，呼吁美国人民反对其政府“援华”。同时，联盟还同国内的国民党民主派建立密切联系，在反对国民党反动统治集团的斗争中互相配合、互相支持。李济深、柳亚子、蔡廷锴等曾联名写信给冯玉祥，高度评价他在美国进行的斗争和取得的成绩。

民联、民促等国民党民主派组织的成立，是民革历史上的重要事件。它们的成立及活动，为国民党爱国民主力量的大联合，为国民党民主派同国民党反动派在政治上和组织上的彻底决裂，为民革的最终成立，做好了思想上和组织上的准备。

四、中国国民党革命委员会在香港成立

（一）国民党民主派就成立新组织达成共识

1946 年 6 月，国民党统治集团悍然撕毁停战协定和政协协议，向中国共产党领导的各解放区发动全面进攻，从而挑起了全国性内战。

针对国民党统治集团不顾全国人民要求和平、民主的共同愿望，悍然发动全面内战的行径，1946 年 7 月 23 日，宋庆龄在上海发表《关于促成组织联合政府并呼吁美国人民制止他们的政府在军事上援助国民党的声明》，强烈谴责国民党统治集团发动反共、反人民的全面内战，反对美国政府实行扶蒋反共的政策，认为解决危机的办法是立即实行孙中山的新三民主义，组织有中国共产党和各民主党派及无党派民主人士参加的联合政府。她还号召国民党内的进步党员，用自己的实际行动来争取民主制度的建立。

宋庆龄的声明立即得到国民党民主派及其他民主党派的积极响应。1946 年 7 月 28 日，彭泽民、何香凝、丘哲、张文、李章达、陈其瑗、陈汝棠、冯裕万、陈此生等 44 人联名通电，响应宋庆龄号召，呼吁内求和平，外伸正义，立即停战，成立联合政府。8 月 5 日，蔡廷锴代表中国民

主促进会中央干部理事会发表声明，主张“立即停止内战，重新举行政治协商会议，用和平方法解决国共两党争端”。他还要求美国停止对国民党一党政府的援助，“以免好战派用以制造战争”。8 月 26 日，冯玉祥在离开南京准备赴美国“考察”前，给蒋介石写了一封信，要求他立即停止内战，认为“今日大局以和平为天经地义，国际要和平，国内更要和平”。李济深接到蒋介石的三次电邀后，“万方多难上庐山”，两次见蒋介石，规劝他停止内战，履行政协决议，但蒋介石不为所动。李济深给蒋介石留下一封 19 页的告诫长信后，决定脱离蒋介石的控制，继续推动和平建国。

1946 年 10 月，国民党统治集团不顾全国人民要求和平与成立联合政府的强烈愿望，下令召开国民党一党包办的“国民大会”，并准备在会上强行通过维护其一党独裁统治的《中华民国宪法》。国民党统治集团的这一举动，更加暴露了他们坚持内战、独裁的反动立场，因而遭到了中国共产党、各民主党派、各人民团体和全国人民更加强烈的反对，李济深、朱学范等人公开拒绝参加，蒋介石集团在政治上陷入了越来越孤立的境地。

由于国民党统治集团已经彻底走上了反共反人民的道路，民联、民促及其他国民党民主派人士的斗争也相应发生了变化，即从抗战胜利初期维护双十协定和政协决议、争取和平民主，转到了公开打出反蒋旗帜、彻底反对国民党反动统治和争取民主革命胜利上来。新的斗争形势和任务使广大国民党民主派人士认识到，只有把国民党各个民主派别的人士都团结起来，组成一个统一的组织，才能形成合力，更好地开展反对蒋介石集团的革命斗争。

1946 年秋，民联中央首先派萧隽英、冯伯恒赴香港，与李济深、蔡廷锴等民促领导人协商加强国民党民主派统一行动的有关事宜，同时初步交换了民联、民促双方尽早统一的意见和建议。民联、民促的这次香港会谈，为以后国民党民主派的联合与统一组织的建立，起到了积极的推动作用。

1947 年 2 月，国民党政府先后通知中国共产党驻北平军调部和驻南京、上海、重庆等地担任谈判联络工作的代表全部撤退。随后，又下令

“通缉”毛泽东等中共领导人，宣布将在参政会中的中共参政员予以除名，并取消了给中共保留的“国大”代表及国民政府委员的名额。至此，国民党蒋介石集团彻底关上了国共谈判的大门，把自己完全置于同全国人民对立的地位。3月7日，在中共驻南京、上海代表团被迫撤离返回延安的当天，张治中、邵力子冒着危险，到机场为董必武等人送行。

1947年年初，李济深在征求了董必武、宋庆龄的意见后，秘密离开上海，抵达香港。3月9日，李济深针对国民党统治集团这种拒绝和平、坚持反共内战的顽固立场，在中共香港分局主办的《华商报》公开发表《对时局意见》，强烈谴责蒋介石的倒行逆施，呼吁停止内战，恢复孙中山的革命精神，实行各党派联合建国。李济深的这一声明发表后，很快得到了国民党广大爱国民主人士及各民主党派、工商业者、爱国华侨的积极响应。3月11日，民联香港发言人发表谈话，表示支持李济深的意见，认为“只有马上停止内战，商请各党派召开政治协商会议，改组中央及地方政府，成立民主联合政府，方能解决中国的问题”。该谈话还希望国民党当局“痛自省察”，采纳李济深的意见。3月30日，民联粤港澳分会也发表宣言，呼吁“本党一切民主分子必须联成坚强的阵线”，“以坚决之行动，争取党内民主国内民主”，形成“与各党派共同巩固国内和平团结统一之局面”。国民党当局恼羞成怒，第三次将李济深“永远开除党籍”，并登报通缉。中共中央得知此事后，即指示南方局与李济深取得联系，支持他的活动。

共同的斗争，使国民党民主派之间的联系日益密切，同时也使他们感到，只有尽快联合起来，才能更好地适应新的斗争形势和任务。在《对时局意见》发表后不久，李济深就在香港召集民促、民联在港高级干部举行会议，共商民主派联合之事。该会议由李济深主持，参加会议的有何香凝、蔡廷锴、彭泽民、冯伯恒、李民欣、黄精一、云应霖、陈树渠、萧隽英、李朗如、李杜等。经过充分讨论，会议做出以下五项决定。第一，民联、民促仍各维持原有组织，分头进行活动。为统一协调双方的行动，由两会代表共同组成一个联席会议，称为南方联合执行部，推举李济深为执行部主席，何香凝、蔡廷锴、李民欣、李朗如、黄精一、萧隽英、陈树渠、李杜、云应霖、陈此生为委员，萧隽英兼秘书长。执行部每半月开会一次。第二，反对内战，要求依据政协决议，实行民主政治，同时响应中共的各项言论及主张，策动民众团体，反对南京政府实行的各项反动政策。第三，派李杜赴东北、黄理存赴台湾开展工作，扩大国民党民主派的组织和影响。第四，设法与司徒美堂在香港合办渔业公司，以增加收入，作为开展反蒋斗争的经费。第五，组建国外总支部，积极争取海外华侨的支持。与此同时，由蔡廷锴等负责召集第十九路军旧部，并在三罗设立联络处，组织“民主联军”。该会议还决定，以上所制定的全部计划，由李济深在香港总负责。

在国内的国民党民主派正积极酝酿成立联合组织之时，4 月 27 日，冯玉祥从美国致信李济深，他也认为国民党民主派联合之事应尽快进行。他还在信中表示希望与李济深等联合起来，团结反蒋。冯玉祥的来信，更加坚定了国内的国民党民主派尽快联合起来的决心。

5 月 4 日，李济深邀集何香凝、彭泽民、李章达、陈其瑗、朱学范、陈此生、邓初民等聚会，再次商讨正式成立联合组织的问题。与会者一致认为，应当尽快团结国民党内的一切爱国民主力量，建立自己的革命组织，以便更好地与中国共产党合作，共同推翻国民党统治集团。大多数与会者还认为，民联、民促自成立以来，为争取和平民主做了大量工作，在全国有很大的影响，因此，尽管这两个组织都有联合的愿望和要求，但为了更有利于斗争的开展，应当继续保留这两个组织。与会者还认为，最好的联合方式是另外成立一个组织，让民联、民促的同志以个人名义参加这个新组织，并作为骨干力量来推动这个新组织的工作。由于与会者基本上都是民促的同志，于是，会议决定尽快请上海民联的同志来香港，共同商议有关联合的事宜。会议还希望即将赴欧洲参加世界工联理事会的朱学范能路过美国，向正在美国进行反蒋活动的冯玉祥征询成立国民党民主派统一组织的意见。

会后，李济深、何香凝通过秘密通讯的方式联名写信给在上海的民联领导人谭平山、柳亚子、郭春涛、陈铭枢，他们认为“国民党民主派，集中力量，正名领导，对内对外，紧要万分”，希望谭平山等“迅即来港，共同筹策一切”。

与此同时，朱学范在前往欧洲的途中绕道美国，在旧金山面见冯玉祥。冯玉祥表示完全同意香港方面的意见，并认为只有尽快建立这个组织，才能更好地联合民联、民促的同志，进而团结一切爱国的国民党军政人员，达到分化国民党、推翻蒋介石政权的目的。他还表示，一旦这个组织在香港成立，他会尽快赶赴参加。知悉冯玉祥的意见后，李济深等人经过商议，决定以李济深、何香凝、冯玉祥、蔡廷锴、李章达等为新组织的发起人，立即开始进行筹备工作。

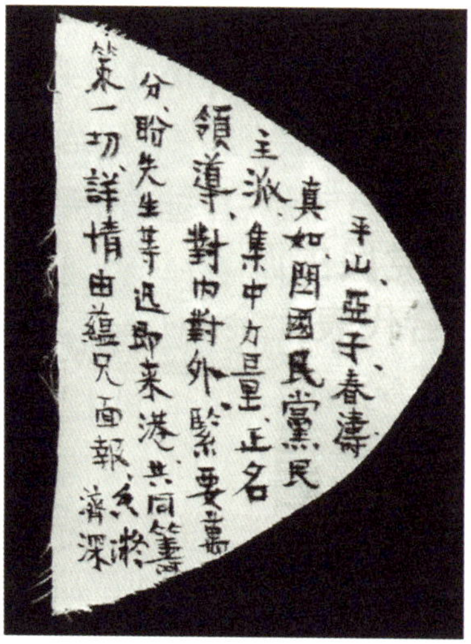

★ 1947 年秋，国民党民主派人士积极筹建中国国民党革命委员会。这封写在绸子上的密信，是当时在香港的何香凝、李济深写给在上海的谭平山、柳亚子、郭春涛、陈铭枢四人的，请他们“迅即来港，共同筹策一切”。

就在这时，中国共产党领导的人民解放战争形势发生了重大变化。6 月，中国人民解放军在基本粉碎国民党军队的重点进攻以后，开始了战略大反攻。10 月 10 日，中共中央向全国颁布了《中国人民解放军宣言》，提出“打倒蒋介石，解放全中国”的号召。与人民解放军在战场上取得的节节胜利相呼应，国民党统治区人民“反内战、反饥饿、反迫害”的爱国民主运动蓬勃发展，形成了反对国民党统治的第二条战线。

人民解放战争的不断胜利和国统区人民爱国民主运动的蓬勃发展，极大地鼓舞了斗争中的国民党民主派，同时也使他们对中国共产党领导的革命运动有了更深一层的认识。

面对军事上的惨重失败和国统区人民日益高涨的反抗浪潮，为维护自己的统治，国民党统治集团加强镇压措施，相继颁布了《戡乱总动员令》《后方共党处置办法》等法令，并公然宣布中国民主同盟为“非法团体”，强迫民盟总部解散，大批共产党员、民主党派成员和爱国人士受到迫害。国民党统治集团的倒行逆施，受到了包括国民党民主派在内的全国人民的一致反对和谴责。李济深在香港发表讲话指出，蒋介石政府宣布民盟为“非法团体”，就是不允许在野党派的存在，从而彻头彻尾暴露了其独裁专制统治的真实面目。

国民党统治集团顽固坚持独裁统治和血腥镇压爱国民主运动的种种行径，使国民党民主派人士逐步认清了蒋介石集团的本质，更加坚定了他们同国民党统治集团在政治上、组织上进行彻底决裂的决心，并加快了联合的步伐。1947 年 10 月以后，随着大批国民党民主派人士及各民主党派领导人秘密来到香港，组建国民党民主派联合组织的筹备工作，也进入了最后的阶段。

（二）中国国民党民主派第一次联合代表大会的召开

1947 年 10 月，民联领导人柳亚子从上海来到香港，带来了民联中央关于成立国民党民主派联合组织的意见，该意见认为应当即刻着手开始成立的筹备工作。经过商议，决定由李济深、何香凝、柳亚子、蔡廷锴、王葆真、邓初民、张文、梅龚彬、朱学范、朱蕴山、陈此生等组成中国国民党民主派联合代表大会筹备委员会，推举李济深、何香凝为筹委会召集人，柳亚子为秘书长。不久，除了郭春涛继续留在上海从事地下工作外，谭平山、陈铭枢等民联领导人陆续来到香港，参加筹委会的工作。

筹委会成立以后，具体筹备工作随即展开。在李济深、何香凝等的主持下，筹委会多次在香港坚尼地道 52 号举行会议，具体讨论了组织名称、纲领和领导人选等重大问题，并起草了《中国国民党革命委员会组织总章》《中国国民党革命委员会成立宣言》《中国国民党革命委员会行动纲领》等文件。

在讨论即将成立的国民党民主派统一组织的名称时，一开始筹委会的意见很不一致。柳亚子提议叫中国国民党民主派同盟，但有一些人不同意，他们认为国民党已被蒋介石集团玷污，主张不用这三个字。由于意见不能统一，筹委会决定征询宋庆龄和冯玉祥的意见。经征询，冯玉祥同意采用中国国民党民主派同盟这个名称，而宋庆龄则提议叫中国国民党革命委员会。何香凝、朱蕴山等十分赞同宋庆龄的主张。何香凝指出，保留国民党的名称，“可以团结一些国民党的爱国力量，特别是当时国民党当局在战场上开始败北，国民党内部人心惶惶，不少人对自身的前途正在抉择，形势需要我们这样做”。她认为，用国民党的名称，“我们这个组织才能兴旺发达，才能在与共产党真诚合作中发挥分化敌人的作用”。朱蕴山也指出，孙中山当年曾组织过革命委员会，四一二反革命政变后国民党民主派与共产党合作，在南昌起义中也曾成立过国民党革命委员会，因此新组织采用中国国民党革命委员会的名称，正显示了国民党民主派决心继承和发扬孙中山不断革命的精神。经过反复讨论，筹委会一致同意将新组织的名称确定为中国国民党革命委员会，简称民革。

由于宋庆龄在国民党民主派及全国人民中拥有很高的声望和影响，而且她一直都十分关心和支持国民党民主派联合组织的建立，因此参加筹备工作的各方面人士都认为，如果宋庆龄能前来香港领导民革，民革将会在未来斗争中发挥更大的作用，产生更大的影响。为此，李济深、何香凝、柳亚子、李章达、彭泽民、陈其瑗六人联名写信给宋庆龄，吁请她来香港出席即将召开的中国国民党民主派第一次联合代表大会，并领导即将成立的中国国民党革命委员会中央委员会。1947 年 12 月，李济深还专程由香港秘密赴上海，向宋庆龄汇报民革的筹备情况，并恳请她南下主持即将成立的民革中央工作。宋庆龄表示坚决支持民革的成立，但她认为，以她当时的身份，留在民革之外从事革命活动，要比参加民革更为有利。她希望李济深等人把民革尽快筹建起来，把国民党内部一切进步和愿意革命的人士团结起来，为建设一个新中国而奋斗。

1947 年 11 月 12 日，中国国民党民主派第一次联合代表大会在香港开幕，来自各地的民联、民促代表和其他国民党爱国民主人士共 110 余人出席了这次大会。大会推举宋庆龄、李济深、何香凝、冯玉祥等 20 人组成主席团，宋庆龄为主席团总主席，李济深为副总主席（实际负责主持大会），何香凝为主席。李济深在大会上致开幕词，阐明即将成立的中国国民党革命委员会的政治纲领及主张，并简要介绍了国民党民主派联合的经过。他还指出，11 月 12 日是孙中山先生的诞辰，在这个日子召开大会，就是象征着中国国民党的再生。何香凝也在会上发表了讲话。她指出，这次联合大会的宗旨，就是“要实现真正的三民主义”“实行三大政策”。她还要求大家“真心实意地为继承孙中山未竟之志而努力”。12 月 25 日，代表大会举行第二次全体会议，经过讨论，代表们以协商的方式，进一步统一了思想，为民革的正式成立做好了最后的准备。

（三）1948 年元旦，民革在香港宣告成立

1948 年 1 月 1 日，中国国民党革命委员会成立大会（即民革一大）在香港坚尼地道 52 号正式举行。大会通过了《中国国民党革命委员会组织总章》、《中国国民党革命委员会成立宣言》（以下简称《成立宣言》）、《中国国民党革命委员会行动纲领》（以下简称《行动纲领》）、《中国国民党革命委员会告本党同志书》等基本文件，选举了由中央执行委员 54 人、候补中央执行委员 17 人组成的第一届民革中央执行委员会。大会推举宋庆龄为民革中央名誉主席，李济深为主席；选举李济深、何香凝、冯玉祥、谭平山、蔡廷锴、陈其瑗、陈劭先、王葆真、朱蕴山、何公敢、张文、郭春涛、朱学范、邓初民、李章达、李民欣等 16 人为中央执行委员会常务委员，冯玉祥为中央政治委员会主任；选举柳亚子、李锡九、陈汝棠、冯伯恒等 18 人为中央监察委员和候补中央监察委员，柳亚子为中央

监察委员会主任。

大会讨论了当时的政治形势，并通过发表的各种文件，全面阐述了民革的政治态度和政治立场。大会认为，近 20 年来，蒋介石及其把持下的国民党中央机关和政府，背叛了孙中山在国民党一大所确立的新三民主义，已成为全国人民的公敌。蒋介石领导下的国民党，“实为国内一切反动力量——大买办、大地主、官僚、军阀、土劣、流氓之集合体”。因此，大会决定，“脱离蒋介石劫持下的反动中央”，成立中国国民党革命委员会。

大会宣布，民革的行动纲领：“以实现革命的三民主义，建设独立、民主、幸福之新中国为最高理想”，“以中国国民党第一次全国代表大会决定之对内对外政策为基本原则”。大会指出，“中国革命之成功或失败，决定于反帝反封建两大任务之能否完成，而反帝反封建斗争胜利之保证，又在于三大政策之是否坚决执行”。大会认为，“当前之革命任务为推翻蒋介石卖国独裁政权，实现中国之独立、民主与和平”。大会还表示，“愿与全国各民主党派、民主人士携手并进，彻底铲除革命障碍，建设独立、民主、幸福之新中国”。

大会主张：“在普选产生之民主政府未成立以前，联合组织各民主党派及各界民主人士代表之联合政府，为过渡时间之最高权力机关”；召开国民大会，制定和颁布宪法；推行地方自治，废除保甲制度；实行“耕者有其田”，保障劳动者免于失业和饥饿；“在肃清官僚化的前提下，有计划地促进国营企业之发展，在预防独占化的前提下，一般地促进民族资本之繁荣。提倡合作制度，没收豪门资本”。

大会还强调了反帝和倒蒋的不可分性，认为“只有倒蒋而不反对美国反动派的破坏中国民主与和平之帝国主义政策，则蒋氏之反动独裁政权纵被推翻，美国反动派支持下的第二个反民主政权，仍有成立之可能”。因此，大会坚决反对美国政府执行的干涉中国内政、助长中国内战的政策，要求美国立即停止对蒋介石政府的军事和财政援助，将美军及其顾问团撤出中国。

李济深在大会上作了闭幕讲话。他指出，民革的成立，标志着国民党民主派与南京政府的决裂。他强调，民革当前的主要任务，是要同中国共产党紧密合作，共同打倒蒋介石政权。他还要求民革全体成员深入研究孙中山先生的遗教，“认真体认三民主义之正确性和本党革命任务”，不可过激也不可落后。

民革成立大会通过的《成立宣言》《行动纲领》等文件，是全面阐述民革政治主张的重要文件。通过这些文件，民革公开表明了反对国民党蒋介石集团独裁统治、反对美国援助蒋介石集团进行反革命内战的政治态度，表达了自己决心继承孙中山的革命精神和坚持三大政策的基本立场，并且明确表示了拥护中国共产党关于成立联合政府的主张，初步提出了自己反对封建剥削和官僚大资本的经济纲领。这些内容表明，民革的政治纲领和经济纲领，具有鲜明的反帝反封建性质，与中国共产党所制定的新民主主义革命纲领，在基本原则上是大体一致的。因此，民革从成立之日起，便在事实上成了中国共产党领导的新民主主义革命统一战线的重要同盟军。1948 年 3 月 8 日，中共中央发言人发表谈话，对民革的成立表示欢迎，并赞同民革提出的纲领和主张，表示愿意在新民主主义革命事业中，与民革等民主党派一道，为着共同的目的而携手前进。

民革从酝酿到成立，自始至终都是在中国共产党的支持和帮助下进行的。中共中央南方局及广东省委、香港工委等都曾作了大量工作，周恩来、董必武、廖承志、潘汉年、方方等中共领导人和相关负责同志也对民革的成立直接或间接地进行过帮助。中国共产党的大力支持和帮助，是民革得以顺利成立的重要原因之一，也是民革一大坚持同共产党合作、赞同成立联合政府，并制定出同新民主主义纲领原则基本一致之政治纲领的重要原因之一。

但是，由于受历史条件和政治环境的局限，也由于当时民革成员的基本构成比较复杂，在如何看待中国革命的指导思想和领导核心问题上，也出现了意见分歧，体现在所通过的文件中。如《成立宣言》将“三民主义”认定为“救中国之唯一良方”，认为“三民主义之理论，仍为今日中

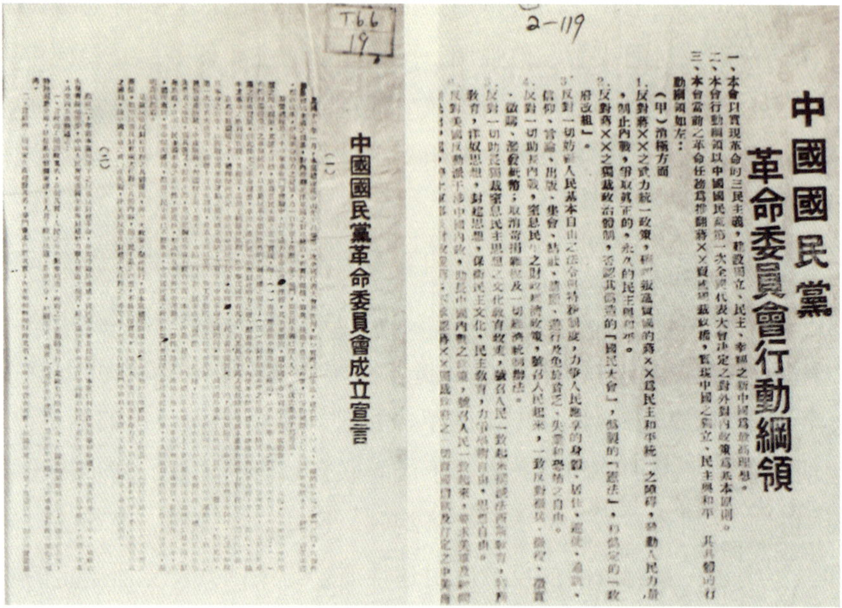

★ 1948 年 1 月 1 日，民革成立大会通过的《成立宣言》和《行动纲领》。

国革命之正确指导理论，中国国民党仍为中国革命之领导政党”。以后，在中国共产党的帮助下，随着革命的不断发展和通过参加中国共产党领导的革命实践，民革广大成员从实际中更加深刻地认识到了中国共产党在中国革命中不可替代的领导作用，如此才使这个问题得到了正确的解决。

民革的成立，标志着在中国人民解放战争胜利进入战略反攻的历史性时刻，国民党各民主派别和其他爱国民主人士，在坚持孙中山三大政策和革命精神的基础上，在推翻国民党蒋介石集团反动统治的共同目标下，实现了大联合。这不仅意味着国民党民主派在政治上、组织上同蒋介石把持下的国民党进行了彻底和公开的决裂，将国民党爱国民主力量的联合斗争大大向前推进了一步，而且促进了国民党内部的加速分化，更加孤立了国民党蒋介石集团，使中国的政治格局发生了重要变化。

（四）成立初期的组织建设

民革一成立，即根据人民民主革命的需要加强组织建设，努力提高民革的凝聚力和战斗力，以保证反对国民党蒋介石集团斗争的开展和胜利。在成立初期，民革的组织建设主要是建立和强化中央各职能部门，并通过这些部门强有力的组织领导，推动民革在政治、思想、组织上的发展进步。1948 年 1 月 4 日，民革中央执行委员会全体会议决定设立中央各工作部门，主要有秘书处、宣传委员会、政治委员会、组织委员会、学习委员会等，并任命了各部门负责人。

政治委员会是民革中央的政治设计机关，主要是在政治、军事等方面制定和提出工作方针及具体工作方案供中常会选用。如在其工作大纲中规定："在争取民主阵线之扩大和巩固，打破反革命集团的阴谋和促进卖国独裁政权动摇瓦解的原则之下，拟订各种政治合作与政治运动方案，提供常委会采择施行。"因正、副主任冯玉祥、郭春涛一直未能到会，中常会指定陈其瑗为该会召集人。6 月 26 日，政委会第 13 次会议推举朱蕴山为负责人。经常参加政治委员会会议的有陈此生、林伦彦、张文、萧隽英、吴茂荪、朱蕴山、陈驰青、陈劭先、陈其瑗、吕集义、梅龚彬等人。

政委会先后起草了工作大纲、军事工作大纲，讨论并提出了各方面的工作意见和方案。比如，政委会讨论了中共中央提出的请各民主党派讨论的解放大城市急需解决的七个问题，并提出了具体意见；讨论了中共中央 1948 年"五一口号"中提出的召开新政治协商会议的各种问题，并提出了建议和表明了态度，还推定由朱蕴山、陈此生、吴茂荪等人负责起草新政协的各种文件和办法。8 月 29 日，政委会第 15 次会议作出决议：一是民革应以新政协作为主要工作。民革是国内三大政党之一，应尽力主动配合新政协的召开。二是以策反为辅中心，应配合全国形势去开展策反活动。三是民革中央应搬到解放区去，以加强新政协的工作，在那里较为容易联络、策应，又可表现其组织联合政府的诚意。在中央北上的同时，准备设立华南执行部，以便于南方工作的开展。

宣传委员会由李子诵、黄文、梅龚彬、陈此生、邓初民、陈劭先、林伦彦、张克明、章导、胡导愚、陈其瑗、莫乃群、郑坤廉、萧隽英、吴茂荪等人组成。宣委会自 1948 年 1 月 9 日召开第一次会议以后，主要做了以下方面的工作。首先，针对时局的发展和中常会的决定，起草和发表了民革的各种文告、声明、谈话等。其次，筹办发行了报刊。经与上海迁港的《文汇报》多次协商，决定以《文汇报》为民革中央机关报，并于9月3日出刊。该报以李济深、蔡廷锴、虞顺懋（沪版股东）、严宝礼、陈此生、梅龚彬、马季良为委员，徐铸成为总主笔，马季良为总编辑，柯灵为副总编辑，严宝礼为总经理，并受到中共潘汉年、宦乡的大力支持。1948年年底，该报日发行量突破25000份，发挥了宣传民革主张的作用。10月，为指导与联系本会会员，经中常会决定，办了一个党内的期刊，定名为《自由》（通讯版），林伦彦任主编，于11月1日创刊，共出了4期。在民革正式成立前，李济深、蔡廷锴根据董必武的提议，在香港创立了私立达德学院，由李济深、蔡廷锴及中共南方局的方方等组成校董会，陈其瑗任院长，进行干部的培养工作，1948年年底被港英当局封闭。

组织委员会由朱学范、陈汝棠、冯伯恒、陈秋波、章导、周颖、黄文、黄精一、李镇靖等人组成。组委会下设组织、训练、总务三个组，分别由陈汝棠、李镇靖（兼）、冯伯恒负责，并设秘书一人，由李镇靖负责。1948年1月22日，组委会决定了各级组织的通讯符号：总会（民革中央）——总公司（即国昌公司，李济深化名陈天任担任董事长）；各委员会——行（组委会化名惠元行，宣委会化名德泽行，政委会化名天佑行，财委会化名福安行，秘书处化名远昌行）；各地分会——分公司；县、市民革组织——办事处、商店。组委会确定了民革的组织路线，并为防止投机分子混入民革组织，坚持会员标准，做了不少工作。如组委会第四次会议通过了吸收会员的标准，规定入会会员必须同意本会主张，有坚决反帝反封建思想（反对美帝国主义、反对蒋介石集团），赞成耕者有其田政策；介绍人保证入会会员在政治上的可靠性。根据当时民革在吸收会员和委派各地负责人工作中的混乱情况，组委会第九次会议规定："凡主席交办接洽的对象，必须由本会派人，先行多次接洽后，将接洽经过提会审查，然后提交中常会。""一切组织应根据总章规定办理。"组委会在发展组织方面取得了一定的成绩，自1948年1月22日第二次组织委员会会议起，由组委会提名、中常会通过委派，或中常会先决定、组委会追认，委派了国内外各级组织的负责人，在国内外建立组织和发展成员。到1949年3月底，直接吸收并按规定填写入会登记卡（当时曾规定国统区组织和同志不填入会登记卡）的会员有117人。到1949年6月，已有国内基层组织18个、海外基层组织6个，共有党员2185人。

此外，财务委员会、监察委员会及秘书处，也相应地开展了各自的活动。

由于人民解放战争的迅速发展，不少民革中央的负责人员不能常在香港，各委员会成员也常有不能到任、分工配合不够的，工作指导和工作计划也不够完善；加上民革中央地处香港，经常受到港英当局的限制和美蒋特务的包围；经费、设备等方面又有不少困难（当时在港民革成员除“二餐一宿”外全凭自己搞零花钱，为筹集民革活动经费，曾举办画社、茶舞会等），所以，民革在港时期的会务活动，除在政治上公开发表声明、宣言，组织上秘密派人赴国统区建立地方组织、进行策反联络外，多限于计划和会议，见诸实施的活动并不是很多，成效也不甚显著。这种情况随着1949年民革中央机关迁到北平后才有了根本的变化，民革中央和地方的党务工作的开展才有了适宜的政治环境和物质保证。

第二章

多方汇聚力量，为新中国成立而团结奋斗

1948 年 4 月 30 日，中共中央发布“五一口号”，民革发表通电，热烈响应中国共产党的号召，并积极参加了新政协运动。随后，民革领导人陆续到达解放区，公开接受中国共产党的领导，参加新政协的筹备工作。

作为从国民党中分化出来的民主派组织，民革党员与广大国民党军政人员有着密切的联系，在国民党军政界有着较大的影响力。在如火如荼的人民解放战争中，民革组织和党员一方面大力开展反对国民党蒋介石集团的政治斗争；一方面利用自己同国民党的历史关系，配合解放军胜利大进军，积极进行争取国民党军政人员认清形势、弃暗投明的活动，参与促成了北平、湖南、新疆、绥远等地和平解放，参与组织了川康起义和云南起义，参与策动了吴化文等国民党高级将领阵前起义，参与推动了国共北平和平谈判，给蒋介石集团以严重打击，缩短了人民解放战争的进程。同时，民革前辈还策动了资源委员会起义，实现了上海市政权、海关和平移交等，为新中国的经济建设巩固了基础；策动了国民党政府驻法国使馆起义，为新中国外交工作开辟新局面作出了努力。

中国人民政治协商会议第一届全体会议在北平的胜利召开，标志着中国共产党领导的多党合作和政治协商制度正式确立。民革以自身的独特历史和贡献，成为中国共产党领导的多党合作和政治协商制度中的一员。

一、响应中共中央“五一口号”，公开接受中国共产党领导

（一）中共中央发布“五一口号”，李济深收到毛泽东的亲笔信

民革成立的时候，中国共产党领导的新民主主义革命已处于最后胜利的前夜。1948 年春，中国人民解放军继续对国民党军队进行战略进攻，处在十分有利的军事地位，逐步形成与国民党军队战略决战的态势。同时，中国共产党的农村政策、城市政策、新解放区政策、工商业政策和统一战线政策逐渐完备和系统化，保证了各条战线工作的顺利进行。而国民党蒋介石集团的军事失败，进一步加剧了其政治和经济危机。人民解放战争形势的发展表明，在全国范围内打倒蒋介石集团的反动统治、建立新中国的条件日趋成熟。

1948 年 4 月 30 日，中共中央审时度势发布纪念五一劳动节口号，明确提出“打到南京去，活捉伪总统蒋介石”，“各民主党派、各人民团体及社会贤达，迅速召开政治协商会议，讨论并实现召集人民代表大会，成立民主联合政府”。5 月 1 日，中共中央主席毛泽东又致函李济深和同在香港的民盟中央领导人沈钧儒，就召集政治协商会议、成立民主联合政府问题提出意见，他指出：“在目前形势下，召集人民代表大会，成立民主联合政府，加强各民主党派、各人民团体的相互合作，并拟订民主联合政府的施政纲领，业已成为必要，时机亦已成熟”，“但欲实现这一步骤，必须先邀集各民主党派、各人民团体的代表开一个会议。在这个会议上，讨论并决定上述问题。此项会议似宜定名为政治协商会议。一切反美帝反蒋党的民主党派、人民团体，均可派代表参加。不属于各民主党派、各人民团体的反美帝反蒋党的某些社会贤达，亦可被邀请参加此项会议”。[①]

① 中共中央文献研究室编：《毛泽东文集》第五卷，人民出版社 1996 年版，第 90 页。

信中还提议于1948年秋季在哈尔滨召开此项会议，由民革中央、民盟中央和中共中央，“于本月内发表三党联合声明，以为号召”。同时，还随信附了三党联合声明草案，并就联合声明的内容、文字及是否增加其他民主党派、人民团体联署发表等问题征求李济深和沈钧儒的意见。5月2日，中共中央就关于邀请各民主党派代表来解放区协商召开新政协会议问题电示中共上海局，指明拟邀请李济深、冯玉祥、何香凝、李章达、柳亚子、谭平山及其他民主人士前来解放区参加协商。

（二）民革响应“五一口号”，公开接受中国共产党领导

中共中央的这些举措，立即得到民革、民联、民促和其他民主党派、各人民团体的热烈拥护和响应。民革和在香港的各民主党派举行会议并展开讨论。各党派一致认为，召开新的政治协商会议，建立民主联合政府，是我国政治上的必由之路，民主人士自应起来响应。5月5日，李济深、何香凝代表民革，谭平山代表民联，蔡廷锴代表民促，和其他民主党派负责人及民主人士沈钧儒、章伯钧、马叙伦、王绍鏊、陈其尤、彭泽民、李章达、郭沫若等，为响应中共“五一口号”，联名致电毛泽东主席，认为中共关于召开政治协商会议、成立民主联合政府的号召“适合人民时势之要求”，表示完全赞同。5月7日，中共中央电告中共华南分局，要他们就召开新政协问题，同真诚反美反蒋的各民主党派、各人民团体及各界爱国知名人士交换意见。5月8日起，在港各民主党派、人民团体及无党派爱国民主人士，以“目前新形势与新政协”为题，连续召开座谈会，民革及其他民主党派人士先后在会上发表演说，一致认为中共中央“五一口号”，对于团结各民主党派，动员广大人民民主力量，促进革命胜利，具有重大的历史意义。一个以香港为中心，主要由各民主党派和各爱国民主人士参加的讨论新政协的运动从此展开。

民革、民联、民促都积极地参加了这一新政协运动。1948年5月，民联在香港发表了《响应中共“五一”号召的宣言》，认为中国共产党的“五一口号”是“民主统一战线争取革命胜利的具体指针”，三民主义同

志联合会“衷心地一致地赞同这个正确的号召，而且积极地督促蒋管区的同志们共同行动来促其实现，并保证其顺利成功”。民联认为，将要召开的新政协应该是“代表人民利益的民主党派、人民团体，以至于社会贤达及爱国分子的新政协”。新政协的《共同纲领》，“应该是和革命的三民主义符合的新民主主义的共同纲领”。民促也于同月在香港发表《响应中共“五一”号召的宣言》，指出中国共产党关于召开新政协的号召，“与我们目前的主张相符合”，是一切民主党派、人民团体和全国人民“共同一致的要求”。宣言认为，新政协必须紧密联系各民主党派、各人民团体及海外华侨、民主人士，通过革命斗争方式，彻底摧毁蒋介石独裁政权，“永远使其不有复活的机会”。

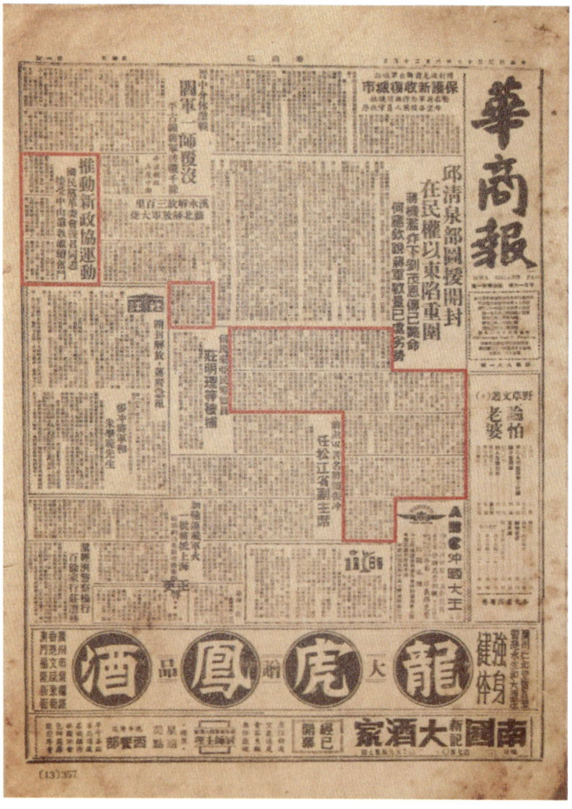
華商報

保護新收復城市

邱清泉部圖援開封

在民權以東陷重圍

推動新政協運動

匪軍一師覆沒

漢水解放三百里

襄北解放軍大捷

任松江省副主席

龍 大 虎 鳳 品 酒

強身健体

南國 新記 大酒家

★ 民革发表响应“五一口号”声明的相关报道。

5月23日，谭平山在香港《华商报》发表《适时的号召——论中共“五一”节口号》一文，比较了新旧政协的根本不同，即旧政协包含着“民主与反民主两大势力”，其构成的成分不纯，而新政协构成分子是“能够代表人民利益而且确有群众的各民主党派、各人民团体、各社会贤达”。文章说，新政协的共同纲领应该是新民主主义的政纲，而“决不是旧政协连欧美旧民主都不如的政纲”。文章强调新政协“是各民主党派分担革命责任的会议”，而“不是分配胜利果实的会议”；新政协领导的责任应“放在中国共产党肩上，这是历史发展上一种不容放弃的任务”。这些观点对于正确引导和影响新政协运动的健康发展，具有重要意义。

经过多次充分的讨论，民革中央于6月25日发表了《响应中共“五一”号召的声明》(以下简称《声明》)，明确表示，在人民解放战争即将获胜、国民党反动政权行将崩溃的今天，中共中央“五一口号”中提出的迅速召集新政协、成立民主联合政府的建议是“为消灭卖国独裁的反动统治和建立独立民主幸福的新中国所应循的途径”。民革不仅同意中共中央这一建议，而且要“以此号召本党同志、全国人民，为新政协之实现，人民代表大会之召开，民主联合政府之成立而共同努力”。《声明》提出了对新政协的意见，号召各革命力量应下决心把革命进行到底，“不但要覆灭今日的一党专政卖国独裁者，尤要使今后永无一党专政卖国独裁者产生”。关于新政协所实行的措施，应该“必然照顾到各社会阶层之利益，而使其在互助互利的原则下，共同发展”。

为了实现并召集政协会议和人民代表会议，中共中央就召开新政协的时间、地点、召集人、代表名额及召集人民代表会议的时间及如何召集等问题，征询各民主党派、人民团体、社会贤达的意见。6月13日，中共中央电示中共上海局和华南分局并告知潘汉年，要求他们就上述问题征求各民主党派的意见。8月1日，毛泽东致电各民主党派负责人李济深、何香凝、沈钧儒、章伯钧、马叙伦、陈其尤、彭泽民、李章达、蔡廷锴、谭平山等，对他们赞同召开新政治协商会议、建立民主联合政府并热心促其实现表示“极为钦佩”，并指出“现在革命形势日益开展，一切民主力量亟宜加强团结，共同奋斗，以期早日消灭中国反动势力，制止美帝国主义的侵略，建立独立、自由、富强和统一的中华人民民主共和国。为此目的，实有召集各民主党派、各人民团体及无党派民主人士的代表们共同协商的必要”，再次提出希望各民主党派负责人及爱国民主人士，就召集新政协会议的时间、地点、召集人、参加会议者的范围等问题“共同研讨，并以卓见见示”。[1] 这样，各民主党派及爱国民主人士就中共中央提出的各项具体问题，展开了深入的讨论。

8 月至 12 月，民革中央就新政协诸问题展开多次讨论，李济深、何香凝与其他在港的民主党派领导人及民主人士周新民、马叙伦、陈其尤、李章达、沈志远、彭泽民、章乃器、孙起孟、郭沫若等讨论了中共中央提出并由已经到达解放区的沈钧儒、谭平山、章伯钧、蔡廷锴、王绍鏊、高崇民、朱学范等讨论修改过的文件《关于召开新政协诸问题》。在讨论中，多数人认为，新政协应以团结全国人民，加强和扩大民族民主统一战线，完成反帝反封建反官僚资本的革命，建立独立、民主、统一、幸福的新中国为基本任务；新政协的具体工作应是制定共同纲领和宪章原则、筹备召开临时人民代表大会、建立民主联合政府；新政协的召集人应是中国共产党；新政协的参加者应是赞成反帝反封建反官僚资本的党派和团体，而且应是在新政协召开前已用言论和事实证明其为人民尽了相当责任者。南京反动政府系统下的一切反动党派及反动分子必须排除，不许参加。在讨论过程中，民革中央政治委员会还推定陈此生、吴茂荪、林伦彦、梅龚彬四人分别起草新政协共同纲领、新政协实施办法、人民代表大会和民主联合政府组织法等文件的草案，并提供给有关方面进一步讨论时参考。

随着三大战役的胜利展开，新民主主义革命形势的发展，民革的领导成员对于新政协和民主联合政府的认识有了进一步的提高并逐渐趋于统一，公开表明接受中国共产党的政治领导和拥护并参加新民主主义革命的政治立场成为民革工作的当务之急。

---

[1] 中共中央文献研究室编：《毛泽东文集》第五卷，人民出版社 1996 年版，第 114 页。

★ 朱学范到达东北解放区后，在佳木斯举行的五一劳动节纪念大会上讲话。

早在1948年11月14日，李济深与美国《纽约邮报》记者马丁谈话时指出，在“帝国主义与反帝国主义之间，没有中间路线或第三条路线”，中美关系问题的关键是要看美国“是否能放弃帝国主义政策”，只要美国“变更政策，我相信新中国的民主联合政府，是可以考虑与美国合作并维持商务关系的，当然是在平等互惠的基础上”。他号召国民党的军事将领必须“立刻起义”并“有行动表现”，这样才有可能被欢迎参加新政府，如“等蒋倒了以后再有行动，那就不能算‘起义’了”。12月8日，李济深在回答法国《新闻社》记者提及有人认为中国不可能成立联合政府，中共将实行一党专政时严正指出：“所谓中共将实行一党专政之说，完全是一种恶意的挑拨。我坚信中共将诚意与各民主党派合作。”12月26日，在毛泽东生日当天，李济深排除种种困难，秘密北上解放区。

1949年1月22日，民革、民联、民促已进入解放区的主要负责人李济深、谭平山、蔡廷锴、李德全、朱学范、朱蕴山、许宝驹、李民欣、梅龚彬、周颖、吴茂荪、林一元、赖亚力等，同其他民主党派、人民团体、民主人士的代表共55人，联名发表了《对时局的意见》，拥护和支持中共中央主席毛泽东提出的八项和平条件，明确指出“革命必须贯彻到底，革命与反革命之间绝无妥协与调和之可能”，表示愿意在中共领导下，共同进行人民民主革命，建立独立、自由、和平、幸福的新中国。这是民革第一次公开表明接受中国共产党领导的政治态度，标志着民革的重大政治转变。1 月 27 日，民革在沈阳单独发表《对于时局的声明》，指出革命三民主义与新民主主义是“同其内容”，而中国革命“又以工农大众为主力”，认为“革命必须进行到底，不可姑息养奸，至重蹈辛亥以来革命失败之覆辙”。强调反对帝国主义、封建主义和官僚资本主义的革命，“必须在中国无产阶级政党中共领导之下，才有不再中途夭折的保证”。为贯彻上述的政治主张，李济深给在香港和上海的民革中央执行委员和监察委员发出电报指示：“任何同志不得以分会或个人名义，在本会时局声明及民主人士 55 人对时局意见两文件范围以外发表政治主张”，“务须依照上述二文件所定之政治方向进行工作”，“一切有关政治军事策动及党派联络工作，均须事前请中央核准”。

响应中共“五一口号”，参加新政协运动，确认中国共产党的领导地位，是民革历史上的重大转折。从成立初期的联共反蒋发展到拥护共产党的领导和新民主主义革命的路线，这是民革的重大政治进步，是民革最终成长为中国现代史上一支进步政治力量的标志，也是民革继续前进的重要政治基础。

二、为新中国成立而团结奋斗

在响应中共“五一口号”、积极参加新政协运动的同时，民革全党投身中国共产党领导的人民民主革命的洪流，配合中共，开展了多种形式的反对国民党反动派的斗争。

（一）发表反蒋言论，宣传革命主张

正当中国人民解放军提出“打倒蒋介石，解放全中国”的口号，并在各个战场上取得节节胜利，解放战争在全国范围内的胜利已经在望之际，国民党蒋介石集团为了维护自己摇摇欲坠的统治，进一步加强了对广

大人民的压榨和对爱国民主力量的镇压。蒋介石集团一方面尽力征发一切可能征发的人力物力，继续进行内战；另一方面又任意逮捕、监禁、屠杀工人、学生和爱国民主人士，用各种暴力手段打击和迫害民主党派，颁布并实施《后方共产党处理办法》《特种刑事法庭组织条例》《戒严法》等一系列反动法令。这些倒行逆施的做法，使得整个国统区经济濒临崩溃，一再爆发恶性通货膨胀，民族工商业陷入绝境，人民生活在水深火热之中。

民革从一成立起，就积极投入到反对蒋介石反动派的革命洪流中，并公开表明自己的政治主张，号召国民党员和全国同胞为推翻蒋介石的独裁统治而斗争。

1948 年 2 月 19 日，美国驻华大使司徒雷登发表《告中国人民书》，重唱“第三条道路”的老调，企图挽回美国对华政策的一连串失败。对此，中国共产党和各民主党派进行了有力揭露和批判。3 月 5 日，谭平山在香港《华商报》发表《巩固统一战线，粉碎和平阴谋》一文指出，在美蒋导演下，“无论打起‘自由主义’、‘中间路线’的臭旗子，还是高唱‘第三条路线’、‘再起和平运动’、‘要求国共两党息战’的滥调”，其主要目的，就是企图“分化革命力量，争取中间势力，改善蒋朝孤立状态，借以获得喘息时间”。文章要求革命派除揭露和打击“自由主义”和“中间路线”之外，还要“整顿我们的革命队伍，清除一班苟安妥协的动摇分子，巩固革命的统一战线，把革命战争进行到底”。同年 3 月 12 日，民革在《为总理逝世 23 周年告本党及全国同胞书》中指出，孙中山制定的革命主张“早已为总理叛徒蒋介石所全部抛弃”，“今天蒋介石勾结美帝国主义，出卖民族权利”，国民党员和全国同胞都应“为打倒蒋介石卖国政权而奋斗到底”！

1948 年 3 月 29 日至 5 月 1 日，蒋介石集团为了给国民党的独裁统治加上一点“民主”的装饰，在南京召开“行宪国大”，“选举”蒋介石为“大总统”。对此，李济深当即在香港《华商报》上发表了《李济深否认伪选及伪国大的声明》，指出：1948 年 3 月召开的伪国民大会，是根据 1946 年 11 月伪国大制定的伪宪法召开的，而由这次伪国民大会选出的

“大总统、副总统”，“不问其为何人，我们中国国民党革命委员会和全国民主党派、民主人士及全国人民，都是坚决予以否认的”。李济深指出，这次伪国民大会上类似袁世凯的筹安会、曹锟的贿选之类的丑剧表明，国民党反动派是在“自掘坟墓”。5 月 3 日，在“行宪国大”以闹剧收场的第二天，民革中央即发表声明指出，南京政权“所以在军事、政治、经济严重危机中急急召开伪国大”，其目的不外是“通过伪国民大会满足独裁者‘帝制自为’的大欲，并授予‘总统’以‘戡乱’特权，使反动政权及内战合法化”。因此，民革对“伪国民大会所作的决议及由其产生之政府所签订的对外条约，对内一切立法及行政措施，一概不予承认”。

8 月，国民党政府发行金圆券，企图通过币制改革挽救财政危机，并对全国人民进行进一步的经济掠夺。对此，李济深发表《反抗凶残的掠夺》一文，号召人民尤其是工商业者不要与蒋介石集团合作，要尽可能地收藏金银和外币，存实物不存蒋币，积极参加反对国民党蒋介石集团的行动。

10 月，济南战役胜利结束，辽沈战役刚刚开始，民革与民盟、民联、民促等八个民主党派联合发表《告海内外同胞书》，号召全国人民团结起来，推翻国民党政权的反动统治。《告海内外同胞书》指出：“南京独裁政府的丧钟响了。”“全国各阶层各党派的人民大团结，一致奋起打倒民族敌人的时候到了。”“每一个爱国的有正义感的同胞都要参加这一个共同的历史事业。”

这些行动表明，民革已经彻底走上了推翻蒋介石反动统治的革命道路，已经坚决地站到中国共产党领导的新民主主义革命的进步事业一边。

（二）反对美帝国主义援蒋内战

民革在反蒋的同时，积极地开展了反对美帝国主义侵犯中国主权、干涉中国内政、援助蒋介石反动集团进行反革命内战的斗争。

1947 年下半年，国民党为挽回败局，数次派人赴美乞求军事援助。12 月 23 日，美国国会批准向国民党政府贷款 1800 万美元。1948 年 4 月

2 日，美国国会通过总额为 4 亿多美元的援华计划，次日经杜鲁门签署成为 1948 年“援华法案”。针对美国继续援蒋内战的行径，民革、民联、民促和在香港的其他民主党派联合发表了声明，严正地指出美国政府继续援助国民党蒋介石政府就是助长中国内战，就是干涉中国内政，美国政府的所作所为只能加深中国人民的痛苦，并表示：“我们坚决反对此种加深中国人民痛苦之对华借款，同时，绝不承认南京独裁政府所签订之任何损害中国主权之卖国条约。”民革中央常务委员、民联领导人谭平山著文指出，美国政府积极援助国民党蒋介石集团，只不过是“想用输血的方法来挽救蒋介石垂死的命运”，而指望以这种方法来挽救蒋介石集团的命运则是毫无希望的。

1948 年 10 月 22 日，民革、民联、民促和民盟、民进、农工、救国会、致公党等民主党派联合向联合国大会提出《为美帝侵华向联合国大会控诉书》（以下简称《控诉书》），揭露了美帝国主义对华政策的侵略实质。《控诉书》列举了九个方面的事实，按联合国宪章有关条款的规定，向大会提起诉讼，强烈要求美国立即将其军队撤出中国，立即停止援蒋，废除与蒋介石政府签订的一切不平等条约等。他们还要求联合国将《控诉书》转发各会员国进行讨论，希望各国一起纠正美国现行侵略政策的错误。这次行动，在国际范围内扩大了中国人民反美侵华斗争的影响。

1948 年 2 月初，民革在香港成立不久，在美国的冯玉祥、王昆仑、吴茂荪、赖亚力等在纽约成立了中国国民党革命委员会驻美总分会联络会，冯玉祥以民革驻美代表的资格向美国司法部做了正式登记。冯玉祥个人出资将民革成立大会的 4 个文件付印 500 册，分送美国国会、马歇尔、华侨商会、各图书馆、各大学等，进一步加强了反对美国援蒋的宣传工作。在各人民团体、华侨团体、学校、教会的集会上，冯玉祥发表了数以百次计的演讲。冯玉祥对美国人宣传的主要观点：美援助长了蒋介石及其各级官僚贪污；蒋介石为自己开脱罪责，把内战失败的责任都推到美国身上。他称蒋介石是“屠宰公司总经理”、“运输大队长”、贪污中饱的“无底洞”。这些观点引起了美国各阶层人民的极大震动。冯玉祥还多次举行记者招待会和撰写文章，拜访主持正义的议员、法官及前副总统华莱士、前内政部长伊格司、英国和苏联的驻美大使等，向他们说明中国内战的真实情况，进行反对国民党蒋介石集团和反对美国政府援助蒋介石集团打内战的宣传。为防止美国国会通过援蒋法案，他还亲自到美国国会众议院拨款委员会一个调查组作证，并警告美国政府“如果借钱帮助蒋介石杀中国人，中国人民要把这笔血债记在美国政府账上，至于借款，中国人民是一定不还这笔账的”。冯玉祥讲了两个小时之后，美国国会原拟批准援助蒋介石 6000 万美元减少到 1800 万美元。为分化中国的爱国民主力量，美国国务院派员拉拢冯玉祥说：“我们美国政府是反对共产党的，是绝不能与共产党合作的，只要你们不要共产党，我们美国政府愿意帮你们的大忙，要钱有钱，要军火有军火。”冯玉祥严正回答：“你们说不要共产党，这和我们没关系。孙中山手订的三大政策是我们的标准，孙中山亲笔写的民生主义，就是共产主义，这是我们全国同胞的宝典，哪能随便更改！更改了这个，便是叛徒。如果美国人喜欢我们说什么，我们就说什么，美国人喜欢我们做什么，我们就做什么，那样不单是三民主义的叛徒，并且是中国的卖国贼。”后来，冯玉祥将此事经过函告李济深，李济深认为冯玉祥做得对，并将冯的信件在香港发表。

冯玉祥在美国的活动，取得了积极的成效。美国电讯工会、白领工人工会、交通工会的会长联合发表宣言，申明美国工人阶级坚决反对美国援助中国反动当局压迫人民的政策。美国基督教卫理公会的教友原来不了解中国内战真情，支持蒋介石（蒋是卫理公会教友），听了冯玉祥的演说后，改变了看法。该会一位神父对冯玉祥说：“以前我们由于蒋介石是卫理公会的教友而引以为荣，听了你的演讲以后，我们都引以为耻了。”美国圣公会主教毛尔顿、神德学院院长保迪特博士及其他宗教界牧师、神父等著名人士，联合发表宣言，公开反对美国政府援蒋打内战屠杀中国人民，呼吁各界人士踊跃参加美国对华及远东政策大会，共同督促美国政府改变目前执行的对华错误政策。冯玉祥在美国的活动引起了蒋介石集团的忌恨，他们宣布开除冯玉祥的国民党党籍。冯玉祥不顾国民党反动派和美国当局的迫害，继续进行反蒋宣传。1948 年，为响应中共中央的“五一口号”，冯玉祥决定回国参加新的政治协商会议，于是乘苏联邮船回国，但中途因轮船失火而不幸遇难。

第二次世界大战结束后，美国有关人士组织了一个美国民主远东政策委员会，与美国政府错误的远东政策进行斗争。在美国国会批准“援华法案”后，该委员会发起举行中国周活动，反对美国政府支持蒋介石打内战的错误政策。1948 年 4 月 20 日，李济深致电该委员会，表示坚决支持美国反战人士举行中国周活动，指出中国周活动代表了美国人民向中国人民伸出的正义之手，它反对美国政府援助国民党蒋介石集团的反动政策，促进了中国人民解放的新生，并表示“愿永恒地与贵国民主人士合作，共同致力于打倒一切违反人民利益的反动政策，为谋求世界人类永久和平康乐的基业奋斗到底”。冯玉祥受李济深的委托，以民革中央代表身份，在中国周活动开幕大会上发表了演说。6 月 2 日，民革中央领导人李济深、何香凝，民联领导人谭平山，民促领导人蔡廷锴及其他爱国民主人士联名致电华莱士，表示热烈支持他“为争取美国民主和世界和平而进行的斗争”，同时指出，大量美军驻在中国，是中国人民“不能忍受的侮辱”，中国人民的反美反蒋斗争，也是“争取世界和平的斗争”。他们热烈地赞同华莱士提出赞同撤退驻华军队、停止援蒋、不干涉中国内政的具体建议，希望他继续努力，为中美两大民族和平共处与全世界的和平民主而奋斗。李济深还特别为华莱士在伯灵顿演讲时遭反动派污辱一事致电慰勉，表示中国人民“皆愿为阁下后盾”。李济深曾多次会见外国记者，批评美国政府的援蒋政策，呼吁美国政府尽快改弦易辙。

（三）开展策反工作，推动和平解放与起义

民革成立以后，为了推翻蒋介石集团的反动统治，在中国共产党的统一领导下，利用在国民党内部的各种历史、社会关系，积极争取国民党军政人员认清形势、弃暗投明，发展和壮大了国民党爱国民主力量。

民革从成立起，一直把策动国民党军队起义和组织武装作为推翻蒋介

石反动政权、推动中国民主革命前进的主要手段，并为此做了大量工作。

为了有效地组织策反行动，1948年3月，民革中央常务委员会通过了一个《军事工作大纲》，并决定反蒋军事工作的实际行动，由李济深特设秘密机构执行。李济深、蔡廷锴、龙云、谭平山、杨杰、王葆真、朱蕴山、梅龚彬等随即组成秘密军事小组，拟订了具体行动计划，并决定与中共华南局、华中局等取得联系，争取他们的指导，以期相互配合进行工作。

民革中央根据朱蕴山的建议，在华中方面暂时特设军事行动小组，加强对华中国民党军队的策反工作，以配合人民解放军的南进。朱蕴山负责该组的政治外交工作，王笑天负责军事技术工作，李一平负责财务工作。于是，民革从香港陆续派出许多成员，带着李济深的亲笔信到内地，在国民党军队中开展策反工作。李济深还多次给桂系的李宗仁、白崇禧写信，促其反蒋起义。桂系、西北军旧部及川、康、滇各地方实力派，在民革成员的联络与策动下，陆续派人到香港与李济深、朱蕴山、尹时中等联络，寻求支持。同时，民联、民促也各自通过自己的组织系统和成员的历史关系开展了策反工作。

为了引导国民党将士脱离蒋介石集团，民革进行了大量策反宣传。1948年9月，民革中央发表《告国民党将士书》，指出黄埔同学及其他属于国民党的军人“为了国家民族的生存，国民党的生存，甚至为了自己的出路”，“都应该毫不犹豫地脱离蒋政府，到革命委员会来，和人民解放军并肩作战”。淮海战役打响后，1948年11月16日，民革中央发表《告蒋管区本党同志书》，号召革命的三民主义信徒，“立刻行动起来”，坚决执行孙中山手订的三大政策，“以达成反帝反封建反官僚资本的任务，彻底消灭蒋介石反动政权及其凶顽集团”；军界人员“应立即效法吴化文、曾泽生、周福成诸将领作军事起义”；政界及地方人员“应号召民众、组织民众，作政治起义，脱离反动政权，建立人民的革命政权”；经济工商界人员“应一方面加紧瓦解豪门资本的经济体系，一方面加意保护工厂，使勿遭受破坏”；文教人员“应积极倡导民主革命”，“激发革命情绪”，保护和维持好学校及文化机关，“勿使反动政府予以毁坏或迁移”。

经过不懈努力，民革在推动国民党军政人员率部起义方面取得了一些成果，一些与民革、民联、民促还没有发生联系的民革前辈，在中共统一战线政策的影响下，纷纷起义，投入人民阵营。

早在1945年10月30日，全面内战尚未爆发时，国民党第十一战区副司令长官高树勋在河北邯郸附近的马头镇率新八军1万余人起义，粉碎了国民党当局打通平汉线、分割解放区的企图。高树勋起义后，国民党军队2万余人被俘。高树勋成为解放战争时期第一位揭竿而起的国民党高级将领。

在北平和平解放过程中，李济深、邓宝珊、何思源、焦实斋、李锡九、赵丕廉等人从不同方面作出了贡献，何思源还为此遭到国民党特务的暗杀，全家一死五伤。在湖南和平解放的过程中，程潜在毛泽东和中共地下组织的大力支持下，与陈明仁等联名宣布湖南和平解放。李济深、刘斐、唐生智、仇鳌、程星龄、谢晋、曹伯闻、刘公武、文于一、蔡杞材、方鼎英、黄一欧、李世璋等数十位民革前辈在其中作出了贡献。北平和谈破裂后，张治中、屈武飞赴新疆，与刘孟纯、刘泽荣等人力促新疆和平解放。邓宝珊在推动傅作义实现北平和平解放后，陪同傅作义奔赴绥远，推动绥远实现和平解放。邓宝珊还推动了陕西榆林左世允、高凌云和宁夏马鸿宾起义。1949年年底，在民革等多方的推动下，卢汉在昆明宣布起义，刘文辉、邓锡侯、潘文华在成都联合宣布起义，刘文辉领导下的西康也宣布起义，蒋介石依托西南负隅顽抗的梦想彻底破灭。正在成都的蒋介石获悉刘文辉等人起义的消息后，仓皇飞赴台湾省。他登机之后，还特意召见亲信、同乡胡宗南，当面下达了在大陆发出的最后一道命令："炮轰刘文辉公馆！"

南京是国民党政权所在，具有特殊的重要地位。蒋介石为了保住南京和上海，特意派亲信、同乡汤恩伯任京沪警备司令，他下野后依然在奉化遥控指挥，梦想通过固守长江天堑等待转机。1949年2月元宵佳节前后，民革策动的"京沪暴动"不幸失败，王葆真等一批民革党员被捕。"京沪暴动"虽然流产了，但在当时仍引起轰动，且影响巨大。上海《申报》称此事件为"关系整个政局颠覆政府之阴谋计划，此一计划如得实现，则今日政局面目已非，京沪可能已入暴动分子之掌握”。3 月 24 日，在民联的策动下，国民党南京警卫部队“首都警卫师”第四十五军九十七师少将师长王晏清、上校参谋长李宗琳等人，率领部分官兵在南京外围江宁镇起义，并于当晚渡过长江天险，平安抵达解放区，对南京守军产生了一定影响。4 月 7 日凌晨，贾亦斌在中共地下党组织的领导下，率国防部预备干部局陆军预备干部训练第一总队在浙江嘉兴起义。这支起义部队本来是蒋经国组建的，一向为蒋介石集团所倚重，有“勤王之师”之称，加上在国民党政权的心脏地区爆发，给蒋介石集团以震撼。国民党的喉舌《东南日报》哀叹：“其（起义）在政治意识上，给政府给人民以极大的刺激，因为这一批正是万人瞩目之‘国之瑰宝’的知识青年。”社会上更是传云：“蒋家王朝，大势已去。”蒋介石急忙在浙苏皖调兵遣将，派出几十倍于起义部队的兵力对其进行围追堵截，还悬赏 5 万银圆购买贾亦斌的项上人头。起义部队一路转战，最后仅剩下数十人，贾亦斌身负重伤，后被中共领导的游击队解救。4 月 10 日，民联和孙文主义革命同盟（简称孙盟）领导人许闻天、金绍先因开展策反工作在南京被捕，后被营救出狱。解放军渡过长江后，蒋介石集团企图破坏南京的基础设施，南京首都卫戍中将副总司令兼江北指挥所主任覃异之支持孙越崎领导的资源委员会起义，派军队保护首都电厂，并派出纠察队前往车站、码头及水厂警戒，严防特务破坏，同时要求部分纠察队队员维护街头秩序，以保证南京城市和百姓的平安。解放军发起渡江战役前后，郭春涛参与策动了国民党军防守下的江阴炮台要塞起义。江阴炮台的成功起义，大大减少了解放军渡江的阻力。郭春涛还参与策动了国民党海军重庆号军舰起义、驻上海虹桥机场机械师起义、吴淞炮台起义、国民党海军第二舰队司令林遵起义等，为我军胜利渡江创造了条件。上海解放前夕，郭春涛又紧急策划营救出张澜、罗隆基等人。

距南京不远的上海是当时远东最大的城市，中国最大的工业城市、金融中心，是西方列强在中国乃至远东地区的重要据点，具有特殊的重要地位。在上海解放过程中，民革和民革前辈从不同方面作出了贡献。解放军渡江战役打响后，民革的许多地方组织对国民党军队进行了大量策反工作，筹划阵前起义。解放上海战役刚打响，驻守在上海虹桥的国民党军第十六师，在朱蕴山等派人劝说下撤离阵地。淞沪警备司令部副司令兼北区兵团司令、五十一军军长刘昌义率部数万人起义，使解放军顺利开入苏州河以北地区。时任上海市驻卫警察总队副总队长、代总队长的民联地下成员崔恒敏，管辖着全市重要机关、工厂、企业、学校、码头、仓库、里弄等单位的驻卫警察8000多人，在中共地下党领导下举行武装起义。赵祖康利用自身担任末任上海市代理市长这一机会，做了大量工作，推动政权和平交接，保证上海市政设施基本完整地交到人民手中。被毛泽东接见并亲切地称呼为“丁海关”的海关总税务司署副总税务司丁贵堂，作为当时中国海关最高级别华员，在中共地下党组织领导下，率领总税务司署和江海关（包括浚浦局、港务科、检疫所等）工作人员起义，在上海外滩海关大楼上挂出了上海的第一幅红色巨幅标语“欢迎人民解放军解放大上海”，并在高大的钟楼上升起了黄浦江畔第一面红旗。这次起义，不仅象征国家主权的国门钥匙——海关控制管理权，以及珍贵海关档案、数额可观的库存、大批海关船只回到了中国人民手里，也为新中国海关的发展保留下一批经验丰富的海关人才。范予遂、葛敬恩、李世军、陈建晨、武和轩、张汇文、洪瑞钊等53名国民党立法委员，在上海宣布脱离国民党政权，举行了起义。

解放战争后期，据不完全统计，有原国民党第九十六军军长吴化文率部在山东济南战役战场、一一〇师师长廖运周率部在淮海战役双堆集战场、第十九兵团司令张轸在湖北金口、安徽省国民党军第二纵队司令陈瑞河在安徽南部、傅柏翠率领福建龙岩地方武装在闽西、陈铁率二七五师在贵州遵义、川鄂绥靖公署副主任董宋珩及该署所属第十六兵团副司令曾元在四川什邡、裴昌会率第七兵团在四川德阳，豫陕鄂边区绥靖公署主任张钫与第十五兵团司令罗广文、第二十兵团司令陈克非联合于四川郫县、李振率第十八兵团在四川成都举行了起义，杭鸿志在重庆组织国民党陆军大学教职员工护校并举行起义，等等。廖运周起义后，蒋介石重建了一一〇师，任命廖运周的族兄弟廖运升继任师长，划归汤恩伯指挥，并派保密局特务监视。在中共地下党组织和廖运周的帮助下，1949 年5 月4 日，廖运升与派来监视的特务一起率一一〇师在浙江义乌通电起义。两个同姓兄弟、两个一一〇师长先后率部起义，成为佳话。1949 年 8 月，驻留香港的国民党立法委员和中央委员黄绍竑、刘斐、龙云、贺耀祖等44 人联合发表声明，史称香港起义。

随着国民党在军事和政治上的失败，国民党政府在国际外交上也开始陷入困境。民革利用自己与国民党的特殊关系，策动一些爱国的驻外使馆人员秘密活动，脱离国民党政府转而投向人民阵营。其中由民革前辈凌其翰领导的驻法国大使馆和巴黎总领事馆两馆起义，在国内外产生了积极的影响。

此外，民革还在国民党政府系统内进行了策反活动，促成一些重要官员弃暗投明。

民革的这些策反活动，对瓦解蒋介石集团的反动军队、推翻蒋介石反动政权和促进人民解放战争的胜利发展，起了积极的配合作用，为中国民主革命的胜利作出了一定的贡献。当然，民革的策反活动基本上是在中共领导下或配合中共的行动而进行的。

在开展策反工作的同时，民革和民革前辈还进行了组织武装力量的军事活动。在广东，民革曾组织一批地方武装进行游击斗争。在香港，开办了游击训练班，李济深、蔡廷锴等亲自授课，为游击队培养了骨干力量。在四川和西康，由刘文辉主持，收编了一些县的保安团队和自卫武装，组成由民革领导的地方武装力量。在湘桂交界地区，在福建、浙江沿海地区，民革也组织了反蒋武装。这些地方武装多与中共地下组织及中共领导的游击队取得联系，互相策应，扰乱敌人后方。

在民革组织和领导的地方武装中，势力较强、规模较大的是云南的滇黔人民自卫军。1948 年年初，经民革中央与中共华南局协商，决定派遣吴信达（民革中央执委、云南民革组织召集人）回云南，与杨杰（民革、民联中央负责人，负责民革川、滇、康、黔西南四省工作）、万保邦（民革云南分会筹委会成员，原龙云、卢汉的部下，国民党第六十军军长）

等联系，商量筹组反蒋武装事宜。当时，万保邦在滇南一带联络了一些专员、县长及龙云部下的中下级军官和中小地主，准备组织人民自卫军，伺机发动起义。吴信达到云南后，在杨杰的指导下，即与万保邦等加紧筹组人民自卫军的工作。1948 年 8 月，民革中央派谭冬菁、张克明，中共华南局派许实到云南，加强自卫军的筹组工作。年底，民革中央又派卢志远从香港前往云南，进一步加强工作。1949 年 1 月，在万保邦的家乡蒙自成立了人民自卫军指挥部，万保邦任司令员，杨德元任副司令员，吴信达任政治委员，张克明任秘书长（此时张克明已返香港，由卢志远代），万孟麟任参谋长，卢志远任政治部主任。当时共有兵力约 8000 余人。2 月 28 日，人民自卫军攻打蒙自县城，同时宣布正式起义，并散发了《滇黔人民自卫军起义宣言》《告云南民众书》《告云南青年书》。由于举事仓促和国民党反动派的镇压，该起义失败，杨德元、卢志远先后牺牲。此后，人民自卫军分成小股在屏边、文山、马关、金平及中越边境一带打游击。随着云南的和平解放，人民自卫军各部按照民革中央和中共华南局的指示，陆续接受了中国人民解放军的收编。在人民自卫军存在的一年多一点的时间里，同国民党反动军队共进行了大小百余次战斗，吸引了云南敌军的主力和注意力，有力地配合了人民解放军的斗争，为促进云南人民的觉醒、推动卢汉将军起义、实现云南的和平解放，作出了一定的贡献。

民革在策反和组织武装的过程中，出现过一些不当之处，如不择对象、盲目收编等。有的领导人也有过组织自己的武装以造成一种势力，从而在革命胜利后加强自己在政治上的地位的想法。随着人民解放战争的迅猛发展，经过中国共产党的教育帮助和民革内部进步力量的不断努力，这些人逐步克服了这些缺点，并把自己的革命力量完全统一在中国共产党领导的人民革命的旗帜之下，开始了新生。

全国解放前夕，许多民革组织和成员利用自己在国民党内的关系和自己的特殊身份，配合中共做了大量掩护、营救中共党员和进步人士的工作，并冒着危险，保护了一批档案、资料、矿山、物资和公共财产免遭国民党反动派的转移和破坏，为人民解放事业作出了贡献。例如，在孙越崎领导下，资源委员会分散在全国的包括北平石景山发电厂、甘肃玉门油田在内的1000多个大中型厂矿企业和32000余名职员及数十万技术工人，按照“坚守岗位、保护财产、迎接解放、办理移交”的原则，与当地国民党政府、军队百般周旋，最终全部留在原岗位，护厂护矿迎解放。由资源委员会负责管理的设在上海的大小仓库70余座，高桥油库存储进口原油10万吨，产自甘肃玉门、新疆独山子的汽油1800万加仑，以及一套炼油厂设备和档案等，从台湾调来的大批白糖等紧俏物资，还有在香港的国外贸易事务所拥有的价值五六百万美元的钨、锑、锡、汞等出口矿产品，等等，都完整地交到新中国手中，为百废待兴的新中国保存了一批重要的重工业家底和大批宝贵物资。

此外，还有一些民革前辈，如陈绍宽、熊克武、仇鳌、汤国梨等人，毅然拒绝蒋介石集团的威逼利诱，甚至武力威胁，拒绝去台湾省，而是选择留下来迎接解放，推动当地的解放。

在参加民主革命、从事军事活动的斗争中，不少民革党员出生入死、英勇顽强，遭受了国民党反动派的种种迫害乃至屠杀，为中国民主革命的胜利献出了自己的青春和生命。1947年9月27日，在北平开展策反工作的余心清被捕。1949年2月，在上海、南京从事民革地下工作和军事策反的王葆真、孟士衡、夏琫瑛等15位民革成员被反动当局逮捕。民革南京筹委会主委孟士衡、宣传委员吴士文和工作人员肖俭魁三人，5月9日下午被国民党汤恩伯部枪杀在上海宋公园（今闸北公园）。郭春涛夫人秦德君被捕，遭受了严刑拷打，最终被判处死刑。就在执行的前一天，中国人民解放军解放了上海，从狱中救出了秦德君。重庆民联的主要负责人之一黎又霖，因从事军运和营救难友等工作，于1949年8月被军统特务逮捕。同时和之后被捕的还有周均时、王白与、周从化、周绍轩、王国源、杨其昌等。重庆解放前夕，黎又霖、周均时、王白与、周从化四人被杀害。民革在川南地区负责联络地方武装的李宗煌，1949年5月正准备发动武装起义时被国民党特务逮捕，于重庆解放前夕被军统特务杀害于渣滓洞集中营。三位年轻民革党员曹立中、王建昌、黎一上，则于成都解放前夕被杀害于西郊的十二桥。民革中央执委、湖北民革负责人之一的曹天铎，1948年春奉李济深之命，持李的亲笔信到湖北麻城策动白崇禧部张淦兵团起义，后遭逮捕被押送南京，下落不明。民革中央执委、民联中常委、民革、民联西南地区负责人杨杰，为民革的军事活动做了大量工作。1949年9月9日，杨杰由昆明到香港；9月19日，其在准备动身赴北平出席新政协会议之际，被国民党特务暗杀。1950年6月，身负重要使命的吴石、陈宝仓等在台湾被捕遇害。据1949年10月开展的不完全统计，民革因从事地下工作和军事活动而牺牲的成员有30多人。

三、参加新政治协商会议，迎接新中国诞生

（一）参加新政协的筹备工作

1949年3月5日，中共七届二中全会在西柏坡举行，会上批准了由中共发起，并协同各民主党派、人民团体及民主人士，召开没有反动分子参加的新政治协商会议及成立民主联合政府的建议。3月25日，毛泽东率领中共中央由西柏坡到达北平，李济深等各民主党派领导人和著名民主人士前往西苑机场迎接。

4月20日，南京国民党政府拒绝在国共和谈达成的《国内和平协定》上签字，于是人民解放军发起渡江战役，迅速占领南京，并乘胜前进，整个中国大陆的解放指日可待。中共与各民主党派、各人民团体、各界民主人士、国内少数民族和海外华侨团结奋斗的共同政治基础得以巩固，各阶层人民已广泛组织起来，召开新政治协商会议的一切基础和条件已经具备。

从1948年8月起，民革、民联、民促及其他民主党派的代表和有关民主人士就在中国共产党的周密安排下陆续到达解放区，参加新的政治协商会议的筹备工作。早在2月底，朱学范在欧洲参加完世界工联、国际劳工组织会议后，就辗转到达哈尔滨，他是最早到达解放区的民革领导人。

其间，他就中国革命的领导力量问题，与李济深进行了多次书信交流。冯玉祥冲破国民党特务的重重围困，离开美国前往解放区，但不幸在黑海遇难，其夫人李德全于 11 月到达哈尔滨。9 月底，在中共的周密组织下，第一批北上的谭平山、蔡廷锴等民主人士到达东北解放区。10 月 8 日，中共中央委托中共中央东北局，就有关召开新政协的问题，约请到达哈尔滨的民革、民联、民促、民盟领导人朱学范、谭平山、蔡廷锴、沈钧儒、章伯钧等会谈。10 月 30 日，中共中央将哈尔滨会谈的初步意见转告在香港的李济深、何香凝、李章达及其他民主党派领导人和无党派民主人士，并征求意见。经过多次协商，各方就新政协的筹备达成了协议。内容有：新政协参加人员的范围由反对美帝国主义侵略、反对国民党反动统治、反对封建主义和官僚资本压迫的各民主党派、各人民团体及无党派民主人士的代表人物组成，南京反动政府系统下的一切反动党派及反动分子不许参加等。1948 年底，李济深、朱蕴山、梅龚彬、吴茂荪、李民欣等从香港秘密动身，于 1949 年 1 月 7 日安抵大连。

1949 年 1 月 30 日，北平宣布和平解放，新政协筹备会决定举行地点由原定的哈尔滨改为北平。2 月 1 日，中共中央统战部秘书长齐燕铭等人到达北平，负责安排参加政协筹备会的各民主党派和民主人士的接待工作。2 月 25 日，在东北的李济深等各民主党派领导人和无党派民主人士 37 人，由中共中央代表林伯渠陪同，从沈阳到达北平。3 月 5 日至 13 日，中共中央在河北省平山县西柏坡举行了具有历史意义的七届二中全会，会议批准了中央政治局关于召开新政治协商会议和成立民主联合政府的提议。3 月下旬，中共中央从西柏坡迁往北平，中央统战部也在此前后分批迁到了北平。经各方协商，最后决定新政协筹备会于 6 月中旬在北平正式召开。

6 月 15 日，新政协筹备会第一次全体会议在北平中南海勤政殿开幕。会议由周恩来主持。这次会议共开了 5 天，出席会议的有中共、民革、民盟，其他民主党派、各人民团体、各界民主人士、国内少数民族和海外华侨代表等共 23 个单位 134 人。其中民革代表为李济深、何香凝、李德全、张文、李锡九、陈劭先、梅龚彬，民联代表为谭平山、陈铭枢、郭春涛、王昆仑、许宝驹，民促代表为蔡廷锴、蒋光鼐、陈此生、李民欣。李济深代表民革在新政协筹备会第一次全体会议开幕式上发表了讲话。他说："新政治协商会议筹备会，是建设一个符合人民愿望的新中国的开始，我们是以非常的欢欣鼓舞的心情来参加的。""全中国人民，盼望有一个民主的、独立的、和平的、繁荣的中国出现，已经很久了。""为了它，牺牲了无数的烈士的头颅鲜血；为了它，牺牲了无数的人民的生命财产。到今天，障碍我们建国的一切反动势力快要完全消灭，我们可以顺利地建立一个符合人民愿望的新中国了，这是何等高兴的事！"他指出："我们要筹备好一个足以代表全国各革命阶层的新政治协商会议，使之能够号召各阶层群众，老的少的，男的女的，团结一起，各尽其所能，为肃清一切反动残余和建设新民主的中国而奋斗到底。"他特别强调："共同建国纲领和建立中华人民民主共和国政府的方案，是关系全国人民生活的国家大计。我们要深谋远虑地制定切实的草案，使人民所愿望的新中国得以迅速地建立起来"，筹备会的责任是很重大的，我们一定要"认真地严肃地在毛主席领导下进行我们的工作"。

周恩来在会议上作了《新政协筹备会组织条例（草案）》的报告，指出由于解放战争的迅速发展，迫切需要召开一个具有更加广泛代表性和更加隆重的全国性大会来制定国策，产生政府，成立新中国。经过协商，各方面同意这一主张，并决定新政协改在北平举行，由它执行全国人民代表大会的职权。为此，新政协的阵营必须扩大，要有广泛的代表性，足以体现全国各民族、各民主阶级、各民主党派、各人民团体和一切爱国民主力量的大团结，新政协的筹备工作也应该更加充分。经过讨论，大家同意周恩来的报告，一致通过了《新政协筹备会组织条例》。会议根据这个条例，选出毛泽东、朱德、周恩来、李济深、谭平山、蔡廷锴等 21 人组成新政协筹备会常务委员会，常委会又推定毛泽东为主任，周恩来、李济深、沈钧儒、郭沫若、陈叔通为副主任，李维汉为秘书长。为了迅速完成召开新政协的各项准备工作，筹备会决定将参加筹备工作的各党派及各方面代表，组成六个小组，在常务委员会领导下，分别进行具体筹备工作。民革、民联、民促的一些成员分别参加了各小组的工作。他们是：李济深、谭平山、蔡廷锴、陈其瑗参加拟定新政协参加单位及其代表名额小组的工作；谭平山、李德全、郭春涛、蒋光鼐参加新政协组织法起草小组的工作，其中谭平山任组长；陈劭先、许宝驹、陈此生、朱学范参加新政协共同纲领起草小组的工作；张文、李章达、王昆仑、赖亚力参加中央人民政府组织法起草小组的工作，其中赖亚力担任小组秘书；陈劭先、梅龚彬、陈铭枢、蒋光鼐、林一元参加新政协宣言起草小组的工作，其中林一元担任小组秘书。

新政协筹备会成立后，各小组在筹备会常务委员会的领导下，经过三个月的努力，基本上完成了各项筹备工作。这一时期，李济深作为筹备会的副主任，积极参加领导了各项筹备工作，为政协会议的正式召开作出了贡献。

民革在积极参加新政协筹备工作的同时，还组织成员不断学习讨论，提高认识，取得进步，并在国内外重大政治问题上表明与中国共产党合作的政治立场。6 月 30 日，毛泽东发表《论人民民主专政》一文，总结了新民主主义革命经验，批评了在人民民主专政问题上的种种糊涂观念和错误思想，阐明了即将成立的人民民主专政国家政权的性质及其基本方针政策，为新政协的召开和中华人民共和国的成立及人民政协《共同纲领》的制定，奠定了思想基础和理论基础。该文章发表后，民革立即进行了认真学习和热烈讨论。8 月 5 日，美国国务院发表《美国与中国的关系》白皮书，为美国援蒋内战的失败开脱罪责。8 月 14 日起，新华社接连发表毛泽东撰写的《丢掉幻想，准备斗争》《别了，司徒雷登》等四篇评论，揭露了美国对华政策的帝国主义本质，批评了国内一部分资产阶级知识分子对于美帝国主义的幻想，深刻地阐述了中国革命发生和胜利的原因。对此，民革发动自己的成员举行座谈会，讨论毛泽东所写的评论，并和各民主党派、人民团体及各阶层人士一道参加了批判美国白皮书的运动。8 月 18 日前后，民革李济深、李德全，民联谭平山，民促蔡廷锴分别发表讲话，指斥美帝国主义始终与中国人民为敌，揭露其破坏中国人民民主革命的阴谋。9月1日，民革中央发表《严斥白皮书》的声明，严正指出美国这篇自供状使中国过去对美帝国主义曾经有过幻想的人们获得了宝贵教训。该声明驳斥了白皮书宣扬的侵略逻辑和种种谬论，表示民革将“恪遵中山遗教”，把中国民族民主革命进行到底，从根本上“消灭美帝及其在中国的走狗蒋介石集团的一切残余势力”。这次讨论使民革成员受到很大教育，对提高民革成员特别是领导层对中国革命及对美帝国主义的认识有重要作用，使民革在参加新政协制定《共同纲领》的思想上和理论上的准备更充分了。

8月28日，宋庆龄抵达北平，毛泽东、朱德、周恩来、董必武、李济深、何香凝等50余人前往车站迎接。9月9日，在湖南起义的程潜应邀来北平参加政协会议，毛泽东等前往车站迎接。

9月13日，新政协筹备会召开第二次全体会议。会议决定把即将召开的新政治协商会议改称为中国人民政治协商会议，并审议和基本通过了《中国人民政治协商会议组织法（草案）》《中国人民政治协商会议共同纲领（草案）》《中华人民共和国人民政府组织法（草案）》等文件，至此，中国人民政治协商会议的筹备工作全部完成了。

（二）参加中国人民政治协商会议第一届全体会议

9月21日，中国人民政治协商会议第一届全体会议在北平中南海怀仁堂隆重开幕。参加会议的有中国共产党、各民主党派、各人民团体和其他界别的代表共662人，应邀来宾300多人。民革、民联、民促的代表总共39名，他们是：民革正式代表李济深、何香凝、柳亚子、李德全、张文、李锡九、陈劭先、朱蕴山、梅龚彬、余心清、王葆真、李任仁、刘积学、陈汝棠、赖亚力，候补代表吕集义、郑坤廉（杨杰被暗杀）；民联正式代表谭平山、陈铭枢、郭春涛、王昆仑、许宝驹、吴茂荪、萧隽英、李世璋、谭惕吾（缺1名），候补代表于振瀛、田竺僧；民促正式代表蔡廷锴、蒋光鼐、陈此生、李民欣、秦元邦、林一元、谭冬青、司马文森，候补代表李子诵。此外，民革领导人李章达作为中国人民救国会代表，朱学范作为中华全国总工会代表，周颖作为中华全国总工会候补代表，潘震亚作为自由职业界民主人士代表，陈其瑗作为国外华侨民主人士代表，李侠公作为待解放区候补代表，廖运周、高树勋、张轸、吴奇伟等作为解放军代表出席了会议。宋庆龄、钱昌照、龙云、李明扬、宁武、张治中、邵力子、黄绍竑、刘斐、李蒸、卢郁文、许闻天、程潜、邓宝珊、程星龄等国民党爱国民主人士作为特邀代表参加了会议。

大会由毛泽东、朱德、李济深、沈钧儒、郭沫若担任执行主席。毛泽东宣布大会开幕并致开幕词。他指出，中国人民政治协商会议是在完全新的基础之上召开的“全国人民大团结的会议”，“执行全国人民代表大会的职权”，“我们有一个共同的感觉，这就是我们的工作将写在人类的历史上，它将表明：占人类总数四分之一的中国人从此站立起来了”。①

★ 参加中国人民政治协商会议第一届全体会议的民革代表合影。前排左起：李锡九、何香凝、李济深、柳亚子、王葆真。中排左起：吕集义、陈汝棠、李德全、陈劭先、李任仁、梅龚彬。后排左起：张文、郑坤廉、朱蕴山、余心清、刘积学、赖亚力。

① 中共中央文献研究室编：《毛泽东文集》第五卷，人民出版社1996年版，第342—343页。

★ 参加中国人民政治协商会议第一届全体会议的民联代表合影。前排左起：许宝驹、郭春涛、谭平山、陈铭枢、王昆仑。后排左起：吴茂荪、萧隽英、李世璋、谭惕吾、于振瀛、田竺僧。

★ 参加中国人民政治协商会议第一届全体会议的民促代表合影。前排左起：陈此生、蒋光鼐、蔡廷锴、李民欣。后排左起：李子诵、秦元邦、林一元、司马文森、谭冬菁。

民革中央常委何香凝代表民革中央在开幕式上作了讲话。她说："现在蒋介石垮台了，人民政协开幕了，孙中山先生致力革命 40 年，谋求中国的自由平等，节制资本，耕者有其田，联合世界上以平等待我之民族，这些革命目的，在毛主席的领导下得到了实现，我们可以告慰在九泉下的孙先生了。"何香凝说："我们信仰孙中山先生的革命的三民主义的信徒，今天要来做一个模范的新民主主义工作者，就要做人民政治协商会议共同纲领的模范力行者。我们要全心全意地拥护中央人民政府。我们各民主党派的党员及负责人，尤其应该实行政府的法令、政令，勤俭节约，临事不惧，实事求是，这才能对得住全国的人民，对得起无数死难的烈士。"特邀代表张治中、程潜也先后在 21 日的会议上作了讲话。中国人民政治协商会议第一届全体会议还通过临时决议，以大会名义致电中国国民党革命委员会及杨杰家属，对杨杰在港被国民党特务杀害表示吊唁。

9 月 22 日，谭平山代表筹备会第二起草小组作了《中国人民政治协商会议组织法起草经过的报告》。9 月 23 日，继续举行全体会议，李济深代表民革第一个在会上作了重要发言。他指出，大会之所以能够召开，应"感谢中国共产党 20 多年的艰苦和正确领导，感谢中国人民解放军的英勇作战，感谢全国人民与反革命势力长期搏斗，以及各民主党派各人民团体和一切爱国民主人士共同努力"。李济深强调指出："我们要建立的新中国，即人民由被压迫地位变为新社会新国家的主人之新民主主义的中华人民共和国。在这个新国家中，政权操在人民的手里，并剥夺违背国家利益的反人民的反动派即代表帝国主义、封建主义和官僚资本主义利益的反动派之参政权利。这就是工人阶级、农民阶级、小资产阶级和民族资产阶级的统一战线，而以工农联盟为基础，工人阶级为领导的人民民主专政。"他代表民革郑重表示：对于人民政协筹备会向大会提出的共同纲领第三项法案草案"完全赞同"，因为这些"草案的基本精神和全部内容正是中国人民近百年来艰苦追求实现的目标，更与我党创始人孙中山先生的革命理想完全符合"。在当天的会上，蔡廷锴代表民促、陈铭枢代表民联也作了发言。晚上，中共中央主席毛泽东、中国人民解放军总司令朱德举行宴会，招待国民党军起义将领及有关人士。程潜、张治中、邓宝珊、黄绍竑、刘斐、李任仁、吴奇伟、张轸、廖运周等26人应邀出席。李济深、陈铭枢、蔡廷锴、蒋光鼐等应邀作陪。中共中央军事委员会周恩来、陈毅、刘伯承等领导人也出席了宴会。席间，毛泽东主席几次举杯为起义人员响应人民和平运动立下的功绩干杯。毛泽东说，由于国民党中一部分爱国军人举行起义，不但加速了国民党残余军事力量的瓦解，而且使我们有了迅速增强的空军和海军。这次宴会和毛泽东的讲话对国民党爱国民主人士、军人的起义行动作了充分肯定和高度评价，对民革领导人也是很大的鼓舞。

9月24日，民革中央电贺政协第一届大会开幕，表示："愿在大会、中国共产党毛主席和即将由大会产生的中华人民共和国中央人民政府的领导之下，为实现共同纲领、大会决议而奋斗到底！"民革北平、上海、马来亚等地分会也纷纷致电祝贺。

9月27日至29日，全体代表一致通过了《中华人民共和国中央人民政府组织法》《中国人民政治协商会议组织法》和《中国人民政治协商会议共同纲领》。9月30日，选出了毛泽东、周恩来、李济深等180人组成的中国人民政治协商会议第一届全国委员会，选举了由63人组成的中央人民政府委员会，毛泽东当选中央人民政府主席，朱德、刘少奇、宋庆龄、李济深、张澜、高岗当选副主席，何香凝、李章达、蔡廷锴、张治中、程潜、李锡九、谭平山、陈铭枢、柳亚子、龙云等民革成员当选中央人民政府委员会委员。会议通过了《中国人民政治协商会议第一届全体会议宣言》，宣告"中国人民已经战胜了自己的敌人，改变了中国的面貌，建立了中华人民共和国"，"中国的历史，从此开辟了一个新的时代"。

10月1日上午，中央人民政府委员会举行第一次会议，一致决议宣告中华人民共和国中央人民政府成立，接受《共同纲领》为政府施政方针；任命周恩来为政务院总理兼外交部部长，毛泽东为中国人民革命军事委员会主席，朱德为中国人民解放军总司令，沈钧儒为最高人民法院院长，罗荣桓为最高人民检察署检察长，并责成他们从速组成各个政权机关。在中央人民政府委员会各机构组成人员中，民革的不少成员担任了重要职务，主要有：程潜为人民革命军事委员会副主席，何香凝为华侨事务委员会主任，谭平山为人民监察委员会主任，李德全为卫生部部长，朱学范为邮电部部长，余心清为中央人民政府办公厅副主任、典礼局局长、政务院副秘书长和机关事务管理局局长，郭春涛为政务院副秘书长、参事室主任，潘震亚为人民监察委员会副主任，李任仁为华侨事务委员会副主任，陈其瑗为内务部副部长，丁贵堂为海关总署副署长。张治中、蔡廷锴、龙云、刘斐等担任人民革命军事委员会委员，谭平山、陈劭先、王昆仑、朱学范、黄绍竑、邵力子、钱昌照、朱蕴山、宁武、梅龚彬、吴茂荪、李民欣、许宝驹、林一元等分别担任政务委员或政务院各委员会的委员。在省级人民政府中，程潜担任湖南省人民政府主席，邓宝珊担任甘肃省人民政府主席，还有一些民革党员担任省级人民政府副主席。

10 月 1 日下午 3 时，首都北京 30 万军民在天安门广场集会，隆重庆祝中华人民共和国成立。毛泽东、周恩来、宋庆龄、李济深、何香凝等领导人一起登上天安门城楼。民革中央致电热烈祝贺中央人民政府成立，表示“本会号召全国同志竭诚拥护人民的中央政府，在毛主席领导之下为建设新民主主义的新中国而努力”。民联、民促及民革的各地方组织也分别致电庆贺。

★ 毛泽东与李济深等人在天安门城楼上。

中华人民共和国的成立，标志着新民主主义革命在全国范围的胜利。数千年的专制压迫、100 多年来的帝国主义侵略、22 年的国民党反动统治从此结束，一个独立、统一的新中国诞生了。民革、民联和民促都作为中国民主革命统一战线的成员，在中国共产党的领导和帮助下，参加了中国人民政治协商会议第一届全体会议，参与了具有临时宪法性质和作用的《中国人民政治协商会议共同纲领》的制定及其他活动，为新中国的诞生作出了积极的贡献，这是民革的光荣。

第三章

整顿发展组织，参加新中国初期建设

中华人民共和国成立后，中国国民党民主派代表会议（民革二大）在北京举行，确立了接受中国共产党领导和为新民主主义服务的政治路线。

作为中国共产党领导的多党合作中的一个民主党派，民革许多领导人担任国家、政府、政协的重要职务，参加了国家政权建设和国家事务的管理。

面对新的形势与任务，在中国共产党的领导和帮助下，民革组织全体党员认真学习马列主义、毛泽东思想，积极投身反帝爱国和争取祖国统一的伟大斗争，踊跃参加国家的各项民主改革和建设实践，为巩固人民民主政权，恢复和发展国民经济，实现过渡时期总任务，发挥了应有的作用。

在中共各级组织的支持、帮助下，民革吸收了大批新党员，开展了建立健全地方组织的工作，并扩大了社会联系面。通过这一阶段的自我教育、参加社会主义改造实践和组织发展工作，民革广大党员的政治觉悟和建设热情得到显著提高，党员人数有了较大增长，组织建设取得了长足进步，为民革在社会主义建设时期的发展打下了良好的基础。

一、民革组织的统一与发展

（一）中国国民党民主派代表会议召开，实现组织的统一

随着中华人民共和国的成立，民革作为人民民主统一战线的成员，参加了中国共产党领导的多党合作和人民民主专政的国家政权，担负起新的历史任务。形势的发展迫切要求民革加强自身的思想建设和组织建设，进

一步明确方向，统一认识，增强团结，健全组织，以便更好地调动一切积极因素，为实现新的历史时期的任务贡献力量。为此，民革中央首先进行组织的整顿，重新审查登记成员，在此基础上，着手解决统一组织的问题。

1949 年 10 月 6 日，由民革、民联、民促的代表组成的统一协商会议讨论了国民党各民主派别的统一问题，制定了统一工作方案，公推李济深为召集人，邀集各方代表就有关问题继续进行协商。程潜、张治中、邵力子等也应邀参加，协调各方的意见。10 月 12 日，中共中央统战部举办茶话会招待民革领导人，周恩来到会并作了重要讲话。其讲话阐明，在新民主主义政权建设过程中，不应该也不可能采取欧美旧式民主，一党在朝，一党在野。关于民革的发展方向和前途问题，他指出，原国民党中层广大职教公务人员应当是民革主要发展对象，希望民革朋友在这方面多做工作，争取他们，使他们懂得如何为人民服务。周恩来这一讲话精神，给了民革领导人极大的启发和教育，对于各方意见的统一和中国国民党民主派代表会议的成功召开，具有十分重大的意义。

11 月 12 日至 16 日，中国国民党民主派代表会议在北京举行。参加会议的有四个方面的代表，即民革、民联、民促和国民党其他爱国民主人士，共 58 人。国民党其他爱国民主人士的代表包括原南京政府和谈代表团的部分成员、部分起义将领和知名人士。这次会议实际上是民革的二大，也被通称为四方会议。

会议决定，民革、民联、民促和国民党其他爱国民主人士统一成为一个组织——中国国民党革命委员会，民联、民促同时宣告结束。

会议经过五天讨论，通过了《中国国民党革命委员会关于当前政治任务决议案》，决定以《共同纲领》作为民革的政治纲领。同时还通过了《中国国民党革命委员会组织总章》和《中国国民党民主派代表会议宣言》（以下简称《宣言》）。

会议通过的《宣言》声明，民革“继承中山先生之革命传统，宣告叛徒蒋介石反动党统之灭亡，并以中国人民民主统一战线之一员，在中国共产党、毛主席领导之下，为巩固人民民主专政，实现人民政协共同纲领而努力”。《宣言》指出：“人民政协的共同纲领，便是我们行动的总纲领。我们将站在自己的岗位上，竭智尽忠，依靠自己的历史和社会的关系，协助各级人民政府，求其彻底实现。”《宣言》在总结历史经验后强调，“中国民族民主革命胜利的保证，其领导权必须建筑在团结了广大工农群众的中国共产党身上，中国国民党革命派如果为了继承中山先生的革命传统，而愿为中国革命贡献力量，唯有参加以中国共产党为首的人民民主统一战线”。《宣言》表示，“我们应尽可能地健全我们党的组织，改造我们党员的思想和作风，务使党的组织不再是一个落后的散漫的集团，而是一个进步的、有纪律的、并与群众密切联系的为人民服务的革命政党”。《关于当前政治任务决议案》具体提出：要发挥国民党革命委员会社会的和历史的关系，积极策动国民党残余军队和地方武装起义，以求解放战争早日完成；协助人民政府改造旧军人，引导他们贡献能力于新中国；协助各地方人民政府进行土地改革，实现孙中山先生一向倡导的“耕者有其田”的主张；协助各地方人民政府，清除各企业中的官僚资本主义的残余，引导民族工商业者致力于生产建设；积极宣传《共同纲领》及人民政府的一切政策法令；积极参加新中国的各项建设工作，为巩固人民民主专政的新中国而贡献力量。

会议选举产生了由45名中央委员和20名候补中央委员组成的新一届中央委员会。李济深当选为主席，何香凝、谭平山、陈铭枢、蔡廷锴、蒋光鼐、程潜、张治中、邵力子、柳亚子、朱蕴山、陈劭先、陈其瑗、梅龚彬、王昆仑、郭春涛、许宝驹、宁武、贺贵严、于振瀛、李世璋当选为中央常务委员。会议还决定成立以联系和团结国民党爱国民主人士为任务的中央团结委员会，由李济深、何香凝、熊克武、王葆真、周震鳞等72人组成。团结委员会作为民革在当时特定的历史条件下，团结有关人士的一个特殊机构，在不同的历史阶段中发挥了独特的作用。

中国国民党民主派代表会议，是民革历史上的第二次全国代表大会，着重解决了国民党各民主派别和其他爱国民主力量成立统一的政治组织的问题。会议在总结民主革命时期国民党民主派斗争的经验教训的基础上，确立了接受中国共产党领导、为新民主主义服务的政治路线，并制定了相应的组织路线，会议选出的新的中央领导机构，具有广泛的代表性，体现了国民党爱国民主力量的大团结。正如《宣言》所指出的，参加会议代表所代表的四个方面，在与反革命势力搏斗的过程中，虽然都在中共领导的人民民主统一战线的号召和影响下，进行打倒卖国独裁政权的斗争，在精神上完全一致，在政见上基本相同，但因为环境历史的关系和工作上的困难，仍无法统一于一个组织之内。“现在人民解放战争已将蒋介石反动集团的卖国独裁政权摧毁了，中华人民共和国已宣告成立了。今后人民民主统一战线正需要每一民主阶层和民主党派集中力量，以发挥其协助人民政府伟大的新民主主义建设工程。我们应当把握这一大好时机，进行我们的大团结工作。这便是此次中国国民党民主派代表会议召开的意义。”通过这次会议，民革在政治上和组织上大大地前进了一步，为中华人民共和国成立后民革工作的开展创造了必要的条件。

（二）民革地方组织的整顿与发展

由于民革成立于人民解放战争胜利进入战略反攻的历史性时刻，一成立就投入推翻蒋介石反动统治的伟大斗争之中，没有足够的时间和精力加强自身的组织建设。而且民革成立初期，民联、民促继续保持各自的组织，相对独立地开展工作，它们的地方组织没有参加民革。因此，民革存在着不同程度的组织不纯和领导机构不健全的问题。为此，民革在1949 年年底和 1950 年，把清理整顿地方组织作为中华人民共和国成立初期党务工作的重点。

中国国民党民主派代表会议通过的《中国国民党革命委员会组织总章》对党员入党条件作了严格规定：“（一）确认革命的三民主义之发展在现阶段已与新民主主义汇流，并愿为建设新民主主义的人民共和国而奋斗。（二）赞成彻底消灭封建、买办、官僚资本，及法西斯的反动残余势力，赞成土改政策，消灭地主阶级的封建剥削制度，以实现‘耕者有其田’的主张。（三）志愿参加人民民主革命的统一战线，拥护工人阶级及中国共产党领导的人民民主专政的联合政权，以实现《共同纲领》。（四）反对以美国为首的帝国主义集团，拥护以苏联为首的国际民主和平阵营，并联合全世界一切人民民主力量，争取世界之持久和平。”并规定：凡曾参加国民党内外反动派系而未有确切证明其已脱离关系，并无改过自新之切实表现者；凡有勾结帝国主义破坏革命统一战线表现为反民主、反人民之言行，而未有改过自新之确切证明者；凡曾在国民党反动政权下，担任重要职务有贪污腐化行为及思想顽固者和流氓、土劣等，而未有已经改造之确切证明者；凡曾在抗战时期担任敌伪机关重要职务及有危害国家民族之罪行者；具有上述各款之一者不得介绍入党。

1950 年 7 月，民革中央常务委员会在北京举行扩大会议。会议决定：通告各级组织，经中共中央与各民主党派商定，嗣后在部队、军事教育机关、公安、外交机关，各民主党派不发展党员，停止组织活动。

同年 11 月 13 日，民革中央组织部发出关于发展组织的通知，确定今后发展组织，必须有计划的、主动的，在质量并重、不缺不滥的原则下，争取党员数量的增加，一面充实，一面扩大。发展党员面向政府机关工作人员及政治面貌清楚的原国民党党员和与国民党有历史关系的人士，发展党员的重点在吸收中层；发展党员的地区集中于大、中城市；发展党员的方法为吸收在参加五大运动中、工作中、学习中的积极分子。

在三年经济恢复时期，民革采取一系列措施对地方组织进行了整顿，纯洁了组织，建立了新的地方各级组织机构。中共各地组织对民革的组织发展给予很大帮助，党委和政府有关领导同志亲自出面做工作，动员和说服符合条件的机关工作人员参加民革。这使得党员人数从重新登记以后的 1600 余人增加了两倍半以上，新的基层组织机构在大、中城市建立了 29 个。党员成分中有 72.9% 是人民政府机关工作人员；有 24.9% 是文教界、工商界及其他在职人员；失业的党员比例降低到 2.2%；同时还有 9% 的共产党员和共青团员。民革采取切实措施整顿和发展地方组织，为在新中国发挥应有的作用创造了必要的组织条件。

二、参加国民经济恢复时期各项任务

国民党政权逃离大陆时留下的是一个十分落后的千疮百孔的烂摊子。由于长期滥发纸币，市场上物价飞涨、投机猖獗、秩序混乱；整个经济呈现崩溃的局面，生产萎缩，交通阻塞，民生困苦，失业众多。面对极其困难的财政经济状况，中国共产党采取了一系列重大而正确的措施，以稳定物价和统一财经。经过一年多的艰苦努力，通货膨胀得到控制，物价日趋稳定，财政收支接近平衡。这表明国家的财政经济状况已经开始好转。在这样的形势下，1950 年 6 月中共召开了七届三中全会，毛泽东在会上作了书面报告，向全党全国人民提出了“为争取国家财政经济状况的基本好转而斗争”的现阶段的中心任务。会议指出，现在我国在经济战线上取得的一批胜利，表现了财政经济状况的开始好转，但这还不是根本的好转。要获得财政经济状况的根本好转，要用三年左右的时间，创造三个条件：即土地改革的完成；现有工商业的合理调整；国家机构所需经费的大量节减。为创造这三个条件，圆满完成财政经济状况根本好转的中心任务，不仅需要共产党努力，还需要各民主党派、各族各界人民共同努力，使中国共产党的战略方针变成人民群众的自觉行动。为此，1950 年 5 月召开的中国人民政治协商会议第一届全国委员会第二次会议对中共中央提出的《中华人民共和国土地改革法（草案）》作了认真、热烈的讨论和若干修改补充，并予以通过。毛泽东在闭幕词中热切希望各民主党派、各人民团体积极帮助农民进行土地改革，希望各民主党派像过战争关考验一样，过好土改关，对人民有所贡献。

1950 年至 1952 年，中国共产党领导全国各民族、各民主党派、各民主阶级、各人民团体、各界爱国民主人士，在恢复国民经济的同时，在政治、思想、文化各条战线上也开展了多方面的斗争，特别是在全国范围内开展了土地改革运动、抗美援朝运动、镇压反革命运动、思想改造运动和

“三反”“五反”运动。民革在共产党的领导下，以高度的政治责任感和全国各族各界人民一道积极参加五大运动，接受锻炼和教育。

（一）参加抗美援朝运动

正当我国人民致力于恢复国民经济的时候，1950 年 6 月 25 日，朝鲜战争突然爆发。27 日，美国总统杜鲁门宣布武装干涉朝鲜内政，扩大朝鲜战争，同时宣布派遣第 7 舰队侵入台湾海峡。周恩来代表我国政府于 6 月 28 日发表声明，强烈谴责美国政府侵略朝鲜和我国台湾及干涉亚洲事务的侵略行为。9 月 15 日，美国侵略军在朝鲜仁川登陆，占领汉城，越过三八线，把战火烧到我国东北边境，并轰炸我国东北边疆城市和乡村。9 月 30 日，周恩来代表我国政府庄严声明：“中国人民决不能容忍外国的侵略，也不能听任帝国主义者对自己的邻人肆行侵略而置之不理。”①

民革和全国人民一样对帝国主义的侵略行径极为愤慨，坚决拥护周恩来代表我国政府的严正声明，表现出高度的爱国热忱。1950 年 11 月 4 日，由中国共产党领衔，民革、民盟、民建、中国人民政协无党派民主人士、民促、农工党、致公党、九三学社、台盟及中国新民主主义青年团联合发表抗美援朝保家卫国的《各民主党派联合宣言》，严正宣布：“中国各民主党派誓以全力拥护全国人民的正义要求，拥护全国人民在志愿的基础上为着抗美援朝保家卫国的神圣任务而奋斗，坚决支持出兵援朝。”11 月 27 日至 12 月 6 日，民革在北京举行了二届二中全会，会议报告中指出：“抗美援朝保家卫国是中国人民的一致要求，是中国人民民主统一战线的基本政治任务，也是民革当前的基本政治任务。”会议通过《确定抗美援朝保家卫国为本党当前中心政治任务的决议》，民革各级组织按照决议要求，在党员中广泛开展了爱国主义和国际主义教育，揭露美帝国主义的纸老虎本质，克服各种不正确的认识，增强抗美援朝必胜的信心。民革党员积极自

① 《周恩来选集》下卷，人民出版社 1984 年版，第 37 页。

觉地履行抗美援朝各项义务，捐献飞机大炮，许多党员动员自己的子女和亲属踊跃参军，赴朝参战。1951 年 5 月 6 日，民革中央作出《关于实践爱国公约，捐献飞机大炮，做好优抚工作的决定》，并于同月成立抗美援朝捐献总会，何香凝任主任委员。至 1952 年 5 月，该会收到的民革党员的武器捐献现金总数为 13 亿余元（人民币旧币）。为此，中国人民抗美援朝总会来函，对民革热烈推动爱国武器捐献运动表示感谢。民革中央和地方组织的部分领导人还先后参加慰问团深入前线，慰问中国人民志愿军和朝鲜人民军，慰问伤病员和烈军属，并开展宣传教育。在抗美援朝运动中，民革尽到了自己的一分力量，全体党员同时受到了深刻的爱国主义和国际主义教育，增强了民族自豪感，同全国人民一起，迎来了抗美援朝斗争的伟大胜利。

（二）参加新区土地改革运动

在进行抗美援朝战争的同时，中国共产党根据中共七届三中全会的部署和全国政协一届二次会议通过的《中华人民共和国土地改革法》（以下简称《土地改革法》），从 1950 年冬到 1953 年春，在新解放地区占全国人口一多半的农村领导农民开展了轰轰烈烈的土地改革运动。

这一次土地改革运动，是在人民革命战争已经取得全国胜利，统一的人民政权已经建立的条件下进行的。土改的基本目的：废除地主阶级封建剥削的土地所有制，实行农民的土地所有制，借以解放农村生产力、发展农业生产，为新中国的工业化开辟道路。为此，中共中央制定了“依靠贫农、雇农，团结中农，中立富农，有步骤地有分别地消灭封建剥削制度，发展农业生产”的土地改革总路线。为了统一思想认识，中共中央负责同志分别邀请各民主党派、无党派民主人士和从地主阶级分化出来的爱国民主分子代表人物，进行协商座谈，沟通思想，交换意见，开展批评与自我批评，通过摆事实、讲道理，解除各种怀疑，纠正错误认识，达到认识一致。

民革坚决拥护《土地改革法》，并号召党员积极投身到土地改革运动中去，为土改圆满完成而努力奋斗。李济深在中共中央组织的座谈会上发言指出："封建半封建土地所有制的存在，障碍了人民的中国走上工业化现代化的前程，我们中央人民政府和人民民主统一战线的每一个参加单位，都以最大决心，来完成土地改革这一历史任务，全体民革成员都应为完成土改任务而奋斗到底。"民革党员中的一些爱国起义将领也在各种场合表明支持和拥护土改的态度和立场。刘文辉说："我就是一个大地主，拿四川话来说就是'大绅粮'，我将无条件无保留地献出我所有的一切土地，分给农民。"卢汉说："自己原是一个地主，回到家乡，一定要多方解说、劝导，为实现土改而斗争，自己首先放弃过去地主享有的非法权益。"邓锡侯也说："我下定决心，不仅做到军事上的'起义'，而且要做到阶级上的'起义'。"这些同志的表态，受到广泛的欢迎。

全国政协一届二次会议以后，根据中共中央的建议，经同各民主党派协商同意，决定组织民主党派成员及民主人士参加、参观土改工作，以使他们获得一次学习和锻炼的机会，并在推进土改的胜利完成中发挥积极作用。据此，1950 年 8 月 3 日，政务院总理周恩来将此协议内容电告各行政区军政委员会，要求他们与当地各民主党派领导机关协商执行。为此，1950 年 8 月，民革中央发出关于参加土地改革的指示，要求各地组织推动党员学习、宣传《土地改革法》，并积极参加土改运动。9 月，民革中央部分负责人和干部首批参加政协全国委员会组织的土改工作团，深入华东、中南等地农村进行土改。随着土改运动的全面开展，民革中央和地方组织的党员陆续分期分批参加了这一声势浩大的运动。据统计，这次运动共有约 1/4 的民革党员参加，他们受到了一次很好的锻炼和教育，提高了政治觉悟，增强了对劳动人民的感情，获得了不同程度的进步。

土地改革运动的伟大胜利，消灭了地主阶级封建剥削的土地所有制，从根本上铲除了中国封建制度的根基，巩固了工农联盟，巩固了人民民主专政的国家政权，解放了农村生产力，有力地支援了抗美援朝，进一步促进了国民经济的恢复和发展，是近代以来中国人民反封建斗争的一个历史性胜利。民革在这次运动中经受了考验，顺利地通过了土地改革这一关。

（三）参加镇压反革命运动

镇压反革命运动是在中国共产党和人民政府领导下，为肃清国民党反动派在大陆的残余武装力量和匪特、恶霸及其他反革命势力，保卫人民革命成果和巩固人民民主专政的又一场伟大斗争。中华人民共和国成立初期，残留在祖国大陆特别是广大新解放区的政治土匪、国民党特务、反动党团骨干以及各种反动会道门头子，在美帝国主义发动侵朝战争以后，以为梦想的“第三次世界大战”就要爆发，蒋介石反攻大陆的时机已到，纷纷从阴暗角落里钻出来，进行各种反革命破坏活动，他们炸毁铁路、工厂和矿山，烧毁仓库、抢劫物资、纵火放毒、暗杀革命干部、残害群众，甚至组织反革命地下军，进行反革命武装暴乱，严重威胁着经济建设和人民群众的生命财产安全。为此，各级政府司法机关依据《共同纲领》，开展了严厉镇压反革命的活动。

1950 年 10 月，中共中央发布指示，全面贯彻了“镇压与宽大相结合”的政策。根据这一指示，中共各级党委和人民政府广泛发动群众，在全国大张旗鼓地开展了镇压反革命运动。1951 年 2 月，中央人民政府公布了《中华人民共和国惩治反革命条例》（以下简称《条例》）。《条例》贯彻了镇压与宽大相结合的原则，规定对各种反革命案件的处理原则和方法，使镇压反革命的斗争有了法律依据和量刑标准。《条例》公布不久，镇压反革命运动即形成全国性高潮。

在这场同国民党反动派遗留在大陆的残余势力的严重斗争中，民革做了大量的工作。1951 年 2 月 28 日，民革中央发言人发表谈话，拥护中央人民政府公布的《条例》，要求全体民革党员提高警惕，严防反革命分子破坏，坚决镇压反革命，巩固人民民主专政。4 月，民革中央与北京市分部组织举行了拥护镇压反革命运动加强党内思想教育大会。李济深在会上作了讲话，号召民革党员以实际行动协助政府，检举反革命分子，并向群众广为宣传。鼓励曾参加过反动组织的成员进行坦白登记，澄清自己的历史。随后，民革各级组织对所属成员进行了分清敌我的教育，协助政府，向群众宣传有关政策，检举反革命分子。有的地方组织和基层组织举办讲演会、座谈会，学习和宣传有关文件；有的协助当地政府监视和防止特务活动；有的号召党员利用社会关系，规劝特务和反动党团分子进行登记；等等。同时，民革对自身组织也进一步做了清理。民革在镇反运动中的积极行动，对运动的顺利进行起到了促进作用。

（四）参加“三反”“五反”运动

中国共产党七届三中全会以后，中国共产党和政府在全国范围内对现有工商业进行了合理调整，改变了经济上的无政府状态，使我国财政经济状况迅速好转，促进了国民经济的恢复和发展。资本主义工商业在党的“公私兼顾，劳资两利”的方针指导下，有了恢复和发展。但一些资本家唯利是图、投机取巧、损人利己、追逐暴利的恶习也开始膨胀起来。他们违背《共同纲领》，反对国家限制，不惜破坏国家的经济建设，向工人阶级和社会主义发动猖狂的进攻。他们大肆进行行贿、偷税漏税、盗窃国家财产、偷工减料、盗窃国家经济情报等总称为“五毒”的违法活动。在资产阶级猖狂进攻中，国家机关和经济部门中的少数干部，有的追求物质享受，讲排场，大肆铺张浪费；有的滋长官僚主义恶习，脱离群众，脱离实际；有的同不法资本家勾结，堕落为蜕化变质分子。

为此，中共中央从 1951 年 11 月起，发出了一系列指示，要求“大张旗鼓地、雷厉风行地开展一个大规模的反对贪污、反对浪费、反对官僚主义的斗争”。于是从 1951 年年底开始，在党、政、军、民内部开展了轰轰烈烈的“三反”运动。1952 年 1 月 26 日，中共中央又向全党发出了《关于在城市限期展开大规模的坚决彻底的“五反”斗争的指示》，这样，一个大规模的反对行贿、反对偷税漏税、反对盗窃国家财产、反对偷工减料和反对盗窃国家经济情报的斗争，也在全国城市展开。

1951 年年底，民革中央常委会举行扩大会议，一致拥护中共中央关于进行“三反”运动的英明决策。12 月 25 日，民革中央及北京市分部联合举行反贪污、反浪费、反官僚主义动员大会，并决定成立民革中央节约检查委员会，开展“三反”运动。1952年1月15日，民革中央向各地组织发出指示，号召全体党员，并动员所联系的群众，积极投入增产节约运动与反贪污、反浪费、反官僚主义的斗争中。2月29日，民革中央又向全党发出《关于加强“三反”运动坚决反击资产阶级猖狂进攻的指示》。李济深发表文章，号召全党成员积极投入这场伟大运动，并结合反贪污反浪费和反官僚主义斗争进行思想改造。随后，民革各级机关内部开展了反对贪污、反对浪费、反对官僚主义的“三反”运动，清除了资产阶级腐朽思想的影响，进一步树立了以工人阶级为领导的观点。为了保证运动领导得力、开展深入，民革中央要求各级组织都成立相应的节约检查委员会，以严肃的精神、关心的态度，参加这一斗争。5月6日，为了解地方组织参加“三反”“五反”运动的情况，并进行指导，民革中央常委会决定派常务委员陈劭先视察山东、上海、浙江、南京等地方组织，组织部部长朱蕴山视察安徽、江西、福建等地方组织，促进了各地方组织“三反”“五反”运动的健康发展。

“三反”“五反”运动，打退了违法资本家的猖狂进攻，巩固了工人阶级对社会主义经济的领导地位，也巩固了工人阶级同民族资产阶级的联盟。在运动中，民革同中国共产党密切合作，同全国人民团结一致，为运动的胜利贡献了自己的力量。

通过以上各次运动，民革各级组织和全体党员经受了一系列重大锻炼和考验，提高了政治觉悟，明确了前进的方向，为迎接即将来到的社会主义革命高潮作了必要的思想准备。

三、参加国家管理和重大决策的讨论

中华人民共和国成立后，民革作为中国共产党领导的统一战线和多党合作的一员，积极参与国家重大问题的协商，积极参加国家事务的管理，在国家的政治生活中，发挥了积极的作用。

（一）参与第一部《中华人民共和国宪法（草案）》的起草和讨论

第一部《中华人民共和国宪法》（以下简称《宪法》），是在中共中央直接领导下，经过各方面代表人物和全国亿万人民反复讨论，最后由第一届全国人民代表大会第一次会议通过的。它的诞生标志着《共同纲领》已完成其历史使命，而宪法以根本大法的形式成为各党派、各阶层、各族人民共同遵守的准则。

1953 年 1 月 13 日，中央人民政府委员会通过决议，决定成立以毛泽东为主席的由 32 名委员组成的中华人民共和国宪法起草委员会。李济深、何香凝、程潜等参加了这个委员会。1954 年 3 月 23 日，宪法起草委员会召开第一次会议，毛泽东亲自主持会议，讨论中共中央起草的《中华人民共和国宪法（草案）》（以下简称《宪法（草案）》）初稿。会议决定将这个初稿分别在宪法起草委员会、全国政协分组讨论，同时分发各大行政区、各省、市领导机关和各民主党派、各人民团体的各级组织。3 月下旬，政协全国委员会邀请各民主党派、各人民团体负责人和各界人士 500 多人对《宪法（草案）》初稿进行讨论。李济深及当时在北京的民革中央委员、候补中央委员、中央委员会各部门负责人均被邀请参加。会议分成 17 个小组，开会 260 次，历时两个月。讨论者对《宪法（草案）》初稿全文逐章、逐节、逐条、逐句进行了讨论，提出了 2000 多条修改意见。民革全国各地方组织的负责同志，也在当地中华人民共和国宪法草案初稿讨论委员会组织领导下，参加了宪法草案初稿的讨论。宪法起草委员会对会上提出的意见进行了周密的研究和讨论，至 6 月 11 日顺利完成了《宪法（草案）》的起草工作。

1954 年 6 月 14 日，中央人民政府委员会举行第三十次会议，审查通过了这个《宪法（草案）》，决定予以公布并在全国人民中组织讨论，以便搜集意见，再作修改，最后提交第一届全国人民代表大会第一次会议制定颁布。对此，《人民日报》发表了题为《在全国人民中广泛地展开讨论中华人民共和国宪法草案》的社论，号召全国人民充满信心地进行宪法草案的全民讨论，热烈地迎接中华人民共和国第一部宪法的诞生。

1954年6月21日，民革中央发出《关于动员党员讨论和宣传宪法草案的通知》。通知指出："各级组织关于宪法草案的讨论和宣传工作应在当地宪法草案讨论委员会的统一领导和布置下进行，各级组织应着重启发成员提高政治觉悟，加强社会主义思想改造，努力做好工作，以实际行动迎接我国的第一个宪法的诞生。"

通知下达后，民革中央及地方组织热烈地展开了讨论和宣传《宪法（草案）》的活动。各级领导同志带头，纷纷在各种报纸、刊物上撰写文章，或在广播电台发表演说，表示自己对于《宪法（草案）》的拥护。参加学习的各地成员听了《宪法（草案）》的基本精神、主要内容、条文解释等一系列的报告以后，在各种小组中展开了热烈的讨论，一致表示拥护《宪法（草案）》，深感《宪法（草案）》的诞生是中国历史上乃至全国人民当前政治生活中的重大事情。在讨论和领悟《宪法（草案）》的基本精神实质的基础上，大家进行了逐章和逐条的讨论。整个讨论期间，民革全党提出的修改意见、补充意见和问题共3200条。

1954年9月20日，第一届全国人大第一次会议以无记名投票方式一致通过《中华人民共和国宪法》，并由主席团公布。至此，中华人民共和国第一部宪法正式诞生。

《宪法》是属于社会主义类型的宪法。它明确规定了我们国家的根本性质和国家的领导体制，明确规定了过渡时期的总任务，规定了国内各民族的平等地位。同时，还明确规定在人民民主制度下，我国存在着广泛的人民民主统一战线。所有这些规定，集中反映了全国各民族人民的根本利益，也适当照顾到民族资产阶级人士和民主党派在接受社会主义改造中的合法权益和合理要求。因此，得到广大人民群众的普遍拥护，也为民族资产阶级、民主人士，包括民革在内的民主党派所欢迎。熊克武说："《中华人民共和国宪法》的公布，是开创我国民主宪政新纪元的一个光辉标志。"张治中称颂《宪法》"结构严谨而明确"，"措辞简练而通俗"，"是中国人民自己的宪法，是反映了建设社会主义社会美好繁荣的远景的宪法，是符合全国人民希望和要求，巩固人民民主制度，创造人民幸福生活的宪法”。邵力子在回顾自己参加宪法草案多次讨论修改的亲身体会时说：“从宪法草案初稿的讨论到宪法的正式颁布过程中，确切证明了广大人民确有建设社会主义社会的共同愿望，在今天我们的国家公布属于社会主义类型的宪法，实在已是水到渠成，瓜熟蒂落，宪法的公布，博得全国人民的欢欣鼓舞，决不是偶然的。”这些发自肺腑的谈话，代表了民革全体党员的共同心声。1954 年 12 月 25 日，政协第二届全国委员会第一次全体会议通过了《中国人民政治协商会议章程》，决定以“拥护《中华人民共和国宪法》，全力贯彻宪法的实施”等七项为参加中国人民政治协商会议的各单位和个人共同遵守的准则。民革参加了这次会议，参与了章程的制定，并决定以这个章程的总纲为民革的政治纲领。此后，民革的一切活动都在宪法规定的范围内进行。

（二）参与国家方针政策的制定和实施

在国家政治生活中，民革还利用多种形式，与中共一起讨论、协商，参与国家各方面方针、政策的制定和实施。

中华人民共和国成立初期，为了给民主党派提供参政议政的有效途径和机会，中共中央决定设立几种比较稳定的形式。一是双周座谈会，1950 年 3 月政协全国委员会工作会议第一次会议决定设立。为了使双周座谈会组织制度化，1950 年 9 月，全国政协还通过了《双周座谈会暂行组织办法》。其中规定，双周座谈会的参加者分为当然参加者、自愿参加者和临时邀请参加者三种。当然参加者包括共产党、各民主党派、各人民团体及无党派人士推选出的代表。自愿参加者包括全国政协主席、副主席、常委、委员、秘书长、副秘书长、组长、副组长；中央人民政府主席、副主席、秘书长、委员及办公厅正副主任；政务院、军事委员会、最高人民法院、最高人民检察院的正副首长；政务院所属各部、委、院署、行政首长及政务委员。临时邀请参加者包括来北京的各大行政区及省市人民政府正副首长及地方政协正副主席。双周座谈会的活动形式主要有报告会和座谈会两种。内容为听取政府有关部门的工作报告、座谈时事问题、协商有关单位提出的问题等。民革成员从各个方面参加了国家政权的管理工作，在座谈会参加者的三种人之中都占一定比例，因此双周座谈会成为民革成员参与国家重大决策的讨论、制定的一种比较稳定的形式。二是协商座谈会，是中共与民主党派民主协商国是的又一形式。协商座谈会与双周座谈会不同的是，其形式灵活，参加人员及人数也不固定。一般由中共中央根据具体情况临时召集，着重就党的方针政策、国家时事、国内外形势及党派关系等问题与各民主党派、无党派人士进行民主协商或通报情况。三是最高国务会议，依据《宪法》于 1954 年设立。经常参加会议的人员，有国家主席、副主席，全国人大常委会委员长、副委员长，国务院总理、副总理，最高人民法院院长，全国政协主席、副主席，国防委员会主席、副主席及政府各部委负责人等。由于相当一部分民革党员担任了国家机关领导职务，因此，最高国务会议成为民革参政议政最重要的形式。

（三）参加国家事务的管理

在中国共产党提出的过渡时期总路线、总任务的指引下，从 1953 年开始，我国有计划的社会主义建设和全面的社会主义改造在全国范围内逐步展开。为此必须进一步发扬人民民主，扩大国家民主制度的规模，健全和充实我国政治、法律等上层建筑，巩固和发展人民民主专政的政治制度和人民民主统一战线，以便更好地为正在确立的社会主义经济基础服务。

我国的根本政治制度是人民代表大会制度。这一政治制度，在我国新民主主义革命不同时期的革命根据地范围内曾不同程度地得以实施。1949 年中国人民政治协商会议通过的《共同纲领》，正式确认了我国国家政权实行人民代表大会制度。中华人民共和国成立后，经过一系列社会民主改革的群众运动，我国人民的觉悟程度和组织程度大为提高，国家政治生活和社会秩序日益安定，实行全国普选，结束了由中国人民政治协商会议代行全国人民代表大会的职权，完成向人民代表大会制度过渡的条件基本成熟。

1953 年 1 月 13 日，根据中共中央的建议，中央人民政府委员会第二十次会议通过了《关于召开全国人民代表大会及地方各级人民代表大会的决议》。3 月，政务院公布了《中华人民共和国选举法》，接着在全国范围内开展普选，逐级选举各级人民代表大会代表。民革中央和地方组织的部分负责人和干部参加了各级选举委员会的工作，全体党员积极参加普选，行使自己的民主权利。

1954 年 9 月，第一届全国人民代表大会第一次会议在北京举行。民革成员当选为全国人大代表的共有 68 人。大会依据刚通过的《宪法》，一致选举毛泽东为中华人民共和国主席，朱德为副主席，刘少奇为全国人大常务委员会委员长，宋庆龄、李济深等 13 人为副委员长；决定任命周恩来为国务院总理。民革中央领导人程潜、王昆仑、邵力子、柳亚子、陈劭先、黄绍竑、熊克武、蔡廷锴、龙云、张治中、谭平山等当选为全国人大常务委员会委员，程潜、张治中、卫立煌、蔡廷锴等担任国防委员会副主席，何香凝担任华侨事务委员会主任，朱学范、李德全、蒋光鼐、刘文辉等先后分别担任邮电部、卫生部、纺织工业部、林业部部长。

12 月，政协第二届全国委员会第一次会议在北京举行。委员中有民革成员 85 人。由于人民代表大会制度已经建立，从本届起，全国政协不再代行全国人民代表大会职权，而是作为统一战线的组织，发挥政治协商、民主监督的作用。会议一致推举毛泽东为名誉主席，选举周恩来为主席，宋庆龄、李济深、何香凝当选为副主席。民革部分领导人当选为常务委员。

★ 何香凝接受印度尼西亚华侨归国观光团献旗。

此外，民革党员担任各省、市这一届人民代表和政协委员的达 500 多人。许多民革成员还担任了地方各级人民代表大会、政协及政府部门的领导职务。

通过各级人民代表大会和政协组织，民革成员积极参加国家的政治生活，参与国家事务的管理，在各自的岗位上，为社会主义事业作出了贡献。担任各级政府领导职务的民革成员，也在中共各级党委的大力支持下，与中共党员干部紧密配合，大胆开展工作，取得了良好的政绩。

受广大爱国华侨普遍敬仰的何香凝，担任侨委主任时年已古稀，但她为开展新中国的侨务工作，不惜以年迈之身，操心劳神。当时侨委每星期照例开一次常务会议，讨论重大问题，何香凝都尽可能出席主持。在她主持侨委工作期间，侨委努力贯彻中国共产党的侨务政策，就各种具体的侨务问题，向中共中央和国务院提出了许多请示报告、建议和处理的办法，有关部门据此发布了一系列的命令、条例、指示。1951 年 8 月 21 日政务院发布了《土地改革中对华侨土地财产的处理办法》；1955 年 2 月 13 日国务院发布了《关于贯彻保护侨汇政策的命令》；1956 年 8 月 18 日国务院转发了中侨委、内务部《关于选举中改变华侨户地主成分的意见》；1957 年 3 月 6 日国务院转发了侨委《关于加强对归国华侨职工、干部的团结教育工作和适当照顾其生活的请示报告》等。这些方针、政策的出台和实施，体现了新中国对广大侨胞实际利益的关心和保护，极大地激发和调动了侨胞热爱新中国、建设新中国的热情。

担任人民监察委员会（中监委）主任的谭平山，与中监委的中共组织合作共事，以渊博的知识和丰富的经验，经常提出独到的见解和意见，为创建适合我国国情的人民监督体制和制度作出了自己的贡献。

朱学范担任部长的邮电部，在第一个五年计划期间提出邮电建设的主要方面，是加强首都同各重要城市和新的工业城市的通信联系，并配合新工业城市建设的需要，因此要积极整顿并稳定发展乡村的通信事业。与此同时，邮电企业要大力提高业务和技术水平，注意通信科学的研究工作，改进经营管理，提高设备利用率和工作质量，以适应国家和人民对邮电通信的需要。为落实这一目标，朱学范在 1956 年 6 月 21 日的第一届全国人大三次会议上发言，就推行农业生产合作社邮递员制度问题、报刊推广发行问题、乡村电话建设问题等，提出了具体的建议和办法，并在以后的邮电工作中逐项得到了落实。

蒋光鼐在担任纺织工业部部长期间，与纺织工业部党组的同志关系融洽，互相支持，彼此尊重，建立了良好的合作共事关系，受到部各级领导和职工的爱戴。

在中央政府各部门担任领导职务的同志，还经常得到周恩来同志的热情关心和指导，从而提高了自身的领导、组织能力和水平。

四、三大召开，推动从新民主主义到社会主义的转变

（一）三大召开

1953 年，在恢复国民经济及各项社会改革任务完成以后，中共中央和毛泽东及时提出了由新民主主义向社会主义转变的过渡时期的总路线：在一个相当长的时期内，逐步实现国家的社会主义工业化，并逐步实现国家对农业、手工业和资本主义工商业的社会主义改造。这条总路线明确地向全国人民提出了建设社会主义的伟大任务，是中国共产党在历史的关键时刻采取的一个重大战略步骤。

为了团结民族资产阶级、各民主党派和各界民主人士为实现过渡时期总路线而奋斗，中共中央决定有领导、有步骤地开展对于过渡时期总路线的宣传教育运动。1953 年 9 月 7 日，毛泽东邀请各民主党派负责人和部分工商界人士座谈。李济深、程潜、张治中等出席了座谈会。毛泽东在会上作了题为《改造资本主义工商业的必由之路》的讲话，系统阐述了国家对资本主义工商业改造的政策、措施和步骤。9 月 8 日，全国政协召开常委扩大会，周恩来作了关于过渡时期总路线的报告，会议号召各民主党派认真学习和贯彻党的过渡时期总路线，充分发挥各自的积极作用。

中国共产党的过渡时期总路线公布以后，民革中央发出了一系列指

示，从组织安排、学习内容、方法、措施等方面都作出了一系列规定，从而在各级组织和全体党员中掀起了学习过渡时期总路线的热潮。

1955 年年底至 1956 年年初，全国范围内出现了对农业、手工业和资本主义工商业的社会主义改造高潮。为了迎接新的形势，在总结过去工作的基础上，确定今后的方针任务，从组织、政治、思想上顺利实现从新民主主义到社会主义的转变。1956 年 2 月 21 日至 29 日，民革在北京举行了第三次全国代表大会。李济深代表第二届中央委员会向大会作了六年来的工作总结和今后的方针任务报告。

报告指出，在我国社会主义改造和社会主义建设事业呈现出迅速发展的新形势下，民革的首要任务是团结、教育、改造原国民党及与原国民党有联系的中上层人士，特别是散处在社会上的中上层人士。此外，还有晚清和北洋军阀政府时代的旧军政人员、旧知识分子，也要根据需要和可能做他们的工作。大会对此作出了相应的决定，要求全体成员认识这个任务的重要意义，排除各种思想障碍，广泛开展联系工作，帮助这些人士进行思想改造，使他们认清前途，掌握命运，为社会主义事业贡献力量，和全国人民一道进入社会主义社会。各地组织要根据具体情况，争取在一定时期内分期分批同当地应当联系的中上层人士基本建立联系，以各种形式帮助他们进行学习。

大会通过的《中国国民党革命委员会第三届全国代表大会决议》也号召，“扩大团结，密切联系群众，在中国共产党和毛泽东主席领导下，继续巩固和扩大人民民主统一战线，为建设社会主义，完成国家过渡时期总任务而斗争”。

大会通过了《中国国民党革命委员会章程》，进一步阐明了民革的性质是在中国共产党的领导下，人民民主统一战线中的一个民主党派，是中国人民政治协商会议的一个组成单位，以中国人民政治协商会议章程的总纲为政治纲领。民革的政治任务是，动员和团结全党成员及所联系的群众，在完成国家过渡时期总任务和反对内外敌人的斗争中发挥积极作用，并为建设社会主义社会而努力奋斗。

大会选举产生了民革第三届中央委员会委员132人，候补中央委员43人。在三届一中全会上，李济深继续当选为主席，何香凝、程潜、谭平山、蔡廷锴、张治中、熊克武、龙云、邓宝珊、陈绍宽当选为副主席，梅龚彬任秘书长，陈劭先任团结委员会主任委员。

三大是民革历史上一次具有深远历史意义的大会。大会总结了二大以来六年多的工作，明确了为社会主义服务的工作方针，为民革今后的工作指明了方向。会后，民革在中国共产党的领导下，积极参加社会主义革命和社会主义建设，广泛开展社会联系工作，在历史转折的重要关头，经受住了考验，跟上了时代步伐，保持了正确的方向，各方面发生了深刻变化，从而以新的面貌进入了社会主义。

（二）成立专委会，发挥民革优势

1. 社会联系工作委员会的成立及活动

三大决定以团结、教育、改造原国民党及与国民党有历史关系的中上层人士，特别是散处在社会上的中上层人士，作为民革在社会主义革命中的首要任务。为此，会议决定成立以邵力子为主任的社会联系工作委员会，负责领导开展社会联系工作。

5月5日，民革中央社会联系工作委员会举行第一次会议，李济深、蔡廷锴、熊克武、龙云等出席会议，李济深在会上发表讲话指出："社会联系工作，是我们党的中心任务，希望能认真开展工作，做出成绩。"会议讨论了中央社会联系工作委员会组织简则，要求各地方组织相应成立社会联系工作机构，制订规则、开展工作。

继第一次会议之后，中联委又多次召开会议，讨论研究在联系工作中出现的新情况、新问题，加强对联系工作的领导。到1957年2月，民革24个省、市组织已经联系了22463人，组织了12958人参加学习，加强了对联系者的思想教育，关怀和协助解决了部分社会人士的就业工作问题，解决了他们的切身困难。在联系工作中，各地组织采取了诚恳耐心和积极关怀的态度，使联系的社会人士感受到民革组织对他们的关怀，觉得民革组织对于他们要求进步、改造思想有很大的帮助，所以很愿意与民革组织密切联系。

民革社会联系工作得到中共中央和社会各界的充分肯定和一致好评，联系工作取得丰硕成果。经过民革组织的帮助，社会人士的思想认识进一步提高，爱国主义热情显著增长，许多人积极参加街道工作、扫盲运动及其他社会活动，其中涌现了不少的优秀教师和优秀工作者。有人在肃反运动中检举了反革命分子，不少人愿为和平解放台湾而尽力。随着联系工作的进一步展开，在各地方社会人士中逐渐洋溢起爱生活、爱劳动的新气象：聚谈时事、结队参观、演戏赋诗、观摩书画、整理古典著作、翻译外文书籍，精神焕发，丰富多彩。他们由衷说出了反映内心变化的话语："过去只认为祖国前途光芒万丈，现在感到个人前途也光芒万丈了。""我们虽然老了，但还可以为社会主义搬块砖、添把土。"另外，有人制订了整理《黄帝内经》的十年计划；有人把20几种农业技术贡献给政府。

2. 和平解放台湾工作委员会的成立及活动

1956年6月28日，周恩来在第一届全国人民代表大会第三次会议上宣布：中国人民解放台湾有两种可能的方式，即战争的方式和和平的方式，中国人民愿意在可能的条件下，争取用和平的方式解决台湾问题。他代表政府正式表示愿意同台湾当局协商和平解决台湾问题的具体步骤和条件，并且希望台湾当局在他们认为适当的时机，派遣代表到北京或者其他适当的地点进行谈判。他说，爱国不分先后，不管过去有多大罪过，本着"爱国一家"的原则，一概既往不咎。他欢迎国民党军政人员为和平解放台湾发挥重要作用，并希望他们回大陆省亲、探友，并给以各种方便和协助。

周恩来关于争取和平解放台湾的发言，引起了国内外人士和民革同志的强烈反响。1956年7月3日，民革第三届中央委员会举行第四次扩大会议，会议一致拥护周恩来的发言，同时交换了民革党员及所联系的群众如何为和平解放台湾进一步贡献力量的意见，一致认为应该采取各种方法鼓励在台湾的亲友回到祖国的怀抱。

为了加强对台工作的领导，1957年2月18日，民革第三届中央常委会第十次会议决定成立和平解放台湾工作委员会，由张治中担任主任，邵力子、黄绍竑、翁文灏、贺贵严、刘斐、屈武、刘仲容、侯镜如、骆介子等担任副主任，积极开展对台工作。该委员会成立以后，主要做了以下三个方面的工作。

一是推动各级组织积极与台属及原国民党人士联系，采用谈心、座谈会、学习周总理讲话等方式，帮助他们解决思想顾虑，动员他们同台湾的亲属建立联系。

二是组织和发动党员及所联系的人士撰写了大量对台宣传稿件，宣传国家的政策，介绍祖国大陆各项建设事业的发展情况。

三是帮助台湾军政人员在大陆的亲属与在台湾的亲友通信，通过信件联系，使台湾军政人员了解了国家的政策和祖国建设事业发展情况，许多人都表示愿为祖国实现和平统一尽自己的一份力。

和平解放台湾工作委员会自成立以后所做的卓有成效的工作，对宣传国家和平统一祖国的政策，动员台湾军政人员为和平解放台湾出力起到了积极作用。

（三）加强成员的自我教育与自我改造

中华人民共和国成立以后，作为在中国共产党领导下的人民民主统一战线中的一员，鉴于民革党员是以原国民党和与国民党有历史关系的中上层人士为主要对象这一特点，民革一直十分注重广大党员的政治理论学习和思想改造，并把这一任务作为民革自身建设的重要环节来抓，以帮助广大党员提高认识，转变作风，更好地为建设新中国服务。

民革二大通过的《宣言》指出："务使每个党员都能认识时代，认识真理，以集体主义代替个人主义，以协作精神代替主观偏见，学习中山先生进步和创造的精神，学习马列主义和毛泽东思想，学习我们友党的廉洁朴素艰苦卓绝和批评与自我批评的作风。"为了把理论学习和思想改造的任务落到实处，1950年4月22日，经中央常委会议通过，成立了学习委员会。《学习委员会组织简则》规定："学习委员会得分期制定学习计划，学习提纲，指导各地方学习工作，审查各地方学习报告，及其他有关学习之事项。"6月，经过较长时间的筹划与准备，民革党内刊物《民革汇刊》创刊。其发刊词说明该刊的宗旨是"推动学习马列主义、毛泽东思想和新民主主义的政纲政策，传达民革中央的重要决议，加强中央与地方同志们与组织上的联系"。可见，《民革汇刊》的创办，其目的之一就是为了推动加强民革党员的自我学习和自我改造。

在中华人民共和国成立初期，民革根据领导党和政府在每个阶段的中心任务，在党员的自我教育和自我改造方面，着重抓了以下三个方面的工作。

第一，组织和推动全体党员学习掌握马列主义、毛泽东思想的基本理论和观点，以建立正确的世界观和革命的人生观；学习中国革命的基本理论和基本政策，在《共同纲领》的基础上统一思想，加深理解民革在人民民主统一战线中的政治任务和作用；研究孙中山先生"革命的三民主义的科学的发展，以进一步加强对于新民主主义和统战任务的认识"。为此，学习委员会于1950年6月向全党发布了《中国革命基本问题学习提纲》，要求以毛泽东的《新民主主义论》《中国革命与中国共产党》《论人民民主专政》等理论著作作为基本学习文件，着重搞清中国革命的性质、动力、对象和任务等问题。11月，民革中央宣传部发出了《关于加强党内学习工作的指示》，对党内学习的任务和要求，内容和程序，学习的方法，学习的组织领导，学习的检查和报告等方面都作了明确而详细的规定。为配合这一学习运动，《民革汇刊》上还发表了一系列的学习辅导和体会文章。通过学习，在党员中基本划清了新民主与旧民主、共同纲领与非共同纲领的思想界限，为以后民革参加中共领导的历次政治运动和社会改革运动，并在其中发挥积极作用提供了思想理论保证。

第二，根据中共在中华人民共和国成立初期各个阶段的中心任务和历次政治运动的要求，民革及时组织党员及所联系的社会人士认真学习中共和国家的政策法令，批判和纠正各种错误思想，推动他们认清形势，紧紧跟上时代前进的步伐，在各种运动中发挥自己的积极作用。配合这一系列政治运动而展开的思想教育和自我改造，使党员中的错误思想得到了极大纠正，有力推动了党员参加国家建设和各项社会改革的积极性。

第三，全面组织、深入动员学习和贯彻过渡时期的总路线。1953 年 9 月，中共中央向全党和全国人民宣布了过渡时期总路线后，为了学习领会过渡时期总路线的精神，提高全体党员的社会主义认识，民革中央常委会于 10 月 20 日举行会议，决定在在京中央委员、在京团结委员、中央理论政策研究会委员、中央学习委员会委员、北京市分部委员、总部干部及北京市分部干部中间展开国家过渡时期总路线的学习。该学习由中央小组统一领导，下设由屈武负责召集的过渡时期总路线学习干事会，编成六个学习小组，负责组织学习。会议要求各小组成员以一个半月或更长的时间，密切结合思想实际，掌握重点，有计划、有步骤地进行比较全面、深入的学习，正确应用批评与自我批评的武器，通过自由思考、相互帮助，正确认识国家过渡时期总路线的内容和意义，批判错误思想，使每个成员都在思想上提高一步；同时结合民革在完成国家过渡时期总路线中所负担的任务和各人的岗位工作，使大家通过这次学习都能进一步地发挥积极性、创造性，加强工作效能，对国家大规模的经济建设贡献更大的力量。会议还对学习方法作了具体的规定。12 月 21 日，民革中央发出《关于在全党开展对过渡时期总路线的学习的指示》，要求各地方组织认真推动和帮助所属党员在当地党政部门的统一领导下认真开展学习。

2 月 18 日，民革中央在《民革增刊》发表《全面地、系统地、深入地学习国家过渡时期的总路线和总任务》的短评，文章指出：总路线和总任务包含的内容多，涉及的范围广，有着从理论到政策、从政策到实践各方面的问题。同时总路线和总任务牵动着各个阶级、各个阶级中的各个阶层，也牵动着社会生活的各个方面，甚至还与每个人的吃饭穿衣紧密相连。因此，文章强调要把学习总路线与每个人的思想改造结合起来，“我们思想改造的内容，就是以社会主义的思想，逐步改造一切非无产阶级的思想，就是逐步扩大社会主义思想的阵地，逐步缩小非无产阶级思想的阵地”。

为使民革成员更明确地认识到国家过渡时期的总路线、总任务中本党工作的方向，《民革汇刊》还组织了笔谈会。何香凝、熊克武、谭平山、蔡廷锴、蒋光鼐、陈绍宽、朱学范、赵祖康等分别发表了书面谈话。他们在文章中从各个不同的角度阐述了过渡时期总路线的伟大意义，畅谈了学习过渡时期总路线的体会，表达了为实现过渡时期总路线、总任务而积极奋斗的决心，以及对即将到来的社会主义社会的热切向往之情。这次笔谈，对推动广大党员的学习，起了良好的示范和推动作用。

1954 年 2 月 16 日，民革中央常务委员会举行会议，对各地组织学习总路线的情况进行总结，会议认为民革在总路线鼓舞下极大地提高了工作积极性，在各自的工作岗位上，为实现总路线、总任务贡献了自己的力量。

1956 年 4 月 25 日，经过长期筹备，民革中央机关报《团结报》创刊。这份报纸，是在民革中央常委兼宣传部部长王昆仑提议下，为了加强宣传过渡时期总路线，推动全体党员进一步加强自我教育和改造，贯彻民革三大提出的加强团结、教育、改造原国民党及与原国民党有历史关系的中上层人士，特别是其中散处在社会上的中上层人士的要求而创办的。报名“团结”，包含着民革同志对过去历史的深刻总结和对未来的期盼。团结就是力量，团结才能进步，团结和教育密不可分。战胜日本侵略者和蒋介石反动统治，建立人民的新国家需要团结；克服前进中的困难，建成美好的社会主义社会，需要全中国人民的团结；民革党员要随着社会的发展不断改造自己，不断取得进步，也需要团结。《团结报》“是我国当时惟一的由民主党派创办并公开发行的报纸”，在沟通民革组织和党员及所联系的社会人士，推动他们学习，促进他们更好地团结和改造方面，起着积极的作用。

第四章

着力学习改造，经受政治考验

中国共产党八大正式提出共产党和民主党派“长期共存、互相监督”的八字方针，极大地鼓舞了民革全体同志。在中共八大路线的指导下，民革根据业已变化了的阶级状况，及时修改自己的纲领，提出了为社会主义服务的政治路线，并根据这一路线确定了新的工作方针，规定其根本任务是动员和调动一切力量为社会主义建设事业服务，从而顺利完成了由新民主主义向社会主义的历史性转变。

1957 年以后，民革因受到反右扩大化和“左”的错误影响，处在较为困难的境地。但是，民革仍然坚持团结、教育广大成员及所联系的人士，在中国共产党的领导下，与中国共产党风雨同舟，积极工作，共渡难关。

“文化大革命”期间，民革被迫停止活动，许多领导和党员受到迫害。然而，不论形势多么险恶，环境多么艰辛，民革各级组织和广大党员始终没有动摇对中国共产党领导和对社会主义的信心，一直坚持与中国共产党共患难、同命运，不仅在斗争中经受住了严峻的考验，同时也大大加深了对中国共产党的理解、信赖和感情。

一、学习贯彻“长期共存、互相监督”八字方针

随着社会主义改造的基本完成，国内阶级关系发生深刻的变化，各民主党派顺利过了社会主义关，开始向为社会主义服务的政治力量转化。在这种情况下，毛泽东在 1956 年 4 月发表的《论十大关系》的讲话中，根据中国共产党同民主党派长期合作的成功经验，肯定多党合作比只有一个

党好，提出了中国共产党同各民主党派实行“长期共存、互相监督”的方针。他说，要有两个万岁，要改善共产党同民主党派的关系，“尽可能把他们的积极性调动起来为社会主义服务”。[①] 9月，中国共产党八大召开，会上重申了这一方针，并对这一方针作了深刻的阐述。会议指出，社会主义改造基本完成以后，民族资产阶级和上层小资产阶级的成员将变成社会主义劳动者的一部分，各民主党派将变成这部分劳动者的政党。由于在这部分劳动者中，资产阶级思想的残余还会存在很长时间，各民主党派还需要在一个历史时期内继续联系他们，帮助他们改造。所以，民主党派还有长期存在的必要。会议认为，民主党派同共产党长期共存，对共产党有益无害，各党派之间也能起到互相监督的作用。中国共产党接受民主党派的监督，可以听到党内不易听到的意见，可以发现党的工作中不易被发现的缺点和错误。与此同时，民主党派也必须接受中国共产党的监督。

1957年2月，毛泽东在《关于正确处理人民内部矛盾的问题》的讲话中，进一步阐明了“长期共存、互相监督”的方针。他说：“凡属一切确实致力于团结人民从事社会主义事业的、得到人民信任的党派，我们没有理由不对它们采取长期共存的方针。”“各党派互相监督的事实，也早已存在，就是各党派互相提意见，作批评。所谓互相监督，当然不是单方面的，共产党可以监督民主党派，民主党派也可以监督共产党。”[②]

“长期共存、互相监督”方针的提出和毛泽东的重要讲话，以及中共八大对民主党派性质、任务和作用的新界定，给了民革全体党员以极大的鼓舞，更加激发了他们为社会主义服务的积极性。在1957年3月召开的民革三届二中全会工作报告中，李济深指出，“长期共存、互相监督”是一个重要的方针，标志着我国的阶级关系发生了根本的变化，人民民主统一战线发展到了一个新的阶段。正确地贯彻执行这个方针，就能充分发扬社会主义民主的优越性，更好地调整人民内部的关系，广泛地团结一切可以团结的力量，调动一切积极因素为社会主义服务。他要求民革各级组织

① 《毛泽东著作选读》下册，人民出版社1986年版，第735页。
② 同①，第790页。

在“长期共存、互相监督”方针指引下，贯彻为社会主义服务的政治路线，加强对成员和所联系人士的团结、教育、改造工作，帮助他们跟上客观形势的发展，发挥积极性和创造性，以主人翁的态度做好工作。同时，民革要代表他们的正当利益，反映他们的意见和要求，关怀他们的工作和生活，以提高他们的积极性。他说，对于中国共产党工作中存在的缺点和问题，我们也要诚恳地积极地提出批评和建议，以便在考虑问题、决定政策和进行工作的时候，能够更加完善。

民革对“长期共存、互相监督”方针的积极反响和热烈拥护，以及对这个方针的认真学习领会，不仅推动了自身的进步，也提高了为社会主义服务的自觉性。

二、参加社会主义革命和改造

（一）帮助中国共产党整风，开展一般整风运动

中国共产党进行全党整风是在中共八大上提出来的。毛泽东在中共八大开幕词中指出，现在在我们的许多同志中间仍然存在着主观主义、官僚主义、宗派主义的思想和作风，不利于党内团结和党同人民的团结，必须大力克服这些严重缺点，才能把我们面前的伟大的建设工作做好。1956 年 11 月召开的八届二中全会进一步提出，在兼顾国家建设和人民生活的同时，必须注意防止干部特殊化和脱离人民群众，决定于 1957 年开展全党整风。1957 年 4 月 27 日，中共中央正式发出《关于整风运动的指示》，决定在全党进行一次以正确处理人民内部矛盾为主题，以反对官僚主义、宗派主义和主观主义为内容的整风运动。《关于整风运动的指示》强调在整风运动中，要坚决执行“知无不言，言无不尽，言者无罪，闻者足戒，有则改之，无则加勉”的原则，放手鼓励批评。

为发动民主党派和无党派民主人士帮助共产党整风，1957 年 4 月

30 日，毛泽东亲自在天安门城楼约集各民主党派负责人举行座谈会，请他们帮助共产党整风，集中给共产党提意见。

根据中共中央指示，从 5 月 8 日到 6 月 3 日，中共中央统战部先后邀请各民主党派负责人和无党派民主人士举行了 13 次座谈会，有 70 多人次在会上作了发言，主要内容都先后刊登在《人民日报》上。李济深、蔡廷锴、熊克武等民革领导人出席了座谈会。

5 月 29 日，民革中央发出《关于积极帮助中共进行整风运动的指示》，要求民革各级组织和全体成员热烈响应中共号召，积极帮助中共进行整风，对中共的组织和党员个人，本着“知无不言，言无不尽”的精神，消除一切顾虑，实事求是，诚恳坦率，提出批评和建议。

李济深多次主持民革中央的座谈会，他号召民革成员以诚恳的态度帮助共产党克服缺点，要求大家“不要老于世故”，发言不要“空空洞洞，不着边际”。他指出，“只有说真话，才是对党忠实”，才是共产党真正的朋友。

民革成员怀着发自内心的高兴和对社会主义民主的迫切心情，在各种形式的座谈会上积极进言，提出了大量的批评和建议，其中绝大部分是善意的、正确的，对共产党改正缺点错误大有好处。例如，熊克武提出，要发扬民主，健全法制，抓紧制定民法、刑法和各种单行法规。黄绍竑指出，我国立法工作落后于客观形势的需要，当务之急是要早日制定公务员惩戒法和各机关的组织条例、办事规则，要依法查处因犯主观主义、官僚主义错误，致使人民生命财产蒙受重大损失的有关责任人。刘文辉、谭惕吾对一些领导干部“有法不依”的现象提出批评，指出执法者必须首先守法。这些意见和建议，基本上都是中肯的。

在帮助共产党整风的过程中，也出现了一些复杂情况，有极少数人乘机攻击中国共产党和新生的社会主义制度，从根本上否定社会主义制度的优越性。面对这种情况，中共中央关于整风的指导思想开始发生变化，运动的主题由正确处理人民内部矛盾转向对敌斗争，由党内整风转向反击右派，开展了一场全国规模的反右派运动。在“左”的思想指导下，这场斗争被严重地扩大化了，把一大批知识分子、民主人士和一部分共产党员干部错划为“右派分子”，造成了不幸的后果。当时，民革不少党员包括中央和地方组织的一些负责人也被错划为“右派分子”，受到了不公正的待遇，给民革组织造成了相当严重的损失。

1958 年 1 月，民革中央召开常委会议，对反右派斗争进行了初步总结，宣布反右派斗争已经基本上取得了胜利，决定在此基础上开展一般整风运动，逐步实现民革组织和成员的社会主义改造。这次会议标志着以反右派斗争为中心的整风运动在民革的基本结束，以社会主义改造为主要内容的一般整风运动在民革的开始。

一般整风运动本来就不同于反右派斗争，它是一次自我教育、自我改造运动，属于人民内部矛盾的范畴。但是，在“左”的思想日益发展的形势下，它被看成是两个阶级、两条道路斗争的反映。

民革的整风运动为时一年，并没有达到自我教育、自我改造的目的，实际上是反右派斗争严重扩大化的继续和发展。

（二）四大召开，加强自我改造

1958 年 5 月，中国共产党第八次全国代表大会第二次会议在北京举行。大会通过了“鼓足干劲、力争上游、多快好省地建设社会主义”的总路线。会后，在全国迅速掀起“大跃进”、全民炼钢和人民公社化运动的高潮。

这个时期，民革各级组织的日常工作除了进行整风运动以外，还紧跟形势，推动成员学习总路线，参加以全民大炼钢铁为中心的“大跃进”和人民公社化运动。

11 月，民革第四次全国代表大会在北京举行。大会的中心议题是，要求成员在为社会主义服务的同时，必须加速进行自我改造。大会通过的决议和修改后的章程把民革仍然确定为资产阶级性质的政党，表现了“左”的思想对民革的严重影响。在反右派斗争以后的一段时间内，民革工作基本上没有大的进展。在这次大会上，由于李济深的耐心说服和中共有关方面的支持与帮助，大会把已经划成“右派分子”并被撤销职务的龙云、陈铭枢、黄绍竑、李俊龙等人再度选进中央委员会，龙云还被选为中央常委。这种做法受到广泛的欢迎，后来民革各省市地方组织进行改选时，也都有一些“右派分子”当选为委员。在民革四届一中全会上，李济深继续当选为中央主席。

1958 年 11 月，中国共产党召开了第一次郑州会议。从这次会议到 1959 年 7 月的庐山会议前期，毛泽东与中共中央对实际工作中已经察觉到的“左”倾错误进行了初步纠正，使“大跃进”和人民公社化运动造成的混乱局面渐有好转。在统一战线方面，中共中央在调整工作方针的基础上，又发出了一系列指示，纠正“左”的错误，缓和统一战线内部的紧张关系。

根据中共中央的指示，1959 年国庆节前后，全国约有 9% 的“右派分子”第一批被摘掉帽子；到了 1960 年 11 月，又进行了第二批摘帽。此后，加大了摘帽子工作的力度。到 1964 年，全国共分五批为大多数“右派分子”摘掉了帽子。

民革各级组织按照有关政策，先后为一些被定为“右派分子”的民革中央委员和其他干部摘掉了帽子。龙云因病去世后的第二天，中共中央单独宣布摘掉其“右派分子”的帽子，并组成以陈毅为主任委员的龙云治丧委员会，周恩来亲临龙云住宅吊唁，肯定了龙云一生“反蒋、抗日、联共”的三大功劳。

1959 年 10 月 9 日，民革中央主席李济深因病逝世。从 1948 年民革成立开始，李济深一直连续四届担任民革中央主席职务。他为民革的事业呕心沥血、殚精竭虑，作出了卓越的贡献。直到去世前夕，他还强调民革一定要接受共产党领导，走社会主义道路，这是民革本身历史发展的自然归宿，犹如江河之归大海。又说，我们对共产党提意见，发挥监督作用，“态度必须诚恳，用词不可过激”；“长期共存、互相监督”方针既经提出，我们就要负起责任来，协助中共执行下去。他还指出，民革组织一定要代表自己党员的利益，这样党员才能热爱民革。

（三）采取“神仙会”方式，进行自我教育

1960年8月，民革召开四届二中全会，总结工作，确定今后的工作方针和任务。会议采取“神仙会”的方式，通过和风细雨、自我教育的办法，“自己提出问题、自己分析问题、自己解决问题”，并且保证“不抓辫子、不扣帽子、不打棍子”，鼓励大家敞开思想，各抒己见，有争有辩，有敞有议。会议气氛和谐、热烈，做到了“有争论，无压力”，与会人员普遍感到心情比较舒畅，思想有所进步。它是自1957年反右斗争以来，民革迎来的第一次既严肃认真又轻松愉快的会议。这次会议历时35天，是民革历史上时间最长的一次全会。会议开得很成功，与会人员讲出了心里话，解决了一些思想问题，提高了认识和信心，民革的工作也从此逐渐活跃起来。这次会议选举了何香凝为民革中央主席。

四届二中全会以后，各地民革组织采用“神仙会”方式贯彻会议精神，有些基层组织还运用“神仙会”的形式对成员进行形势教育，使民革基层组织的学习生活大大活跃起来。这是四届二中全会后民革基层组织工作中出现的新气象。民革组织中广泛开展的自我教育活动，为团结和动员广大党员顺利度过三年困难时期，起了重要的作用。

从1959年至1961年，由于“大跃进”和“反右倾”的错误，加上当时的自然灾害和苏联的背信弃义，我国国民经济出现了严重困难，国家和人民遭到重大损失。

在三年困难时期，民革党员坚决依靠中国共产党的领导，和全国人民一道，同甘共苦，经受了考验。这一时期，民革一方面加强政治思想工作，组织党员学习，进行形势教育，使广大党员坚定了战胜困难的信心；另一方面，各级组织发动党员和所联系人士，响应中共中央和政府的号召，开展增产节约运动，兴办街道工厂和小型农场等，从事副业生产，参加各种社会服务工作，以各种方式克服困难，渡过了难关。

1961年1月中共八届九中全会后，为了克服困难、摸清实际情况，中共中央大兴调查研究之风，从毛泽东到各省市自治区党委书记都纷纷深

入基层了解情况。民革主动响应中共中央的号召，除了在人大和政协任职的成员多次跟随人大、政协调查组到基层进行调查研究以外，民革中央还从 1961 年第二季度起，单独派出工作组，推动和配合民革地方组织在全国进行了两次规模较大的调查研究，对民革成员的思想政治状况、基层组织工作和社会联系工作等项目，作了比较广泛深入的了解和分析研究。这两次调研活动，对于摸清民革成员在经济困难时期的思想脉搏，改进工作作风，推动工作开展，都有着积极的意义。

★ 1958 年六一儿童节前夕，民革中央妇女工作委员会委员们在亲手缝制玩具。

发动民革成员撰写文史资料，是民革在经济困难时期开展的又一项重要活动，也是自我教育的一种方式。在政协委员和民主党派成员中征集文史资料，是全国政协主席周恩来的提议。民革着手这项工作是在民革四届二中全会之后。为了纪念辛亥革命 50 周年，从 1961 年 6 月起，何香凝、程潜、熊克武、邓宝珊等领导同志及各地民革成员开始撰写有关辛亥革命的史料。之后，民革中央和各地组织推动更多的成员撰写有关北洋军阀混战、北伐战争、新军阀混战、抗日战争和解放战争的回忆录。这项工作不仅为许多民革成员提供了为社会主义事业效力的机会，有利于回忆者进行自我教育和自我改造，而且为研究中国近现代史保存了丰富、生动的历史资料。

1962 年 3 月，周恩来在第二届全国人大三次会议和第三届全国政协三次会议上，重申中国共产党同民主党派“长期共存、互相监督”的方针，要求共产党员、非党群众、民主党派成员搞好合作共事关系，大家共同负责，互相监督，把事情做得更好。周恩来的讲话极为振奋人心，民革中央在调查研究的基础上，制定了《关于加强基层组织工作的意见》和《关于民革中央机关改进工作要点》两个文件，对于民革在经济困难时期加强组织建设，推动自身发展，起了积极的作用。

经过中国共产党领导全国人民共同奋斗，1962 年以后我国国民经济走出谷底，开始逐渐好转。

（四）参加社会主义教育运动

1962 年 9 月，中共八届十中全会以后，“左”倾错误又有发展，阶级斗争被提到突出地位。中共中央决定在城乡发动一次普遍的社会主义教育运动，开展大规模的阶级斗争。

在“千万不要忘记阶级斗争”的口号影响下，民革把工作重点又转到政治运动上来。1962 年 12 月底，民革举行四届三中全会，要求全体成员“认真学习马列主义和毛主席著作，学习时事政策，提高爱国主义、国际主义和社会主义的思想觉悟，进一步改造立场和世界观”。此后，批判统战工作中的所谓“投降主义”“修正主义”，检查所谓“大反复”，开展以阶级斗争为中心内容的爱国主义、国际主义和社会主义教育，动员和组织成员参加或参观农村的社会主义教育运动等。

1963 年 11 月，第二届全国人大四次会议和全国政协三届四次会议，进一步强调要在民主党派中开展“三个主义”的思想教育运动。民革中央为此向全党发出号召，要求各级组织把“三个主义”教育作为当时的中心任务来抓。从 1963 年到 1965 年，民革的工作基本上是围绕着“三个主义”的教育来开展的。1965 年 1 月，中共中央指示，“三个主义”的教育运动以后通称为社会主义教育运动。1965 年 7 月以后，民革派出大批干部，参加社会主义教育工作队，前往各地农村参加社会主义教育运动。

这个时期，虽然在国家政治生活中“左”的错误进一步发展，但中国共产党始终坚持同民主党派团结合作。1964 年年底，在第三届全国人大一次会议上，周恩来特别指出，中国各民主党派同中国共产党进行了长期合作，并在历次社会改革和政治运动中得到了锻炼和教育，在自我改造中也有进步。他号召中国共产党和中国各民主党派应该更紧密地团结起来。当时，在全国人大、全国政协和政府部门中担任领导职务的民主党派和无党派人士，仍然占有一定比例。例如，宋庆龄当选国家副主席，何香凝、程潜、张治中当选全国人大常委会副委员长，蔡廷锴、李德全当选全国政协副主席，刘文辉、蒋光鼐、朱学范分别担任林业部、纺织工业部、邮电部部长。

从社会主义改造基本完成到“文化大革命”前夕的十年间，尽管受“左”的思想的影响，国家政治生活出现不正常状态，但民革仍然坚持中国共产党的领导，坚持改造和服务相结合的方针，取得了思想上、政治上的进步。民革各级组织一方面推动成员和所联系人士认真学习马列主义、毛泽东思想，学习国家有关方针政策，开展思想教育，加强世界观和旧的思想观念的改造；另一方面鼓励成员和所联系人士积极投入革命和建设的实践，做好本职工作，参加劳动锻炼，努力为社会主义事业服务，并在实践中实现自我教育和自我改造。正是这种自我教育和自我改造，使民革成员和所联系人士在思想上、政治上得到很大提高，更加坚定了接受中国共产党领导、走社会主义道路的信念；同时，民革在组织上也得到进一步巩固和发展。这种思想上、政治上的进步，不仅使民革经受住了各种各样政治运动和三年经济困难的考验和锻炼，也为经受随后而来的“文化大革命”的更大磨难和考验打下了基础。

三、经历“文化大革命”考验

（一）“文化大革命”对民革的影响

1966年8月8日，中共八届十一中全会通过了《关于无产阶级文化大革命的决定》（简称《十六条》），标志着“文化大革命”的全面发动。运动初起时，与其他民主党派一样，民革立即作出反应，表示拥护。早在7月30日，民革就召开中常会，决定成立民革中央机关“文化大革命”运动办公室，但基本未开展工作。在这十年之中，统一战线被严重破坏，作为统一战线重要组成部分的民主党派，也不可避免地遭到严重冲击。

1966年8月24日，200多名首都红卫兵冲击民革中央机关，揪斗部分负责人和机关干部，勒令民革停止办公。第二天，几十名红卫兵再次来到民革中央机关，驱赶工作人员，并在民革中央机关大门口挂上写着“工农兵疗养院”字样的横幅。同一天，民革中央被迫贴出《通告》，宣布接受红卫兵的意见，从即日起停止办公，并报中共中央处理。《团结报》宣布停刊。

与此同时，许多民革中央领导人和成员开始遭到冲击和迫害。地方民革组织也遭到同样的命运。许多干部被下放劳动，机关房屋、设备、财产和档案材料遭到不同程度的损失。

从“文化大革命”的整个过程来看，民革等民主党派遭受冲击主要是在1966年8月至1969年4月，也就是“文化大革命”的第一阶段，以后情况逐渐有所缓和。

（二）毛泽东、周恩来等对民革的关怀

在这段时间，毛泽东、周恩来等老一辈无产阶级革命家在非常困难复杂的条件下，为维护中国共产党领导的多党合作制度、保护民主党派领导

人和其他爱国民主人士作出了最大努力。

毛泽东曾多次强调，民主党派还要，政协还要，不要急于取消。他的这些讲话和某些保护民主党派领导人的指示，为周恩来同林彪、江青一伙作斗争，维护多党合作，保护民主党派领导人提供了有利条件。

“文化大革命”初期，周恩来保护民主党派领导人的侧重点是密切关注他们的人身安危，尽力使他们免遭红卫兵的冲击，不受或少受批斗。1966 年 8 月 29 日夜，红卫兵查抄了著名爱国民主人士章士钊的住宅。次日晨，章士钊写信给毛泽东。毛泽东批示：“送总理酌处，应予保护。”周恩来立即落实毛泽东的指示，并把保护范围从一人扩大到几十人，亲自开列了一份应予保护的干部名单，其中包括宋庆龄及程潜、何香凝、张治中、邵力子、蒋光鼐、蔡廷锴等民革领导人。

即便不在名单上的，许多人也得到了周恩来的关怀。例如，民革中央副主席、甘肃省省长邓宝珊在兰州被冲击后，周恩来立即派飞机将他接到北京予以保护。民革中央副主席蔡廷锴、熊克武，中央常委钱昌照同住一个居委会辖区，由于周恩来的指示，采取了保护措施，没有受到红卫兵的骚扰。1969 年 5 月 4 日，周恩来指示派驻全国人大、全国政协的军代表，“不要去斗民主党派的领导人，即他们的中央委员、省市党部委员”，对其机关干部也要按具体情况区别对待，“不能以中共党内标准要求”。[①] 1970 年 2 月，他再次指示，对民主人士不能随便揪斗。

周恩来还利用当时天安门广场常常举行重大庆祝活动之机，报经毛泽东同意，尽可能多地邀请民主人士登上天安门城楼或观礼台，让他们的名字第二天见报。民革许多领导人在“文化大革命”初期都曾得到这种邀请，因而受到保护，避免了冲击。

对于受到冲击的民主人士，周恩来指示不许扣发他们的工资。这在当时也是一项至关重要的措施，从而保护了一大批人。

对在“文化大革命”期间逝世的民主党派领导人和无党派知名人士，

---

① 《周恩来选集》下卷，人民出版社 1984 年版，第 454 页。

周恩来尽可能设法为他们举行追悼会，以表达中国共产党对长期合作共事的老朋友的悼念。“文化大革命”期间，蒋光鼐、邵力子、程潜、蔡廷锴、张治中、熊克武、何香凝等民革领导人相继辞世，在周恩来的关怀下，都为其举行了追悼会，公开发布了消息，周恩来还亲自参加了其中一些人的追悼会。特别是伟大的爱国主义者、中国民主革命的先驱、民革创始人、民革中央主席何香凝于1972年9月1日在北京病逝后，周恩来报经毛泽东同意，按照何香凝“生则同衾、死则同穴”的夙愿，使她与廖仲恺合墓。9月5日上午，周恩来、朱德、宋庆龄等党和国家领导人及首都各界代表500余人，为何香凝在人民大会堂举行了隆重的追悼会，天安门、外交部等处下半旗志哀。9月6日，中共中央代表邓颖超和民革中央领导人与何香凝的亲属一起扶灵南下，将何香凝与廖仲恺合墓于南京中山陵右侧。

1971年林彪反革命集团覆灭后，周恩来首先提出要为被迫害的人落实政策。从这时起，周恩来保护民主党派领导人的侧重点转移到为被打倒、受迫害的同志明辨是非、尽快“解放”和安排工作上。王昆仑、屈武、朱学范等都是在周恩来的直接过问下，陆续得以“解放”出来的。

（三）各民主党派中央和全国工商联临时领导小组的成立

1970年11月，在周恩来的亲自过问和关怀下，八个民主党派中央机关留在北京的工作人员全部迁入全国工商联大楼联合办公，并由中共中央统战部系统军代表组织这些党派中央和全国工商联有关人员进行学习。1971年九一三事件后，周恩来在毛泽东支持下主持中共中央的日常工作，改善了民主党派的处境。

1971年12月，周恩来用两天半时间，亲自向在京的全国人大常委会委员、全国政协常委中的民主党派和无党派民主人士传达、揭批林彪反革命集团的问题，并委派李富春等十名共产党领导干部，帮助这些人士进行座谈讨论，为时两个月。以后，经周恩来批准，又向在京的各民主党派中央委员和无党派民主人士作了传达，并组织讨论。全国各地也陆续进行了传达和讨论。

1972年10月9日，各民主党派中央和全国工商联临时领导小组成立，下设联合办事机构，负责日常工作。10月30日，中共中央统战部召集各民主党派中央和全国工商联有关人士开会，宣布从即日起正式恢复经常学习制度，以全国政协名义成立学习领导小组，各民主党派中央和全国工商联编为四个学习组。1972年11月，在临时领导小组的安排下，民革中央机关全体干部从湖北沙洋五七干校返回北京，他们当中的一部分去北京郊区昌平沙河干校继续从事体力劳动，其余的人则到全国工商联大楼上班、学习。这一时期，民革中央领导人和工作人员主要是参加学习，同时也逐步恢复了部分活动，如协助落实政策、为部分成员平反等。1973年10月，民革中央在京领导人参加了第四届全国人民代表大会代表名单的协商工作。1975年1月，第四届全国人民代表大会在北京召开，陈此生、刘文辉、刘斐、朱蕴山出席了大会，并被选为第四届全国人大常委会委员。

（四）民革成员在逆境中的政治情操

在“文化大革命”中，民革中央和地方各级组织的领导人普遍受到不同程度的冲击。面对严酷的现实，民革广大成员并没有屈服于林彪、江青反革命集团的压力，而是坚持了拥护中国共产党的领导、拥护社会主义的立场，表现了民革同中国共产党风雨同舟、患难与共的决心。他们中的许多人对“文化大革命”的错误，对林彪、江青一伙的倒行逆施进行了多种形式的抵制和斗争。

程潜在住宅附近发现了丑化朱德的大字报和漫画，就让女儿赶快写了“毛泽东思想万岁”的标语盖在上面。在刘少奇遭到批斗时，他却在家里挂起刘少奇的画像，并说中共中央还没有取消刘少奇国家主席的职务，为什么不能挂他的画像。他还坚持反对揪斗彭真、陈毅，说这些人久经考验，为国为民出生入死，是毛主席的左右手，不能随意“砍”去。1967年国庆节，张治中在天安门城楼上观礼时，当面对毛泽东说：“主席，你走得太快了，我们跟不上！我一向认为共产党的干部都是好的，怎么一下子这么多好干部都变成走资派了?”熊克武在专案人员逼迫他揭发贺龙历史有“问题”时，他机智地以年老体弱记忆衰退为托辞，将来人敷衍走了。事后熊克武告诫子女：“做人要正直，切不能以莫须有的罪名，乘人之危加害于人。”1968年2月，专案组逼迫曾经掌握两湖地区军事实权的唐生智提供“证据”，证明刘少奇在1927年下令武汉工人纠察队缴枪，证明贺龙参加南昌起义动机不纯。唐生智不愿违背良心、冤枉好人，据实回答不知道。专案组的人恼羞成怒，用枪对他进行威胁。唐生智拍案而起，指着胸膛，厉声说：“你有本事就朝我这儿开枪，我不相信共产党会是你这种政策!”王昆仑在被囚禁期间，写下诗句明志，表达了对中国共产党的热爱，对国家前途的信心。康生一伙一再胁逼屈武提供伪证，诬陷1946年经过中共中央和周恩来的大力营救，在张治中的帮助和屈武本人的协助下，从新疆国民党监狱释放出来回到延安的100多位共产党员是“新疆叛徒集团”。屈武实事求是，坚持真理，毫不屈服。朱学范在秦城监狱被单独关押了七年多，当他见到来看望的子女，说的第一句话就是：“我相信我所选择的道路是正确的!”吴茂荪与焦实斋在被造反派囚禁期间，互相谈心交流，坚定了“相信组织，相信人民，一定要坚强地活下去”的信念和信心。廖运泽参加过南昌起义，林彪、叶群一伙派人胁迫他提供伪证，以证明林彪是南昌起义的领导者，甚至拔出手枪当面威胁，他不惧威逼利诱，仗义执言。

十年“文化大革命”期间，不论形势多么险恶，环境多么艰辛，民革各级组织和广大党员始终没有动摇对中国共产党领导和对社会主义的信心，一直坚持与中国共产党共患难、同命运，不仅在斗争中经受住了严峻的考验，同时也大大加深了对共产党的理解、信赖和感情。特别是粉碎林彪、江青两个反革命集团的历史性胜利，更使广大成员深刻体会到中国共产党伟大的、不可战胜的生命力。同时，民革也以自身在“文化大革命”中的表现，证明自己是无愧于在中国共产党领导下为社会主义服务的政治力量，是经受住了严峻历史考验，能够与中国共产党共患难、同命运的亲密战友。十年不平凡的经历，在中国共产党与民主党派合作的历史上写下了难忘的篇章，为中国共产党和民主党派在新的历史时期建立和发展“肝胆相照、荣辱与共”的关系奠定了坚实的基础。

四、逐步恢复组织活动

（一）投入揭批林彪、“四人帮”反革命集团的斗争

1976年10月，中共中央政治局执行全党和全国人民的意志，粉碎了江青反革命集团，宣告了历时十年的“文化大革命”的结束。民革成员和全国人民一道，热烈庆祝这一伟大的历史性胜利，积极投入揭批林彪、“四人帮”反革命集团的斗争，着重揭发批判林彪、江青一伙践踏统战政策、摧残民主党派的罪行，并且表示要把对这两个反革命集团的揭批化为力量，更好地为社会主义服务。

1976年10月6日，民革中央负责人和机关干部参加了在天安门广场举行的声讨“四人帮”反革命罪行和庆贺粉碎“四人帮”的大会。自此以后，随着民革中央临时领导小组的成立，各级组织逐步恢复活动，民革系统对“四人帮”的揭批活动进一步全面、深入地开展起来。中央和地方组织都召开了大会和各种形式的座谈会，联系实际揭批“四人帮”，从政治上、思想上批判“四人帮”的各种谬论，肃清其流毒和影响。

中共十一届三中全会以后，我国民主和法制建设得到加强。第五届全国人大常委会决定成立特别检察厅和特别法庭，依法公开审判林彪、江青反革命集团十名主犯。吴茂荪作为法庭的审判员之一，自始至终参加了这次审判。王昆仑在特别法庭第一审判庭就江青一伙诬陷民主党派成员和他本人的犯罪事实提供了证言。1981年1月，最高人民法院特别法庭宣布了对江青等十名反革命主犯的终审判决。消息传来，广大民革成员无不拍手称快，表示坚决拥护这一伸张正义的严正判决。

（二）恢复组织活动，开展调查研究

1977 年 10 月，中共中央统战部向各民主党派中央和全国工商联联合临时领导小组传达了中共中央关于各民主党派、工商联恢复活动的通知。原来的各民主党派中央联合组成的临时领导小组被撤销，在新的一届代表大会召开之前，各民主党派成立过渡性质的临时领导机构。同年 12 月，民革中央临时领导小组成立，由朱蕴山、王昆仑、陈此生、刘斐、朱学范、屈武、甘祠森、吴茂荪组成，其中朱蕴山、王昆仑、陈此生为召集人。1978 年 8 月，为积极有效地开展工作，决定在临时领导小组之下成立三个组和一个办公室。第一组负责民革中央的学习，陈此生为负责人；第二组负责民革中央组织、团结委员会、社会联系、妇女委员会的工作，朱学范为负责人；第三组负责民革中央对台、宣传、文史资料等方面的工作，钱昌照为负责人。办公室则由甘祠森负责。在当地中共党委和统战部的帮助指导下，民革各地方组织机构也相继恢复和开展活动。到 1978 年 8 月，已有 23 个省级组织成立了领导小组或临时领导小组，并开展活动。

恢复组织活动以后，为了掌握“家底”，摸清情况，研究如何开展工作，民革中央开始进行全面的调查研究。“文化大革命”中，民革活动几乎完全停止，中央与地方组织，与中央委员、候补中央委员、团结委员完全失去了联系。为了摸清基本情况，民革中央首先对此进行了普遍的调查登记，掌握了确切的数据。各地方组织对所属支部和成员也进行了普遍访问和重点了解。

1978 年 11 月，中央临时领导小组派出以朱学范为首的调查研究工作组，赴上海与上海民革负责人和安徽、浙江、江苏、江西派出的代表协商组成民革中央和华东部分省市会务调查研究会议，以揭批林彪、“四人帮”为纲，以“了解情况，听取意见，提出问题，进行讨论”为指导方针，对民革的组织现状、思想状况和如何把工作开展起来、活跃起来等问题，进行了广泛的调查研究。这次调研历时近一个月，最后形成了情况汇报提纲，向中央临时领导小组作了汇报，并把这一提纲下发各地方组织。此后，各地方组织也纷纷进行了类似的调研活动。这次会议和调研提出的问题、总结的各方面的意见和反映，对于民革组织的整顿和发展，确定新时期工作的方针和任务，具有十分重要的作用，其中许多重要观点为民革五大文件所吸收。

（三）平反冤假错案，落实统战政策

1978 年 4 月，中共中央决定全部摘掉“右派分子”的帽子，并在《关于全部摘掉右派分子帽子决定的实施方案》的批示中指出，对过去错划为“右派分子”的人，要做好改正工作。对于因悼念周总理、反对“四人帮”而受到迫害的同志，一律平反，并恢复名誉。

这些举措，对民革成员是很大的鼓舞和启发，使他们逐步澄清思想，激发了为社会主义现代化建设服务的积极性。民革各级组织积极协助党和政府落实有关统战政策，平反冤假错案，对错划为“右派分子”的成员进行改正。民革中央机关还成立了落实政策工作组，由甘祠森、吴茂荪任召集人，经过认真调查和多次讨论，首先改正了龙云、谭惕吾、李俊龙等有较大影响人士的错划“右派”问题，并落实了政策。各地方组织也协助当地中共党委陆续平反了一批有影响的冤假错案，为错划为“右派”的民革同志作了改正。对起义投诚的原国民党军政人员在“文化大革命”中受到迫害和不公正对待的，民革组织也协助中共党委对之落实政策。这一时期，民革的工作在逐步恢复，并取得了一定的成绩。

由于当时历史条件的限制和“两个凡是”错误方针的影响，统一战线方面的拨乱反正也遇到了严重的障碍，一些有关的重大是非问题，如对中华人民共和国成立以来统战工作的评价，新时期民主党派的性质等问题，迟迟得不到正确的解答。在对待统一战线和民主党派问题上，“左”的观点还严重存在。这使得当时的民革工作也同全国各项工作一样，处于徘徊中前进的局面。这种状况，直到 1978 年年底中共十一届三中全会召开以后，才得到彻底改变。

第五章

调整工作重心，聚力改革开放

“文化大革命”结束后，中共中央召开了十一届三中全会，全面、认真地纠正了“文化大革命”及以前的“左”的错误，决定把全党的工作重点转移到社会主义现代化建设上来，实现了具有深远历史意义的伟大转折。随后的全国政协五届二次会议，进一步明确了新时期民主党派的任务、地位和作用。之后，中共中央又制定了中国共产党与各民主党派“长期共存、互相监督、肝胆相照、荣辱与共”的十六字方针。

在中共十一届三中全会精神和邓小平新时期统战理论指导下，民革在初步恢复活动的基础上，召开第五次全国代表大会。大会根据社会主义初级阶段的基本理论、基本纲领和基本路线，根据新时期统一战线和民主党派的性质、任务、作用，决定把工作重点转移到为社会主义现代化建设服务上来，并制定了以服务社会主义现代化建设为中心，以促进祖国统一为重点的工作方针，使新时期的民革工作同改革开放和社会主义建设密切结合，同振兴中华、统一祖国密切结合。在这一方针指导下，民革相继召开多次重要的会议，统一全党思想认识，调整工作的方向和重点。各级组织和广大党员充分发挥积极性和主动性，多方面地开辟为改革开放和为社会主义现代化建设服务的工作领域，扩大同台湾、香港、澳门地区和国外有关人士的联系，积极开展促进祖国统一的工作，开创了工作新局面。在取得各项新进展的同时，为适应新的形势与任务要求，民革在中国共产党的支持和指导下，积极整顿和发展组织，着力开展自身建设工作，很快就使自己的面貌为之一新，从而为共同建设中国特色社会主义奠定了必要的思想基础和组织基础。

一、多党合作制度的新发展

（一）中共十一届三中全会的历史性转折

“文化大革命”结束以后，整个国家处于百废待兴、百业待举的局面，思想、政治、经济、教育、文化等各个领域亟须进行全面的拨乱反正。这一时期，民革广大党员和全国人民一道，以极大的热情投入到各项活动和工作中。但是，在粉碎“四人帮”以后的两年时间里，由于“左”的思想继续存在，特别是在“两个凡是”错误方针的影响下，拨乱反正的工作受到严重的阻碍。1978 年 5 月 11 日，在中共中央领导同志的领导和支持下，《光明日报》发表了题为《实践是检验真理的唯一标准》的文章，接着在全国范围内开展了一场关于真理标准问题的大讨论。这场讨论打破了长期禁锢人们思想的僵化局面，为重新确立实事求是的思想路线奠定了理论基础，也为中共十一届三中全会的召开做了思想准备。

1978 年 12 月 18 日至 22 日在北京召开的中国共产党十一届三中全会，是一次全局性的拨乱反正和开创新局面的重要会议，是中华人民共和国成立以来中国共产党历史上具有深远意义的伟大转折。

全会以解放思想、实事求是、团结一致向前看为指导思想，坚决批判了个人崇拜和“两个凡是”的错误方针，高度评价了关于真理标准问题的讨论，认为这场讨论对于促进全党同志和全国人民解放思想，端正思想路线，具有深远的历史意义。全会指出：“一个党，一个国家，一个民族，如果一切从本本出发，思想僵化，那它就不能前进，它的生机就停止了，就要亡党亡国。”这就从根本思想上解除了“两个凡是”的束缚，为克服多年来的“左”的指导思想，恢复中国共产党的优良传统，按正确的方向寻求中国特色的社会主义发展道路奠定了思想基础。全会还指出，必须历史地、科学地认识毛泽东的伟大功绩，必须完整地、准确地掌握毛泽东思想的科学体系，把马列主义、毛泽东思想的普遍原理同中国社会主义现代化建设的具体实践结合起来，并在新的历史条件下加以发展。

全会正确地总结了历史的经验教训，科学地分析了新时期的阶级斗争形势，重申了大规模的疾风暴雨式的群众斗争已经基本结束，果断地决定停止使用“以阶级斗争为纲”的口号，作出了从 1979 年起把全党工作重点转移到社会主义现代化建设上来的战略决策。全会认为，现在经济体制权力过于集中，应该有计划地大胆下放，着手大大精简各级经济行政机构，坚决按经济规律办事，重视价值规律的作用。全会十分重视作为国民经济基础的农业，提出了一系列振兴农业的政策措施。这就为必要的经济体制改革和与之相适应的政治体制改革走出了具有决定意义的一步。

全会总结了过去党内政治生活不正常的教训，决定健全党的民主集中制，健全党规党法，严肃党纪，并作出相应的明确规定；要求中央和各级党委要实行集体领导，保障党员有权在党内对上级直到中央政治局常委提出意见和批评；决定建立党的各级纪律检查委员会，以维护和执行党规党法，并选举产生了以陈云为第一书记的中央纪律检查委员会。

全会强调，必须加强社会主义法制，使民主制度化、法律化，使社会主义事业沿着民主与法制的轨道健康前进。全会讨论了中共历史上一批重大问题和一些重要领导人的功过是非问题。认为解决好“文化大革命”中发生的一些重大政治事件及在此之前遗留下来的某些历史问题，对于进一步巩固安定团结的局面，实现全党工作中心的转移，使全党、全军、全国各族人民万众一心向前看，调动一切积极因素为四个现代化而努力，是非常必要的。解决历史遗留问题，必须遵循毛泽东一贯倡导的实事求是、有错必纠的原则。只有坚决地平反假案，纠正错案，昭雪冤案，才能够巩固共产党和人民的团结，维护中国共产党和毛泽东的威信。

中共十一届三中全会的胜利召开，从根本上冲破了长期“左”的错误对中国共产党的严重束缚，端正了党的指导思想，重新确立了马克思主义的思想路线、政治路线和组织路线，从而结束了 1976 年 10 月以来党和国家的工作在徘徊中前进的局面，实现了伟大的历史性转折。

中共十一届三中全会以后，中国共产党开始全面地、认真地纠正“文化大革命”中及其以前的“左”的错误，进行了繁重的建设和改革工作，使我国在经济和政治上都出现了很好的形势。党和国家进入了以实现四个现代化为中心工作的新的历史时期，统一战线也进入了一个新的历史发展阶段。其主要标志包括以下三个方面：第一，全党在指导思想上实现全面拨乱反正，抛弃了“以阶级斗争为纲”的错误方针，宣布国内社会阶级状况和统一战线内部关系已经发生了根本变化；第二，作出党和国家工作重点转移到社会主义现代化建设上来的战略决策，统一战线工作由过去主要为社会主义改造和阶级斗争服务，转移到为社会主义现代化建设服务的轨道上来；第三，提出了“和平统一、一国两制”的战略方针，用“一国两制”的新构想，实现祖国大陆和台湾、港澳的和平统一。

（二）全国政协五届二次会议关于民主党派性质的新表述

在党和国家的工作重点转移到社会主义现代化建设上来的重要时刻，为了进一步动员和团结全国各族人民和一切爱国力量，促进社会主义现代化事业的发展，1979 年 6 月在北京举行了全国政协五届二次会议。

全国政协主席邓小平在会上作了题为《新时期的统一战线和人民政协的任务》的开幕致辞。这篇重要讲话，以其对中国社会阶级状况的根本变化的精辟分析和对新时期统一战线、人民政协性质、任务的全面阐述，丰富和发展了马列主义、毛泽东思想关于统一战线的理论，是新时期统一战线的纲领性文献。

在谈到民主党派的性质时，邓小平说：“各民主党派在民主革命中有过光荣的历史，在社会主义改造中也作了重要的贡献。这些都是中国人民所不会忘记的。现在它们都已经成为各自所联系的一部分社会主义劳动者和一部分拥护社会主义的爱国者的政治联盟，都是在中国共产党领导下为社会主义服务的政治力量。”①

① 《邓小平文选（一九七五——一九八二年）》，人民出版社 1983 年版，第 172 页。

★ 1982 年 11 月，全国政协五届五次会议期间，邓小平与王昆仑亲切握手。

邓小平强调，人民政协是发扬人民民主、联系各方面人民群众的一个重要组织。中国的社会主义现代化建设，依然需要政协就有关国家的大政方针、政治生活和四个现代化建设中的各项社会经济问题，进行协商、讨论，实行监督，发挥对宪法和法律实施的监督作用。统一战线和人民政协要发扬传统，帮助各方面的人士和群众在为社会主义服务的共同基础上不断增强团结，取得新的进步。

邓小平的这篇重要讲话，对民主党派是极大的鼓舞，在民革各级组织和广大党员中引起了强烈反响。大家认真学习和领会其讲话的科学论断和精神实质，心中涌起激动欢乐之情。摘掉了“资产阶级政党”的帽子，顿觉心明眼亮，思想开朗。一扫思想上长期的困扰和疑虑，对新时期民革的性质、地位、任务和作用有了新的认识，为民革决定将工作重点转移、开创新的工作局面，奠定了坚实的思想政治基础。

（三）十六字方针的提出与多党合作制度的发展

1981 年 6 月，中国共产党在北京召开十一届六中全会，一致通过了《关于建国以来党的若干历史问题的决议》（以下简称《决议》）。这是一篇重要的历史文献。《决议》将过去的“革命的爱国统一战线”的提法正式改为“爱国的统一战线”，强调“一定要毫不动摇地团结一切可以团结的力量，巩固和扩大爱国统一战线”。这一提法表明了新时期爱国统一战线具有极大的广泛性，有利于把一切有爱国心的人们团结在统一战线之内，以促进全国人民的大团结和祖国的大统一，顺利地发展我国的“四化”建设。

1982 年 9 月，中国共产党第十二次全国代表大会在北京召开。这次大会总结了十一届三中全会以来的历史经验，制定了全面开创社会主义现代化建设新局面的纲领，是中共历史上一次重要的代表大会。大会不仅提出了中国共产党在新的历史时期的总任务和经济建设的奋斗目标，而且强调了爱国统一战线和民主党派在新的历史时期的重要作用。大会在强调中国共产党必须加强与各民主党派及其他党外朋友的合作关系时，第一次明确提出了“长期共存、互相监督、肝胆相照、荣辱与共”的十六字方针。早在 1956 年，毛泽东在社会主义改造基本完成后，就提出了“长期共存、互相监督”的方针，为实现共产党领导的多党合作，正确处理共产党同民主党派的关系奠定了政治基础。1957 年以后，统一战线经历了曲折；“文化大革命”期间民主党派被迫停止活动，“长期共存、互相监督”的方针名存实亡。中共十一届三中全会以后，新时期的统战工作恢复了“长期共存、互相监督”的方针。胡耀邦在 1981 年年底至 1982 年年初召开的第 15 次全国统战工作会议全体会议上讲话时提出，我们的同志要“同一切党外人士交朋友，并且从泛泛之交变成真朋友，进而达到肝胆相照、荣辱与共的关系”。这是“肝胆相照、荣辱与共”八字方针的首次提出。中共十二大报告将“长期共存、互相监督”的八字方针扩展为“长期共存、互相监督、肝胆相照、荣辱与共”的十六字方针。这个十六字方针作为中国共产党同民主党派及其他爱国人士长期合作共事的历史经验的总结和概括，是中国共产党领导的多党合作和政治协商制度在新的历史条件下的深化和发展。

“长期共存、互相监督、肝胆相照、荣辱与共”方针的政治基础是，在新的历史时期，民主党派的社会基础和政治面貌发生了根本变化，从过去主要代表民族资产阶级、城市小资产阶级及其知识分子的阶级联盟性质的政党，转变为各自所联系的一部分社会主义劳动者和拥护社会主义的爱国者的政治联盟，成为为社会主义服务的政治力量，努力为振兴中华、实现“四化”、完成祖国统一大业服务。在全体社会主义劳动者和拥护社会主义的爱国者在根本利益上的一致性的政治基础上，共产党同民主党派之间是志同道合的诤友和战友，为了实现共同奋斗的目标，必然结成“肝胆相照、荣辱与共”的亲密无间的诚挚关系。共产党作为执政党，对民主党派、无党派人士，要在政治上充分信任，思想上多沟通，实现真诚合作共事；民主党派、无党派人士要竭诚接受中国共产党的领导，同心同德，全心全意，为改革开放和社会主义现代化建设贡献自己的全部力量。这一方针的提出和坚持实行，对民革工作的蓬勃开展有着极大的推动作用，产生了难以估量的深远影响。

1987 年 10 月，中国共产党第十三次全国代表大会在北京召开。大会以加快改革、深化改革为主题，在总结中华人民共和国成立以来历史经验的基础上，把马克思主义的基本原理同我国建设和改革的实际相结合，系统地阐述了关于社会主义初级阶段的理论和社会主义初级阶段的基本路线。大会指出，正确认识我国现在所处的历史阶段，是建设有中国特色社会主义的首要问题，是制定和执行正确的路线和政策的基本依据。关于社会主义初级阶段的论断，强调我们必须坚持社会主义，并且正视我们的社会主义还处在初级阶段这个科学论断，为理解国家建设的成功和失误提供了一把钥匙，为实行改革开放，建设有中国特色社会主义提供了有力的理论武器。

大会阐明，中国共产党在社会主义初级阶段，建设有中国特色社会主义的基本路线：领导和团结各族人民，以经济建设为中心，坚持四项基本原则，坚持改革开放，自力更生，艰苦奋斗，为把我国建设成为富强、民主、文明的社会主义现代化国家而奋斗（简称为“一个中心、两个基本点”）。这是中共十一届三中全会以来，中国共产党所一贯坚持的路线，是各项工作取得胜利的根本保证。

大会的政治报告明确指出，人民代表大会制度，共产党领导的多党合作和政治协商制度，按照民主集中制的原则办事，是我们的特点和优势，我们决不能丢掉这些特点和优势，照搬西方的“三权分立”和多党轮流执政。这个历史阶段的基本路线，为我国社会主义现代化建设和统一战线的工作指明了前进的方向。在社会主义初级阶段，统一战线仍然是一个重要的法宝，具有重要的战略地位。随着政治体制改革的进行，中国共产党领导的多党合作和协商制度，必将进一步发展和丰富，内容将更加充实，在国家政治生活中更加充分显示出它的生命力。

民革衷心拥护社会主义初级阶段理论和“一个中心、两个基本点”的基本路线，并且将其奉为一切工作所遵循的根本原则，明确了自己的历史方位和面临的历史任务，各方面的工作呈现出蒸蒸日上的面貌。

二、统一思想认识，实现工作重点转移

（一）五大召开，决定实行工作重点转移

中共十一届三中全会精神和邓小平在全国政协五届二中全会上的讲话，一扫民革组织的沉闷空气和党员的压抑心情，使其思想得到大解放，逐步摆脱了“左”的束缚，走上了正确的轨道。广大党员认识趋于统一，情绪振奋，为“四化”建设服务的自觉性和积极性空前高涨，光荣感和责任感显著增强。他们普遍表示，要加倍努力，尽量弥补“文化大革命”造成的损失，为社会主义现代化建设和祖国统一大业贡献力量。民革的各项工作出现生机盎然的新气象。在这种情况下，召开民革第五次全国代表大会，确定新时期民革工作的方针和任务，把广大党员进一步组织、动员起来，投入为社会主义现代化建设服务的伟大事业中去，是极为必要的。

1979 年 10 月 11 日至 22 日，民革第五次全国代表大会在北京召开。

五大与四大时隔 21 年，与会代表们欢聚一堂，共议民革工作大计，情绪高昂，场面十分热烈。大会以中共十一届三中全会和五届人大第二次会议精神为指导，以四项基本原则为政治准则，根据新时期统一战线和民主党派的性质、任务和作用，结合民革的特点，提出实行工作重点的转移，充分调动党员和所联系人士的积极性，积极参加国家政治生活和统一战线活动，踊跃投身社会主义现代化建设的伟大实践。

王昆仑在大会上致开幕词，朱蕴山作了《团结起来，为实现四化和祖国统一的伟大任务而奋斗》的报告，朱学范作关于修改民革章程的报告。

朱蕴山在报告中着重指出，实现社会主义现代化是我国现阶段的中心任务，“我们要坚定不移地把民革工作的重点转移到为社会主义现代化建设服务这个中心上来，在中国共产党的领导下，充分调动全体成员及所联系人士的积极性，努力为社会主义现代化建设服务，努力为完成祖国统一大业服务”。他提出民革今后的几项主要工作：一是推动成员及所联系社会人士，发挥自己的专长和利用自己的社会关系，努力做好岗位工作和其他工作；协助中国共产党和政府，从各方面调动一切积极因素，为社会主义现代化建设服务。二是充分发挥民革的作用，完成祖国统一大业。三是在四项基本原则的指引下，贯彻中国共产党提出的“长期共存、互相监督”的方针，积极参加国家政治生活，协助中国共产党和政府发扬社会主义民主，加强社会主义法制，维护安定团结，共同搞好国家大事。四是推动和帮助成员在自愿的基础上，努力学习马列主义、毛泽东思想，学习时事政治，结合为“四化”服务的实践，继续进行自我教育、自我改造。五是坚决拥护我国的外交路线，积极参加反对霸权主义、维护世界和平的斗争。

朱学范在报告中指出，根据我国社会政治经济状况和统一战线的变化发展，上届代表大会制定的章程中的一些内容，已不能适应伟大的历史性转变的要求，特别是关于民革的性质和任务，有必要作适当的修改。他强调，民革“今后在新的历史时期、新的革命形势之下，面临新的任务和问题，真诚接受党的领导，就更为重要”。

大会通过了《中国国民党革命委员会章程》（以下简称《章程》）和大会决议。新《章程》总纲对民革的性质作了新的阐述：民革现在已经成为它所联系的一部分社会主义劳动者和一部分拥护社会主义的爱国者的政治联盟，是在中国共产党领导下的为社会主义服务的政治力量。《章程》规定民革今后的中心任务：在中国共产党的领导下，充分调动全体成员及所联系人士的积极性，为实现我国的社会主义现代化，为争取台湾早日回归祖国，完成祖国统一大业，贡献出自己的一切力量。

会议期间，中共中央领导人叶剑英、邓小平、李先念、王震、韦国清、乌兰夫、邓颖超等在人民大会堂接见了出席各民主党派和全国工商联代表大会的代表们。当晚，全国政协、中共中央统战部举行宴会，招待各民主党派和全国工商联的代表。邓小平在会上作了重要讲话。他说："在我国新的历史时期，我们的革命的爱国的统一战线也进入了一个新的历史发展阶段。统一战线仍然是一个重要法宝，不是可以削弱，而是应该加强，不是可以缩小，而是应该扩大。""各民主党派和工商联，都是我国革命的爱国的统一战线的重要组成部分。各民主党派和工商联同我们党有过长期合作、共同战斗的历史，是我们党的亲密朋友。""建设和发展社会主义事业，已成为各民主党派、工商联和我们党的共同利益和共同愿望。在新的历史时期中，各民主党派和工商联仍然具有重要的地位和不可忽视的作用。"他指出："在中国共产党的领导下，实行多党派的合作，这是我国具体历史条件和现实条件所决定的，也是我国政治制度中的一个特点和优点。党同民主党派实行'长期共存、互相监督'是一项长期不变的方针。我们热诚地希望各民主党派和工商联以主人翁的态度，关心国家大事，热心社会主义事业，就国家的大政方针和各方面的工作，勇敢地、负责地发表意见，提出建议和批评，做我们党的诤友，共同把国家的事情办好。"邓小平的重要讲话，给了民革同志以极大的鼓舞和激励，更加坚定了大家为社会主义事业服务的决心和信心。

在民革五届一中全会上，朱蕴山当选民革中央主席，王昆仑、陈此生、刘斐、屈武、朱学范、裴昌会、李世璋、刘仲容、钱昌照、郑洞国、甘祠森、吴茂荪、贾亦斌当选副主席，甘祠森当选秘书长，王昆仑等41人当选为常务委员。

第五次全国代表大会，是民革历史上一次极为重要的会议，一个新的起点，开启了民革的一次思想大解放。它标志着民革在中共十一届三中全会精神的指导下，从多年"左"的思想影响下解脱出来，开始把工作重点转移到为社会主义现代化建设服务，为祖国和平统一大业服务中来。从此，民革的工作同中国共产党新时期的历史任务紧密结合起来，同社会主义时期的根本任务即发展社会生产力挂上钩。这样，就极大地调动了广大党员和所联系人士的爱国热忱和为社会主义服务的积极性、主动性、创造性，使民革工作突破了多年来狭窄的框框，获得了新的生机和活力。民革面向社会，多方面探索新的路子，开辟新的领域，走向为"四化"服务的广阔天地。

★ 1979年，朱蕴山（中）与王昆仑（右）。

五大闭幕后，民革各地方组织也先后召开了同级代表大会，决定了将工作重点转移，选举了新的领导机构，民革全党的思想、工作面貌为之一新。

（二）全国工作会议和六大召开，完成全党工作重点转移

五大以后，民革各级组织和广大党员以饱满的热情和高昂的姿态，积极开展工作，在国家政治生活、经济建设中发挥作用。全党在协助中国共产党落实政策，平反冤假错案，推动党员及所联系人士投身“四化”建设，开展各种社会服务活动，扩大对“三胞”的联系和对台宣传，加强组织建设等方面，做了大量的工作，并取得了可喜的成绩。为了进一步解放思想，及时总结工作，交流经验，提高认识，将各项工作推向前进，更好地为“四化”建设服务，民革中央于1980年12月在北京召开了全国工作会议。

这次会议对全国政协五届三次会议决议中提出的“参加政协的各党派、各团体，都有宪法赋予的权利和义务范围内的政治自由、组织独立和法律上平等的权利，都有权在政治上、组织上对自己的问题作出决定，独立负责地开展工作”的方针进行了学习和讨论。认为在新的历史时期，重申这一方针，对于加强和改善中国共产党的领导，发扬社会主义民主、充分发挥民主党派的作用，调动民主党派的积极性，更好地为“四化”建设和祖国统一大业服务，具有重大现实意义。

会议的主要成就是，再次强调了“为四化服务是民革的中心任务”，并首次明确提出促进祖国统一“是民革组织的重点工作”。

全国工作会议是五大精神的继续和发展，它对于全党进一步实现工作重点的转移，执行“以服务社会主义现代化为中心，以促进祖国统一为重点”的工作方针，起了重要的作用。这个工作方针，是中共十一届三中全会精神结合民革自身特点的产物。此后，民革的工作更加活跃、深入、广泛地开展起来。

1981年4月，朱蕴山在北京逝世。同年12月，民革五届二中全会选举王昆仑为中央主席。

鉴于民革五大以来，我国形势发生了巨大的变化，民革工作也有了重大的发展，开创新局面的任务已经提上日程，民革五届三中全会决定提前

召开第六次全国代表大会。

1983年12月，民革第六次全国代表大会在北京举行。王昆仑致开幕词，屈武作工作报告。报告指出，从民革第五次全国代表大会以来的四年，是拨乱反正、胜利前进的四年，是民革全体党员为国家建设服务力量最集中、心情最舒畅的四年。四年来的历程生动表明，中共十一届三中全会以来的历史性转变，爱国统一战线的大好形势，给民革带来了新的生机和活力，现在是民革历史上最好的时期之一。民革面貌发生了深刻变化，主要表现在四个方面：一是在政治上同中国共产党的一致性空前增强，使民革为实现新时期历史任务而进行的努力，建立在更加自觉的基础上，发挥了更大的主动性；二是随着工作重点的转移，民革工作不仅迅速得到恢复和发展，而且开拓了新的领域；三是民革组织有了很大的发展，成员平均年龄明显下降，新的骨干力量迅速成长，为实现新老合作和交替创造了条件；四是党员的精神面貌发生了显著的变化，爱国报国的热情和社会主义积极性正在转化为致力于“四化”建设和统一祖国的实际行动。

大会总结了四年工作的三条主要经验：一是在坚持四项基本原则的前提下，独立自主地开展工作；二是根据中国共产党的方针政策，贯彻实事求是的精神，从民革的实际出发，制定了切实有效的具体工作方针；三是发挥民革组织的作用，把成员中的积极因素和潜在力量调动并组织起来，集中到为“四化”服务和统一祖国的工作中去。

大会通过的民革新章程，突出了新时期的历史任务，把中共十二大提出的新时期总任务及20世纪80年代的三大任务写进了总纲部分。在总纲中继续强调了民革的工作中心是为社会主义现代化建设服务，工作重点是促进祖国统一。

在六届一中全会上，王昆仑再次当选中央主席，屈武、朱学范、裴昌会、钱昌照、郑洞国、吴茂荪、贾亦斌、侯镜如、孙越崎、赵祖康、徐起超、彭清源、李赣骝当选副主席。同时选举出由七人组成的民革中央执行局，负责主持中央日常工作，吴茂荪任主任，贾亦斌任副主任。

在中共十二大精神指引下，民革六大决定为实现“团结全国各族人民，自力更生，艰苦奋斗，逐步实现工业、农业、国防和科学技术的现代化，把我国建设成为高度文明、高度民主的社会主义国家”的新的历史时期的总任务服务。这次大会成为开创民革工作新局面的又一次动员大会。这标志着民革贯彻执行中共十一届三中全会以来的路线、方针、政策，经过四年的努力，在指导思想上基本完成了拨乱反正的任务，完成了工作重点的转移。由于执行了以服务社会主义现代化为中心，以促进祖国统一为重点的工作方针，民革开辟了新的领域，工作得到全面发展，呈现出前所未有的新局面。

三、集合全党力量，打开工作新局面

（一）探索为社会主义现代化建设服务的新路径

随着工作重点转移，民革各级组织和广大党员积极响应五大、工作会议、六大的号召，广开门路，勇于探索，主动作为，怀着高度的政治责任感和历史使命感投身“四化”建设，组织开展各种社会服务活动，取得显著成果。

推动党员和所联系人士立足本职多作贡献。许多在职党员努力钻研业务，做好本职工作，不少人在自己的岗位上作出了突出成绩，受到奖励和好评。据不完全统计，仅民革五大以后的四年里就有3000多位党员先后被评为各级劳动模范、先进工作者、三八红旗手等。同时，各级组织还广泛动员离退休党员和所联系人士，面向社会，发挥专长，多方面地开辟为“四化”服务的渠道。

兴办业余学校。这是民革适应新时期的需要而开拓的新领域。中共十一届三中全会以后，全国出现了高考和文化补习的热潮，民革中央号召全党“广开门路、多方办学”，民革办学应运而生。它为民革利用自己的智力优势直接服务于“四化”建设提供了广阔的天地。1980年5月，民革浙江省委会率先响应，由张革、吴行恭等几位退休老同志牵头，成立了长征业余学校。到1983年，由民革组织单独兴办和与其他单位合办的各类业余学校共百余所，结业学员近十万人。对发展职工业余教育，开发智力，培养人才，起到了积极作用。不少学校和办学人员被评为省、市职工业余教育先进集体和先进个人。

开展智力支边。消除贫困，达到共同富裕，实现国家富强、民族复兴，是中国共产党的伟大使命，也是民革的历史使命。1984年，中共中央、国务院联合发出《关于帮助贫困地区尽快改变面貌的通知》后，民革把扶贫纳入自己为经济建设服务的工作重点，动员各级组织、全体党员，发挥自身智力优势，支边扶贫。中央和各级组织纷纷把一些有专业技术特长的党员组织起来，深入内蒙古、吉林、四川、云南、贵州等边远山区，开展医疗服务，推广农业科技，帮助勘探资源及制定经济开发规划，举办各种实用技术培训班和知识讲座等，为当地的经济和文化建设贡献力量，受到当地群众的欢迎和好评。有的地方组织还同挂钩地区达成协议，决定把智力支边工作长期坚持下去。孙越崎同志已经90岁高龄，亲自率领支边小组前往内蒙古进行调查研究，对当地煤、钢、电的生产建设和互相协作提出许多有价值的建议，受到有关部门和当地党政领导的重视和赞扬。自1988年年初开始，民革中央将贵州省毕节地区作为重点扶持对象，后又将该地区最贫困的纳雍县作为固定扶贫点，建立了长期扶持关系，并多次组织专家前往毕节地区和纳雍县考察，帮助制定经济开发规划，提出了许多有价值的建议。

提供咨询服务。组织有业务专长的党员，成立咨询服务机构，开展医疗、教育、外文、金融、会计、法律、科技等多方面的咨询活动，取得良好效果。如锦州、辽阳、本溪、抚顺、四平等市级组织，开展医疗咨询服务四年中，共接待4000多人次，回复函询300多封。

引进资金、技术。广大党员利用在台、港、澳和海外的亲朋故旧的关系，通过多种方式，动员和鼓励他们回大陆投资、办企业，并热心为他们牵线搭桥。1981年，广东徐舜英一人就引进了几十个项目，福建林梦飞为厦门感光厂引进了彩色生产线全套设备及技术。截至1984年年底，经

★ 1983 年 8 月，90 高龄的民革中央副主席孙越崎（中）带队赴内蒙古，调研小煤矿生产发展情况，并进行技术咨询服务。

党员联系或基本落实的项目有 77 个，包括资金和设备技术在内，总值达 3 亿多美元，为国家经济建设作出了贡献。

兴办企业和社会服务事业。1980 年春，民革中央根据五大精神，具体扶持北京颜明宜创办丰盛手工艺工厂，为国家换取外汇，同时安排一些青年就业。这一前瞻性的做法，为以后民革成员办企事业起到了积极的表率作用。不少地方组织推动党员兴办集体企业和社会服务事业，如印刷厂、誊印社、翻译服务社等，安置了部分待业青年就业，产生了良好的社会效益。此外，还成立了相当数量的书画社，开展有益的文化活动。

上述为"四化"建设服务的社会实践说明，民革作为参政党，不仅在国家政治生活中发挥了作用，而且在社会主义两个文明建设中也是大有可为的。这就为民革进一步发挥自己的潜力，拓宽工作领域，提供了广阔的天地。

（二）七大召开，进一步推动工作

六大以后，民革先后召开了全国工作经验交流会、为"四化"建设服务工作座谈会、全国代表会议、民革工作研讨会等多次会议。这一系列的会议，对进一步调整工作布局，调动广大党员投身社会主义现代化建设和祖国统一大业的积极性，推动民革工作卓有成效地开展，起了重要作用。

1985 年 8 月，民革中央主席王昆仑逝世，由屈武代主席职务。

10 月 2 日，各民主党派中央、全国工商联为“四化”服务先进集体和先进个人代表大会在北京举行。这是中华人民共和国成立以来各民主党派中央和全国工商联第一次联合召开的盛会。参加会议的代表共 400 余名。民革推选出先进集体代表 11 名，先进个人代表 40 名。

1987 年 2 月，民革六届三中全会选举屈武为民革中央主席。

2 月 8 日至 11 日，民革全国代表会议在北京举行。出席会议的代表共 416 人，屈武主持开幕式并致开幕词。中共中央顾问委员会副主任王震代表中共中央向大会致贺词。朱学范作了题为《高举爱国旗帜，团结奋斗，为统一祖国、振兴中华贡献力量》的工作报告。会议审议通过了《关于中央和省级设立荣誉职务的决定》《关于建立中央监察委员会的决定》《关于中央执行局设候补委员、省级组织设执行组的决定》。会议选举产生了中央监察委员会，一致推举朱学范兼任中央监委主席。

1987 年 12 月，在民革六届五中全会上，屈武主动辞去中央主席职务，全会推举他为民革中央名誉主席，同时选举朱学范为中央主席。

12 月 30 日，民革中央在北京举行民革成立 40 周年纪念大会。朱学范发表讲话。他说，总结民革 40 年的历史经验，归结到一点，“就是要坚决接受中国共产党的领导，坚决走社会主义道路”。“没有共产党的领导，就没有民革的今天，只有走社会主义道路，才有民革的前途，这也是由 40 年的历史所充分证明了的。在今后的岁月里，我们一定要把民革长期同中国共产党肝胆相照、荣辱与共的光荣传统坚持下去，发扬光大，代代相传。”

1988 年 11 月，民革第七次全国代表大会在北京举行。出席大会的代表有 589 人，代表着 38000 多名党员。这是民革 40 年历史上代表人数最多的一次大会。大会从社会主义初级阶段的现实国情和民革的具体情况出发，界定民革“是由中国国民党民主派和其他爱国民主分子所创建的一个民主党派，是所联系的一部分社会主义劳动者和爱国者的政治联盟，是为社会主义和中国统一事业服务的政党”，提出今后民革工作的指导方针：健全政党机制，提高参政议政能力，坚持生产力标准，为发展社会生产力服务；在中国共产党领导下，独立自主地开展工作；以改革的精神加强自身建设，迎接挑战。这次代表大会强调了加强自身建设的重要性，明确提出要在社会主义初级阶段基本路线指引下，发扬孙中山爱国和不断进步的精神，领导全体党员，团结国内外拥护祖国统一的爱国人士，为统一祖国、振兴中华而奋斗。特别是一批新生力量进入中央委员会，在改善队伍年龄结构，实现新老合作与交替方面，又前进了一步。

大会通过决议，强调民革是中国共产党领导的多党合作中的一个民主党派，是中国人民政治协商会议的一个组成单位；表示民革要坚定不移地接受中国共产党的领导，在加强自身建设的基础上，健全政党职能，开发民革的智力资源，集中群体智慧，提高参政议政的能力和水平，参与国家大政方针的决策和执行，举荐符合条件的党员参加各级政府的工作，坚持并不断完善、充实、丰富和发展多党合作制度，为维护安定团结的政治局面，建设社会主义法制，建立社会主义商品经济新制度而作出新的贡献。

在七届一中全会上，朱学范再次当选中央主席，郑洞国、贾亦斌、侯镜如、徐起超、彭清源、李赣骝、何鲁丽、李沛瑶当选为中央副主席。在 11 月 19 日举行的监察委员会全体会议上，孙越崎当选为监委会主席。

七大以后，民革贯彻社会主义初级阶段基本路线，继续坚持以服务社会主义现代化建设为中心，以促进祖国统一为重点的工作方针，振奋精神，锐意进取，各项工作稳步推进，并取得新的成绩。

这一时期，民革注意发挥参政议政的作用。在各种协商会、座谈会和人大、政协会议上，积极发表政见，反映民意；在国民经济的调整，经济、教育、科技体制改革，政治体制改革，社会主义精神文明建设，以及开展海外联谊工作等方面，提出建设性的意见；对社会发展和经济建设中的一些重要问题，如开发海南、三峡工程、沿海发展战略、人口问题、教育问题等，进行论证，提出建议。

1980 年，在国家计委和国家科委的领导下，启动了三峡工程的论证工作。全国政协常委孙越崎曾经长期在国民党政府主管工业、资源、能源工作，早在 20 世纪 40 年代就接触过三峡问题。这一次，他又与一些政协委员把关注点聚焦到三峡工程兴建的议题上。1985 年 3 月 25 日至 4 月 8 日全国政协六届三次会议召开期间，167 位全国政协委员对三峡工程问题单独或联合提出 17 项提案，建议缓上三峡工程。为此，全国政协经济建设组专门成立了长江流域综合治理和三峡工程调查组，由孙越崎担任组长，组织有各方面的专家赴长江中游地区作进一步的调查研究。5 月 30 日，年届 92 岁高龄的孙越崎率领由原国家计委副主任林华、原国家经委顾问徐驰、原商业部副部长王兴让等十人组成的长江流域综合治理和三峡工程调查组，从成都沿长江顺流而下开展调研，共历时 38 天，开了 40 多次座谈会，广泛听取各方意见，了解交通运输、水利电力、地质地震、气象水文等方面的历史和现状。7 月底，调查组将调查报告以全国政协经济建设组的名义经全国政协上报，题为《三峡工程近期不能上》，得到了中共中央和国务院的高度重视。全国政协第一副主席杨静仁在中央统战部设宴慰问孙越崎和调查组成员，全国政协主席邓颖超亲自会见孙越崎并表示慰问。孙越崎和全国政协长江流域综合治理和三峡工程调查组的意见引起了党和国家的高度重视。

1986 年 6 月，中共中央和国务院发出了《关于三峡工程论证工作有关问题的通知》，责成主管三峡工程的水利电力部组织更广泛的论证，重新提出可行性报告，然后报国务院审查。1989 年 3 月 6 日，在三峡工程论证领导小组开会集中审议三峡工程可行性报告时，孙越崎进行了口头发言。十多天后，3 月 21 日，在全国政协七届二次会议上，孙越崎和林华等 13 位全国政协委员作了联名发言，针对这一年 2 月水利电力部、能源部审议长江规划办公室重新编制的《三峡水利枢纽可行性报告》的情况，再次陈述了意见和建议，提出了约2.9万字的大会书面发言，题目为《谈三峡》。

1990年7月，国务院在北京召开三峡工程论证汇报会，国务院总理李鹏听取了论证领导小组关于论证工作和新编可行性报告的汇报。97岁高龄的孙越崎出席会议，作了引人注目的发言，并提交了一份亲笔撰写的长达4.8万字的意见书，综合了三峡论证意见及四川和长江流域各地水利、能源、生态环境、地质等方面专家与世界银行专家的意见。其中很多建设性的意见和建议，被三峡工程领导小组参考和采纳，为三峡工程的顺利建设作出了贡献。

在三峡工程的论证过程中，孙越崎以其高度的责任心，在耄耋之年为三峡工程建设论证工作付出了巨大的努力。这种赤诚态度和爱国精神，得到了党和国家领导同志的高度赞扬，称他为“共产党的亲密诤友”。这种通过对国家重大工程的建设情况进行调研，及时把发现的问题和群众对这些问题的看法，通过专报、提案等反映给执政党有关部门，最终促进了决策的民主化和科学化的历程，也正是民革积极履行参政议政、民主监督职能的充分体现。

办学成绩突出。民革认真贯彻全国成人教育工作会议精神，把办学重点向符合社会需求的岗位职业培训方面转移。注重在提高办学质量、适合当地经济发展的需要上下功夫。到1988年，民革组织和个人兴办的各类业余学校共293所，比五年前增加了一倍多，结业学员77万人，在校学员22万人。其办学多在一无经费、二无校舍、三无专职教师的困难条件下开始，经过数年努力，逐步改善了办学条件。办学取得较好社会效益，受到社会好评。在1985年召开的各民主党派和工商联为“四化”服务先进集体和先进个人代表表彰大会上，在民革出席大会的11个先进集体中，有6个是业余学校的。1986年，全国职工教育委员会和全国总工会为全国职工教育优秀教师颁发奖牌，民革有9位业余学校的教师荣获奖牌。

咨询服务工作有新发展。注重社会效益，在引进外资、项目合作方面多做工作。到 1988 年年底，各级组织和个人创办的咨询服务机构达 226 个。咨询服务的内容从经济、科技、医务、法律等领域，逐渐向外向型发展，利用海外关系，促进“三胞”同大陆的贸易。民革六大以来的五年中，共引进资金（台资在内）近 5 亿美元。1987 年 4 月，中国通和经济开发咨询服务中心在北京成立，以台港澳同胞和海外侨胞为主要对象，开展咨询服务工作。

智力支边扶贫有成效。各地组织发挥成员的智力优势，为贫困地区开办技术和文化培训班，开展医疗服务，推广农业科技，帮助进行资源的勘探及经济开发规划的制定等，并取得初步的成效。几年来，参加支边扶贫的成员达 1400 多人次，完成项目 1000 多项，已为地方产生经济效益 70 多万元。

各级书画社在社会主义精神文明建设中发挥作用。到 1988 年，各级组织成立的诗词书画社已有 70 多个，比五年前增加了一倍，入社人数达 4000 多人。书画社独立举办和参加各种展览近 200 次，到国外展览 10 次。书画社利用节假日深入工厂、农村、部队，为工农兵绘画、书写春联等，并为社会福利和文化事业，以及亚运会捐赠作品，受到社会好评。

经过几年的实践，民革为“四化”服务的工作不断深化。为了统一思想，提高认识，推动工作，1989 年 4 月，民革中央在北京召开全国“四化”服务工作研讨会。会议肯定了 1985 年以来民革为“四化”建设服务所取得的新成绩，同时对工作中的问题和困难进行了分析和讨论，对如何进一步提高工作质量，推动工作前进提出了意见。会议认为，民革的办学工作之所以能够取得显著成绩，主要是由于及时贯彻了全国成人教育工作会议精神，把办学重点向符合社会需求的岗位职业培训方面转移。今后办学必须在提高质量、改善办学条件、适应当地经济发展的需要上下功夫，这样才能具有竞争力。咨询服务工作要注重社会效益，要与智力支边工作结合起来，要在引进外资、项目合作方面多做工作，为当地经济发展作贡献。智力支边工作强调以省内支援为主，结合必要的省际支援，要为当地贫困地区的脱贫致富作出贡献。各地的书画社要坚持为社会主义精神文明建设服务的方向，要在加强与台、港、澳和海外的文化交流，促进祖国和平统一方面发挥作用。会议指出，民革为“四化”服务要继续开拓新的领域，探索新的路子，要和参政议政结合起来，为参政议政服务，这是形势的发展对我们提出的更高层次的要求。

（三）发挥优势，为祖国统一大业作贡献

1. 积极响应《告台湾同胞书》

中共十一届三中全会恢复了实事求是的思想路线，调整了工作重点，把中心转移到四个现代化建设上来，实行对内改革、对外开放政策。与此相适应，对台工作方针也作了重大调整，确立了和平统一祖国的大政方针。

1979 年元旦，全国人大常委会发表《告台湾同胞书》，强调实现祖国统一是民族的意志和历史的潮流，明确提出：“一定要考虑现实情况，完成祖国统一的大业，在解决统一问题时尊重台湾现状和台湾各界人士的意见，采取合情合理的政策和办法，不使台湾人民蒙受损失。”呼吁“两岸尽快实现通航通邮，以利双方同胞直接接触，互通讯息，探亲访友，旅游参观，进行学术文化体育工艺观摩”；表示“应当发展贸易，互通有无，进行经济交流”。《告台湾同胞书》的发表，表明了中国共产党和中国政府解决台湾问题的真诚态度和基本立场，拉开了祖国和平统一的序幕，两岸关系开始发生重大转折，进入新的历史时期。

民革与台港澳和海外的国民党军政人员及有关人士，有着多方面的历史关系和影响，可以在祖国和平统一事业中发挥特殊的作用。早在民革三大之后，就成立了和平解放台湾工作委员会。基于这一历史和现实，民革五大确定以促进祖国和平统一为全党工作重点。《告台湾同胞书》的发表，为民革的工作指明了新的方向，极大地鼓舞和坚定了民革党员做好对台工作、促进祖国和平统一的信心和决心。

在《告台湾同胞书》发表的当天下午，全国政协举行座谈会，民革中央领导人王昆仑、陈此生、屈武、朱学范、刘斐等应邀出席。他们在会

上表示，《告台湾同胞书》代表了全国人民的心愿，民革一定为祖国和平统一大业积极贡献力量。他们呼吁在台湾的老同事、老朋友解除顾虑，严肃认真地考虑全国人大常委会的意见，以使祖国统一大业早日完成。同月21日，民革中央在全国政协礼堂举行春节联欢会，刘斐在会上作了讲话，并向台湾军政人员致以节日问候。这是民革成立以后，第一次以这种友善的姿态向台湾方面讲话。

为了响应《告台湾同胞书》的发表，民革中央于1979年7月在北京举行对台工作座谈会。会议认为，民革应当充分利用在台湾关系多的有利条件，大力开展对台工作，在沟通两岸关系上发挥积极作用。同年底，民革中央恢复了对台工作委员会（后改名为祖国和平统一促进委员会），主要开展对台宣传和联谊工作。

对台宣传方面，各级组织和广大党员通过多种渠道，运用多种形式，宣传祖国大陆对台方针政策和社会主义建设的成就，倾诉两岸骨肉之情，批驳台湾当局不利于统一的言行等。宣传的形式主要有四种：一是广泛发动与台湾国民党人士有各种关系的民革党员为广播电台、报纸杂志撰写稿件；二是通过与台湾和海外亲友的信件往来；三是在接待“三胞”过程中进行面对面地交谈；四是赠送画册、书籍、音像制品等。民革中央领导人带头开展对台宣传，撰写文章，向新闻媒介发表谈话，表达对台湾亲朋故旧的思念之情。1980年元旦，刘斐发表《三十六计，和为上计》的文章，指出：“一条窄窄的台湾海峡，隔断了两岸的一切联系，对于我们中华儿女、骨肉同胞，这是多么大的不幸。争取台湾回归祖国怀抱，完成统一大业，是每个黄帝子孙都不容推诿的责任。”朱蕴山在对台广播稿中说：“热烈期待台湾的旧友，消除人为的障碍，回到大陆，探望家园，为先祖扫墓，为后辈祝福。”屈武致电老友蒋经国，恳切陈词：“窃思兄弟阋墙，非国之福，偏安一隅，终非长策。为吾弟计，莫若顺应民心，握手言和，共竟祖国统一之伟业，同造中华振兴之宏图。”王昆仑、朱学范、郑洞国等人也撰写了许多文章和广播稿，向台湾亲友致意。他们的文章有的被海外报刊摘引或转载，起到很好的宣传作用。

联谊工作主要是通过与回大陆探亲、观光的“三胞”的接触、座谈叙旧，向他们宣传有关政策和“一国两制”方针，介绍祖国的情况，以增进了解和友谊，联络感情，形成和平统一祖国的共识。

1981年9月30日，叶剑英委员长向新华社记者发表了关于台湾问题的重要谈话，对《告台湾同胞书》所提出的争取和平统一祖国的大政方针作了全面的阐明，并具体提出了解决台湾问题、和平统一祖国的九条方针。这九条方针的公开宣布，是中国共产党为实现祖国统一作出的又一次重大努力。其所阐明的九条对台方针政策，以国家民族的根本利益为最高准则，充分考虑到台湾的现状，明确保证了台湾各界人士和台湾当局的利益，是合情合理的，受到了全国人民的热烈拥护，在海内外产生了广泛的影响。民革中央立即举行座谈会，表示完全拥护叶剑英提出的九条方针。王昆仑说：“叶委员长谈话提出的方针政策，表明中国共产党和人民政府对祖国统一的真诚，是真正从国家和民族的根本利益出发，也照顾了台湾的现实及台湾当局的处境，通情达理，言辞恳切，感人至深。”郑洞国说：“我在台湾还有一些老同事、老朋友，他们也是热爱自己民族的。由于历史的原因，使他们不能为民族的发展事业作出自己的努力，也使他们和留在大陆的亲人分隔了32年。现在，中国共产党提出了实行第三次国共合作的建议，希望在台湾的老同事、老朋友捐弃前嫌，不失时机地予以响应。”

1982年1月，邓小平同志在会见美国华人协会主席李耀滋时说：“九条方针是以叶剑英委员长名义提出来的，实际上就是‘一个国家，两种制度’。”从而正式提出了“一国两制”的构想。1984年5月，第六届全国人大二次会议把“和平统一、一国两制”写进了《政府工作报告》，获得大会通过。这样，“一国两制”就正式被确定为统一祖国的基本方针。

这一时期，民革积极响应《告台湾同胞书》，以“一国两制”精神为指导方针，推进“三通”做了大量的工作。

以全国人大常委会《告台湾同胞书》为契机，两岸军事对峙的紧张局势趋于缓和，民间的各种联系和交往逐渐频繁，特别是两岸同胞寻找亲人的日益增多，形成了一股“寻亲热”。由于海峡两岸长期人为隔绝，未直接通邮通电（讯），联络极为不方便。这种滞后状况，已成为两岸民间交往的一大障碍。

鉴于此，民革提出了首先实现两岸直接通邮通电（讯）的倡议，并为此进行了积极的努力。民革认为，通邮通电（讯）比较简单易行，可以为两岸同胞节省邮资和时间，是两岸同胞的迫切要求，理应容易获得台湾当局的应允。实现通邮，可以成为“三通”的突破口。

民革关于两岸直接通邮通电（讯）的倡议，最早由朱学范提出。1979 年 2 月 28 日，他在纪念台湾同胞二二八起义 32 周年座谈会上发言说：“我要再一次呼吁台湾当局和台湾邮电界的老同事、老朋友们理解解决恢复邮电往来的问题，这不仅合乎大陆和台湾同胞的迫切需要，也利于逐步消除双方的隔阂。”

民革中央就此多次举行对台通邮座谈会，邀请中共中央统战部、邮电部、邮电工会等有关部门和团体的负责同志，对具体方案和有关问题进行研讨。

民革在大力促进海峡两岸直接通邮通电（讯）之时，为实现两岸通航也做了许多具体工作。例如，派人到福建等地考察，邀请民航等有关部门负责同志，就两岸通航的具体技术问题多次商议，提出可行性措施，然后递交有关部门，引起重视。

民革大力提倡两岸直接通邮通电通航，为实现“三通”进行了不懈的努力，为祖国和平统一事业作出了自己的贡献，充分体现了民革对早日实现两岸统一的殷切希望。

2. 协助落实有关政策，促进两岸交往和交流

中共十一届三中全会以后，在拨乱反正、平反冤假错案的过程中，各级民革组织配合和协助政府做了大量落实政策的工作。如为台属和原国民党起义投诚人员落实政治待遇和生活待遇问题，反映他们的要求等。

“寻亲热”兴起后，各级组织积极帮助两岸同胞寻找亲人。《团结报》特辟专栏，刊登寻人启事，使许多两岸同胞，有幸与多年毫无讯息的亲人

恢复了联系。有的组织对本地区“三胞”情况逐一详细调查，做到心中有数，并制成卡片，为双方查找亲人提供方便。

1987年台湾当局开放探亲以后，台湾的大陆籍人士回乡探亲的日益增多，民革接待人数不断增加。民革热情为他们服务，做了许多实事。如为“三胞”回乡探亲提供方便，排忧解难；为回大陆定居者办理手续，联系住房；为回大陆投资经商者创造条件，牵线搭桥等。不少民革组织成立了“三胞”咨询服务机构，解答“三胞”的疑难问题，为其提供各方面的信息。所有这些工作，都取得了很好的效果，使“三胞”感受到祖国的温暖，增强了对祖国的向心力。

屈武早年与台湾地区领导人蒋经国结拜为兄弟，二人又有在苏联留学的同窗之谊，情同手足。屈武知道蒋经国非常孝敬母亲。不幸的是，其母亲在抗战期间惨死于日军飞机的轰炸。当年，蒋经国闻讯后，不顾艰险赶回老家，将母亲安葬，并手书了“以血洗血”的石碑，立誓要为母亲报仇。1949年离开溪口之前，蒋经国特地到母亲墓前依依不舍地辞别。从那以后，蒋经国再也无法回乡亲自为母亲扫墓，随着自己迈入老年，内心的遗憾和愧疚感与日俱增。他通过台湾和海外的朋友，向结拜兄长屈武转达了问候和感激之情，还表达了他十分沉痛的心情：深以不能亲临溪口为母亲扫墓为憾！

为弥补手足兄弟的这一大遗憾，1987年6月，90高龄的屈武冒着酷暑专程到奉化溪口，替蒋经国扫墓尽孝。扫墓结束后，相关媒体在进行宣传时，特地附上了屈武在蒋经国题字的墓碑前的留影。

没有想到，就在两岸形势一片大好之时，蒋经国突然于1988年1月13日离世。消息传来，屈武既为结拜兄弟的去世而伤感，又为两岸关系的走向深感惋惜和忧虑。他“悲痛无已，竟夕难眠”。第二天，屈武给蒋经国的遗孀、他的老朋友蒋方良女士发去了一封情真意切、饱含深厚感情的唁电。

★ 屈武祭扫蒋经国生母墓时留影。

随着探亲的开放，两岸民间经贸、文化、科技、体育等各个领域的交流与合作也日益频繁。不少民革党员前往台湾访问和从事学术活动，一些民革组织与台湾民间团体联合举办桥牌比赛、书画展览等，为促进两岸交流交往发挥了积极作用。

民革还十分注意通过举办和参加各种纪念活动，如纪念国民党一大召开 60 周年、黄埔军校建校 60 周年、抗日战争胜利 40 周年、西安事变 50 周年、孙中山先生诞辰 120 周年、柳亚子先生诞辰 100 周年暨南社发起 80 周年等，广泛接触各界人士特别是台、港、澳和海外人士，与他们建立友谊，增进了解，向他们宣传有关方针政策，团结他们，共同为祖国统一大业贡献力量。

为了推进祖国统一工作深入有效地开展，促进两岸人员往来和经贸、文化交流，这一时期，民革多次召开专题工作会议。1982 年 5 月，民革中央在厦门召开了统一祖国工作会议，对 1979 年以来民革促进祖国统一的工作进行了总结。1986 年 9 月，民革中央在北京召开祖国统一工作研讨会，就新形势下的有关工作进行研讨和部署。1987 年 5 月，在民革中央的支持和参与下，由民革浙江省委会主办的“一国两制”理论政策研讨会在杭州举行。会议学习了有关政策，交流了对“一国两制”理论的认识，收到论文百余篇，取得积极效果。

四、推动自身建设逐步深化

（一）加强思想政治工作，提高党员政治素质

进入新的历史时期，民革始终把思想建设置于自身建设的首位。主要是通过加强政治学习，提高党员政治素质，在政治上坚定不移地同中国共产党保持一致，充分调动广大党员的积极性，努力为社会主义现代化建设服务，为祖国统一大业服务。

五大以后，民革各级组织积极推动和帮助党员在自愿的基础上，努力学习马列主义、毛泽东思想，学习时事、政治，结合为“四化”服务的实践，进行自我教育。针对党员和所联系人士的思想实际，举办各种时事政策、学习辅导报告会，以及有关经济、法律、科学知识的报告会，组织参观学习等。这些活动使广大党员进一步解放思想，实事求是，提高了为“四化”服务的自觉性，在各自的岗位上作出成绩。

1983 年 8 月，《邓小平文选》第二卷出版发行，民革中央向全党发出号召，要求认真学习《邓小平文选》第二卷。同年 12 月，民革六大强调指出，当前首要的任务是帮助成员学好《邓小平文选》第二卷，这是民革在政治思想上的基本建设。

为了进一步加强思想政治工作，民革中央于 1987 年 6 月召开了思想

政治工作研讨会。会议对党员的思想状况进行了分析和评价，认为总的情况是好的，是积极向上的，是拥护中国共产党、拥护社会主义、拥护中共十一届三中全会以来的路线的。会议指出，当前民革思想政治工作的主要任务：推动和帮助党员加强学习，自觉地把认识统一到中共十一届三中全会所确定的基本路线上来；引导全体党员充分认识民主党派的历史使命，加强团结，坚定信心，为实现社会主义现代化，为祖国的和平统一努力奋斗。

1987 年，中央机关刊物《民革工作》改版，并重新命名为《团结》，同年又创办了团结出版社。不少地方组织也办有自己的内部刊物。此前，停办了 14 年之久的《团结报》于 1980 年 2 月复刊，并向国内外公开发行。这些党报、党刊和出版机构，对于推动全党的理论学习和思想建设，起了积极的作用。

1988 年，在七大上，民革中央向全党提出要求："在当前和今后一个时期，要以基本路线教育和形势教育为核心，对民革党员进行爱国主义和社会主义教育，进行民革优良传统的教育，帮助民革党员增强共产党领导的多党合作格局中的政党意识，提高遵守宪法、法律、党章和为社会主义服务的自觉性，树立与发展社会主义商品经济、建设社会主义民主政治相适应的新观念。"

总之，这一时期民革的思想政治工作，逐步形成"全党来做，坚持疏导，实事求是，以理服人，正面教育，讲求实效"的指导方针，在坚持四项基本原则的前提下，努力创造宽松、和谐的气氛，工作结合学习，理论联系实际，允许不同意见进行研究和讨论，提倡开展同志式的交流，展开批评和自我批评，将思想政治工作不断推向深入，为完成新时期民革的历史任务，提供了坚实的思想政治基础。

（二）加强组织建设，推进新老交替

"文化大革命"期间，民革组织遭到严重破坏，组织活动完全停止。1977 年恢复活动时，党员人数由"文化大革命"前的 1.3 万多人减至

8000 多人，而且党员年龄普遍较大，队伍严重老化。因此，积极发展组织，增加新生力量，便成为当务之急。五大及时提出发展组织的任务，要求各级组织继续贯彻以发展原国民党和与原国民党有历史关系的中上层人士为主的组织路线，坚持巩固与发展相结合的组织方针，在巩固的基础上发展组织。

1980 年召开的民革全国工作会议指出，为了贯彻“长期共存、互相监督”方针的需要，采取积极态度发展组织和扩大联系，是必要和可能的。解放思想是放手发展组织最重要的一环，要克服“一嫌二怕”的思想；发展组织既要积极，又要慎重；在发展中要贯彻“发展是为了工作，从工作中进行发展”的原则。

在上述组织路线、方针和原则的指引下，经过各级组织的共同努力，发展组织的工作有了较大的进展。到 1983 年年底，除了西藏和香港、澳门、台湾外，全国有 28 个省、自治区、直辖市都建立了民革组织，还有 173 个县、市和市辖区级组织。党员总数从恢复组织活动之初的 8000 多人增加到 1.8 万多人，为民革成立 35 年以来最高的党员总数。新吸收的党员，大多相对年轻，而且具有相当的文化水平和专业知识，有一定的代表性，又有比较广泛的社会联系，党员的素质有了明显的提高。

为了适应促进祖国统一工作的需要，民革六大提出，组织发展工作，在继续保持原有的特点和重点分工的前提下，还可以在以下几个方面适当地发展：从台湾起义归来或回大陆定居的国民党人士；去台人员家属中的中上层知识分子和有一定代表性的、对开展对台工作有一定作用的人士；特赦、宽释人员中政治表现好的，特别是对促进祖国统一工作有一定作用的人士；其他与国民党有历史关系的人士。

经过几年的努力，民革的组织建设又取得了新的成绩。1983 年以来，内蒙古、新疆、青海、海南先后成立省级组织。到 1988 年 12 月，市、县一级组织发展到 342 个，比 1983 年增加了 150 多个；党员总数为 3.7 万人，较 1983 年六大召开时，增长了 1 倍多。党员的平均年龄逐年下降，1987 年为 54.2 岁，年龄老化的状况初步得到改善。

为给新时期民革工作中心的转移提供坚实的组织基础，民革七大对组织建设提出了新的要求：发展组织要着眼于参政议政和促进祖国统一工作的需要，要特别注意吸收政治素质好、知识层次高、代表性较大的知识分子入党。新党章规定的组织路线：以同中国国民党有关系的人士、同台湾各界有关系的人士、致力于祖国统一事业的人士，以及其他有关人士为对象，着重吸收其中有代表性的人士和中高级知识分子。新的组织路线表明，民革发展组织对象的范围明显地扩大了。这标志着民革的组织建设进入了提高综合素质、改善智力结构的新阶段。

在建立新组织、发展新党员的同时，面对队伍老化较为严重的状况，民革积极推进新老交替，加强班子建设，从战略的高度出发，做了许多工作，并取得了成效。

民革第六届中央委员会增加了 104 名比较年轻的中央委员、中央候补委员，增设了中央执行局和荣誉职务；大部分省级组织设立了执行组，陆续引进一批新人，加强了领导工作。但这只是个开端，领导班子严重老化的问题，并没有得到根本解决。到 1985 年，民革领导班子年龄状况：中央委员会共 247 人，平均年龄为 68.5 岁；省级组织主委、副主委共 155 人，平均年龄为 72 岁。

领导班子年龄老化问题是民主党派共同存在的问题。针对这种情况，为了切实做好新老交替的工作，民革中央于同年 11 月召开民革组织工作座谈会。在这次会议的基础上，民革第六届中央常务委员会第十二次会议通过了《关于进一步做好引进新人工作的决定》（以下简称《决定》）。

《决定》对引进新人的工作做了部署，对新人的条件作了规定。强调引进新人，加强领导班子建设，是具有战略意义的大事，必须高度重视，认真落实。要把政治素质放在选拔标准的首位。根据这个文件精神，许多省对 55 岁以下的党员进行了普查了解、分析研究、逐步筛选，提出符合引进条件的参考名单。为了提高这些骨干的素质，1986 年民革中央举办了三期读书班，各地也开展了干部培训工作。一些经过考察和培训的新人被逐步引进各级领导机构，进而使领导班子和工作班子老化问题有所缓解。

1987年2月，在民革全国代表会议上，有27位老同志主动退出中央领导机构，72位年轻同志进入中央委员会，从而充实了领导机构，改善了年龄结构，在实现新老交替与合作方面，迈出了重要一步。这次会议新设置了荣誉机构中央监察委员会，以使退下来的老同志能够继续发挥影响和作用，为民革的事业贡献余热。

同年11月，民革中央向省级组织发出《关于省级组织换届中几个问题的通知》（以下简称《通知》），要求1988年中央和地方组织换届，必须在年轻化方面有较大进展。《通知》对省委会成员的年龄作出规定，新进省级委员会的人选年龄一般应在60岁以下，其中50岁以下的应占适当比例。其目的是使更多的符合条件而又相对年轻的同志进入领导机构，增强组织活力，进一步开创民革工作的新局面。

1987年12月，在民革六届五中全会上，屈武从民革工作的全局出发，主动提出辞去中央主席职务的请求。全会接受了他的辞职请求，一致推举他为民革中央名誉主席，根据他的建议，选举朱学范为中央主席。大会向屈武写了致敬信，向他致以崇高的敬意，称颂他“这种公而忘私的高风亮节，必将对民革组织的新老合作和交替，实现班子四化，起到有力的推动作用”。

在推进新老交替与合作，加强领导班子建设方面，民革七大又迈进了一大步。大会选举产生了由171名中央委员和66名中央候补委员组成的中央委员会，其中87人是新当选，本届中央委员会平均年龄为57.8岁，比上届下降近11岁。在第七届中央委员第一次全体会议上，何鲁丽、李沛瑶当选为中央副主席，使中央委员会主席、副主席的平均年龄由上一届的76岁，下降到68.8岁。有83位老同志主动提出不再进入中央委员会，表现出选贤让能的高尚情操，受到全体代表的尊敬。

（三）召开组织宣传工作会议，推动自身建设

在1989年春夏之交的政治风波中，民革坚持正确的政治方向，保持了与中国共产党风雨同舟、患难与共的光荣传统，经受住了又一次严峻的考验。但是，在这一过程中，民革党内也出现了一些不容忽视的思想认识问题。事件过去以后，民革全党进行了认真的学习和思考。民革中央先后下发了《关于认真学习邓小平同志重要讲话的通知》《关于学习和贯彻中共十三届四中全会精神的决议》《关于认真学习和贯彻江泽民同志国庆讲话的通知》《关于加强民革自身建设的通知》等一系列文件，要求各级组织和全体党员从这一事件中吸取经验和教训，冷静地总结过去，思考未来，进行一次思想政治教育，提高政治素质，促进自身建设，从而更好地为社会主义现代化建设服务。在此基础上，民革中央于1989年10月，在北京召开组织宣传工作会议。

朱学范主席到会讲话。他说："从我在民革工作40多年的亲身经历中，深刻体会到，接受共产党的领导和坚持社会主义方向，是历史发展的必然，是宋庆龄、李济深等民革先辈带领我们所作的选择，必须坚定不移地贯彻下去。在这个根本问题上，我们决不允许民革党内有任何不同的声音。"

会议指出，要把加强思想建设放在自身建设的首位。当前要着重抓好对党员的坚持四项基本原则、反对资产阶级自由化的教育。要在党员中开展爱国主义、社会主义、集体主义和独立自主、自力更生、艰苦奋斗、勤俭建国的教育，鼓励党员和干部特别是各级组织的领导干部学习马列主义、毛泽东思想的基本理论，掌握正确的世界观和方法论，不断提高思想水平和分析解决问题的能力。

关于组织建设，会议认为，民革组织正处在新老合作和交替的关键时期，首先要搞好各级领导班子的建设，特别是省级领导班子的建设。要进一步巩固、充实现有领导班子的人员，切实加强新老合作和团结，提高领

导水平。要继续物色政治素质好、德才兼备、年轻有为的党员，建立后备干部队伍，保证民革工作后继有人。要十分注意提高党员素质，近期要把组织工作的重点放在巩固和提高上。发展新党员一定要坚持条件，确保质量。要加强基层组织建设，发扬民主，严格纪律，充实骨干，健全制度，活跃组织生活。要重视机关建设，提高干部政治思想水平和业务能力，建立和健全各项制度，改进工作作风，提高工作效率。

这次会议，对于推动民革自身建设特别是思想建设，起到了积极的作用。

第六章

加强参政党建设，发挥参政党作用

一、多党合作制度进一步走向完备、规范和制度化

1989 年，中共中央制定了《关于坚持和完善中国共产党领导的多党合作和政治协商制度的意见》（以下简称《意见》），以中发〔1989〕14 号文件的形式下发各中共党委执行，并于 1990 年 2 月 8 日全文在《人民日报》发表。

《意见》是中国共产党第一个全面阐述多党合作和政治协商制度的文件，具有重要的里程碑意义。《意见》以马克思主义为指导，从我国的历史发展和现实的国情出发，深刻地总结了中国共产党领导的多党合作长期实践的经验，科学地阐明了坚持和完善具有中国特色社会主义政党制度的理论原则、方针政策和重要措施，突出了“加强和改善中国共产党的领导”和“发扬社会主义民主，充分发挥民主党派作用”这两条主线，是指导新时期多党合作的纲领性文件。

《意见》主要有五个方面的基本精神。第一，它明确了中国共产党领导的多党合作和政治协商制度是我国的一项基本政治制度。第二，它明确了中国共产党领导的多党合作的政党制度是符合中国国情的社会主义政党制度，是我国政治制度的特点和优点。它首次提出了社会主义政党制度这个概念。第三，它明确指出，坚持中国共产党的领导，坚持四项基本原则，是中国共产党同各民主党派合作的政治基础。重申“长期共存、互相监督、肝胆相照、荣辱与共”是中国共产党同各民主党派合作的基本方针。强调中国共产党对民主党派的领导是政治领导，即政治原则、政治

方向和重大方针政策的领导。第四，它明确规定了民主党派在多党合作中的地位，不是执政党，也不是在野党，而是参政党。它第一次明确提出民主党派是“参政党”的概念，首次把民主党派明确界定为“是接受中国共产党领导的，同中共通力合作、共同致力于社会主义事业的亲密友党，是参政党”。第五，它明确了民主党派实行监督的总原则：在四项基本原则的基础上，发扬民主，广开言路，鼓励和支持民主党派和无党派人士对中国共产党和国家的方针政策、各项工作提出意见、批评、建议，做到知无不言、言无不尽，并且勇于坚持正确的意见。

《意见》是对马克思主义政党学说的发展，是中国共产党和各民主党派几十年长期合作实践经验的结晶，它体现了中国共产党和各民主党派的共同意志，是双方在新形势下合作共事的行动准则。《意见》的制定和实施，标志着中国共产党领导的多党合作和政治协商制度进一步走向完备、规范和制度化。

1992 年年初，中国改革开放和现代化建设的总设计师邓小平在南方视察时发表了重要谈话。10 月，中国共产党第十四次全国代表大会胜利召开。这是一次承前启后、继往开来、全面推进改革开放和社会主义现代化建设的大会。大会科学地概括了邓小平建设有中国特色社会主义的理论，明确了这一理论在全党全国的指导地位，确定坚持“一个中心、两个基本点”的基本路线一百年不动摇；大会第一次提出以建立社会主义市场经济体制作为经济体制改革的目标。

邓小平南方重要谈话的发表和中共十四大的成功召开，标志着我国改革开放和现代化建设事业进入了一个新的发展阶段，也为新时期各民主党派提供了新的发展机遇和强大动力，极大地增强了各民主党派的生机和活力。

1993 年 3 月 29 日，第八届全国人大一次会议通过《中华人民共和国宪法修正案》，将“中国共产党领导的多党合作和政治协商制度将长期存在和发展”载入宪法序言中。它表明这一符合中国国情的政治制度已经具

★ 2002 年 2 月 8 日，江泽民同志在北京同党外人士共迎新春时，与何鲁丽亲切握手。

有法律的保证，多党合作和政治协商走上了制度化轨道。

1997 年 10 月召开的中国共产党第十五次全国代表大会，是迈向新世纪征途上的一座历史里程碑。大会高举邓小平理论伟大旗帜，对我国改革开放和社会主义现代化的跨世纪发展作出了战略部署。中共十五大最重要、最有意义的成果在于：把邓小平理论确立为党的指导思想，作出了高举邓小平理论伟大旗帜不动摇的历史性决策。邓小平新时期统一战线理论是邓小平理论的重要组成部分。以邓小平新时期统一战线理论指导多党合作事业的发展，是中共十五大以后，中共中央发展多党合作事业的重大举措。

2000 年年底，中共中央召开了第十九次全国统战工作会议。会议之后，于 12 月 31 日下发了《中共中央关于加强统一战线工作的决定》。这次全国统战工作会议在统一战线理论观点和政策思想方面有许多新的发展。其中，在坚持和完善我国的多党合作制度方面，主要有：概括了“共产党领导、多党派合作，共产党执政、多党派参政”是我国多党合作制度的显著特征；提出了衡量我国政党制度的“四条标准”；明确了民主党派进步性与广泛性的内涵；提出保持宽松稳定、团结和谐的政治环境是多党合作的一条重要原则。

二、稳步推进参政党自身建设

确立参政党地位以后，民革努力对自身建设提出了更高要求，坚持把加强自身建设和发挥参政党作用作为本党的双重任务，多次召开专题会议研究自身建设问题，并作出按高标准加强自身建设的一系列决定，把民革的自身建设推向了一个新水平。

（一）民革八大、九大召开

中发〔1989〕14 号文件确定了民主党派的参政党地位及其任务和作

用，给民革以极大的鼓舞和激励，增强了民革的使命感和责任感。民革先后召开第八、第九两次全国代表大会，对民革工作做了部署。

1992 年 12 月 14 日，民革第八次全国代表大会在北京人民大会堂隆重开幕。出席大会的正式代表有 607 名。这次大会是确立民革参政党地位后的第一次全国代表大会。

时任中共中央政治局委员尉健行在会上宣读了中共中央的贺词。民建中央主席孙起孟代表其他民主党派中央和全国工商联在会上致贺词。李沛瑶作了题为《学习和贯彻中共十四大精神，进一步开拓民革工作新局面》的报告。

李沛瑶在工作报告中对民革第五次代表大会以来 13 年的工作进行了总结，提出以下几条经验体会：

第一，推动全体党员认真学习邓小平建设有中国特色社会主义理论，进一步解放思想，实事求是，增强坚持“一个中心、两个基本点”基本路线的自觉性和坚定性，是新时期民革工作继续沿着正确的方向开拓前进的根本保证。

第二，坚持中国共产党领导的多党合作，明确民革在这个总格局中的地位、任务和作用，在这一前提下独立自主地开展工作，才能正确发挥民革作为参政党应有的作用。

第三，积极参加改革开放和社会主义现代化建设的实践，在实践中不断吸取新的丰富的营养，是民革组织保持生机和活力的重要基础。

第四，正确处理中心任务和工作重点的关系，使它们密切结合、互相促进，是民革工作协调发展的重要条件。

第五，适应形势发展的需要，加快民革参政党建设和年轻化、知识化的步伐，是民革自身建设迫切而重要的任务。

报告指出，为了贯彻中共十四大精神，民革要结合自己的实际，在今后一个时期做好以下工作：

第一，认真学习和深刻领会中共十四大精神，把全党的思想统一到中共十四大精神上来。这是民革的首要任务，是进一步开拓民革工作新局面的先决条件。

第二，全面贯彻执行“一个中心、两个基本点”的基本路线，坚持以经济建设为中心，加强参政议政、民主监督，为改革开放和现代化建设多做实事，推动民革工作向广度和深度发展，并提高到一个新的水平。

第三，按照“和平统一、一国两制”的方针，积极促进祖国统一。要大力开展海外联谊工作，继续促进海峡两岸的“三通”和各方面的交流，特别是经济合作，并为过渡时期香港、澳门的稳定和繁荣贡献力量。

第四，要从20世纪90年代乃至21世纪的需要出发，切实加强组织建设，保证民革顺利地逐步实现新老交替，后继有人。

在这次大会上，朱学范请求辞去中央主席职务，大会同意了他的请求，并一致推举朱学范、侯镜如、孙越崎为名誉主席，贾亦斌、赵祖康为名誉副主席。

大会选举产生了新一届中央委员会。在八届一中全会上，李沛瑶当选中央主席，彭清源、徐起超、李赣骝、何鲁丽、沈求我、周铁农、童傅、程誌青、胡敏当选中央副主席。

大会修改了民革章程，审议并通过了孙越崎代表第一届中央监察委员会向民革第八次全国代表大会作的工作报告。大会推举出由155位老同志组成的新一届中央监察委员会。谭惕吾在12月22日举行的中央监察委员会全体会议上当选中央监察委员会主席。会议推举廖运周、覃异之、方少逸、张素我、张克明、邵恒秋、顾毓瑔、吴京为副主席。民革八届一中全会通过了以朱培康为中央秘书长的决议。民革八届中央第一次主席会上，决定由彭清源担任中央常务副主席。

民革第八次全国代表大会是一次贯彻中共十四大精神、贯彻中发〔1989〕14号文件精神的大会。会议确定了民革加强参政党的建设，发挥参政议政、民主监督的职能，并在中央领导班子的新老交替方面迈出了重要的一步。会议达到了统一思想、提高认识、增强信心、明确任务的目的，是一次承前启后、继往开来的重要会议。大会所取得的积极成果，为开拓民革工作的新局面打下了良好的基础。

1996 年 2 月，李沛瑶不幸在北京寓所去世。同年 11 月，民革八届五中全会选举何鲁丽为中央主席。

1997 年 11 月 24 日至 31 日，民革第九次全国代表大会在北京召开。出席大会的正式代表有 615 人，代表 53000 多名党员。民革九大选举产生了新一届中央委员会。在九届一中全会上，何鲁丽当选中央主席，李赣骝、周铁农、童傅、程誌青、胡敏、徐志纯、厉无畏、钮小明、朱培康当选中央副主席。中央主席会议决定由周铁农担任常务副主席，会议通过了以刘民复为中央秘书长的决议。

在这次大会上，彭清源、徐起超、沈求我请求辞去中央副主席职务，大会同意了他们的请求，并一致推举贾亦斌、彭清源、徐起超、沈求我为名誉副主席，并向不再担任中央领导机构职务的同志发出致敬信。

这次大会的召开，适逢民革成立 50 周年。在大会开幕的同时，举行了纪念大会，何鲁丽发表了纪念民革成立 50 周年的重要讲话。该讲话全面总结了民革 50 年的历史道路和主要经验，强调指出，坚持中国共产党的领导，坚持马克思主义、毛泽东思想和邓小平理论的指导地位，坚持发扬孙中山爱国、革命、不断进步的精神，是民革 50 年发展中最为重要的历史经验。

大会受到时任中国共产党和国家领导人的热情关心和支持，江泽民、李鹏、乔石、李瑞环等党和国家领导人分别为民革成立 50 周年题词。中共中央总书记、国家主席江泽民题词：“高举社会主义爱国主义旗帜，致力振兴中华统一祖国大业。”国务院总理李鹏题词：“同心同德，亲密合作，统一祖国，共创伟业。”全国人大常委会委员长乔石题词：“加强参政议政民主监督，为建设有中国特色社会主义献计出力。”全国政协主席李瑞环题词：“推进祖国统一，致力中华振兴。”中共中央政治局委员、国务院副总理吴邦国到会宣读中共中央贺词。民盟中央主席丁石孙代表各民主党派中央和全国工商联向大会致贺词。

民革九大是在中共十五大精神指引下召开的、20世纪最后一次代表大会，是一次面向21世纪的大会，担负着承前启后、继往开来的重大历史使命。大会选出的新一届民革中央领导集体，标志着民革完成了全面的新老交替，中华人民共和国以后成长起来的新一代民革代表人士走上了中央领导岗位。大会以邓小平理论为指导，贯彻中共十五大精神，在回顾历史、总结经验的基础上，确定了民革跨世纪的任务。

彭清源所作的《在邓小平理论指导下，开创跨世纪民革工作新局面，为统一祖国、振兴中华而努力奋斗》的报告指出，邓小平理论的伟大旗帜，既是中国共产党的旗帜，也是全国人民的旗帜，是民主党派的旗帜。民革一切工作必须以邓小平理论为指导，在以江泽民同志为核心的中共中央领导下，为完成十五大提出的跨世纪战略任务而努力奋斗。

报告提出，今后一个时期的参政议政工作，要围绕中共十五大提出的任务进行。可以选择经济体制改革和经济发展战略、政治体制改革和民主法制建设、促进祖国和平统一以及精神文明建设等方面的问题进行调查研究，并提出意见和建议。要在建立健全参政议政、民主监督机制上积极探索，勇于实践，使这项工作进一步走向经常化、规范化、制度化。

在为两个文明建设服务方面，要在巩固成绩的基础上进一步提高质量和水平，要着眼于21世纪的发展。各类学校要进一步加强管理，提高教学质量，适应社会需要，朝着正规化和专业技术培训方向发展。各级学校要在为下岗人员举办各种培训班、为他们再就业创造条件这方面多做工作。智力支边扶贫要注重增强当地的“造血”功能，要帮助贫困地区找准发展的方向，向政府部门提出政策性建议。

在促进祖国统一工作方面，要继续高举爱国主义的旗帜，加强同香港、澳门、台湾和海外有关人士的联系，广交朋友，扩大联谊面，做好原国民党人士第二、第三代人的工作，继续采取“走出去，请进来”的方式，广泛团结“三胞”，共同为祖国统一大业服务。要继续推动两岸的人员交往和各方面的交流与合作，加强对台湾政局和社会的研究，及时掌握岛内出现的新动向、新情况，大力促进两岸早日实现直接“三通”。要继续做好宣传对台方针政策的工作，旗帜鲜明地反对任何制造“两个中国”“一中一台”和“台湾独立”的图谋，坚决反对外国势力干涉中国内政。

在加强参政党建设方面，报告围绕“保证把一个政治上稳定、能够保持优良传统、充满生机和活力的民革带入 21 世纪”的主线，强调继续做好政治上的交接，使民革的队伍能够始终沿着正确的方向前进。报告还对思想建设、组织建设包括领导班子建设、后备干部队伍建设、基层组织建设、机关建设的任务，提出了原则性的要求。

民革九大修改、通过并产生了新的民革章程。新章程把“在邓小平理论指引下”郑重载入章程的政治纲领，成为全党共同遵守的根本政治准则。李赣骝受八届中央委托，向大会作了《关于〈中国国民党革命委员会章程〉（修改草案）的说明》。

（二）不断提高党员思想政治素质

民革中央把思想建设作为自身建设的重点常抓不懈，有效提升了自身思想政治教育的质量和水平。

1. 民革中央和各级领导班子率先垂范，带头进行理论学习，搞好理论武装

1989 年，中发〔1989〕14 号文件发表后，民革各级组织立即进行了学习和讨论，表示完全拥护和坚决贯彻执行。朱学范撰文指出：“这个文件的制定和实施，是我国社会主义民主政治建设的一件大事，也是我们民主党派的一件大事。”“贯彻执行这个文件，民主党派也负有不可推卸的责任。我们民革将推动各级组织和全体党员认真学习文件，在统一思想、提高认识的基础上，自觉地把文件的精神落实到实际工作中去。”1990 年

2 月 13 日至 18 日，民革七届二中全会在北京举行。会议的主要议程就是学习贯彻中发〔1989〕14 号文件。会议指出，学习、宣传和贯彻落实中发〔1989〕14 号文件，是民革今后一个时期的中心任务。中发〔1989〕14 号文件是中华人民共和国成立以来关于共产党领导的多党合作和政治协商制度的第一个全面系统的指导性、纲领性文件，要通过学习文件在以下几个问题上统一全党认识：一是接受中国共产党的领导，同共产党亲密合作，走社会主义道路，是包括民革在内的各民主党派在斗争实践中一致作出的正确选择；二是坚持和完善共产党领导的多党合作和政治协商制度，是我国政治体制改革的一项重要内容，也是社会主义民主政治建设的一个重要组成部分；三是在中国共产党领导的多党合作这个大格局中，中国共产党是领导核心、是执政党；各民主党派是同中国共产党通力合作，共同致力于社会主义事业的亲密友党，是参政党；四是加强民主党派的自身建设，是坚持和完善共产党领导的多党合作和政治协商制度的一个重要条件。2 月 17 日，民革中央召开各省级组织主委会议。该会议就学习贯彻中发〔1989〕14 号文件的有关工作进行了部署，并提出了具体的要求和措施。

1993 年《邓小平文选》第三卷出版发行，民革向全党发出通知，要求全体党员特别是各级领导干部认真学习《邓小平文选》第三卷，并结合学习第一卷、第二卷，全面系统地研读原著，了解建设有中国特色社会主义理论的形成和发展过程，掌握其精神实质，联系实际，学以致用，达到提高认识、更新观念、增强信心、鼓舞干劲的目的。

1995 年，民革中央在北京召开“学习《邓小平文选》，推进民革工作经验交流会”，对几年来各级组织用邓小平理论指导工作所取得的经验进行了总结和交流。这次会议共交流论文百余篇，反映了党员的学习成果，促进了学习的进一步深入。各地方组织也先后组织召开了学习《邓小平文选》的研讨会、经验交流会，并取得了积极效果。

1996 年 6 月，江泽民在与民主党派领导人座谈时强调，民主党派领导干部也要讲政治。民革中央对江泽民这次讲话组织了学习，并向全党发出通知，要求各级组织特别是领导干部认真学习和领会。

1996 年 10 月，中共十四届六中全会通过了《关于加强社会主义精神文明建设若干重要问题的决议》。11 月，民革召开八届五中全会，要求将学习邓小平理论同学习贯彻中共十四届六中全会精神结合起来，增强参政党的政治责任感，积极投身社会主义精神文明建设的伟大实践。

1997 年 3 月，民革八届第五十九次主席会议通过了《民革中央关于成立中央学习小组的决定》，成立了由中央主席、在京副主席、秘书长组成的中央学习小组，并建议民革省级组织可以根据各自的具体情况，建立由主委、副主委、秘书长组成的学习小组。民革中央中心学习组自成立以来，围绕中共中央和国家的重大路线、方针、政策，结合民革工作的特点和实际，定期举行中心学习组专题座谈会，重点学习了中共十五大精神、全国统战工作会议精神、“三个代表”重要思想和江泽民同志重要讲话精神等重要专题。各级领导班子也都举行了相应的中心学习组学习座谈会，为广大干部、党员的学习作出表率，并通过自身的学习成果有力地推动了基层组织和广大党员的学习。

2. 总结研讨宣传思想工作经验，开展思想教育专项活动，推动宣传思想工作水平不断提升

1993 年年底，民革召开全国宣传思想工作研讨会、八届二中全会，强调全党必须认真学习《邓小平文选》，用邓小平同志建设有中国特色社会主义理论武装全党，使民革工作能够始终沿着正确方向胜利前进。

1997 年 12 月，民革召开宣传思想工作会议。何鲁丽在会上指出，“思想政治工作在民革各项工作中占有十分重要的地位，思想政治工作做好了，其他各项工作就有了有利的思想基础和政治保证，就有了良好的政治舆论氛围”。这次会议讨论通过的《民革宣传思想工作纲要》，是民革一段时期开展思想政治工作的重要指导原则和工作框架。

2000 年 1 月 6 日，周铁农在“民革纪念中共中央〔1989〕14 号文件

发表十周年，参政党自身建设理论与实践研讨会”上，专门谈了民革的思想宣传工作，提出了“明确任务、摆上位置、抓住重点、探索规律、开拓创新、务求实效”24个字的民革思想政治工作要求。

6月，民革九届中央常委会第十一次会议集中研究了如何加强和改进民革思想政治工作问题。会议总结了各地组织开展思想政治工作的经验和存在的问题，根据新形势对参政党自身建设的新要求，围绕“建设怎样的参政党，如何建设参政党”的重大课题，形成了《民革中央关于加强和改进思想政治工作的意见》（以下简称《意见》），在民革中央九届四次全会上讨论通过，正式下发。《意见》对民革思想政治工作的总体目标、方针原则、主要任务、工作机制、队伍建设等作了明确规定，提出了具体要求，是21世纪民革思想政治工作的一个纲领性文件。民革各级组织根据《意见》的要求，加大了思想政治工作的力度，各省级组织都专门召开了思想政治工作会议，对学习贯彻《意见》精神进行了研究和安排。

组织开展大规模的思想教育专项活动。2000年6月，民革中央组织了“我为民革参政议政贡献什么”的系列活动。首先编写了《民革党员参政议政手册》（以下简称《手册》）作为活动的主要学习材料。内容包括中国共产党三代领导集体对民主党派参政议政性质、地位、作用等的重要论述；民主党派参政议政的有关法律和文件；参政议政常用文体写作知识等。该手册印制了近2.5万册，供各级干部、党员在活动中学习、参考。为促进对《手册》内容的学习、理解，民革中央又根据《手册》内容编写了“民革党员知识竞答试题”，在《团结报》《团结》杂志上刊登。这一竞答活动受到广大党员的普遍欢迎，也得到了各级领导的大力支持，民革中央和省级组织的许多负责同志都亲自参加了竞赛答题。在此基础上，民革中央举办了“我为民革参政议政贡献什么”的征文活动。各级组织在本级组织开展征文活动的基础上，选送至民革中央论文106篇，最后评出一等奖8名、二等奖12名、三等奖20名。通过以上活动，广大党员对民革作为参政党的性质、地位和作用有了更进一步的认识，对参政议政的途径、方式等也有了更进一步的把握。

3. 针对民革的特点，积极开展民革与中国共产党长期合作的优良传统教育和孙中山爱国、革命和不断进步精神的教育

1998年，民革中央组织编写了《民革党员手册》《中国国民党革命委员会50年》《民革的历史和任务》《报国尽此心》等书。在中共中央《纪念“五一”劳动节口号》发表50周年之际，各民主党派联合举办了纪念座谈会，各民主党派中央领导人和无党派人士代表专程赴西柏坡参加了此次纪念活动。何鲁丽发表署名纪念文章，对民革响应中共“五一口号”，为建立新中国而奋斗的历史进行了回顾，高度评价了其重要历史意义。文章指出，民革响应“五一口号”，积极参加新政协运动，标志着民革确认了中国共产党在中国革命中的领导地位，接受了新民主主义革命的纲领和路线，在革命的领导力量和革命方式这两个中国革命的根本问题上与中国共产党取得了共识。这是民革的重大进步，也是民革继续前进的重要政治基础。文章号召全党把与中国共产党亲密合作的光荣传统继承下去，坚持中国共产党领导的多党合作和政治协商制度，使老一辈领导人的坚定政治信念、高尚品德和爱国精神能够代代相传，保证民革的政治纲领更好地延续与发展。

十多年中，民革中央和各地组织相继举办了多种研讨会、纪念会和纪念仪式，以继承和发扬孙中山爱国、革命、不断进步的精神。民革各级组织利用辛亥革命90周年这一重大纪念日组织了系列活动。民革中央以孙中山研究学会的名义，于2001年7月下旬与中国辛亥革命研究会和民革广东省委会联合举办了“辛亥革命和20世纪中华民族的振兴”学术研讨会，10月民革中央又举行了纪念辛亥革命90周年座谈会。在这两次活动中，何鲁丽都发表了重要讲话，许多新闻媒体均做了详细报道，在海内外引起强烈反响。

4. 建好、用好参政党舆论阵地，不断提升宣传实效

《团结报》、《团结》杂志、团结出版社和民革地方组织的报刊，坚持正确的政治方向和服务方向，紧密配合统一战线和多党合作事业的发展大局，不断加强队伍建设，在为统战工作服务、为民革工作服务、为构建社

会主义和谐社会服务方面，发挥了参政党舆论阵地的重要作用。团结报社坚持政治性、统战性的基本性质和作为民主党派报纸的自身特色，从参政党报纸的角度，在大力宣传中共中央关于统一战线和多党合作的方针政策，大力宣传民革和其他民主党派履行参政党职能、加强自身建设等方面，做了大量工作。1996 年 11 月 1 日，民革中央在人民大会堂举行《团结报》创刊 40 周年纪念座谈会。中共中央政治局常委、全国政协主席李瑞环为《团结报》题词："办好团结报，促进大团结。"这对报社和民革全体同志而言都是极大的鼓舞。2001 年 1 月 2 日，《团结报》刊发各民主党派中央、全国工商联主席的新世纪寄语。何鲁丽在寄语中说："希望《团结报》继续反映时代信息，宣传民主党派的先进集体和个人，为不断发展大团结大联合作贡献，把报纸办得越来越好。"

《团结》杂志从参政党角度、大学术视野，关注国家社会重大问题，为民革参政议政、自身建设提供智力支持。该杂志及时宣传中央各项政策方针，紧密结合民革工作实际，充分发挥了机关刊物的理论传播和宣传引导功能。例如，1994 年，为进一步做好宣传思想工作，编辑出版民革全国宣传思想工作研讨会专辑。1995 年，为配合对台工作新形势，编辑出版对台宣传稿专刊。资政群议、经济大屏幕、文史初探、学而优则言、当代孙中山研究、工作回顾与前瞻等主要栏目刊发了大量文章，引起较大反响。

团结出版社是民革中央直属的文化出版单位。它以出版孙中山研究、辛亥革命史和民国史研究以及有关文史等社科类图书为主。民革九大以后，团结出版社走上改革发展道路，图书出版形成一定特色和品牌。如在弘扬爱国主义和社会主义主旋律方面，为迎接澳门回归，出版了《走向 21 世纪的中国澳门》；为庆祝中国共产党诞辰 80 周年，出版了《我爱中国共产党》系列读本；为宣传中共中央《公民道德建设实施纲要》，出版了《公民道德修养读本》系列。其出版的《孙中山大传》《张学良大传》《宋庆龄大传》《宋美龄大传》等一系列图书，在社会上有一定影响，产生了品牌效应。《孙中山文集》《民革党史画册》《民革党史简明读本》

《台湾前途与“一国两制”》，以及《李济深全传》《屈武回忆录》《郑洞国传》《刘斐将军传略》等为民革工作和统战工作服务的图书，得到民革全党和社会各界的好评。

（三）夯实组织基础，服务民革政治任务

1993年，民革在北戴河召开全党组织工作会议。会议指出，组织建设是履行参政党职能的根本保证。民革全党注重把思想建设与组织建设结合起来，坚持组织建设为参政党的政治任务服务，坚持以提高全党思想政治素质为着眼点，从各个环节上加强领导，并提出要求，保证了组织建设健康发展。

领导班子建设坚持以政治交接为主线，不断推进新老交替，一大批政治素质好、德才兼备、年富力强的同志走上各级领导岗位，为民革组织增添了新的活力。1994年9月，民革八届七次中常会强调指出，“领导班子建设的首要任务是贯彻民主集中制。各级组织都要根据民主集中制的原则，尽快制定一套切实可行的制度、规则，使集体领导、分工负责、开会议事、决定问题、人事任免都有章可循，共同遵守”。各级领导班子认真贯彻民主集中制原则，加强思想建设和作风建设，讲学习、讲政治、讲正气，团结协作，顾全大局，不断提高领导水平和参政议政能力，带领广大党员为完成全党任务而辛勤工作。

民革中央对后备干部队伍建设工作一直十分重视，自1990年以来先后三次制定文件、下发通知推动这项工作的开展。1990年7月，民革中央制定下发了《关于认真做好后备干部队伍建设工作的通知》；1995年3月，民革中央又制定下发了《关于切实加强后备干部队伍建设工作的通知》；2000年1月，民革中央再次制定下发了《关于加强后备干部队伍建设的意见》。纵观这三个有关后备干部队伍建设的文件，论述的内容一次比一次更趋全面，制定的条文更趋完善、可操作性更强，对省级组织上报后备干部材料的要求也更加严格，适应了国情和中国共产党领导的多党合作事业的发展。

民革八届七次中常会着眼于跨世纪发展和民革事业后继有人的战略高度，要求切实抓紧抓好后备干部队伍建设。会议提出："后备干部的人选，必须按照德才兼备原则，贯彻革命化、年轻化、知识化、专业化的方针。对后备干部的培养，要采取多种方式，有计划地进行，要形成制度，长期坚持，不断充实，并在考察培养中进行调整，实行动态管理。"各级组织贯彻文件和会议要求，逐步建立起完善的后备干部队伍建设机制，干部的选拔、培养、使用更加规范。

为做好 1997 年换届组织上的准备，从 1995 年开始，民革中央领导班子成员分别带队，先后对 27 个省级组织的领导班子和后备干部队伍建设状况进行了调查，这次调查活动规模之大是前所未有的。调查结果表明，自 1992 年换届以来，各地方组织领导班子年龄结构得到改善，领导力量有所加强，为培养后备干部队伍做了大量工作。一大批年轻的、素质较好的干部充实到领导班子和领导机构之中，增加了组织的活力。

民主党派成员担任国家和政府的领导职务，是实现中国共产党领导的多党合作的一项重要内容。中共中央对于这项工作一向给予高度重视。

★ 1995 年 5 月，民革中央领导与中央社会主义学院第 16 期民主党派干部培训班的民革学员合影。

1989 年 1 月，中共中央组织部和中央统战部发出《关于选配党外人士担任政府领导职务的通知》，对有关措施和步骤作了原则规定；1990 年 7 月在《中共中央关于加强统一战线工作的通知》中，再次提出要根据工作需要，积极选拔符合条件的党外人士担任各级政府及其部门和司法机关的领导职务。中共各级党委认真贯彻落实中央部署，积极选配优秀党外干部担任各级政府及其部门和司法机关领导职务，为推动党外实职干部队伍建设奠定了坚实基础。至 2002 年年底，民革党员担任最高人民法院副院长 1 人，副省长 1 人，地市级副市长 23 人，在政府部门和司法机关任厅局级职务 26 人，在政府、政府部门和司法机关任处级职务 262 人。他们兢兢业业，忠于职守，廉洁自律，与本部门的中共领导干部和其他干部团结合作，共同致力于建设有中国特色社会主义的伟大事业，在各自的岗位上作出了应有的贡献。

组织发展工作历来是组织建设的重要内容。参政党的组织发展工作，既是发挥参政党作用的政治需要，也是加强参政党自身建设的组织需要。1996 年，各民主党派中央协商，就民主党派组织发展中的重要问题进行了明确的规定，提出了“三个为主”方针，即以协商确定的范围和对象为主、以大中城市为主、以有一定代表性人士为主；提出了由各党派中央总体掌握 5% 的年净增率，并进一步明确了各党派组织发展的重点分工和有关政策。民革的发展对象是同原中国国民党有关系的人士、同民革有历史联系和社会联系的人士、同台湾各界有联系的人士和其他上层人士。1999 年，各民主党派中央又对组织发展的政策性问题做出了明确规定，强调继续坚持“发展是为了工作”和“在工作中发展”的原则，认真贯彻“坚持三个为主，注重政治素质，发展与巩固相结合，有计划地稳步发展”的方针，正确处理质量与数量、发展与巩固、重点与非重点、发展骨干成员与发展一般成员的关系。

民革各级组织在注重质量的前提下，保持进步性与广泛性相统一的特点，有计划地稳步做好组织发展，吸收了一批政治素质好、知识层次高、参政能力强、具有一定代表性的优秀党员。到 2002 年 6 月底，党员总数为 65982 人，平均年龄为 54.1 岁，具有大专以上学历的占 74%，具有中级以上职称的占 64.1%，知识层次和年龄结构进一步改善。

民革九大以后，民革中央启动了组织工作信息化建设，在党员信息管理中选用全国统一的组织工作软件，以点带面、逐步推广。自 1999 年起，民革中央先后举办了 4 期组织工作软件培训班，共有 27 个省级组织选派的 70 人次参加培训。经过中央和地方组织的共同努力，全党党员信息化管理工作逐渐步入正轨。

地方组织建设平稳有序发展。1988 年，海南在原市委会基础上建立了民革海南省委会；1997 年，民革重庆市委会升级为省级委员会。民革在除台湾、西藏外的 30 个省、自治区、直辖市均建立了省级组织。

1996 年 4 月，民革中央在杭州召开换届工作会议，对 1997 年省级组织的换届工作进行了部署，并提出了有关的方针、原则和要求。会议指出，1997 年换届正处于世纪之交，关系到把一个什么样的民革带进 21 世纪。通过换届，要保证新一届领导机构能继承民革的优良传统，坚持正确的政治方向，带领全体党员在实现跨世纪奋斗目标中更好地发挥参政党作用。1997 年民革省级组织的换届工作进行得十分平稳顺利。这次换届，新老交替的幅度较大。从 30 个省级组织的常务委员会来看，常委人数共 467 人，其中新进的有 191 人，占总数的 40.9%，比上一届多 2.1 个百分点；常委平均年龄为 54.2 岁，比上一届年轻 4.2 岁；常委中有大专以上学历的 439 人，占总数的 94%，比上一届高 6.5 个百分点；常委中有高级职称的 335 人，占总数的 71.7%，比上一届高 14.8 个百分点。这些数据说明，民革在提高干部队伍素质方面有了明显进步。

2002 年省级组织完成换届后，30 位主委的平均年龄为 58.1 岁，其中最大年龄的 66 岁，最小年龄为 46 岁。其中，女同志有 5 人，具有研究生以上学历的有 10 人，具有高级职称的有 25 人。156 位副主委平均年龄为 51.9 岁，其中最大年龄为 63 岁，最小年龄为 36 岁。其中，女同志有 26 人，具有研究生以上学历的有 59 人，具有高级职称的有 108 人。

基层组织建设是民革自身建设的重要组成部分，直接关系到民革整体工作的好坏。1993 年，民革中央制定了《民革支部工作条例》，各级组织按照文件要求，对相当一部分基层组织进行调整或改选，选拔了一批政治素质过硬、热心民革工作、有一定能力的中青年骨干充实到支部委员会中，增强了支部委员会的核心作用，提升了基层组织的凝聚力和战斗力。

1994 年 11 月，民革中央召开全国性的基层组织工作经验交流会，这在 1978 年民革恢复活动以来还是第一次。李沛瑶在会上指出："基层组织是党的全部工作和战斗力的基础，是广大党员的全部工作和战斗力的基础，是广大党员参加活动和学习的基本组织形式，担负着直接联系、团结、组织、教育党员，把党的决定落实到基层的重要责任。加强基层组织建设，具有增强党的凝聚力，提高党员素质，健全和活跃党内生活，推动工作前进的重要意义，我们一定要给予充分重视。"会议深入探讨了加强和改进基层组织工作的途径和方法，进一步推动了基层组织的发展，为提高民革作为参政党的整体素质打下了更加坚实的基础。

1999 年 11 月，民革中央在北京召开民革全国优秀基层党务工作者暨先进支部表彰大会，总结经验、推出典型，推动了基层组织建设迈上新的台阶。

民革九大以后，民革中央提出了把思想政治工作的重心放到基层的工作方针。2000 年出台的《民革中央关于加强和改进思想政治工作的意见》按照这一方针，对基层支部思想政治工作的目标、内容、原则、方法等作了系统和具体的规定。2002 年，民革中央和各省级组织对各地基层支部按照意见要求开展思想政治工作的经验进行了广泛的调研和总结，汇编成了《民革基层组织思想政治工作经验选编》一书。各地基层组织认真学习书中收录的 40 个基层组织的实践经验，进一步深入开展思想政治工作和其他各项工作，全党基层组织建设得到加强，组织生活更加活跃，组织凝聚力进一步增强。

（四）加强参政党建设，建立健全制度

1989 年春夏之交在北京发生的政治风波，使民主党派经受了严峻的

考验。风波过后，民革中央认真学习、贯彻中共十三届四中全会决定，按照邓小平关于冷静地思考过去、思考未来的指示精神，先后下发《关于认真学习邓小平同志重要讲话的通知》《关于学习和贯彻中共十三届四中全会精神的决议》。1989 年 10 月 26 日专门下发《关于加强民革自身建设的通知》，要求各级组织加强思想政治工作，在党员中开展坚持四项基本原则和反对资产阶级自由化的教育。该通知对领导班子建设、机关建设、基层组织建设等制度建设方面提出了明确要求，如各级领导干部要认真贯彻民主集中制，坚持和健全民主生活制度，开展批评和自我批评，接受党员和群众的监督；要加强领导班子的思想作风建设，建立和健全必要的工作制度，不断提高领导水平。该通知提出，各级机关是各级组织的办事机构，负有组织落实各项工作的重任。加强机关建设，是加强民革自身建设的一个重要组成部分。建立和健全必要的规章制度，加强组织纪律，把机关工作纳入规范化、制度化、程序化的轨道，形成良好的机关作风和工作秩序，保证机关工作正常、和谐、高效率的运行。要按照国家人事制度，做好机关干部的管理，对于干部的任免、考核、奖惩和调动，都要严格按规定办理。该通知表示，基层组织是民革的基础，因此要加强基层组织的建设，充实骨干，健全制度，丰富活动内容，改进活动的方式方法，提高政治思想性，增强对党员的凝聚力，使基层真正成为团结党员、推进工作和进行自我教育的基地。

为贯彻落实《中共中央关于坚持和完善中国共产党领导的多党合作和政治协商制度的意见》精神，经民革七届八次中常会审议，1990 年 10 月 25 日，民革中央出台《民革中央关于当前工作的意见》。该意见在制度建设方面提出，当前机关建设的任务主要是加强领导，提高素质，充实骨干，理顺关系，健全制度，保证机关工作有领导有秩序地运转，以更好地适应民革工作的需要。要建立机关干部的任免、调配、培训、考核、晋升、奖惩等一整套干部管理制度，同时健全其他各项制度，并在实践中加以完善，逐渐使机关工作规范化、制度化。基层组织生活要制度化，党员应按党章规定，参加组织生活，按时缴纳党费，严格组织纪律。

为适应形势和任务对参政党提出的新要求，各民主党派通过召开座谈会，就加强中央机关的建设进行研究和讨论，并于1991年10月12日出台《关于加强中央机关建设座谈会纪要》（以下简称《纪要》）。《纪要》指出，加强中央机关建设，是民主党派中央的一项重要工作，为了适应形势任务对参政党提出的新要求，要把中央机关建设成为一个既有民主，又有集中，团结协作、机制健全、讲求实效、遵章守纪的机关。要建立健全机关工作规章制度，加强机关的科学管理。一是按照民主集中制原则，建立中央机关及其部门的议事制度、办公制度、目标管理制度。二是建立健全学习制度，请示、汇报、审批制度，保密制度，文书、档案、资料的管理制度，财务审批、支出、报销制度，考勤、请假、后勤管理等有关的工作规范、程序和制度。三是实行岗位责任制，明确工作目标和工作职责，做到按章办事。四是严格执行各项规章制度。

民主党派领导班子具有专职和兼职相结合的特点，其领导成员多为兼职，只有建立健全各种工作制度，切实贯彻民主集中制，才能保证领导班子决策的科学与民主，增强内部团结，提升工作效率。为此，民革中央建立健全了集体领导和个人分工负责相结合的工作制度，相继出台了《中央会议制度》《中央常务委员会议事规则》《中央主席会议议事规则》《中央秘书长办公会议制度》等。同时将加强机关的领导力量作为机关建设的一项重要任务来抓，逐渐配齐专职副主席、秘书长和各部门领导干部，一批德才兼备、年富力强、具有较高层次和管理经验的同志充实到领导和工作班子中来，强化了专职力量，增强了活力，专职副主席、秘书长、各部门负责人的分工进一步明确，中央分级管理的领导机制逐步健全。民革各级组织按照《纪要》的精神，狠抓机关建设，加强干部教育，健全规章制度，严肃机关纪律，改进工作作风，提高工作效率，各工作机构逐步实行了定员定额和岗位责任制。

民革中央机关把提高干部政治素质、改变机关工作作风摆在重要位置，制定了每个月举行一次时事形势报告会的制度，举办了电脑、英文、文秘等培训班，提高了干部的业务能力和运用现代化办公设备的能力。

围绕民革履职参政的基本职能，不少新制度逐渐被建立起来。例如围绕经济建设和社会发展中的重要问题开展调查研究，向中共党委和政府部门提出意见和建议，是民革参政议政的一个重要形式。根据这个职能，1990 年 12 月 28 日，民革七届三中全会通过《关于本党中央设立专门委员会和调整中央部分工作部门的决定》，决定在中央设立若干专门委员会。1993 年 5 月 19 日，民革中央制定出台《专门委员会工作条例》。

民革还将制度建设贯穿到工作的各个环节中去，如 1994 年 11 月，民革中央召开民革全国基层组织工作经验交流会。会议指出必须围绕支部的思想政治工作、规章制度建设、组织发展，搞好基层组织建设。1995 年 8 月，民革中央召开民革全国秘书长工作研讨会。会议指出，加强机关建设是提高参政党整体素质的重要环节，民革各级组织要努力建立起一种团结、协调、稳定、高效、灵活的机关工作机制。会议从思想建设、机构设置、岗位职责，提高干部素质，健全规章制度，提高工作效率等方面，就如何推动机关建设走上规范化、制度化的道路提出了比较全面、系统的要求。

民革八届五中全会提出了“把一个什么样的民革带入 21 世纪”的问题。民革九大向全党提出，要以高度的责任感和使命感，按照参政党的标准和要求不断加强自身建设，保证把一个政治上坚定、能够保持优良传统、充满生机和活力的民革带入 21 世纪。着眼于此，民革各级组织机关建设普遍受到重视，在制度建设上作了大量努力，进行了积极探索。

1997 年，各民主党派中央换届之后，普遍把加强自身建设作为实现政治交接的重要措施。1999 年 5 月 11 日，各民主党派中央充分讨论，形成《关于加强自身建设若干问题座谈会纪要》。纪要指出，以制度建设为保障，努力把自身建设提高到新的水平。纪要提出，制度建设是自身建设中带根本性、长期性和保障性的建设，是工作经验的升华和规范。要在总结经验的基础上，根据民主党派性质和任务的要求，逐步建立一套适合自身特点的、适应组织运行需要的制度。加强制度建设，应与建立健全参政党的工作机制有机结合起来，逐步健全参政党的工作机制。例如反映社会信息的机制，联系、团结成员和自我教育的机制，发挥参政党群体优势的机制，发现培养人才的机制，机关工作机制等。纪要明确了当前亟须建立健全领导班子议事决策规则、领导班子成员考核制度、发展成员考察培养制度、机关工作制度。此外，纪要在思想建设、组织建设等方面作出制度建设部署，提出了领导班子建设要贯彻民主集中制，健全工作机制；要完善集体领导和个人分工负责相结合的制度；建立健全思想建设的各项制度；健全领导干部、骨干队伍和新成员的培训制度；健全领导干部学习制度等。

按照《中共中央办公厅关于民主党派中央、全国工商联机关参照试行〈国家公务员暂行条例〉实施方案的通知》部署，1997 年，民革中央机关相继制定出台了《参照〈国家公务员暂行条例〉管理实施办法》《民革中央机关机构设置意见》等，基本完成了机构设置、职位分类和人员过渡工作，普遍加强制度建设、干部的考核和管理，定机构、定人员、定职能，明确每个干部的职责，建立岗位责任制，对干部加强了德、能、勤、绩的考核，机关干部人事管理逐步走上了科学、合理、规范的轨道。

1998 年 7 月，民革中央机关将历年所制定的规章制度经修改审核后，编印成《民革中央机关规章制度汇编》，发给各省级组织，为各地的制度建设提供了参考。通过建立健全规章制度，民革基本实现了“办事高效、行为规范、运转有序”机关的目标，初步形成了具有民革特色的制度系统。

民革中央还陆续出台和修订了《关于参政议政工作若干问题的规定》《地方委员会组织规程》《支部工作条例》《关于加强后备干部建设的意见》《对民革当前宣传思想工作的意见》等制度。各地方组织也结合自己的工作实际制定了相应的制度。

2000 年 11 月 28 日，民革九届四中全会报告指出，民革的主要工作基本上做到了有章可循。

在加强制度建设的同时，民革也为建立健全各项工作机制而努力。1994 年 6 月，中共中央统战部在南京召开了全国民主党派工作座谈会，就加强民主党派自身建设和发挥参政党作用问题，提出了建立参政党的五种机制：反映社会政治信息的机制；联系、团结和自我教育的机制；发挥参政议政群体优势的机制；发现和培养人才的机制；民主党派机关工作机制。这次会议的精神，对加强民主党派的工作，建立健全参政党机制，起到了促进和指导作用。民革八大报告提出，为了担负起新时期的历史使命，我们迫切需要向健全参政党机制方面转变。1994 年 9 月 11 日，民革八届七次中常会通过的《关于加强民革参政党建设的意见》明确提出，用两三年时间，把民革的参政党机制基本上建立起来，这是民革参政党建设的关键。全国民主党派工作座谈会提出的参政党的五种机制，对民革来说，都是迫切需要的。

民革八大后，在建立参政党机制方面做了许多有益的探索，尤其在建立参政议政群体优势机制方面，取得了一定成绩：把中央和地方组织的资源、力量联合起来，使参政议政活动建立在集中党员集体智慧，形成群体力量的基础上。此外，在及时、准确反映党员、群众对国家重大方针政策的看法、意见和建议；团结党员和所联系的群众，代表和反映他们的利益、愿望和要求，协助政府做好工作，加强自我教育；形成科学、规范的组织发展和培养后备干部队伍的程序和制度；按照民主集中制原则建立领导班子工作制度，对机关干部抓好《国家公务员暂行条例》的参照执行，加强机关干部的思想道德教育和业务培训，提高干部素质，使机关干部人事管理走上科学、合理、规范的轨道等方面，民革都迈出了可喜的步伐。

参政议政作为民主党派的重要职能，1999 年 6 月 21 日，民革中央制定出台了《关于参政议政工作若干问题的规定》，明确提出“全党要高度重视参政议政工作”。2001 年，民革中央专门召开了民革全国参政议政工作机制研讨会，会议指出，建立健全参政议政机制，一定要抓好自身建设；组织部门发展党员要注意选择那些政治素质好、年富力强、有参政议政能力的同志；对热心参政议政工作并作出突出贡献的优秀人才，要为他们提供台阶和更广阔的舞台，让他们得到锻炼和有机会充分施展才能。宣传部门在加强思想政治工作时，要积极为参政议政提供切实的政治保证、精神动力和智力支持；使民革党员深入认识民主党派参政议政的性质、地位、作用；熟悉参政议政的途径、方式、程序。各级组织的机关是协调、支持、保障和服务参政议政工作的关键部门，因此一定要切实改进和加强机关的制度建设和作风建设。

民革一直以来都把促进海峡两岸经济文化交流，促进祖国和平统一作为自身的重点工作。1998 年 10 月 12 日，民革中央召开民革祖统工作会议，明确提出要建立健全工作机制，做好民革祖统工作。

2001 年 1 月 15 日，民革中央制定出台了《关于加强和改进思想政治工作的意见》，提出要通过建立各级领导班子的中心学习组制度，基层支部的定期学习、活动制度，机关干部政治学习制度，新党员、党员骨干的集中培训机制，结合国家政治生活重大事件、近现代史重大纪念日、民革成立纪念等时机，完善思想政治教育。

1992 年，纳雍县被国务院确定为民革重点扶贫联系县后，扶贫人员通过调研，确定了“扶贫必先扶志，治穷必先治愚”的智力支边扶贫思路，不断建立健全定点扶贫机制。民革中央机关把每年的 2 月 18 日定为民革中央机关向纳雍献爱心日，机关干部连续多年从个人工资中捐款资助纳雍贫困儿童入学。

民革中央积极建立健全后备干部队伍建设机制，在引进新人优化领导班子的群体结构和加强民主集中制等方面，取得了显著成果。1995 年，民革中央召开民革全国组织工作会议，会议提出，现在已初步形成了一套选拔、培养民革年轻后备干部的动态管理机制。1999 年 12 月，民革九届三中全会指出，后备干部队伍建设要常抓不懈，注意在工作中总结经验，不断完善各项制度，探索新的路子，逐渐建立起选拔、考察、培养、使用干部的机制，努力建设一支跨世纪的能够担当重任的后备干部队伍，为民革的长期发展和更好地发挥参政党作用打下坚实的基础。

三、践行“一参加、三参与”，积极履行参政党职能

在中发〔1989〕14 号文件所阐明的“一个参加、三个参与”原则指

导之下，民革从维护国家稳定的大局出发，从国家经济社会全面发展的总体战略目标出发，紧紧围绕党和国家的中心任务和工作大局，认真参政议政，积极建言献策，为促进改革开放、经济发展和社会的全面进步，促进祖国的统一大业作出了应有的贡献。民革的不少意见和建议，受到中共中央、国务院及各级党政部门的高度重视和肯定。

（一）在政治协商中发挥作用

每年的政协会议是民主党派参政议政的主要渠道之一，也是检验民主党派参政议政质量和水平的重要平台。因此，民革中央领导对此都十分重视，力争在政协大会上拿出高质量、高水平的大会发言和提案。

1996 年年底，中共中央召开十四届六中全会，号召全党全国加强精神文明建设。民革中央在积极响应和贯彻这一精神的过程中，注意到浙江省委会的标题为《建立青少年义务社会服务制度的建议》的提案很有新意和一定的前瞻性。于是在这项提案的基础上，民革中央及时邀请有关部委专家进行座谈研讨，形成了《实行义务社会服务制，提高青少年思想道德素质》的大会发言和《关于建立与实施正规的青少年义务社会服务制度的建议》提案。周铁农代表民革中央在政协大会发言后，引起很大反响。共青团中央和中共中央精神文明指导委员会办公室都对此提案做了答复，并给予很高评价。该提案也得到全国政协提案委员会的高度重视，他们邀请全国人大法工委、国务院法制局、共青团中央、国家教委、中国残联、中国老龄委等有关部门就青少年义务社会服务制问题进行专题座谈。大家一致认为这项提案意义深远，有一定前瞻性，建议提交有关部门进行研究，然后提出实施意见。民革武汉市委会率先提出将中央提案在武汉进行试点的设想，得到武汉市有关部门的高度重视和支持。武汉市教委很快发出了《关于进行青少年义务社会服务试点的意见》，选择江汉大学、湖北省试验中学等学校开展义务服务试点。经过两年多的实践证明，推行青少年义务社会服务制，对加强青少年思想道德教育和学生的素质教育很有好处，得到学生家长的一致认同支持和社会的广泛赞誉。

流动人口大量无序地涌入城市是当时中国体制改革中的一大社会现象。为此，1997 年，民革中央决定立题调研，何鲁丽亲自带队走访了国家计生委、北京市计生委，深入到朝阳区、丰台区两个流动人口比较集中的城乡接合部，进行调研，了解情况。同时，上海、广州、四川三地民革省（市）委会也就此专题进行调研。在 1998 年的全国政协大会上，民革中央提交了《加强流动人口计划生育管理刻不容缓》的大会发言和《进一步完善和加强流动人口的计划生育管理》的提案，得到国家计生委和全国政协提案委的高度重视。国家计生委研究后，根据民革中央的建议，修改了流动人口计划生育管理办法；全国政协提案委就这份提案又邀请民革中央、国家计生委、公安部、劳动和社会保障部、国家工商局等有关单位组成联合考察组到福建、海南、北京、天津进行跟踪调查，形成调研报告并及时上报中共中央、国务院。该提案也被列为 1998 年全国政协的精品提案。

1998 年，民政部刚刚开始社区建设试点，民革中央就敏锐地抓住这一重要课题，由周铁农提议并率队到青岛、上海、杭州进行社区建设考察，并在全国政协九届二次会议上提交了《关于大力推进社区建设的建议》的提案。同时周铁农代表民革中央作了题为《转变观念，以人为本，大力推进社区建设》的大会发言，受到全国政协主席李瑞环的高度评价，他认为社区建设意义深远，这是一个很重要的意见。民政部在提案答复中说："你们的调研客观、准确，建议切实可行，对当前进行的社区建设有很大的指导意义。"

"依法治国"是中共中央提出的基本治国战略，1999 年已经被载入我国宪法修正案。加入世界贸易组织以后，针对世贸组织的非歧视待遇原则、透明度原则、司法审议制度和法制统一原则等基本要求，我国的司法改革已经提上日程。2002 年，民革中央向全国政协九届五次会议提交了《关于推进司法改革，实现司法公正》的提案。全国人大常委会办公厅、最高人民法院办公厅、全国人大常委会法工委、财政部办公厅四个单位对此提案给予认真答复。中共十六大报告吸纳了这份提案中有关司法改革的内容，报告中强调了从司法制度上保证社会的公平和正义，让中国推进司法制度改革有了明确的方向。最高人民法院将该提案的基本内容登载在其内部刊物《法院情况反映》（增刊二十八）上，报送中共中央政治局常委等党和国家领导人及中共中央办公厅等13个有关部门。最高人民法院院长肖扬对民革提出这么好的建议案表示感谢，“希望民革成为最高人民法院推进下一步司法改革的坚定同盟军”。

1993年至1997年期间，民革中央和全国政协民革界的委员在全国政协大会上，共作大会发言108次，提交提案414件，反映社情民意39次。2002年10月，在政协九届全国委员会召开的优秀提案和先进承办单位表彰会上，民革中央共有4件提案被评为优秀提案，分别是《进一步加强和完善流动人口的计划生育管理》《关于大力推进社区建设的建议》《进一步规范和完善特邀监察制度，大力推进社会主义民主政治》《推进司法改革，实现司法公正》。

（二）围绕改革发展中的重大问题调研献策

1993年春，在我国经济生活中出现了货币与信贷投放过猛，零售物价、生活费用及生产资料价格上涨较大，通货膨胀压力增大等严峻形势。民革中央及时组织北京、天津、上海和深圳四个城市民革的有关专家进行调研，提出了抑制通货膨胀趋势的几点建议，并报送中共中央。中共中央领导同志两次对民革中央的建议给予了充分的肯定。

“南水北调”是我国一项跨世纪的特大工程项目，对缓解华北地区严重缺水问题意义重大。1993年，童傅率党内有关专家，深入五省二市考察，就早日进行南水北调工程建设向中共中央报送了建议，得到国家计委有关负责同志的重视和有关地方负责同志的好评。

1994年，李沛瑶两次带队，前往西南和华东调研，向中共中央报送了关于搞好农村剩余劳动力转移的几点建议和东方大港亟应早日决策的建议。几年后，上海、宁波、舟山三个港组合，优势互补，建成新型的国际枢纽港。孙中山先生在《建国方略》中提出要建东方大港的设想成为现实。

京九铁路开通以后，中共中央统战部组织各民主党派中央领导同志沿线进行视察，并和深圳市政府联合举办了“京九沿线经济发展研讨会”。民革中央非常重视京九线开通和今后发展的战略问题，1997 年 5 月，及时召集沿线民革省级组织有关专家就此问题进行深入研讨，并整理出研究京九、发展京九—京九沿线的经济发展构想。胡敏代表民革中央在研讨会上作发言后，得到有关方面高度重视及与会者的一致好评。

1998 年年初，亚洲金融风暴给东南亚一些国家带来了极大的冲击，造成了灾难性的后果。在东南亚金融危机的冲击下，我国出口贸易受到严重影响。1998 年 9 月，中央邀请有关省市的专家进行研讨，形成了关于增加投资、扩大内需的若干建议，从改善投资环境、投资政策，加大投资力度，加大高新科技投入，产生新的需求，推进社会保障体制改革，降低居民的防范性储蓄倾向以及加速推进住房改革，开发有前途的潜在消费需求等方面提出看法和建议，并报送了国务院。针对证券市场中某些值得重视的问题和动向，民革中央还联合其他单位组织了证券市场规范化问题研讨会，向国务院报送了关于妥善处理证券市场中 NET 交易的建议。这两份建议都受到中共中央领导的重视，并迅速批转有关部门办理。

建立符合中国特色的社会保障制度，是国有企业改革的一项重要配套措施。为了解社会保障体系的现状和改革的进展情况，1995 年，李沛瑶带队进行专题调研，提出了关于深化养老保险改革的初步建议，并报送中共中央和国务院。

1997 年，民革中央又组织上海、南京、武汉、重庆等沿长江城市的民革同志就此问题进行了追踪调查，提出了关于深化城镇企业职工养老保险发展的建议。1999 年又分别从完善管理体制、强化法制管理、健全监督机制等方面提出了关于强化养老保险基金监督管理的几点建议。

1999 年中共中央、国务院作出实施西部大开发的重大战略决策和部署，民革中央迅速作出反应。1999 年 6 月 17 日，江泽民总书记发表西部大开发讲话的第二天，民革中央即召开主席会议，研究如何学习贯彻江泽民总书记的讲话精神，为开发西部献计献策。主席会议决定，把关注西部发展、加快西部地区开发的研究，作为民革中央及各级组织特别是西部地区民革组织参政议政的长期课题之一。11月，民革召开九届三中全会，何鲁丽向民革全党作出工作部署，明确提出“我们要把加快西部地区开发作为一个重要课题进行关注，与我们的参政议政工作和支边扶贫等工作结合起来，调动全党的力量，为西部地区的发展出力献策”。民革青海省委会多年来一直关注青藏铁路的建设、开通和保护工作，1999年率先提出加快建设青藏铁路二期工程格尔木至拉萨段的建议，受到国家有关部门的高度重视。民革青海省委会还对“三江源”生态保护问题多次提出建议。2005年，国家投资75亿元设立“三江源”生态保护区。

2000年3月举行的全国政协九届三次会议上，民革中央专门就《西部大开发呼唤观念转变》作了大会发言。会议期间，朱培康代表民革中央在西部大开发中外记者招待会上回答了记者的提问，明确表达了民革全党全力拥护和积极参与西部大开发的主张。5月，民革中央在青海西宁召开了全国西部大开发研讨会。会后，民革中央制定了《关于积极参与西部大开发的意见》，就民革为西部大开发建言献策作出全面部署。为贯彻实施西部大开发战略，民革全党积极行动起来。一些地方组织邀请专家学者举行了多次西部大开发专题座谈会，成立了西部开发课题组，在深入调查研究的基础上，撰写了几十份调研报告和建议。2003年，民革中央在全国政协大会上作了《加快西部开发，实现全面小康》的大会发言，该发言是中央在综合了西部民革十个省级组织的意见和建议，并走访国务院西部开发领导小组的基础上形成的。民革中央已数次在全国政协大会和常委会上就西部大开发问题作了大会发言，就妥善安置三峡库区移民、加快建设新疆引额供水工程等问题，向全国政协提交了多份建议案。

为触摸西部脉搏、关注西部发展，民革中央主要领导多次带队赴西部的甘肃、青海、云南等地进行调研考察。1999年6月，周铁农率队到新疆伊犁地区巩留县境内进行调研考察，向中共中央、国务院报送了关于兴建新疆恰甫其海水利工程的建议。2000年11月，国务院总理办公会通过了新疆恰甫其海水利工程立项审核。

科技兴农，促进农业发展也是民革这一时期关注的热点。李赣骝曾两次率组到河南、湖北、安徽、山东等地，对我国农业科技问题进行调研。1996 年，民革中央向全国政协大会提交了《农村基层科技推广队伍建设的问题》建议案；1997 年又提交了《关于经济转轨时期农技推广队伍建设问题的几点建议》；1998 年 5 月，周铁农带队到河北、山西对科教兴农问题进行了专门调研，9 月，民革中央在全国政协九届三次常委会上作了题为《关于我国农业农村问题的几点看法》的大会发言。针对农村金融体制改革相对滞后于农村经济体制改革的现状，民革中央根据多年在贵州纳雍扶贫的体会，向全国政协大会提交了《国家应对贫困地区农村合作信用社给予扶持的建议》。

（三）为促进祖国和平统一积极建言

促进祖国和平统一始终是民革工作的重点，也是民革参政议政的一项重要内容。民革中央在做好促进祖国和平统一的各种接待联谊工作的同时，注意把祖统工作和为经济建设服务有机地结合起来。1999 年 4 月，周铁农、李赣骝和朱培康参加了由中共中央统战部、国务院台湾事务办公室共同组织的各民主党派、全国工商联和无党派人士联合调研组，并赴广东、海南两省对当地对台经贸工作进行了调研考察。在考察的基础上，周铁农代表民革中央在中共中央召开的座谈会上作了发言。2000 年，李赣骝率团参加了民革中央与全国政协港澳台侨委员会组成的联合调研组，先后赴海南、福建、山东三省的 16 个县市、33 个乡镇、44 家企业和农户，就海峡两岸农业合作试验区发展计划进行了专题调研，并以此为基础，形成了关于海峡两岸农业合作试验区情况的调查报告，由全国政协送交国务院，受到有关方面的高度重视。2001 年，何鲁丽带队赴福建，围绕如何大力做好台湾人民工作这一主题进行调研，对福建省与台湾地缘相近、血缘相亲、语言相通、习俗相同、文化相承的五大优势有了比较深入的了解。根据调研，向中共中央、国务院提交了关于加大做好台湾人民工作力度，促进祖国统一大业早日实现的调研报告，受到中共中央和有关领导的重视和高度评价。在全国政协大会上提出了很多重要提案，如《关于加强琼台农业合作的意见和建议》《关于加强吸引和保护台湾中小企业在大陆投资的建议》《关于推进两岸农业交流与合作的几点建议》《关于加强对台中小企业引进工作的几点建议》《关于尽速制订“反分裂国家行为法”的建议》《关于进一步做好对台工作的建议》《关于切实贯彻江泽民主席对台八项主张，进一步做好台湾人民工作，牢牢掌握对台工作主动权的建议》等。

四、形成民革特色社会服务之路

中发〔1989〕14 号文件发布后，民革社会服务工作进入更加自觉阶段，成为民革履行参政党职能的基础性工作和重要组成部分。经过一段时间的不断探索和创新，民革在智力支边扶贫、兴教办学、开展社会咨询服务、组织“三下乡”活动、利用联系广泛的优势为地方发展招商引资、鼓励引导民革党员中的非公有制经济人士回馈社会等方面取得了显著成绩，走出了一条具有民革特色的社会服务之路。实践证明，随着我国改革开放事业的深入和不断发展，民革运用自身条件和优势，积极主动地为党和国家的中心工作服务，很好地继承和发扬了民革的优良传统，把社会服务工作不断地推向了新的阶段。

（一）开展智力支边扶贫工作

智力支边扶贫，是我国改革开放和社会主义现代化建设中的一个创举，是实现邓小平提出的第二步战略目标的重要组成部分，也是各民主党派和工商联在新时期实现工作重点转移、积极为改革开放和经济建设服务的具体体现。20 世纪 80 年代末，以“开发扶贫、生态建设”为主题的贵州省毕节试验区正式建立。1991 年，按照中共中央、国务院的部署，在中共中央统战部牵头和推动下，民革中央将纳雍县定为重点扶贫联系对象，民革中央根据“因地制宜、扬长避短、抓住重点、注重实效、量力而行、持之以恒”的方针，扎扎实实开展各项帮扶工作。在对纳雍县长期帮扶的过程中，民革中央历任领导同志多次带队深入纳雍县开展调查研究，并号召民革全党都要关心和支持纳雍的扶贫开发工作。在深入调研的基础上，民革中央为纳雍提出了“加强基础设施建设，抓好公路、电力、通讯，启动农、工、商；利用资源优势，以开发煤炭为龙头，带动其他产业发展；加强智力开发，抓好教育工作，提高劳动者素质”的发展思路。何鲁丽强调，“纳雍不脱贫，民革不脱钩；纳雍脱了贫，民革不断线”。

1. 突出重点，发展教育事业

1992 年，民革中央机关干部捐款资助纳雍县姑开乡陶家寨的失学儿童，并帮助陶家寨建起第一所完全小学，使全寨适龄儿童都入了学。由此，民革中央机关将每年 2 月 18 日定为向纳雍人民“献爱心日”，机关干

★ 1993 年 9 月，李沛瑶（右二）到民革中央在纳雍县援建的第一所希望小学——陶家寨希望小学参加开学典礼，并向师生赠送慰问金和文具用品。

部为帮助家境贫困的适龄儿童入学踊跃捐资，表达一份爱心。在此带动下，民革各地组织和广大民革党员及海外同胞积极行动、慷慨解囊。到20世纪末，民革举全党之力、调动社会及海外各方面力量为纳雍教育注入资金近300万元，改造和新建15所希望学校，使5000多名儿童改善了学习条件，帮助3000多名失学儿童重返课堂。同时，经过各方面的积极努力，纳雍县被国家列入“普六”义务教育扶贫工程试点，初步改变了其教育落后的面貌。民革贵阳市委会等民革地方组织还派出优秀教师组成讲师团，到纳雍县帮助培训师资队伍，提高教师教学水平。

2. 发挥智力优势，走科技兴农之路

在1994年国务院提出《八七扶贫攻坚计划》以后，民革中央及各地方组织也随之加大了帮扶力度，各项帮扶措施进一步深化，并取得明显成效。纳雍县山高坡陡、人多地少，不少群众生活极度贫困，民革多次组织专家前往考察。1994年，民革中央专门在纳雍县召开智力支边扶贫工作现场会，发挥民革的智力优势和信息优势，增加扶贫工作中的科技含量，将咨询论证和办实事结合在一起。民革中央先后组织土壤肥料、小麦、水稻、玉米、蔬菜、果树、畜牧、水利、茶叶等方面专家400多人次，深入纳雍县农村考察指导和推广科学技术，培训技术骨干5万余人次，培养了一批科技示范户，为纳雍县引进的优良稻种和马铃薯、玉米新品种，均大面积示范成功，提高了当地的粮食产量和品质。经过民革中央多方奔走呼吁，1996年纳雍县被列为全国农业综合开发试点县，这为纳雍县的农业发展注入了新的活力。为提高农民科学技术水平，民革中央还与农业部密切沟通，将纳雍县列为地区“绿色工程证书”试点县。

同时，为提高纳雍县特色种植业产业化发展水平，民革中央及有关地方组织还邀请蔬菜专家赴纳雍县指导实施商品蔬菜示范种植项目，茶叶专家对传统茶叶产业进行整合和技术指导的工作，使全县的蔬菜生产和茶叶产业化工作得到很大发展，对纳雍县农业产业结构调整、促进农民增收产生了重要影响。

在做好专项技术帮扶工作的基础上，民革中央帮助纳雍县建立了农业科技中心，确定种、养科技示范户，使科技种、养得到普及。经过不懈努力，该县上上下下提高了对科技兴农重要性的认识，特别是广大基层农民改变了传统的落后思想，开始主动接受科技知识，农业生产呈现新气象。

3. 统筹各类资源，助力脱贫

纳雍地处富煤区，煤炭产业是纳雍经济崛起与发展的基础。民革中央为此多次组织煤炭专家实地调研，并在管理体制、规划、安全生产等方面提出了许多指导性的建议和意见。1992 年，民革中央组织相关领域专家为纳雍县选定两个煤矿、一个硫铁矿矿址，完成勘探报告后，当年就在省里立项并争取到资金。民革中央还邀请中国地方煤矿公司等国有企业领导赴纳雍县考察，将纳雍县列为全国第二批商品煤基地县，并帮助纳雍县建立矿山救护队。1995 年，纳雍县煤炭业上缴税收占该县财政收入的 1/3，成为全县新兴支柱产业。

21 世纪，适逢国家“西部大开发”“西电东输”“黔电送粤”等的重大战略实施。在民革的联系和协助下，2000 年 10 月，总投资达 100 亿的 300 万千瓦火电厂建设项目被国家计委批准立项破土动工，为该县实现跨越式发展奠定了坚实基础。

交通落后是制约纳雍县经济发展的瓶颈问题，在民革中央领导同志的多方呼吁下，交通部先后拨款 1900 万元修建了当时纳雍全县唯一连接铁路的纳水公路，结束了纳雍全县没有柏油路的历史。截止到 2001 年年底，纳雍全县通车里程已达 2000 多千米，比 1991 年增长了十多倍。民革中央还邀请民革企业家到纳雍投资兴办企业，促进了当地经济的发展。

4. 医疗帮扶，提高人民健康水平

为改变纳雍县缺医少药、人畜饮水困难等问题，民革中央分别与国务院救灾办、卫生部防疫司、中国红十字会以及贵州省改水办取得联系，为当地人民进行伤寒疫苗接种，建立改水点和医药制剂中心。

★ 1998 年 5 月，何鲁丽（左二）带队在贵州毕节调研考察农村医疗卫生工作。

5. 摸索定点帮扶新途径

进入 21 世纪，民革中央在继续关注纳雍县经济社会发展问题的同时，选择确定年人均收入仍不足 600 元的苗、彝族等少数民族人口占 87% 的阳长镇核桃寨村作为重点扶贫联系村，着力解决该村彻底脱贫的问题，并探索建立社会主义文明富裕小山村的发展模式。2002 年 8 月，民革中央邀请专家采用参与式扶贫开发的方法为该村制定村级发展规划，经过四易其稿，核桃寨村的参与式扶贫规划成为纳雍全县村一级扶贫工作的范本。在民革中央的支持下，从 2002 年 3 月开始，核桃寨村先后启动了修水窖、建教学点、建村综合办公楼、村公路、电网改造、建立扶贫基金、茅屋改造、山塘、沼气、改厕等多项基础设施建设。民革中央筹措资金建立起扶贫基金，推动了该村蔬菜大面积种植和较多农户畜牧养殖业的发展。

6. 民革地方组织的扶贫工作有新进展

甘肃、宁夏、福建、广西等省（自治区）的民革组织，在各自的定点扶贫点上实行科技和教育兴农，取得显著成绩。民革北京市委会的小尾寒羊饲养技术的推广已成为民革的重点项目。河北、云南等民革省级组织推广小尾寒羊，也已形成规模。民革四川省委会与邓小平家乡广安建立了“民广合作”关系。还有一些民革组织则通过组织经常性的科技、医疗、文化三下乡、向希望工程献爱心等活动，为贫困地区做实事，受到农民的欢迎。

据不完全统计，仅在民革第八届中央委员会期间，民革各级组织在智力扶贫中，共派出专家2300人次，深入贫困地区考察；提出扶贫项目550余项；为贫困地区举办各类培训班500余次，培训人员2.3万人次；为贫困地区引进技术项目87项，引进资金5000万元。

1993年2月，在中共中央统战部和国家民委联合召开的“全国智力支边扶贫经验交流暨先进表彰会”上，民革有6个先进集体、13位先进个人在大会上受到表彰；1994年9月，在国务院召开的第二次全国民族团结进步表彰大会上，民革又有两位同志获先进个人称号，受到国务院的嘉奖表彰。

（二）巩固和发展民办教育事业

兴教办学是民革发挥智力优势直接服务社会主义现代化建设的主要工作内容之一。最初，由民革组织和党员个人办的学校都是在无国家投入、无自建校舍、无专职教师这样“三无”的基础上开始的，走的是一条逐步积累、滚动发展、以学养学的创业道路。这些学校依靠民革组织，经过了由计划经济向市场经济转变的考验，普遍由业余文化补习转向职业技术培训，由短期班转向学历教育，由中专学历教育转向高等学历教育，学校规模逐步扩大，专业设置逐步增多，管理工作逐步加强，教育质量不断提高，发挥了加快教育事业发展、扩大教育事业规模的作用，满足社会各界对就学、就业等方面的需要，为社会培养了大量社会主义现代化的建设者和劳动者，充分发挥了对公办教育的拾遗补阙作用。

1990年，民革中央在杭州召开办学工作会议，把办学工作作为为经济建设服务的重要方面，坚定不移地执行国家的教育方针。中共十四大后，伴随社会主义市场经济体制的建立，民革举办的各学校朝着提高教育质量、改善办学条件、适应社会需要的方向发展，逐步走向规范化，在竞争中求生存、求发展，办出了各自的风格和特点。各类学校普遍由文化补习型转向职业技术培训型和学历教育型。不少学校还积极参与国有企业下岗职工再就业工作，为党委和政府分忧，为下岗职工解困。通过举办培训班，为他们的再就业创造条件。在此期间，民革各级组织兴办的各类学校共200多所，累计培养毕、结业生200余万人；其中不同层次的学历教育学校111所，可以实施高等教育的学校44所；专职教职工队伍达1758人；有42所学校自购或自建校舍面积共达15万平方米。其中，培养学生超过10万人的有浙江、四川、山东、江苏等省。

如民革广西区委会于1985年创办的邕江大学（现更名为南宁学院），逐步形成了自己的办学优势和特色，被国家教委批准为可颁发大专学历文凭的民办高校，也是国家有关部门向联合国教科文组织推荐的三所民办学校之一。2009年，在中共南宁市委、南宁市人民政府的支持下，南宁市最大的国有企业——南宁威宁投资集团加盟，与民革广西区委合作共办邕江大学，开创了国有企业与民主党派合作共办普通高等学校的成功先例。

1980年创建的杭州长征业余学校，通过艰苦奋斗，规模不断扩大，为当地城乡企业特别是乡镇企业培训了大批人才。1993年3月，在长征业余学校基础上，又创办了浙江长征财经进修学院。院、校累计毕、结业学生18.37万人，仅财经类即达17.57万人，被誉为乡镇企业财经管理人员培训基地。“长征”品牌教育为浙江省的经济发展作出了突出的贡献，多次受到中央、省、市的表彰。

1996年，在各民主党派、工商联为两个文明建设服务表彰大会上，邕江大学和长征财经进修学院分别荣获先进集体称号。此外，四川、上海、江苏、北京、内蒙古、大连等省、区、市民革组织所办的学校，成绩也十分突出。

1997年9月，民革中央召开了全国办学工作研讨会，会议学习了国家颁布的《社会力量办学条例》，总结了办学经验，明确了民革办学的方向，指出要研究新形势下社会力量办学的规律，要为国分忧，尽快利用一切可能的条件开展待业、转岗人员的培训；要继续发扬艰苦创业精神，进一步提高教学质量，不断壮大自己。

（三）继续开展社会咨询服务等工作

这段时期，民革各类社会咨询服务工作也进一步活跃。民革中央先后召开了为经济建设服务工作研讨会、民革系统经济咨询机构联络网会议，推动了社会咨询服务工作的开展。据不完全统计，民革地方各级组织成立的咨询服务机构近百个，服务内容包括法律、经济、建筑、医疗卫生、科技、教育等。

中共十四大提出自发展社会主义市场经济以来，民革党员所办的企业从数量上和质量上都有很大提高，涌现出一批善经营、会管理、敢创新的企业家。他们是改革开放和社会主义市场经济建设中涌现出的社会主义建设者。联系、协调、引导民革非公经济代表人士健康发展是民革整体工作的重要组成部分，也是民革服务于经济建设为中心的直接体现。做好非公经济人士工作是从中央到地方民革各级组织的一项工作任务。民革中央和各级地方组织，认真学习中共中央各项经济政策，鼓励引导民革党员企业家投身经济建设的主战场，全党非公经济人士工作得以进一步提高。

从 1990 年起，民革中央先后多次召开民革全国经济咨询机构和企业家会议，邀请著名经济学家介绍国家经济形势，邀请法律、财会专家介绍国家对非公经济的政策法规、税收政策，邀请民营经济的专家和企业成功人士介绍现代企业管理方面的知识和经验。目的是要求民革党员企业家，在参与社会经济活动中，按照民革党员的标准规范自己的行为；鼓励企业家为发展社会主义市场经济多作贡献，在国家经济建设社会发展中发挥积极作用；进一步理解中国共产党的方针政策；增强企业管理的本领，增强企业自身发展的活力；沟通信息，促进企业之间的合作。

在民革组织的支持和鼓励下，民革党员及其企业家利用自身与海内外联系广泛的优势，通过各种渠道招商引资，为地方经济建设和社会发展献策出力。民革党员所办的企业，在为地方创造利税的同时，致富不忘国家，致富不忘社会。在解决下岗职工再就业、扶危济困等方面也作出了自己应有的贡献，为促进当地经济社会的发展发挥了积极的作用。

五、实现民革祖统工作转型，推动两岸交流

中共十四大后，我国改革开放的步伐更为加快，社会、经济、政治和思想文化等各方面发生深刻变化，为两岸关系的发展创造了良好环境。“九二共识”的达成、“汪辜会谈”的召开标志着两岸关系迈出历史性的重要一步。1995 年 1 月 30 日，中共中央总书记江泽民发表了《为促进祖国统一大业的完成而继续奋斗》的重要讲话，提出了解决台湾问题的八项主张。民革全党深刻领会江泽民总书记讲话精神，与时俱进、开拓进取，积极投身各项对台工作，努力推动两岸关系和平发展。

（一）营造“反独遏独”舆论环境

中共中央按照“一国两制”方针，推动两岸关系朝着“和平统一”的方向发展。民革向全党发出号召，进一步发挥民革的优势，调动一切积极因素，团结一切可以团结的力量，坚持“和平统一、一国两制”方针，为实现祖国完全统一而不懈努力。

1. 著书撰文，宣传“和平统一、一国两制”

民革中央领导人通过撰写文章、著书立说、发表广播讲话、举办座谈会、研讨会等多种方式，宣传“和平统一、一国两制”的方针政策，表明对祖国统一的鲜明态度和殷切希望，反对和批判分裂祖国的言行。这些活动被海内外报刊报道、转载，产生了广泛影响。

1990 年 11 月 13 日，屈武、朱学范在《人民日报》发表《继承遗志统一祖国》的文章，提出实现祖国统一大业是中国共产党和中国国民党的共同责任，号召两党对等商谈，按照“一国两制”的构想完成和平统一大业，实现第三次国共合作。1991 年，朱学范又在《人民日报》先后

发表《消除障碍促进统一》《坚决反对“台独”，维护祖国统一》的文章。前者希望台湾当局以废除“动员戡乱”体制作为契机，促进直接“三通”和双向交流的早日实现，推动国共两党对等商谈，共竟祖国统一大业；后者表明坚决反对“台独”的严正立场，呼吁台湾国民党当局能够重温孙中山先生遗教，负起历史责任，以民族大义为重，坚持一个中国，抵制“台独”逆流，维护台湾的稳定安全。

为了深入系统地批判“台独”思想，宣传“和平统一、一国两制”的科学理论，民革中央组织力量撰写了《论“台独”》和《再论“台独”》两本专著，分别由贾亦斌和彭清源担任主编，先后于1993年和1996年出版发行。《论“台独”》从国际战略的高度分析了“台独”产生的国际背景，从台湾的政治现实讲述了台湾岛内“台独”猖獗的客观原因，对“台独”的发展过程、组织派系和活动特点等作了详细阐述，对“台独”的主要论点作了分析、批判，表达了维护祖国统一的鲜明立场。《再论“台独”》着重揭露李登辉“假统真独”的面目，批驳其所谓“阶段性两个中国”“台湾生命共同体”等谬论，重申“和平统一、一国两制”方针政策的现实可行性和重要意义，号召海峡两岸人民团结起来，立场鲜明地反对分裂、反对“台独”，为完成祖国统一大业而努力奋斗。

1993年8月，中国政府发表《台湾问题与中国的统一》白皮书，第一次系统地论述了台湾问题的由来及现状。为响应白皮书的发表，民革中央领导人多次发表文章和谈话，表示坚决拥护和支持我国政府的正确主张。1995年，在首都各界举行的“纪念《马关条约》签订100周年暨台湾回归祖国50周年”座谈会上，民革中央领导人作了《台湾回归祖国的历史意义》的发言，表达了民革对祖国统一的热切愿望。

1995年3月，民革中央选编出版《邓小平论祖国统一》一书。该书的出版，对于深入学习和领会邓小平同志关于“和平统一、一国两制”的思想精髓，做好促进祖国统一的工作，具有重要的指导意义。在此基础上，民革中央于2002年10月又出版《台湾前途与一国两制》一书，赢得了有关方面和社会各界的充分肯定。

民革中央针对自李登辉当选台湾地区领导人以来大肆鼓吹“台独”、导致两岸关系再度恶化的情况，多次召开座谈会，严厉抨击李登辉背叛民族大义，明目张胆地制造“两个中国”“一中一台”的分裂行径，表达拥护我国政府的严正立场。1996 年 6 月 29 日，彭清源在全国人大常委会第十四次会议上作了题为《李登辉依仗外力分裂祖国，必将成为千古罪人》的发言，表明了维护祖国统一的鲜明态度。1999 年 7 月 21 日，民革中央在《人民日报》上发表了题为《强烈谴责李登辉分裂言论，坚决反对分裂祖国的倒行逆施》的声明，对李登辉的分裂言论表达了无比的愤慨和强烈的谴责；强调台湾自古以来就是中国神圣领土的一部分，中国的领土和主权不容分割；表明了民革坚定不移地贯彻“和平统一、一国两制”方针，坚决维护一个中国原则，与一切妄图分裂中国的倒行逆施做最坚决的斗争的决心。

2. 学习贯彻江泽民总书记对台重要讲话精神，凝聚全党共识

1995 年 1 月 30 日，江泽民总书记发表了题为《为促进祖国统一大业的完成而继续奋斗》的重要讲话，提出了解决台湾问题的八项主张。该讲话集中体现了中国共产党第三代领导集体对邓小平关于解决台湾问题基本思想的运用和发展，表明了在新形势下坚持一个中国的原则和就正式结束两岸敌对状态进行正式谈判的具体步骤和构想，同时还就两岸高层互访等若干问题提出了许多新的主张与建议。这是中国共产党和中国政府为推动两岸关系发展、实现和平统一所采取的又一重大步骤，是指导对台工作的纲领性文献。

该讲话发表后，引起了海内外强烈反响。民革中央及时召开座谈会，学习江泽民总书记的重要讲话。李沛瑶等民革中央领导人先后发言，他们认为江泽民总书记的讲话对推进祖国和平统一具有划时代的意义，同时该讲话既有鲜明的原则性和针对性，又有高度的灵活性与务实性，对做好对台工作具有极为重要的指导意义。

1995 年 2 月 28 日，民革召开八届九次中常会，号召民革各级组织和全体党员，一定要深刻领会江泽民总书记讲话精神，认真研究对台工作的

新思路、新方法，把对台工作搞得更有成效，为促进祖国统一作出新的贡献。随即，民革中央向全党发出通知，要求各级组织和全体党员认真学习、深刻领会江泽民总书记讲话的精神实质，进一步做好对台工作，为祖国统一大业贡献力量。1996 年 9 月，民革中央于山西省太原市召开促进祖国统一工作研讨会。该会号召全党开拓新思路、探索新问题，积极运用各种形式、采取多种渠道推动对台参政议政、宣传、联络及促进两岸经贸文化交流的开展，为祖国统一工作作出积极的贡献。

（二）为两岸关系和平发展建言献策

两岸经济合作与各项交流交往不断扩大，民革围绕经济建设这个中心，抓住海峡两岸人民普遍关心的问题，从实际出发，开展涉台调研、建言献策，积极推动两岸和平发展。

1. 推进涉台参政议政，拓展祖统工作新领域

民革中央先后向中共中央和国务院有关部门提交了十几项建议和专题调研报告，内容涉及保护台商合法权益、做好台胞接待、发展两岸经贸关系等领域。

1993 年 2 月，民革中央针对台湾岛内外掀起的要求尽快实现两岸直航的热潮，向全国政协八届一次会议提出了《关于两岸空中直航问题的建议》。1994 年 3 月，为扩大海外影响，弘扬爱国主义精神，民革中央在全国政协大会上提出了《关于打捞、修复和陈列中山舰》的提案；12 月，围绕如何深入贯彻落实《台湾同胞投资保护法》，民革中央向中共中央统战部提出了《进一步发展海峡两岸经贸关系的几点建议》的专题调查报告。1995 年在全国政协八届三次会议上，民革中央提交了《关于加强两岸税务协作，完善对台资企业税收的建议》和《关于保护台商合法权益的几项建议》的提案，就新税法的出台对台资企业的影响和制定《台湾同胞投资保护法细则》等问题提出意见和建议。

在多次出访和联合调研的基础上，民革中央于 1996 年提出了《关于加强对海外侨胞宣传工作的建议》和《加大海峡两岸农业交流与合作力

度，推进我国农业现代化发展，促进祖国和平统一》的调查报告，2000年形成了《关于海峡两岸合作试验区情况的调查报告》，2001年提交了《加大做台湾人民工作力度，促进祖国统一大业早日实现》的调研报告，均得到了相关部门和有关领导的重视与高度评价。

在民革中央建议、中共中央有关部门的支持下，国务院台办、中共中央统战部、全国政协港澳台侨委员会、民革中央、台盟中央、全国台联六个单位参加的“六台联席会议”制度于2000年8月建立，每季度召开一次例会，传达中共中央对台最新精神，通报台海形势，讨论最新工作，开拓了参政议政的新渠道。

2. 打击“台独”，促成《反分裂国家法》的出台

进入20世纪90年代中后期，岛内“台独”势力开始在政治、经济、文教、军事等台湾社会生活中的各个领域推行“去中国化”政策，加快谋求台湾“独立”的步伐，“台独”分裂活动不断升级，给两岸和平统一带来新的变数和更大的挑战。

鉴于李登辉执政时期六次“修宪”造成的恶果，鉴于台湾民进党推动“公投立法”“制宪建国”的嚣张气焰，鉴于台湾政坛“政党轮替”的新常态，民革敏锐地意识到“法律反独”已经势在必行、刻不容缓，应该尽快拿起法律武器捍卫一个中国原则，捍卫国家领土主权完整，维护台海和平稳定，迎头痛击愈演愈烈的“法理台独”冒险行径，防患于未然。民革中央充分利用外脑，广开言路，多次召开专家学者研讨会，认真听取相关部门的意见，广泛征求台湾统派爱国人士和海外爱国侨胞的意见。2000年全国政协九届三次会议上，民革中央以“第0232号提案”的形式，提出了《关于尽速制定“反分裂国家行为法”的建议》，就制定这部法律的重要性和紧迫性、法案名称、立法原则和内容作了重点说明。

该提案一经提出，就受到中共中央有关部门的高度重视，引发了巨大的社会反响。该提案当年就被评为全国政协“特别重要提案”，并光荣入选全国政协成立70年来100件有影响力重要提案。2005年《反分裂国家法》高票通过，引起了国内外的广泛关注和支持理解。台湾社会受到了

极大震撼，在相当长一段时间内“法理台独”有所收敛。

（三）推动两岸经济文化等领域的交流与合作

两岸直接通邮通电的倡议，最早由朱学范提出。为实现两岸“三通”，民革进行了不懈的努力，多次举行“对台通邮”座谈会，赴福建等地考察，邀请有关部门就两岸通航的具体技术问题进行商议，并提出可行性措施。20 世纪 80 年代后期，台湾当局有限制地开放探亲，两岸人员往来和经济文化交流迅速展开。两岸在通邮、通信、通航方面都取得了突破性进展，两岸经贸协调研讨活动日趋活跃，两岸人员往来在人数和层次上都有所突破。两岸交流逐步从低层次向高层次发展，各个领域知名人士间的交往增多。

长期以来，民革在贯彻“以民促官”“以经促政”方针，引进资金、推动两岸经贸交流方面作出了很大贡献。进入 20 世纪 90 年代，民革根据形势的变化，抓住有利时机，把祖统工作和促进现代化建设结合起来，开展“三引进”（资金、技术、人才）工作，为到大陆投资的“三胞”（海外侨胞、港澳同胞、台湾同胞）牵线搭桥，支援祖国的经济建设；同时团结、教育、争取台商，努力维护台商的合法权益，尽可能地为他们办实事、解决疑难问题；发挥民革的优势，积极推动两岸人员双向往来和经济文化交流合作。

广大民革党员利用现有的“三胞”关系，集中统一战线的各方力量，或把握机遇、积极拓展招商引资渠道，或跟踪服务、巩固和发展招商引资成果，或“筑巢引凤”、协助改变投资环境和提高服务质量。不少民革地方组织发挥其在海外联系广的优势，配合中央进一步做好“三引进”工作。一方面通过各种形式的联谊活动，宣传祖国改革开放的方针政策；另一方面通过党员自己的关系向海外亲友介绍地方日益改善的投资环境。根据地方提出的中心任务，结合当地的特点和实际，邀请由台湾著名专家学者组成的专业技术服务团进行技术培训，为外商引进资金、协调矛盾、解决问题。既发展了当地经济，又推动了祖统工作的开展。

在开拓创新、开展“三引进”的同时，民革各级组织通过开展经贸、文化、科技、体育等方面的活动，以及利用同乡会、校友会等多种渊源关系，通过广交朋友沟通情感，增进共识和友谊，宣传“和平统一、一国两制”的大政方针，团结和争取更多人士共同为祖国统一大业出力。

（四）壮大海外促统力量

民革在海外联谊工作中，注重整体功能，将“走出去、请进来”相结合，加强与台胞和海外华人的联系，主动做工作，广交朋友，促进友谊，增进共识，开拓了民革祖统联谊工作的新空间。

1.“走出去”多交朋友，扩大海外影响力

由民革中央领导人率团出访，开展海外联谊工作，是民革历史上祖统工作的新突破，达到了“广交朋友、宣传政策、消除隔阂、增进共识”的目的。

1994 年，贾亦斌、朱培康首次率团赴美访问，实现了民革以组织形式“走出去”的突破。之后民革中央领导人连续多年组团访美，与旅美侨界人士进行广泛深入的接触，与美国侨界的一些重要社团建立了广泛的联系，结交了许多新朋友。2000 年，李赣骝率领民革中央团组赴日本访问，第一次把工作做到了日本侨界。2001 年，徐志纯再次率团赴日本，参加“全球华人华侨促进中国和平统一大会”，加强了与世界各地华人华侨特别是日本侨界的联系；朱培康率团赴加拿大访问，与加拿大的华人和华侨社团、人士建立了联系。

1999 年，应“台湾中华花艺文教基金会”邀请，民革中央赴台湾开展插花花艺交流，这是民革首次组团访问台湾。2001 年，李赣骝率团赴台湾访问，实现了民革中央高层领导首次带队访台；民革中央组织部分书画家赴台湾和香港分别举办“中国大陆当代百人画展”“中国内地水墨画作品展”，展出了由各级民革组织征集的 70 余幅高水准的国画作品，作者多为民革党员，这是民革第一次在台、港举办大型展览活动。

2. “请进来”深交朋友，巩固工作成果

在“走出去”的同时，民革中央积极开展“请进来”的工作，邀请台港澳及海外社团、侨界重要人士来访交流。1992年以来，民革中央接待了数批前来祖国大陆访问的台湾文化界人士，双方进行了友好的交谈，就两岸统一问题交换意见，增进了解，建立友谊。1994年10月中华人民共和国成立45周年之际，民革中央邀请了一批旅美人士和美籍华人到京参加纪念活动，让他们对祖国日新月异的面貌留下深刻的印象。

1995年8月5日，民革中央举办了《中华心——胡秋原政治文艺哲学文选》首发式暨胡秋原学术思想研讨会，以促进两岸学术文化交流。1996年6月，民革中央领导人邀请美国华侨界知名人士前来北京访问，向客人们介绍了民革的历史、参政党的地位和作用，并就台湾问题与客人们交换了看法，呼吁海外华人、华侨为祖国的经济振兴和统一大业多做贡献。在庆祝中华人民共和国成立50周年期间，民革中央邀请了一批海外重要人士回国访问，参加国庆观礼活动。1999年，民革中央还与香港其士集团合作，在京举办了“台湾故宫博物院（仿制品）展览”。2000年，应民革中央领导同志的邀请，美国海外兴中会一行16人回祖国大陆参访。2001年，民革中央分别接待了“北美地区三民主义统一中国大联盟”一行、美国旧金山侨界知名人士方李邦琴率领的“北美加州和平统一促进会”一行，以及孙大公率领的留美黄埔军校校友会一行。这些重要的接待活动，为民革开展海外联谊工作提供了更广阔的空间，搭建了新的工作平台。

这一时期，民革还以孙中山先生爱国、革命和不断进步的精神作为联系港、澳、台同胞和海外侨胞的纽带，通过邀请海外侨胞参加有关孙中山先生的各种纪念活动和研讨会、座谈会，缅怀孙中山先生的丰功伟绩，弘扬孙中山先生的精神，增进共识，促进友谊，共同为祖国统一大业贡献力量。

（五）实现民革祖统工作转型

自20世纪90年代以来，民革各级组织深入学习贯彻“和平统一、一

国两制”基本方针，以及江泽民总书记关于现阶段发展两岸关系、推进祖国和平统一进程的八项主张，将全党的思想统一到中共中央关于“寄希望于台湾人民”的工作方针上来，在全党范围内进行了一次广泛而深入的对台方针政策教育和工作转型，从而使民革的对台工作焕发出新的勃勃生机。

1998 年 5 月，中共中央召开对台工作会议，强调要做好台湾人民工作，指出做台湾人民工作是祖统工作中的基础性、战略性工作。根据中共中央提出的一系列对台方针政策，针对促进和平统一工作的新形势、新情况，民革中央逐步将促进祖国和平统一工作的重心转移到了做台湾人民工作上。10 月，民革中央在北京召开民革全国祖统工作会议，会议以“扎根现实，面向未来，努力开拓民革祖统工作新局面”为题，以“更新观念、树立信心、调整步伐、再接再厉、做好工作”为主要任务，确定了在新时期要将“做台湾人民工作”作为民革促进祖国和平统一工作的主要内容，有效地推动了民革对台工作的转型。

1999 年，民革中央在宁夏召开民革全国祖统工作研讨会，会议以更好地发挥和利用民革地方组织祖统工作机构的职能作用为目标，致力于推动民革祖统工作在全国对台工作大格局中作出新的贡献。这次会议的核心为强化民革全党做好台湾人民工作的意识，进一步在全党范围内统一思想、提高认识、凝聚共识，推动民革祖统工作实现新的工作转型，具有重要的指导意义。

第七章

进一步推进自身建设，开辟工作新局面

一、新世纪新阶段多党合作事业的发展

中共十六大以后，中共中央着眼坚持走中国特色社会主义政治发展道路，着力推进多党合作和政治协商的制度化、规范化、程序化，先后颁发了《关于进一步加强中国共产党领导的多党合作和政治协商制度建设的意见》《关于加强人民政协工作的意见》《关于巩固和壮大新世纪新阶段统一战线的意见》等重要文件，使我国和谐的政党关系进一步巩固发展，多党合作和政治协商制度焕发出蓬勃生机。

2002 年 10 月，中国共产党第十六次全国代表大会胜利召开。大会选出了以胡锦涛同志为总书记的中共中央新一代领导集体，把“三个代表”重要思想同马克思列宁主义、毛泽东思想、邓小平理论一道确立为中国共产党必须长期坚持的指导思想，提出了学习贯彻“三个代表”重要思想的根本要求和工作部署。中共十六大把坚持和完善多党合作制度写入必须长期坚持的十条基本经验。12 月，在各民主党派中央换届工作刚刚结束之际，刚担任中共中央总书记不久的胡锦涛即顶风冒雪，分别走访了各民主党派中央和全国工商联机关，听取意见，解决困难，给民主党派广大干部、党员以极大的鼓舞。

2005 年 2 月，《中共中央关于进一步加强中国共产党领导的多党合作和政治协商制度建设的意见》（中发〔2005〕5 号文件，以下简称《意见》）正式颁布。《意见》在认真总结历史经验的基础上对多党合作和政治协商的原则、内容、方式、程序等作了进一步完善，是指导新世纪新阶段我国多党合作事业发展的纲领性文件。它对于发展社会主义民主政治，建设社会主义文明，充分体现和发挥我国政治制度和政党制度的特点和优

势，充分发挥民主党派参政议政、民主监督作用，进一步加强民主党派自身建设，具有极为重要的现实意义和历史意义。

《意见》在与中发〔1989〕14号文件相衔接、保持各项方针政策的连续性和稳定性基础上，根据新形势、新任务和新要求，着力推进多党合作和政治协商制度建设，推出了一系列新的理论观点和政策思想，概括起来有：明确了多党合作制度是建设社会主义政治文明的重要内容；概括了我国多党合作和政治协商的重要准则；提出发展是中国共产党执政兴国的第一要务，也是各民主党派参政议政的第一要务；完善了对我国民主党派性质的表述，进一步明确了无党派人士在多党合作中的地位、职能和作用。进一步完善了政治协商的内容、形式和程序，进一步提出要充分发挥民主党派、无党派人士的参政议政作用，进一步明确了民主监督的若干理论和政策，进一步提出要加强与党外人士的合作共事，强调要发挥人民政协的作用，进一步提出要支持民主党派加强自身建设，进一步明确了加强和改善中国共产党对多党合作和政治协商的领导。

2006年，中共中央召开了第二十次全国统战工作会议，胡锦涛总书记作重要讲话。讲话指出，巩固和发展我国社会主义政党关系，实现我国政党关系长期和谐，根本在于坚持走中国特色社会主义政治发展道路，关键在于坚持和完善中国共产党领导的多党合作和政治协商制度。① 该讲话和会后颁发的《中共中央关于巩固和壮大新世纪新阶段统一战线的意见》，在民革全党引起了强烈反响，掀起了学习、贯彻的热潮。

2007年10月，中国共产党第十七次全国代表大会胜利召开。中共十七大是在我国改革发展关键阶段召开的一次十分重要的大会。会上报告并回顾了中共十六大以来党和国家事业的新进展，总结了改革开放的伟大历史进程和宝贵经验，阐述了科学发展观的科学内涵和根本要求，明确了实现全面建设小康社会奋斗目标的新要求，描绘了在新的时代条件下全面建

① 《不断巩固和壮大统一战线 共同建设中国特色社会主义》，《人民日报》2006年7月13日第1版。

★ 2011 年 1 月 30 日，胡锦涛同志在北京同党外人士共迎新春时，与周铁农亲切握手。

设小康社会、加快推进社会主义现代化的宏伟蓝图，对我国经济建设、政治建设、文化建设、社会建设和党的建设作出了全面部署。报告强调，要坚定不移发展社会主义民主政治，坚持中国特色社会主义政治发展道路，坚持和完善中国共产党领导的多党合作和政治协商制度，壮大爱国统一战线，团结一切可以团结的力量，加强同民主党派合作共事，促进政党关系的和谐。

二、深化政治交接，全面加强自身建设

进入 21 世纪，民革全面推进自身建设，不断深入探索规律、创新方法，明确了以思想建设为核心，以组织建设为基础，以制度建设为保障，狠抓自身建设各个环节的工作思路。采用重点突破、全面推进的方式，一年一个专题，在中央常委会上集中深入研究，形成专门文件，作出部署，在全党贯彻、落实。民革中常会相继集中研究了思想政治工作、领导班子建设等一系列自身建设的工作部署，相继出台了《关于加强思想政治工作的意见》《关于进一步加强领导班子建设的意见》等专项文件，实现了以思想建设为主导的自身建设的全面推进。

（一）民革十大、十一大召开

中共中央大力推进新世纪新阶段多党合作事业的发展，为民革充分发挥参政党作用、履行参政党职能，提供了广阔的空间和坚实的基础，提供了正确的理论指导和政策依据。民革第十次、第十一次全国代表大会，围绕中共中央一系列重大战略步骤，对民革工作作了总体部署。

2002 年 12 月 3 日至 9 日，民革第十次全国代表大会在北京召开。本次代表大会的正式代表有 621 人，代表全国 67900 多名党员。中共中央政治局委员、书记处书记、中央组织部部长贺国强代表中共中央致贺词。九三学社中央主席吴阶平代表各民主党派中央和全国工商联致贺词。何鲁丽

作了题为《与时俱进，开拓创新，为把民革建设成为适应新世纪要求的参政党而努力》的报告。该报告在总结民革九大以来成绩的基础上，对其中的重要经验作了总结：

第一，坚定不移地接受中国共产党的领导，坚持和完善共产党领导的多党合作和政治协商制度，是民革必须遵循的根本政治原则。

第二，始终坚持以邓小平理论为指导，认真学习领会“三个代表”重要思想，紧密团结在中共中央周围，是民革保持正确的政治方向、做好各项工作的根本保证。

第三，坚持社会主义初级阶段的基本纲领和基本路线，紧紧围绕党和国家的中心任务开展工作，努力为改革、发展、稳定的大局服务，是民革能够有所作为、实现自身价值的重要前提。

第四，加强自身建设，建立健全参政党工作机制，全面提高队伍素质，坚持与时俱进，是保持民革进步性与广泛性相统一的必然要求。

第五，继承和弘扬孙中山先生爱国、革命和不断进步的精神，保持民革特色，是民革做好促进祖国统一工作的重要条件。

报告对以后五年的工作作了总体的部署：

第一，牢牢确立“三个代表”重要思想作为民革全党的指导思想。要通过学习“三个代表”重要思想，充分认识中国共产党的先进性及其在中国特色社会主义事业中的领导核心地位，从而更加自觉地接受中国共产党的领导，坚定建设中国特色社会主义的信念。

第二，坚持不懈地抓参政党建设，进一步提高自身建设素质。该报告明确了民革自身建设的目标、内涵、任务和原则，并对思想建设、领导班子建设、基层组织建设和组织发展、机关建设等都提出了具体要求。作为自身建设部署的突出亮点，报告首次集中阐述了制度建设的必要性、重要性和基本任务。报告指出，工作机制建设是参政党自身建设中带根本性、长期性、保障性的建设。

第三，发挥参政党作用，要在提高参政议政、民主监督的水平与质量上下功夫。报告指出，要针对经济、政治、文化建设和体制改革中的重大问题深入实际调查研究，向中国共产党建言献策。要加大民主监督的力度，当好中国共产党的诤友，推进民主政治建设。要高度重视和加强反映社情民意的工作，深化为社会服务的工作。要认真贯彻执行《公民道德建设实施纲要》，为推进社会主义精神文明建设贡献力量。要以反“独”促统为中心，以中华优良传统文化为纽带，以台湾人民为工作重点，联合所有中华儿女，共同为祖国统一大业出力。

大会修改通过了新的《民革章程》，把“学习、实践‘三个代表’重要思想”、新中国成立以来特别是改革开放以来的民革历史经验、自身建设的目标原则等写入了章程，对其他具体条款作了修改。李赣骝作了《关于〈中国国民党革命委员会章程〉（修改草案）的说明》。

大会选出十届中央委员会委员共212人。会后召开的十届一次中央全会，选举产生了十届中央委员会主席、副主席、常务委员，何鲁丽当选民革中央主席，周铁农、李赣骝、童傅、程誌青、徐志纯、厉无畏、钮小明、朱培康、刘民复、万鄂湘当选副主席。在中央主席会议上决定由周铁农任常务副主席。十届一次中央全会明确，第九届中央推举的中央名誉副主席、顾问继续担任原荣誉职务，不再进行重新推举程序，同时，中央不再增加新的荣誉职务。十届中央常务委员会第一次会议，通过刘民复兼任十届中央秘书长。

民革十届一次中央全会以后，民革中央按照《民革章程》规定，在每年下半年召开一次中央全会，全面总结本年的工作，安排部署下一年的具体任务。同时，民革中央还把每年四次中央常委会会议中的一次，用于集中研究自身建设的一个重大问题，部署有关工作，为民革履行参政党职能，提高参政议政能力，圆满完成民革十大和各次中央全会提出的工作任务，奠定了坚实的基础。

2007年12月9日至15日，民革第十一次全国代表大会在北京召开。本次大会的正式代表有623人，代表全国82600多名党员。

这次大会适逢民革成立60周年，是民革在新世纪新阶段进一步实现中央领导机构新老交替和政治交接的大会。大会受到中共中央的高度重视。中共中央的贺词指出，历史证明，民革不愧为中国共产党久经考验的亲密友党，不愧为建设和发展中国特色社会主义、促进祖国完全统一、实现中华民族伟大复兴的重要力量。台盟中央主席林文漪代表各民主党派中央和全国工商联致贺词。何鲁丽代表民革第十届中央委员会作工作报告。周铁农就纪念民革成立60周年发表讲话。

何鲁丽所作的题为《坚定不移走中国特色社会主义政治发展道路，为全面建设小康社会而奋斗》的报告以中国共产党第十七次全国代表大会精神为指导，回顾了民革十大以来的工作，全面总结了过去五年民革全党在为社会主义现代化建设服务和加强民革自身建设实践中的基本经验，提出了今后五年的任务。

报告强调，总结民革60年来的历史经验，最基本、最宝贵的就是坚持中国共产党的领导，坚定不移地走中国特色社会主义政治发展道路。这是民革全党同志的自觉选择，也是民革的光荣传统和老一辈领导人的政治交代，是民革的立党之本，在任何时候、任何情况下，都绝不能有丝毫的动摇。在全面建设小康社会、加快推进社会主义现代化的新征程中，民革要始终坚持中国共产党的领导，继承和发扬孙中山爱国、革命和不断进步的精神，坚定不移地沿着中国特色社会主义政治发展道路团结奋进，努力作出新的贡献。

报告明确了十一大以后工作的指导思想，提出了今后五年的任务。

第一，加强参政议政、民主监督能力建设，提高工作水平，为实现中共十七大确定的目标和任务献计出力。要坚持以发展作为参政议政的第一要务，把科学发展观贯穿于履行职能的各个环节，紧紧围绕中共十七大提出的目标和任务，结合民革的实际和特点，选择有利于促进改革开放、科学发展、社会和谐的重大课题和涉及广大人民群众切身利益的重要问题，提出切实可行的意见和建议。报告对完善和创新参政议政工作机制、加强反映社情民意工作、深化社会服务工作等提出了具体要求。

第二，牢牢把握两岸关系和平发展的主题，进一步做好促进祖国和平统一工作。要坚决贯彻中共十七大确定的对台工作大政方针，坚持“和平统一、一国两制”的基本方针和发展两岸关系、推进祖国和平统一进程的八项主张，坚持一个中国原则决不动摇，争取和平统一的努力决不放弃，贯彻寄希望于台湾人民的方针决不改变，反对“台独”分裂活动决不妥协，牢牢把握两岸关系和平发展的主题，按照“真诚为两岸同胞谋福祉、为台海地区谋和平”的要求，大力发展两岸关系，扩大和深化两岸人员往来和经济文化的交流与合作，支持海峡西岸经济发展，推动两岸直接“三通”。要继续加强海外联谊，进一步提高台情研究水平，做好涉台参政议政工作，为促进祖国和平统一献计出力。

第三，坚持以政治交接为主线，为把民革建设成为高素质参政党而不懈努力。民革全党要按照中共中央关于坚持和完善中国共产党领导的多党合作和政治协商制度一系列重要文件精神的要求，切实加强自身建设，努力把民革建设成为坚定不移走中国特色社会主义政治发展道路、始终保持优良传统、适应时代发展要求、能够很好地发挥参政议政、民主监督作用的高素质参政党。报告强调，加强民革自身建设，要以思想建设为核心，以组织建设为基础，以制度建设为保障。报告对思想建设、组织建设、制度建设工作作出了具体要求。

大会审议通过了《中国国民党革命委员会章程》修正案。童傅向大会作了《关于〈中国国民党革命委员会章程〉（修改草案）的说明》。

大会选举产生了由209人组成的民革十一届中央委员会。会议期间举行的民革十一届一中全会选举产生了新的民革中央领导成员，周铁农当选主席，厉无畏、钮小明、万鄂湘、齐续春、谢克昌、修福金、刘凡、程崇庆、傅惠民、何丕洁当选副主席。中央主席会议决定由厉无畏担任常务副主席。第十一届中央常务委员会第一次会议通过齐续春兼任十一届中央秘书长。

（二）以思想建设为核心，不断增强坚持中国特色社会主义政治发展道路的信念

民革中央召开了多次思想政治工作会议，部署各阶段民革思想政治工

作和宣传工作，并将参政党建设理论与实践研讨会、思想政治工作研讨会与宣传思想工作会议相结合，进一步推动全党思想政治工作的开展。2005年5月，在上海召开民革全国宣传工作会议。周铁农指出，民革各级组织要全面认识中发〔2005〕5号文件产生的历史背景和形成条件，深入理解和牢牢把握精神实质，联系参政党工作的实际，与以发展为第一要务，继续大力提高参政议政、民主监督的质量和水平等结合起来。进一步加深对我国政党制度必然性、合理性和优越性的认识，夯实基础，练好内功，促进民革自身建设的进一步加强，以更大的热情积极投入到多党合作的事业中去。大会对在民革宣传工作中做出出色成绩的各地优秀宣传干部进行表彰，授予101位同志民革全国优秀宣传干部称号；对过去多年为民革宣传思想工作作了大量奉献，已不在宣传岗位工作的6位同志，颁发民革全国优秀宣传干部纪念奖。2010年9月，在北京召开民革全国思想宣传理论研究工作会议。周铁农在开幕式上作了题为《突出主题，明确任务，开创民革思想宣传理论研究工作新局面》的重要讲话。会议认真总结了几年来民革思想宣传理论研究工作的实践与经验，为深入开展民革思想宣传理论研究工作打下了基础。这是首次在民革中央工作会议的层面，将理论研究与思想宣传工作一起进行研究。这一阶段，民革重点抓了思想建设以下几方面工作：

第一，加强参政党自身建设理论研究和民革党史的研究宣传，积极开展民革优良传统教育。民革中央注重加强对参政党理论与实践重大课题的研究和分析，弘扬民革前辈与中国共产党亲密合作的优良传统和孙中山爱国、革命、不断进步精神，不断增强思想宣传教育工作的说服力。

在民革十大以后的几年里，民革中央以《团结》杂志的名义，相继与北京大学、清华大学、中共中央编译局等高等院校、科研机构和民革基层组织联合主办了“宪法权威与法制统一”“不可行性研究与政协民主监督”“金融安全与国家安全”“金融安全法治建设”“马克思主义政党理论与多党合作”“党建科学化与中国特色政党制度发展”等学术研讨会，联系团结各方面专家出谋划策，为民革的参政议政和其他各项工作提供了初步的理论成果和观点思路，促进了民革与社会各界特别是学术界的联系和交流，提升了民革在社会上的影响力。

2005 年，民革中央组织编写出版的《中国的参政党》一书，在民革全党和社会上受到广泛好评；组织编写的《参政党建设理论与实践》一书，在中国统一战线理论研究会 2005 年课题招标中竞标成功，被课题论证评审小组评为优秀研究成果。

民革中央还相继编写出版了《民革中央领导人（九—十届）论自身建设》《中国国民党革命委员会 60 年》《中国国民党革命委员会重要文件汇编（第三编）》《民革领导人传》《民革与新中国的建立》等，不仅为学习、研究民革党史提供了基本的资料，也为民革全党开展思想教育活动提供了生动的教材，受到了社会的广泛好评。

2011 年 12 月，民革十一届五中全会在认真总结开展参政党理论研究经验的基础上，通过了《关于加强理论建设的意见》，对有关参政党理论建设的目的、原则、方法、人才保证、机制保障，以及理论研究的重点领域和课题等，作出了明确规定，推动了民革全党的理论建设工作。

民革中央充分利用重大纪念日组织开展活动，推动优良传统教育。2005 年，在纪念中国人民抗日战争胜利 60 周年之际，民革中央配合中共中央的纪念活动，组织了一系列特色突出、参与性强的活动，使广大党员受到一次生动的思想教育。民革中央召开了长城抗战学术研讨会；组建了民革中央合唱团，多位著名抗战将领的后裔加入其中，参加了《纪念中国人民抗日战争暨世界反法西斯战争胜利 60 周年“铭记历史”中央国家机关大型歌咏会》演出，参加了中央电视台《激情广场》栏目“纪念抗战胜利六十周年特别节目”迁西县喜峰口现场节目演出等。中央和各地方组织发表了一系列纪念民革前辈抗战事迹的纪念文章。

依托民革中央孙中山研究学会，积极推进孙中山研究。聚集党内外学术资源，从 2003 年至 2011 年，先后举办了“孙中山与中华民族精神”“孙中山与中国现代化”“孙中山与中华民族振兴”“孙中山与近代中国的开放”“孙中山研究与中山学”“孙中山与中国民主革命”等一系列学术交流活动；编辑出版了《中山学概论》，为“中山学”的学科建立打下了基础。2006 年，民革中央召开了纪念孙中山诞辰 140 周年学术研讨会，何鲁丽在会上发表重要讲话，就民革继承和发扬孙中山爱国、革命、不断进步精神等重要问题作了深入的阐述。组织了由中央电视台录制并播放的《世纪中山·放歌梧州》大型歌会，举行了南京中山陵谒陵仪式。组织撰写、出版了《爱国、革命、不断进步——中山精神学习读本》《孙中山画传》。组织了包括新华社、中央电视台、中央人民广播电台、《人民日报》、《光明日报》等中央级媒体记者组成“民革纪念孙中山诞辰 140 周年重点活动采访之旅”，对民革中央和广西、福建、上海、江苏等省级组织十几个有特色的孙中山诞辰 140 周年纪念活动进行重点采访、报道。同时，在当地为“采访之旅”记者召开新闻通报会，对这些省级组织近年来有影响、有特色的工作和做出突出成绩的党员、干部进行采访报道。这些活动和报道，不但对民革广大党员是一种有效的优良传统教育，而且在海内外也引起了广泛的反响。

第二，坚持不懈地开展专项教育活动。民革十大以后，民革中央从 2002 年到 2003 年，花了两年时间，组织全党开展十大修订通过的《民革章程》专项学习活动。组织编写了《〈民革章程〉学习问答》，举办了“《民革章程》知识竞答”活动，两个月时间，竞答活动收到答卷近 5 万份。随后，又召开《民革章程》学习成果座谈会，对学习进行了检验和总结。各地各级组织按照民革中央的统一部署，组织、引导广大民革党员认真学习章程，了解掌握章程的基本内容，模范地遵守章程的有关规定，有效地提高了广大民革党员学习章程、遵守章程的自觉性和主动性。

2007 年至 2012 年，民革中央根据民革思想政治工作的实际，针对形势教育的需要和理论学习的内在逻辑，坚持每年组织一个全党范围的主题教育活动，先后将思想教育重点与改革开放 30 周年、新中国成立 60 周年、建党 90 周年、辛亥革命 100 周年等重大纪念活动相结合，陆续开展

★ 2006年10月，举办《世纪中山·放歌梧州》大型歌会，民革中央合唱团在歌会上演出。

了“坚持走中国特色社会主义政治发展道路，搞好政治交接”“学习贯彻科学发展观”“学习和践行社会主义核心价值体系”“观故居，走多党合作之路”等一系列主题教育活动。

2007年，民革中央组织开展了“坚持中国特色社会主义政治发展道路，搞好政治交接”教育活动。下发了开展活动的决定及其实施方案，专门编写了教育活动学习资料，录制了民革中央领导亲自主讲的教育活动报告会光盘。民革中央领导同志赴北京、广东、安徽、江苏、广西等省级组织，进行专场专题报告。民革中央把教育活动和纪念民革成立60周年结合起来，在全党组织开展了“我的精神家园——纪念民革成立60周年”演讲比赛。12月10日，在民革全国第十一次代表大会期间，在北京举行了演讲比赛、表演比赛，主题突出，内容丰富，发动范围广，参与程度深，使广大党员干部深受教育。各地组织也根据本地实际，制定具体的活动方案，有计划地组织教育和学习。这些活动的开展，为民革各级组织在换届之际实现政治交接提供了有力的政治保证。

2008年12月，制定下发《民革中央关于深入学习贯彻科学发展观的通知》，要求民革各级组织把学习贯彻科学发展观作为当前一项重要政治任务，把学习活动组织好、实施好。2009 年，民革中央在 12 个省级组织举办了“民革中央学习贯彻科学发展观辅导讲座”，由中央领导同志亲自作专题辅导报告。讲座在对科学发展观的精神实质、主要内容、基本要求等进行深入阐述的基础上，就深入学习贯彻科学发展观的重要意义，民革如何服务于科学发展、促进自身科学发展等问题，提出了明确、具体的意见。

2009 年 12 月，民革十一届三中全会决定在全党深入开展学习和践行社会主义核心价值体系的活动，要求把这一活动融入民革思想建设的全过程，贯穿到民革的宣传教育、组织建设、参政议政、民主监督等各项工作中，使学习和践行社会主义核心价值体系的成果最大限度地体现出来。根据民革中央的这一要求，民革各级组织把开展学习和践行社会主义价值体系活动作为思想建设的重点，积极开展了一系列丰富多彩的学习活动。在此基础上，民革中央又制定了《关于建立思想政治交接长效机制的实施意见》，要求民革各级组织把学习和践行社会主义核心价值体系作为思想政治交接的重要内容，将政治交接的原则、精神与内涵，转化为民革党员的价值理念和行为规范，形成活动的长效机制。思想政治交接长效机制的建立，推动了民革自身建设的不断深化，为民革广大党员增强道路自信、理论自信、制度自信提供了坚实的思想认识基础。

2011 年 3 月，民革中央在全党开展“观故居，走多党合作之路”主题教育活动，以此纪念中国共产党成立 90 周年和辛亥革命 100 周年，对党员进行多党合作历史和民革党史教育。为开展好这次活动，民革中央选取了条件较为成熟的李济深故居、王昆仑故居、朱学范故居及河北保定军校纪念馆等纪念场所作为民革党史教育基地，并向全党发出了《关于命名民革党史教育基地的决定》。通过这次活动，广大民革党员增进了对民革前辈与中国共产党风雨同舟、亲密合作、团结奋斗历史的了解和认识，增强了自身的自豪感和荣誉感，更加坚定了走中国特色政治发展道路的信心与决心。

在“观故居，走多党合作之路”主题教育活动基础上，民革中央于 2011 年 10 月在上海组织召开了“朱学范生平事迹研讨会暨民革前辈纪念场馆联谊会成立大会”。会议的召开和联谊会的成立，对民革前辈的学术研究和民革前辈纪念场馆的修缮、保护、展陈、交流工作，起到了积极的推动作用。

第三，宣传民革各方面代表性人物，树立民革良好的社会形象。对民革履行职能、发挥作用的丰富实践活动、民革先进人物及典型开展了多层次、多角度的宣传报道，进一步树立了民革良好的参政党形象。尤其在深度报道、专项宣传和宣传活动方面取得良好进展。2004 年至 2005 年，民革中央在中央级媒体《人物》杂志上对多位代表性人物做了连续的大型报道，以他们的模范事迹激励、教育广大党员。《政治活动家何鲁丽：从政数十年出色进入角色》《中国第一个法律援助机构创办人万鄂湘》等报道在社会上引起很大反响，有些还被广泛转载。民革与《人民日报》《光明日报》《人民政协报》等报纸建立了较为密切的长期联系，充分发挥了主流媒体作用，展示了民革风采。民革地方组织换届期间，各地组织宣传部门及时对本地组织五年来的工作成就和经验作了系统的、大量的报道。这些专项宣传报道工作，对于宣传多党合作制度的优越性，增强党员对组织的凝聚力和自豪感，提升民革的社会形象，发挥了积极作用。

2009 年 5 月，民革中央网站经过一年多的试运行后正式开通，并输入数据资料 1600 多万字，建成民革信息的大型资料库。经过几年的发展，民革中央网站的内容和形式不断丰富，成为民革党员与组织联系的重要渠道和社会各界了解民革的重要窗口。2011 年，民革中央在网站上开设“辛亥革命网上博物馆”，其具有普及性、参与性、资料性的特点，成为广大网民特别是民革党员缅怀辛亥英烈、研究辛亥史实、获取辛亥史料的便捷平台。

《团结报》及时宣传报道中共中央发布的一系列指导多党合作事业发展的重要文件、全国统战工作会议等有关精神，配发指导性言论，并及时报道了民革和各民主党派学习贯彻的情况。在 2003 年抗击“非典”的关键时刻，《团结报》以《我们共同面对》为题，全面报道了各民主党派积极建言献策、为取得抗“非典”斗争的最后胜利发挥的重要作用，在特殊的时刻，从特殊的角度，收到了特殊的宣传效果，受到中宣部和全国记协的表彰。2006 年起，《团结报》每周增加了 4 个版面的“团结周刊”，并开辟了专门报道民主党派参政议政、宣传民主党派先进人物、推动党派基层工作等专栏，切实加大了对民主党派的宣传力度，更加突出了《团结报》的鲜明特色，得到了广大读者的好评。团结报社在加强内部建设、提高队伍素质、促进全面发展等方面也做了大量卓有成效的工作，取得明显进步，报社的整体工作迈上了一个新的台阶。2006 年是《团结报》创刊 50 周年，中共中央政治局常委、全国政协主席贾庆林专门发来贺信，指出《团结报》在新世纪新阶段负有的重要政治责任，要求把《团结报》办成统战类传媒的主流报刊，并提出了办好《团结报》的“四性”标准，即统战性、严肃性、真实性和可读性；全国政协副主席、中共中央统战部部长刘延东也发来贺信。2009 年 1 月，《团结报》改为部分彩印，结束了 50 多年来只有黑白版的历史。

民革十大以后，团结出版社陆续出版了社会影响较大的《中国的参政党》《毛泽东与党外朋友们》《周恩来与党外朋友们》《中山精神读本》《孙中山文集》《民革领导人传》等重点图书，《中国的参政党》作为国内第一部阐述中国共产党领导的多党合作理论与实践的图书，具有较高的学术价值和社会价值，受到社会各界的广泛好评。出版社提出了“弘扬优秀传统文化，倡导时代人文精神”的出版理念，出版了《辞书集成》《白话资治通鉴》《四库全书精要》《二十五史通鉴》《中华人物史鉴》等重点图书，在传播和传承优秀传统文化方面作出了积极贡献。2010 年，团结出版社贯彻落实中共中央关于文化事业单位转企改制政策，从事业编制、企业管理模式彻底转制为中央文化企业。同年，出版社获得了改制后第一个国家出版基金项目《辛亥著名人物传记丛书》（20 册），取得了较好的社会效益。2011 年，团结出版社根据自身的专业特点，依托人物传记图书的优质资源，创建了“人物传记音视网”，成为华文传记的第一个多媒体网络平台，为读者提供了一种全新的阅读方式。“人物传记音视网”于 2012 年 12 月 25 日正式上线，在出版界引起广泛的关注。

（三）突出组织建设重点，推进民革事业健康可持续发展

新世纪新阶段，无论是中国共产党还是各民主党派都十分重视参政党的组织建设工作。2005 年颁布的《中共中央关于进一步加强中国共产党领导的多党合作和政治协商制度建设的意见》，对民主党派加强组织建设进行了具体的工作部署和指导。各民主党派也在中共中央的帮助和支持下，在 2004 年和 2007 年经协商一致先后形成了关于进一步做好民主党派组织发展工作座谈会纪要和各民主党派中央关于加强地方组织领导班子建设座谈会纪要。民革各级组织全面贯彻文件精神，高度重视组织建设，组织建设各项工作都取得了突出进展。

2002 年换届之后，民革中央领导班子认真研究新时期的自身建设问题，确定了“思想建设常抓不懈，组织建设突出重点”的工作思路，组织建设要每年抓一个专题，突出重点，分步实施，最终达到整体推进的目的。从 2003 年开始，全党先后重点抓了领导班子建设、基层组织建设、后备干部队伍建设和制度建设，由此推动了自身建设的全面发展。

2009 年 11 月，民革中央在湖南召开民革全国组织工作会议。周铁农在开幕讲话中指出，组织建设是民革自身建设的重要基础。组织工作就是要按照《民革章程》的要求，组织好民革党员的队伍，组织好党员骨干队伍。有了基本符合民革要求的党员队伍，才能有效开展加强自身建设的各项工作。只有选拔、培养、使用好民革的骨干力量，才能保证民革全党的凝聚力、战斗力和组织正常运转，从而更好地发挥参政党作用。厉无畏在闭幕会议上，对大力加强领导班子建设、干部队伍建设、党内监督机制等工作发表了讲话。何丕洁在民革组织建设情况报告中对会议之后一个时期民革组织建设工作提出具体要求。民革各级组织贯彻落实会议精神，认真做好各项工作，领导班子建设得到进一步巩固，组织发展和基层组织建设平稳有序进行，党员结构不断改善，干部队伍建设扎实推进，基层组织活力和凝聚力持续增强，民革的组织建设取得了显著成绩。

1. 以政治交接为主线，全面加强领导班子建设

民革各级组织始终把加强领导班子建设放在突出位置，在搞好政治交接的基础上，进一步明确职责、规范程序、加强团结、狠抓作风，提高了领导班子的领导能力和水平，巩固和发展了政治交接成果。

2003年，民革十届三次中常会专题研究领导班子建设问题，何鲁丽作了题为《深入学习，统一思想，搞好民革各级领导班子建设》的讲话，强调了民革加强各级领导班子建设的重要性和紧迫性。其在讲话中提出，民革领导班子建设的目标：具有深厚的政治理论素养和敏锐的政治鉴别力，具有较强的组织、领导、指挥、协调的能力和把握大局的能力，具备与时俱进、不断创新的品质，具备较强的开展思想政治工作的能力，具有较强的合作共事能力。为实现这一目标，领导班子建设的原则有：高举邓小平理论伟大旗帜，按照学习、实践“三个代表”重要思想的要求来进行领导班子建设；严格按照《民革章程》规定的组织原则和领导干部的条件进行领导班子建设；加强领导班子建设要遵循理论联系实际的原则，把思想政治教育和履行参政党职能的实践结合起来。讲话还对加强领导班子建设提出了具体要求。按照会议精神，各级组织在抓领导班子建设方面做了大量工作，取得了良好效果，绝大多数班子团结有力，树立了良好的思想和工作作风，赢得了广大党员的信任，有力地推进了其他各项工作的开展。

2007年，八个民主党派在各自地方组织即将完成换届的背景下，就新形势下落实政治交接的各项要求，多次进行座谈、协商，形成了《各民主党派中央关于加强地方组织领导班子建设座谈会纪要》。纪要提出了搞好政治交接、贯彻民主集中制、提高领导水平、建立干部选拔任用机制和合理的进退机制等四个方面的要求，是指导这段时期民革地方组织领导班子建设的重要文件。各级组织认真学习贯彻纪要精神，用政治交接统领领导班子建设的各项工作，切实增强各级领导干部的政治把握能力、参政议政能力、组织领导能力和合作共事能力，不断提高领导班子履行参政党职能、服务科学发展的水平，使各级组织领导班子的战斗力、凝聚力、向

心力明显增强。

民革中央对提高地方组织领导班子的综合素质非常重视。2007 年各级组织完成换届以后，一批年富力强的同志走上了领导岗位，这些同志总体上综合素质好、代表性强、知识层次高，为新世纪新阶段民革工作和多党合作事业的发展提供了新生力量，奠定了良好的基础。同时，随着时代的发展，民革党员的整体结构发生了深刻的变化，换届以后，无论是年龄结构、文化结构，还是经历阅历都有明显不同。为了切实搞好政治交接，2007 年 7 月，民革中央配合中共中央统战部举办了民主党派省级组织新任主委培训班；2008 年又接连举办了新任中央委员培训班，省级组织专职、兼职副主委培训班及省级、副省级市驻会副主委工作研讨班。通过学习研讨，明确了领导班子成员的职责，从建设学习型集体、加强制度建设、狠抓作风建设、建立干部选拔任用和合理的进退机制等方面，对加强领导班子建设提出了明确的要求。

2. 稳步推进党员发展，为履行参政党职能提供人才保证

2004 年，各民主党派中央在充分调研协商基础上，进一步明确了组织发展中应着重把握坚持“三个为主”、注重质量、保持特色、组织发展与后备干部队伍建设相结合的原则。该原则强调新形势下需要把握的若干政策，就组织发展提出了加强考察、建立发展成员的培养教育制度、建立新成员的教育培训制度等要求，是指导民革做好组织发展工作的重要遵循。

2003 年，民革中央在民革中央第八届、第九届的工作基础上，根据民革十大审议通过的《民革章程（修正案）》，重新修改并下发了《发展党员审批办法》，进一步细化了申请手续及审批办法的程序，并对民革党员的主要档案《入党申请表》的填写提出了具体的规范性要求。在此基础上，各省级组织对组织发展程序又进行了细化。经过多年的努力，严把入口关和规范组织发展程序已形成共识，并落到了实处。

进入 21 世纪以来，民革党员发展工作也面临着新的情况和挑战，党员发展的社会基础发生了变化，原有重点分工领域的对象群体自然萎缩。为了适应新发展和新变化，进一步加强组织建设，在各民主党派中央协商

一致基础上，将社会和法制专业人士中的代表性人士作为民革重点分工领域，拓宽了民革党员发展工作的领域和范围。2009年7月，民革中央制定并下发了《民革中央关于进一步做好组织发展工作若干问题的意见》。经过几年的努力，社会与法制专业人士作为民革特色党员得到了一定程度的侧重发展，在参政议政和社会服务工作中发挥了积极的作用。

随着社会发展的进程，新的社会阶层人士不断扩充，其中有意加入民革的人士也日益增多。各地遵循组织发展基本方针，从严、少量、择优发展其中政治素质好、层次高的代表性人士，并严格考察程序。加入民革组织中的一部分新的社会阶层人士，通过组织的教育培养和个人的努力，为民革事业和国家经济社会发展作出了积极贡献。

在民革各级组织的共同努力下，党员发展工作健康稳步推进，逐渐形成了祖统、“三农”、社会和法制等三大领域的人才智力优势，为履行职能打下了良好的组织基础。2011年年底，民革党员总数突破10万。到2012年年底，民革党员总数为104842人。其中，具有大学以上学历的党员有57883人，占55.2%；具有中级职称的党员有40161人，占38.3%；具有高级职称的党员有24238人，占23.1%。

3. 加强干部队伍建设，壮大民革骨干力量

2009年的民革全国组织工作会议上，周铁农强调，民革干部队伍建设作为国家干部队伍建设的有机组成部分，要坚持中国共产党“党管干部”的原则，把干部队伍建设纳入国家各级、各类干部管理的整体工作中去。民革各级组织按照“党管干部”原则，紧紧依靠中共党委和统战部门，建立健全干部选拔、培养、锻炼和使用机制，采取一系列行之有效的工作方法，一大批优秀人士脱颖而出。

民革各级组织认真做好后备干部和实职干部的培养、锻炼，有意识地安排他们参与本级民革组织的参政议政工作，提高参政议政能力，以确保有人可荐，荐而能用。加强与中共党委、统战部的联系，积极开拓干部推荐途径，多渠道多层次推荐优秀干部到各级政府和司法部门担任领导实职。

2005年，民革十届十二次中常会审议通过了《民革中央关于加强后

备干部队伍建设的意见》（以下简称《意见》），确立了后备干部队伍建设的指导思想是“要以邓小平理论和‘三个代表’重要思想以及《中共中央关于进一步加强中国共产党领导的多党合作和政治协商制度建设的意见》为指导，按照《民革章程》有关坚持德才兼备的原则，选拔培养政治素质好、有代表性、年龄结构和知识结构合理、数量充足、能够体现民革特色的后备干部，为进一步提高干部队伍的素质和更好地履行参政党职能提供组织保证”。《意见》对加强后备干部队伍建设的工作提出了“四个结合”，即政治标准与代表性相结合，后备干部队伍建设与组织发展相结合，选拔与培养、锻炼、使用相结合，与中共党委和政府的后备干部工作相结合。《意见》还对后备干部的选拔标准以及建立和健全后备干部的选拔、培养、使用、管理的工作机制作出了明确规定。2008 年 10 月，民革中央制定了《关于加强省级组织领导班子后备干部队伍建设的意见》，明确了后备干部队伍建设工作的指导思想、工作原则和工作程序，推进了民革各级组织后备干部队伍建设的制度化、规范化和程序化。

各省级组织按照民革中央的部署和要求，将后备干部队伍建设摆在突出位置，并列入重要议事日程，使这项工作取得了新的进展。各地在发展环节就注意吸收政治素质好、层次高、代表性强、有发展潜力的人士，着力做好培养和教育工作，并将其源源不断输送到后备干部队伍中来。各级组织在后备干部队伍建设中拓展培养方式、拓宽锻炼渠道，努力做好铺路搭台工作。通过各级组织举荐，一批政治素质好、代表性强、业务能力突出的民革党员，或是担任人大代表、政协委员，或是到各级政府部门、司法机构担任领导职务，或是被聘为各类特邀（约）人员。

2010 年 3 月，在纪念“三八”国际劳动妇女节 100 周年之际，民革中央在北京召开民革全国优秀女党员表彰会，167 名同志获得“民革全国优秀女党员”荣誉称号。这是民革中央第一次在全国范围内对女党员进行表彰。

2002 年省级组织和中央换届后，民革中央连续三年与中央社会主义学院合办了民革省级组织领导干部培训班和民革中青年干部理论培训班，共培训了 176 名省级、省辖市级领导干部及其他后备人才。2010 年年初，民革中央制定下发了《2010—2013 年民革全国党员、干部教育培训工作规划》，对民革党员、干部的教育培训工作作了统一安排，并将新党员培训、基层组织负责人培训、地方组织领导班子成员培训和中青年骨干党员培训作为民革党员、干部培训工作的四项重点工程。2009 年至 2012 年，民革中央以中央社会主义学院为依托，以民革新任中央委员、民革省委会委员、市委会主委、优秀后备干部中的中青年骨干党员为主要培训对象，举办了 5 期培训，培训学员 300 余人次。各级组织积极研究培训内容，探索新的培训方式，为加强干部队伍建设打下了良好的基础。

4. 加强地方组织和基层组织建设，增强组织效能

民革全党坚持以科学规划、合理布局、协调有序、平稳健康的原则做好省辖市级组织的新建工作。2002 年年底，民革全国共有 228 个市级委员会；至 2012 年年底，民革全国共有 270 个市级委员会。2007 年省级组织换届后，30 个省级组织产生 29 位主委和临时负责人一名。29 位主委的平均年龄为 54.9 岁，其中女同志有 4 人，具有研究生以上学历的有 17 人，具有高级职称的有 23 人。160 位副主委平均年龄为 50.4 岁，其中女同志有 37 人，具有中高级职称的有 138 人，具有大学以上学历的有 155 人。

在九届中央工作的基础上，民革十大工作报告提出，要高度重视基层组织建设，发挥基层组织在发展、培养、教育、团结党员，完成党的任务方面的重要作用。2004 年，民革中央和各级组织在巩固领导班子建设成果的基础上，重点抓了基层组织建设。民革中央组成若干调研组分别对九个省级组织的基层组织建设情况进行了调研。在此基础上，民革十届七次中常会专题研究了民革基层组织建设，对加强基层组织建设作出了总体部署，明确了民革基层组织建设要坚持以“三个代表”重要思想为统领、坚持进步性与广泛性相统一、坚持《民革章程》规定的组织原则和对基层组织的职能规定、坚持依靠中共党委及其统战部门，积极取得他们的指导和支持的原则；提出民革基层组织建设要以思想建设为主导、以组织发展为基础、以制度建设为保证、以开展特色活动为工作载体、充分发挥支部主委在支部工作中的核心作用的基本任务。各地方组织按照民革中央的

部署和要求，开展了丰富多彩的“基层组织建设年”活动，如山东省委会开展的“一人一案”活动，吉林省委会开展的“标准化支部”创建活动。基层组织建设，大大增强了基层组织的凝聚力和活力。

2010 年，民革中央召开全国先进基层组织、基层工作先进个人表彰大会，集中表彰了 162 个先进基层组织和 286 位基层工作先进个人，号召全党各级组织和广大党员，要积极开展向先进组织和个人的学习活动，树立创先争优的良好工作氛围，推动基层组织建设迈上新的台阶。

5. 建立健全内部监督制度，监督机制建设初见成效

2008 年年底，民革十一届二中全会通过了《中国国民党革命委员会内部监督暂行条例》，成立了民革中央监督委员会，并设立监督委员会办公室，与组织部合署办公，标志着民革内部监督机制正式建立。各省级组织也着手本省内部监督机制建设。2009 年 2 月，云南成立监督委员会，是民革 30 个省级组织中第一个成立的省级内部监督机构。截至 2012 年年底，已有 14 个省级组织成立了监督委员会，制定了内部监督条例。

2009 年，民革十一届七次中常会专题研究内部监督工作，周铁农在会上作了重要讲话，全面阐明了健全和完善参政党党内监督机制的重要意义，明确了民革内部监督工作在今后一段时期应注意和处理好四个方面的内容：对组织监督与对领导班子成员及党员个人监督相结合，以对组织监督为主；整体监督与个案监督相结合，以整体监督为主；预防性监督与查处性监督相结合，以预防性监督为主；自下而上的监督与自上而下的监督相结合，以自下而上的监督为主。周铁农还对坚持民主集中制、加强领导班子作风建设和推进党内监督工作提出了要求。

2011 年 9 月召开的民革内部监督工作研讨会上，厉无畏再次强调了党内监督工作的重要意义和工作重点，并围绕建立预防机制，通过谈心会、民主生活会等方式增强领导班子团结，促进党内民主、和谐；加强宣传，营造良好的监督环境；有效发挥内部监督机制作用等问题提出了明确的要求。

中央监督委员会、各省级组织和省级监督委员会认真落实中央精神，

在内部监督工作方面不断探索，推动各级组织领导班子模范执行党章，贯彻民主集中制，开好民主生活会，加强议事决策的规范化、程序化、科学化，在更好地规范民革各级组织、各级干部和广大党员的行为，促进党内民主与团结，提高民革各级组织的活力与向心力，加强组织建设、干部队伍建设和作风建设等方面起到积极重要的作用。

在2011年至2012年民革地市、省、中央三级组织换届中，内部监督工作起到了协助和督促各级委员会贯彻落实换届文件精神、按照文件要求严格工作程序的作用。2011年4月，中央监督委员会建议以民革中央名义向各省级组织下发《关于做好民革地市级组织换届工作的通知》。在2012年省级组织和中央领导机构换届过程中，监督委员会认真履行职责，协助和督促本级委员会贯彻落实换届工作文件规定的各项要求和政策，严格工作程序，为做好换届各项工作发挥了应有的作用。

（四）把制度、机制建设作为保障工程不断完善

民革十大以来，在科学发展观和一系列重要文件精神的指导下，为适应新世纪新阶段多党合作事业发展的需要，从中央到地方民革各级组织都更为重视制度对于加强自身建设和推进各项工作的重要作用，更加自觉地把制度建设作为一项重要的基础性工作来抓，大力加强制度建设，完善制度，建立机制，推进民革各项工作制度化、程序化。

民革十大工作报告，把加强制度建设，完善工作机制，作为坚持不懈抓参政党建设、进一步提高自身素质的一项重要任务；十大修改通过的《民革章程》将制度建设与思想建设、组织建设列为三大自身建设任务。中央部署的各项重要工作，特别是自身建设的工作，都强调要把制度建设作为基础性、保障性的任务来贯穿始终。

民革中央还将每年四次中常会中的一次，用于专题研究民革的自身建设问题，专题研究了思想政治工作、领导班子建设、基层组织建设和后备干部队伍建设等自身建设重要课题，在这些问题的应对措施中，特别重视发挥制度建设和工作机制的重要作用。例如，民革十届十二次中常会专题

研究后备干部队伍建设，并于2005年10月15日出台《关于加强后备干部队伍建设的意见》，强调要建立和健全后备干部的选拔、培养、使用、管理的工作机制，进一步推进这项工作的制度化、规范化和程序化，在后备干部队伍建设工作中，要不断完善各项制度，努力创造使优秀人才脱颖而出的条件。要按计划定期检查落实情况，及时总结经验，不断改进工作，使这项工作逐步走向制度化、规范化和程序化。

为适应中国共产党领导的多党合作和政治协商的制度化、规范化、程序化的要求，在多年制度建设实践的基础上，2006年6月13日，民革十届十六次中常会专题研究关于进一步推进民革制度建设的有关问题，审议通过《民革中央关于进一步加强制度建设的意见》（以下简称《意见》）。

《意见》指出，民革作为参政党，必须加强制度建设，为坚持走中国特色政治发展道路、推进社会主义民主政治建设发挥积极作用。只有完善的制度和体制机制，才能促进和保障参政党提高自身素质和参政议政能力，才能为全面建设小康社会、构建社会主义和谐社会的伟大事业作出应有的贡献。

《意见》确定了加强制度建设的基本原则：一是坚持中国共产党的领导；二是坚持以《民革章程》为依据；三是坚持从参政党的性质、特点和具体条件出发；四是坚持以人为本；五是坚持制度的可操作性。

《意见》强调，民革制度建设的主要内容包括：一是领导、决策制度。主要包括代表大会制度，委员会、常委会会议制度，主席、主委会议议事规则，领导班子成员述职和考核制度，以及政治交接方面的制度等。二是组织和组织发展制度。组织制度是指组织内部层级划分以及各层级组织之间关系的规则的总和，组织发展制度是指有关发展党员的对象、条件、入党程序、培训、组织关系的管理和转移等一系列规定和规则。三是日常党务运行制度。日常党务运行制度是指参政党组织在各级领导机构的领导下，履行职能、发挥作用、保证日常党务工作有序运作的各类制度和机制。其中有思想政治工作机制，包括学习制度和培训制度等；参政议政工作机制，包括参政议政选题机制、调研工作机制、参政议政工作保障机制和激励机制等；重大事项请示报告制度；基层组织活动制度；机关工作管理制度，等等。要积极探索与中共党委合作共事的工作机制和工作模式。四是干部选拔、推荐、任用和管理制度。要用制度保证民革各级干部的选拔、推荐、任用和管理公开、公平、公正，要按照国家和各地政权机关关于选举的法律法规和《民革章程》的规定，制定和完善民革的选举程序和办法，以增强广大党员对组织的向心力和投身于社会主义民主政治建设的热情。推荐民革党员为人大代表候选人，出任政协委员、政府和司法机关实职干部、特约人员等，要逐步形成制度。要不断完善后备干部队伍建设机制，加强干部管理制度的建立和实施，规范干部的培养、使用、考核和监督。

《意见》下发以后，民革各级组织按照《意见》要求，坚持从参政党的性质、特点和具体条件出发，坚持以人为本，体现制度的服务和管理功能，坚持制度的可操作性，加强程序化建设等原则，进一步推进了各级组织的领导决策制度、组织和组织发展制度、日常党务运行制度、内部监督机制等多项制度、机制，把民革的自身建设，特别是制度建设推进到一个新的水平。这一时期，各级组织积极探索创新和实践，抓住参政党工作中最为急需、最易见成效的方面和环节建章立制，在建立和健全领导班子成员述职和考核制度，基层组织标准化检查、评比、验收，以异地挂职锻炼的方式培养后备干部队伍，参政议政工作机制等方面取得不错的成效。

民革不断健全和完善组织发展的各项制度，逐渐形成一套比较完备的组织发展建设工作程序和体系，内部监督机制从初步确立到逐渐成熟。

民革中央于 2008 年制定了《关于加强省级组织领导班子后备干部队伍建设的意见》（以下简称《意见》），明确了后备干部队伍建设工作的指导思想、工作原则和工作程序。各省级组织通过践行《意见》，进一步推动了后备干部队伍建设的制度化、规范化、程序化。

2008 年年底，民革十一届二中全会决定把“加强党内监督，健全和完善党内监督机制”作为民革各级组织一段时期的重要工作，会议通过了《民革内部监督暂行条例》，并成立了中央监督委员会。积极推动省级组织在条件成熟时组建省级监督委员会，推动省级委员会领导班子建立了民主生活会、谈心会制度。

2009 年经各民主党派充分协商后，民革中央制定出台《关于进一步做好组织发展工作若干问题的意见》，确定民革在坚持原有重点分工的基础上，新增加社会和法制为民革界别特色，重点发展社会和法制专业的代表性人士。

进一步明确了制度建设在民主党派机关工作中的重要性，对中央机关工作的各项规章制度进行了修订和完善，并于 2004 年 7 月汇编成册。

民革中央提出了建设学习型、服务型、和谐型、节约型和创新型“五型”机关的总体构想，每年确定一项主题，着力推进机关建设。一方面，采取召开民革全国机关建设研讨会的形式，每年围绕一个机关建设主题，以会代培、以会代训，通过深入研讨，互相交流借鉴，共同进步；另一方面，在会前对各级组织机关开展调研，各级组织及时对自身工作进行总结，从而推动每个主题的机关建设工作。在各级组织推进“五型”机关建设中，注重健全和完善各项机关制度，按照《民革中央关于进一步加强制度建设的意见》要求，坚持把制度化、规范化、程序化作为制度建设的出发点和落脚点，制定和完善了一系列机关工作规章制度，逐步形成按制度办事、靠制度管理的工作理念。通过努力，民革各级机关呈现出团结和谐、积极向上的良好工作氛围，各方面力量心往一处想、劲往一处使，为民革各级组织履行职能和自身建设，提供了良好的服务和坚强的保障。

为使民革的事业后继有人，为把老一代领导同志坚持走中国特色政治发展道路的传统、信心和决心传承下去，保证中国共产党领导的多党合作和政治协商制度得到更好的坚持和完善，民革中央开展了政治交接教育活动，并于 2009 年 5 月 11 日制定出台了《民革中央关于建立思想政治交接长效机制的实施意见》。通过建立健全理论研究与创新机制、日常思想政治教育机制、思想政治动态预警与处理机制等，建立起一套体现政治交接客观规律，科学规范、协调有序、持续有效的思想政治交接长效机制。

理论建设既是自身建设的重要组成部分，在自身建设中占有不可或缺的地位，又对自身建设的各项工作、各个方面，发挥着推进器和动力源的重要作用。2011 年 5 月，民革十一届十五次中常会专题研究了民革理论建设问题，2012 年年初，民革中央出台《关于加强理论建设的意见》，通过完善理论学习制度，建立健全理论研究机制等，把民革进一步建设成为理论上清醒、政治上坚定、参政议政上具有较强能力的参政党。

重视发挥制度建设在民革其他重点工作中的作用。民革十一届三中全会提出在民革全党开展树立和践行社会主义核心价值体系的运动，指出要加强制度建设，努力形成学习践行社会主义核心价值体系的长效机制。我们要将制度建设与学习践行社会主义核心价值体系紧密结合起来，使社会主义核心价值观念体现和凝聚在民革工作制度规范之中，转化为推动民革事业发展的有效机制，以制度化、规范化、程序化保障民革思想建设的经常化、长效化。

2012 年 9 月，民革中央召开民革自身建设理论与实践回顾展望学术研讨会，会议指出，自中发〔1989〕14 号文件发布以来，特别是中发〔2005〕5 号文件发布以来，民革全党基本上建立了覆盖参政党工作各个方面，能够支持和保障参政党履行基本职能、推动自身建设、开展日常党务工作的一系列制度、机制和工作程序，形成了以《民革章程》为核心和依据，包括领导决策和工作制度，组织和组织发展制度，日常党务运作机制，干部培训、选拔、推荐机制制度等在内的完整统一的系统。

三、着力提升参政议政能力

2009 年 12 月，民革十一届三中全会提出，认真学习、借鉴执政党的党建工作经验，结合民革自身优势和特点，大力加强民革的参政能力建设，不断提高参政能力和水平。2010 年 5 月，民革十一届十一次中常会以如何加强参政能力建设为主题，专门研究和探讨加强民革参政能力建设的问题，认为参政能力建设包含思想建设、组织建设、制度建设以及作风建设、机关建设等参政党自身建设的各个方面，具体体现于参政议政、民主监督的工作中。2010 年 12 月，民革十一届四中全会正式通过《关于加强参政能力建设的意见》，进一步强调了加强参政能力建设的重要意义，明确了加强参政能力建设的基本内容，提出了加强参政能力建设的主要途径与方法，为民革全党大力加强参政能力建设提供了必要的理论依据和方法指导。之后几年，民革全党坚持以邓小平理论和“三个代表”重要思想为指导，深入贯彻落实科学发展观，以高度的政治责任感和使命感，大力加强参政能力建设，不仅使各级组织的参政能力和水平有了较大提高，各级领导干部的政治把握能力、参政议政能力、组织领导能力、合作共事能力也得到明显增强，从而为民革全面履行好参政党职能奠定了坚实的基础。

（一）确立参政议政重点领域

民革全党按照科学发展观的要求，把履行参政党职能的重点放在促进经济社会协调发展上，放在促进人的全面发展上，着眼于全局性、战略性、前瞻性问题的思考，注重选择中共中央和各级党委、政府高度重视、经济社会发展中的重大问题和人民群众反映突出的问题，深入调查研究，分析论证，积极建言献策，逐渐确立了参政议政的一些重点领域，为实现经济持续协调健康快速发展和社会全面进步作出了应有贡献。

促进祖国和平统一，是民革参政议政工作的传统重点领域。做好涉台参政议政工作，一直是民革履行参政党职能的重要内容，在此不详细展开。

将“三农”列为参政议政的又一重点领域。民革一直把关注和解决“三农”问题作为参政议政的重要课题，特别是进入 21 世纪以后，民革中央每年都将“三农”问题作为调研的重点，先后就中西部粮食主产区农业产业化经营、农村卫生和新型合作医疗制度建设、统筹城乡发展、化解乡村债务、农民专业合作经济组织发展、农村产业结构调整和劳动力转移、社会主义新农村建设及农村综合改革等课题进行了调研。在调研基础上形成的建议被及时报送中共中央、国务院，受到中共中央领导高度重视，有的建议还得到了中共中央领导同志的批示。

★ 2004 年 6 月，何鲁丽（左二）、周铁农（左四）率民革中央调研组一行到浙江，就农民专业合作问题进行调研，提出了《关于促进农民专业合作经济组织发展的建议》。

2006 年 3 月，周铁农率民革中央调研组在赴河南开展新农村建设调研的基础上，将当前新农村建设中需要重视和着力解决的几个问题报送中共中央、国务院。中共中央领导同志对报告作出重要批示。5 月，何鲁丽率民革中央调研组赴湖南开展新农村建设和农村综合改革的调研，之后向中共中央、国务院送交了关于农村综合改革的调研报告，该报告再次得到中央领导的批示。

2006 年 6 月，民革中央与中华爱国工程联合会、河北农业大学、中国农民大学在河北涿州联合举办了“推进社会主义新农村建设研讨会”。与会代表围绕新农村建设中发展农村经济、全面实施人才强国战略、农村经济社会发展的支持保障体制、科教兴农战略等重大课题，进行了广泛而深入的研讨。这次研讨会，对推动民革中央就“三农”问题深入开展参政议政工作起到了促进作用。2007 年 5 月，何鲁丽、周铁农率民革中央调研组赴广东省就发展县域经济问题进行调研。之后，民革中央向中共中央、国务院报送了关于加快我国县域经济发展的建议，得到国务院领导的批示和肯定。

2009年，民革中央针对大力推广基层农技体系改革与建设、进一步扶持粮食主产区确保我国粮食安全、尽快在我国西南喀斯特岩溶山区继续实施退耕还林试点工作、健全农村土地承包经营权流转制度等问题报送的建议，均得到中共中央领导同志的重要批示。2010年，民革中央《关于促进农村生源高校毕业生就业的建议》被评为全国政协十一届三次会议重点提案。

2011年，民革中央调研组先后赴河北、陕西、青海、甘肃等地，就"大力发展农村现代服务业""推进农村学前教育"等问题开展调研考察，之后向中共中央、国务院提出了相关政策建议，均得到中共中央领导同志的重要批示。

★ 2008年5月，周铁农（前排右二）、厉无畏（前排右三）带队在安徽调研农村基本公共服务问题。

社会和法制成为参政议政新兴重点领域。2002年民革十大以后，民革中央根据国家社会、法制建设需要，以及民革党员中法律专门人才较多的特点，在"三农"和"祖统"两个参政议政工作重点之外，又把"社会和法制"建设确定为民革参政议政工作的第三个重点领域，以充分发挥民革的优势，更好地为经济社会发展服务。

2003 年，民革中央领导就《中华人民共和国宪法》中有关统一战线内容方面的表述提出修改意见和建议，得到了采纳。同年，民革还组织专家学者召开了“社会主义政治文明与宪政建设”研讨会。

2005 年 4 月，民革中央在北京召开了司法体制改革研讨会，与会代表围绕如何加强与改进党对司法工作的领导、参政党在司法体制改革进程中的作用、司法工作规律与司法体制改革、公民权与司法权的关系等问题进行了深入研讨。同年 11 月，民革中央和全国政协社会法制委员会、最高人民法院组成联合调研组，在周铁农带领下赴贵州、广西开展关于法官队伍建设问题的调研考察。之后，民革中央向中共中央、国务院报送了关于加强法官队伍建设和法院经费保障工作的建议，该建议得到中共中央、国务院的高度重视。2006 年年初，国务院办公会议决定，由中央财政拨款 27 亿元作为专项资金用于加强基层法院、法庭的建设。2007 年 5 月，周铁农再次率全国政协、民革中央、最高人民法院联合调研组赴厦门、武汉、大连等地就海事法院和地方法院管理体制问题开展调研，并及时起草了调研报告，对完善我国地方法院管理体制提出了建议。

2010 年，民革中央向全国政协十一届三次会议提交的《如何破解公车改革之困局》《加快制定〈住房保障法〉，完善住房保障制度》等十几个社会和法制方面的提案，在得到有关部门重视的同时，还引起了社会各界的广泛关注与讨论，其中关于公车改革、调整国民收入分配结构、构建和谐楼市等提案被评为全国政协重点提案，《加快制定〈住房保障法〉，完善住房保障制度》被评为十大最具价值缓解房价建议之一。

2011 年，民革中央与全国政协社会和法制委员会、最高人民法院组成联合调研组，先后赴天津、陕西、四川等地，就《民事诉讼法》修改问题开展专题调研，并向中共中央、国务院提交了调研报告，所提的八条修改建议中有七条被全国人大法工委采纳。

（二）在重大事件中发挥参政党作用

为应对国际金融危机建言献策。2008 年，由美国次贷危机引起的世界经济及金融危机迅速发展，给我国经济带来严重冲击，使我国经济社会发展面临近几年来最为复杂严峻的环境。针对这一情况，民革中央积极组织专家学者及有关人员，就如何应对世界经济及金融危机进行相关的研究。7 月，在中共中央召开的党外人士座谈会上，民革中央提出了实行从紧适度的货币政策和减轻税负、让利于民等建议，为中共中央、国务院所采纳，相关建议体现在扩大内需促进经济增长的十项措施中。

为成功举办北京奥运会献计出力。2001 年北京市申奥成功，民革各级组织和广大党员干部以无比欢欣的心情，响应民革中央号召，开展内容多样、形式活泼的系列活动，宣传奥运、推广奥运、助力奥运、服务奥运，以各种方式积极投入到办好奥运会的各项工作中。

2008 年年初，民革中央在工作安排部署中，再次明确提出要把关心奥运、支持奥运、参与奥运作为一项重要工作，为努力营造团结和谐的社会环境、为北京奥运会的成功举办贡献智慧和力量。民革中央领导同志多次调研、考察奥运场馆的建设情况，以各种形式为办好奥运会积极建言献策。一些民革党员参加了奥运会的筹办工作，还有许多民革党员参加了奥运场馆建设、志愿者服务和火炬传递等活动。民革武汉市委会组织了 600 名大学生、400 辆电动车赴北京为奥运会、残奥会服务了近 3 个月。

为保证奥运会的圆满举行，民革各级组织和广大党员充分发挥人才荟萃、智力密集的优势，把办好奥运会作为参政议政的重要内容，努力为办好奥运会建诤言、献良策，提出了许多积极、中肯的意见和建议。民革北京市委会就"人文奥运、科技奥运、绿色奥运"，进行了大量调研，提出了很多意见和建议，得到中共北京市委、市政府的重视及采纳。

民革各级组织还充分发挥社会联系广泛的优势，动员党员和所联系人士，以举办奥运会为契机，积极组织各种交流活动，向台湾及海外亲朋好友宣传和介绍新北京、新奥运，让更多的台湾及海外同胞感受北京、感受奥运，赢得了台湾同胞及海外朋友的广泛认同和赞扬。

为抗击重大自然灾害贡献力量。2008 年 5 月 12 日，四川汶川发生了震惊世界的特大地震。面对大灾大难的严峻考验，民革全党积极投身到抗震救灾中，表现出与中国共产党风雨同舟、患难与共的坚定信念、挚友情怀。地震发生后，民革中央在第一时间向四川省委会致电慰问，并动员全党各级组织和广大党员紧急行动起来，以各种形式向灾区伸援手、献爱心、送温暖，为抗震救灾作贡献。民革各级组织和广大党员积极响应号召，迅速行动起来，围绕抗震救灾开展一系列募捐、义卖及海外交流活动。据统计，民革中央和各级地方组织、广大党员及所联系的海内外人士向灾区捐款捐物，累计逾 1.3 亿元人民币。

随着救灾工作逐渐由救灾向灾后重建转移，民革十一届第三次中常会通过了《民革中央关于进一步做好抗震救灾工作的决定》，要求举民革全党之力，整合全党资源，有计划地做好帮助灾区重建的工作。民革四川省委会积极响应号召，围绕抗震救灾、重建家园这一中心工作，组织民革党员中的专家学者开展调研，先后报送了各种形式的意见、建议 50 余件，其中关于重新调整汶川灾区生产力布局和经济结构的建议得到了中共中央领导的亲笔批示。

2010 年，我国相继发生西南地区特大旱灾、青海玉树强烈地震、甘肃舟曲特大山洪泥石流等严重自然灾害。民革中央第一时间号召各级组织和广大党员积极投入抢险救灾工作，并广泛动员民革中央机关和中央画院的书画家开展捐款、捐书画作品、举办公益笔会活动。民革各级组织也积极响应号召，纷纷通过各种渠道、各种形式往灾区捐款捐物，表达了民革广大党员对灾区人民的支持和关爱。

为上海世博会添砖加瓦。“办一届成功、精彩、难忘的世博会”是中国向世界的庄严承诺。为成功举办 2010 年上海世博会，民革中央先后以高层协商会、报告、提案等形式，向中共中央、国务院及有关部门建言。同时，动员民革全党、特别是上海的民革组织和广大党员，积极投入到为上海世博会作贡献的活动中，为上海世博会的成功举行作出了贡献。

（三）反映社情民意信息工作成为新亮点

民革中央决定自 2001 年 10 月开始，归口由调研部承担反映社情民意工作，以改变过去力量不集中的状况。2002 年 12 月，民革中央在西安召开民革全国反映社情民意工作暨参政议政成果汇报会，对切实做好反映社情民意信息工作作出全面部署。

西安会议后，民革各级组织反映社情民意信息的意识普遍增强，把反映社情民意信息工作作为民革履行参政党职责的一项基础性和经常性工作，抓紧抓好。明确了反映社情民意信息工作的基本原则、重点内容、报送程序，并制定政策，采取措施，加大了反映社情民意信息工作的力度，社情民意信息报送非常踊跃。各级组织在反映社情民意信息工作方面基本做到了有分管领导，有专职干部；有规章制度和程序；有信息员队伍，建立和形成信息网络和不断完善工作机制，畅通了上情下达、下情上达的渠道，工作力度不断加强，社情民意信息报送量不断增加、质量逐步提高，工作取得了明显成效。有些省市组织明确要求每位民革党员每年至少反映一条信息，并形成制度。有的定期召开反映社情民意信息工作会议，研究部署工作。有的组织专门制定了反映社情民意信息工作的奖励办法，每年年底，对在反映社情民意信息工作中作出成绩的组织和个人进行表彰和奖励，调动了广大党员和机关工作人员的积极性，为反映社情民意信息工作的开展营造了良好环境。

为切实做好反映社情民意信息工作，民革中央调研部于 2003 年专门成立了综合处，调整充实了人员力量，具体负责协调民革全党的反映社情民意信息工作。2004 年，中央举办了民革全国参政议政暨反映社情民意信息工作骨干培训班，邀请中共中央统战部和全国政协信息局的同志到会进行业务辅导，收到很好的效果。2003 年至 2007 年 8 月，民革中央将各地方组织反映的社情民意信息经过归纳和提炼，向全国政协信息局报送了 1700 余件，其中许多信息得到采纳和落实，比如，关于推动我国公众参与生态环境保护，尽快解决乡村债务问题，加快新疆引额供水工程建设，重视国际河流开发利用工作、我国国民收入分配中存在的问题及对策，完善我国公司监事会制度，发展农村义务教育保障教育公平，加快税制改革步伐，重视藏族地区文物文化保护工作，适当延长青海省退耕还林还草的补助年限，尽快推出创业板有利于促进国家科技自主创新战略的实施、企业所得税“两税合一”和“增值税转型”同时实施等信息，被全国政协信息局在《政协信息》和《政协信息专报》采用。

2009年，民革各省级组织根据《民革中央关于加强和改进反映社情民意信息工作的暂行规定》，积极探索，创新工作方式，基本规范了信息的收集、编辑、审批和报送工作，加强了信息工作人员的培训力度，普遍提高了反映社情民意信息工作的质量和水平。各省级组织围绕科学发展、促进社会和谐的任务，在应对国际金融危机、支持现代农业产业化发展、扶持中小企业发展、加强海峡两岸交流合作、维护民族团结等方面，及时报送了大量的社情民意信息素材，提出了很多具有全局性、前瞻性、战略性和针对性的意见、建议，经过筛选摘编和加工充实后被全国政协采用，为帮助执政党和政府分析判断形势、进行有效决策作出了贡献。

四、拓宽社会服务工作领域

进入21世纪，民革社会服务工作按照民革十大提出的建设高素质参政党要求，着眼于使广大民革党员在深入社会、服务社会、了解国情、体察民意中接受教育，展示才华，经受锻炼和考验，进一步围绕智力支边、举办书画社、开展“三下乡”活动、利用联系广泛优势招商引资促进地方经济建设等方面深入实践，拓宽了参政党的工作领域，密切了民革和社会各界的联系，树立了民革良好的社会形象。周铁农指出，民革在广泛领域开展的社会服务工作的实践证明，社会服务工作有利于宣传中国共产党领导的多党合作和政治协商制度；有利于进一步发挥民主党派参政议政和民主监督的职能；有利于加强民主党派的自身建设；有利于促进我国的物质文明、精神文明、政治文明建设。

2004年5月，民革社会服务工作会议在江西南昌召开，研讨和明确了新世纪新阶段民革社会服务工作的思路和方法，统一思想，提高认识，鼓舞民革党员积极投身于社会服务工作。2005 年 12 月，民革全国社会服务工作经验交流暨表彰会在北京召开，何鲁丽出席会议并讲话，周铁农宣读表彰决定，朱培康作工作报告，童傅、刘民复、齐续春和来自全国 29 个省、市、自治区的 300 多位代表出席会议。会议全面总结和展示了民革全党开展社会服务工作取得的成绩，隆重表彰了在社会服务工作中作出突出成绩的 103 个先进集体和 200 个先进个人并授予奖牌。2006 年 9 月 20 日，中共中央统战部、各民主党派中央和全国工商联联合的各民主党派、工商联、无党派人士为全面建设小康社会作做贡献经验交流暨表彰大会召开，民革有 15 个先进集体、50 位先进个人受到表彰。

（一）进一步开展智力支边扶贫

按照中共中央、国务院部署，民革继续开展智力支边扶贫工作。民革中央集中资源重点帮扶定点扶贫县纳雍县。民革中央联系促成建设的纳雍电厂一期于 2003 年并网发电，二期于 2006 年并网发电。2004 年，民革中央联系并促成清华大学现代远程教育扶贫中心在纳雍县建立远程教育教学点，开辟了一条人才培养新途径。

民革发挥智力密集优势，组织各领域专家深入纳雍进行考察指导和科技推广培训。到 2004 年，民革茶叶专家指导纳雍县建立起 5 个茶叶生产龙头企业，形成 4 个有机名优茶品牌，并协助制定《纳雍县 2005—2010 年茶叶产业发展规划》。2005 年，民革蔬菜专家指导纳雍县建立了 900 亩蔬菜生产基地，并培训了一批蔬菜种植乡土人才；2006 年，指导纳雍县建立了 8 个蔬菜生产专业村，全县蔬菜产值达 6450 万元。2007 年，民革中央帮助协调国土资源部土地整理项目，投资 800 万元用于阳长镇部分农村道路、水利等设施建设；邀请北大医院医疗专家在纳雍医院对县医务人员进行业务培训；在贵阳举办全国民办教育学校校长研讨会，探索民革党员所办学校与纳雍县开展合作办学、教育扶贫等方式。2009 年，民革中央积极联系国家有关部委帮助争取杭瑞、厦蓉两条高速公路等重大项目。

为响应中央统战部提出的以“同心工程”为品牌的“智力支持、改善民生、示范带动、生态建设”四大工程的号召，民革中央将改善民生和提高农村人口素质作为重点，结合纳雍县确立的相关发展规划，于2010年启动了“同心·博爱工程——纳雍县科技生态示范林基地”建设项目，相继邀请各地农业专家赴纳雍考察指导，为当地现代农业企业机制创新和农业产业结构调整做出积极探索。2011年年初，为探索和创新帮扶工作机制，推进“省村帮扶”等工作开展，民革中央在北京召开了东中部地区民革组织帮扶纳雍工作研讨会并达成共识：由民革中央牵头会同北京、上海、天津、广东等十省市民革组织形成联动工作机制并定期开展活动。

据不完全统计，仅在2002年至2007年，民革中央就促成民革党员和所联系人士达成向毕节地区意向投资250多亿元，促成帮扶项目32个，累计开展各类培训班27期，培训人员近2000人次，累计资助贫困学生763人次，并直接投入各类帮扶物资700多万元，为毕节试验区特别是纳雍县的建设作出了贡献。

民革地方组织根据中共中央、国务院的统一部署和各地区规划要求，不断丰富和深化智力支边扶贫工作的形式和内容，开展了卓有成效的扶贫探索。民革甘肃省委会在临夏县实施“扶羊助学工程”，中华慈善总会和香港嘉道理慈善基金会分别出资6万元和104万元，马万祺先生捐助30万元港币，用以资助贫困女童饲养小尾寒羊，实现滚动扶贫与助教相结合，解决上千名女童失学和家庭脱贫问题。由于在智力支边扶贫工作中卓有成效，民革甘肃省委会在2004年被国务院授予“民族团结进步先进集体”称号。民革云南省委会在河口县建立“中山农民科技讲习所”，先后开展了“农村干部科技培训班”“妇幼卫生保健人员培训班”“农村剩余劳动力转移培训班”等10期培训班，培训学员800余人。民革广西区委会在右江起义革命老区汪甸瑶族乡沙洪村定地扶贫，为该村沙洪小学建立计算机教室，成为该县小学中当时唯一一所开展计算机教育的学校，形成教育扶贫特色。民革宁夏区委会在永宁县回族移民“吊庄”村——闽宁镇实施［中山01号］、［中山02号］科技扶贫项目，取得显著经济、社会和生态效益。民革山东省委会开展以“秸秆生物反应堆”技术推广为主题的“生态农业富民工程”，并在天津、辽宁、安徽、河南、云南进行示范推广，改善了农产品品质，提高了农民收入。

民革在支边扶贫工作中，注重联系、动员社会力量合作参与扶贫开发。2009年、2010年民革中央社会服务部与国务院扶贫办外资中心合作举办了“全国扶贫协作优势产业推介暨招商引资洽谈会”“扶贫协作优势产业推介暨招商引资洽谈活动民革定点联系县专场”，积极联系相关企业和贫困县对接，搭建发达地区企业与中西部贫困地区对接平台，2010年现场签约项目共200余个，协议投资总金额达675亿元。民革与中国医学基金会、中华慈善总会积极合作，开展了“阳光绿道济困行动”，通过内蒙古、宁夏、贵州、江西、湖北、四川等民革省级组织联系协调，为当地县、乡级医疗卫生院捐助意大利进口彩色超声诊断仪和美国MD生化仪，缓解了贫困地区老百姓看病难、看病贵等问题。

（二）开创书画工作新局面

民革发挥书画人才荟萃优势，配合重大政治活动和重要事件开展书画工作，弘扬优秀传统文化，推动海内外文化交流，促进精神文明建设。

2003年“非典”期间，北京中山书画社组织邵恒秋、陈大章等书画家，积极参加“抗非典，献爱心”捐书画活动，体现了责任担当和为国纾难的情怀。

2005年，民革中央在云南西双版纳召开民革全国书画工作研讨会，推动了民革书画院社的发展。一年后，全国建立民革书画院社的省级组织达到26个，共有85家，成员9657人，民革党员书画工作者2254人。这些书画力量紧紧围绕民革中心工作采取书画展、笔会、艺术研讨会、讲座、采风等形式，培养书画人才，并积极参加社会公益活动。2006年11月，民革中央在北京举行民革中央画院成立大会。何鲁丽出席大会并作了讲话。周铁农任画院名誉院长，宋雨桂任院长。何鲁丽在讲话中指出，民革中央画院的成立要更好地整合民革书画组织的力量，为民革各地书画组织提供一个交流展示的平台，促使各地书画组织健康有序地开展活动，不断提高书画组织的整体水平；为民革中青年书画艺术家们提供一个展示艺术才能的舞台，通过画院的活动，发现人才、推介人才。画院要坚持文艺为人民服务、为社会主义服务的方向，贯彻执行正确的文艺方针政策，继承和发扬中华民族优秀传统文化，弘扬时代主旋律，繁荣发展具有时代精神的书画艺术，积极开展海内外的文化交流。画院的各项工作和活动要为推进社会主义精神文明建设，促进全面建设小康社会，促进祖国和平统一而努力。

民革中央画院的成立，促进和带动了民革各地书画院社的发展。民革书画院社数量进一步扩大，并开展了丰富多彩的活动。从 2007 年至 2012 年，民革中央和地方书画院社围绕中心、服务大局，配合国家重大活动和重要历史事件，先后举办了“庆祝民革成立 60 周年民革中央画院首届全国美术、书法作品展”“纪念改革开放 30 周年两岸三地书画邀请展”“宝岛台湾采风画展”“盛世风采——纪念中华人民共和国成立 60 周年”“世纪曙光——纪念辛亥革命 100 周年全国中国画作品展览”“纪念辛亥革命 100 周年同盟会会员墨迹、民革全国书法作品展览”等展览，不少展览还在全国举行巡展，产生了良好的社会反响。此外，民革中央画院以及地方书画院社积极参与社会公益活动，2008 年“5. 12”汶川特大地震发生后，民革中央画院积极组织书画家参加中央统战部举办的捐赠活动，并举办了“伸出博爱之手——抗震救灾民革在行动”公益笔会；2010 年“4. 14”青海玉树特大地震和甘肃舟曲特大山洪泥石流灾害发生后，民革中央画院分别举办了公益笔会，以书画、捐款的形式奉献爱心。

在民革中央支持下，各地民革组织相互合作举办文化活动，济南、长春、沈阳、吉林等北方 8 个城市民革市委会于 2002 年共同发起成立“民革北方城市旅游宣传协作网”，先后在南北 14 个城市举办了摄影展，不仅宣传和推介了各地丰富的旅游文化资源，而且有力地推进了南北文化交流和经济合作。

（三）引导民革成员中的非公有制经济人士作贡献

民革十大以后，各级组织认真学习中共中央各项经济政策，一方面及时了解掌握反映全党非公有制经济人士的发展情况，协助企业家与有关部门建立联系、开展合作、共谋发展；另一方面鼓励引导民革党员企业家投身经济建设主战场，积极参与支边扶贫、帮困赈灾、解决下岗职工再就业、支持希望工程、救助失学儿童、光彩事业、支援西部大开发等社会公益事业，在国家经济建设社会发展中发挥应有的作用。2011 年，国务院扶贫办授予民革党员、上海新纪元教育集团董事长陈伟志“全国扶贫开发先进个人”荣誉称号。

在民革组织的支持和鼓励下，民革党员及企业家利用与海内外联系广泛的优势，通过各种渠道招商引资，为地方经济建设和社会发展献策出力。民革中央先后举办了“民革非公经济人士辽宁丹东商贸考察及培训活动”“民革全国企业家会议暨经济界人士吉林行活动”“民革非公经济人士新疆行活动暨招商引资洽谈会”等，取得了很好的效果。

五、以做好台湾人民工作为核心，推动两岸关系和平发展

中共十六大以后，十八大以前，以胡锦涛同志为总书记的中共中央领导集体高瞻远瞩、总揽全局，科学、敏锐地把握台海局势的复杂变化，就新形势下的对台工作作出了一系列部署。民革在中共十六大、十七大精神指导下，以科学发展观为指导，坚决贯彻胡锦涛总书记关于推动两岸关系和平发展的六点意见精神，牢牢把握两岸关系和平发展主题，以做好台湾人民工作为核心，发挥优势、积极作为、努力进取，不断在台湾民情研究、两岸交流、涉台宣传和参政议政等方面创新工作思路、开拓交流渠道、打造工作精品。这一时期民革祖统工作取得了新进展、新突破，在新起点上实现了新跨越。

（一）创新祖统工作思路

2000 年，台湾岛内民进党上台执政，“台独”分裂本质日益暴露，推动所谓“法理台独”，蓄意挑起两岸对立。面对台海复杂形势，中共十六大提出了对台工作的重要政策主张和指导原则，为对台工作思路指明方向。2005 年 3 月 4 日，胡锦涛总书记发表了题为《新形势下两岸关系的四点意见》的讲话，从战略高度为两岸关系的发展定下了基调。2008 年 12 月 31 日，胡锦涛总书记在纪念《告台湾同胞书》发表 30 周年座谈会上，提出了推动两岸关系和平发展的六点意见，成为指导对台工作的纲领性文件。

2002 年，民革中央在四川宜宾召开了民革全国促进祖国和平统一工作会议。该会议对民革祖统工作面临的新形势、新问题进行了深入分析，号召民革全党“在中共中央的总体部署下，将遏‘独’、阻‘独’作为民革工作的重中之重”；将民革对台工作的重心转到做好台湾中南部地区，特别是本省籍人士和青少年工作上来。

2008 年 12 月，民革十一届二中全会提出祖统工作要实现“四个转变”，即“工作重心向参政议政转变，工作领域向多向型转变，工作渠道向多元化转变，工作主题向和平发展转变”。2009 年 6 月，民革中央提出对台工作要坚持“三个深刻理解”，要求民革全党“深刻理解当前对台工作形势，深刻理解胡锦涛总书记提出的两岸关系和平发展思想，深刻理解民革中央提出的祖统工作‘四个转变’要求”。2012 年 10 月，民革中央提出“三个坚持”，要求民革全党“坚持将促进两岸关系和平发展作为祖统工作的核心内容，坚持将做好台湾人民工作成效作为祖统工作的重要标准，坚持将开拓创新作为推动祖统工作的根本动力”。

“四个转变”、“三个深刻理解”和“三个坚持”，是民革全党深入贯彻胡锦涛总书记重要讲话精神和中共中央一系列对台工作战略部署、密切结合民革自身实际、认真总结多年探索经验、直接指导新形势下民革祖统工作实践的行动指南，是民革全党积极创新祖统工作思路、拓展祖统工作渠道、深化祖统工作内容、丰富祖统工作形式的具体实践，更是民革祖统工作重要的思想理论创新。

（二）不断加大涉台参政议政力度

民革中央和地方组织积极健全机制、拓展渠道，不断加大涉台参政议政工作力度，主要领导人带队开展涉台调研，推出了一系列具有较强针对性和操作性的涉台参政议政成果，使涉台参政议政成为民革参政议政工作中的一个重点领域和有影响力的特色品牌。

1. 结合形势、精心策划，突出涉台参政议政选题实效性

深入开展涉台专题调研是民革中央涉台参政议政工作中的一个重要着力点。多年来，民革中央针对对台工作的新形势、台湾社会的现实状况和如何做好台湾人民工作等，组织力量开展重大课题的调研工作，得到有关部门的高度重视和社会各界的广泛关注。

民革十大之后，民革中央紧扣做好台湾人民工作这一主线，报送建议、提案、大会发言和涉台信息。其中《以“三个代表”重要思想为指导，切实加强两岸青少年交流工作》《关于设立“海峡两岸人民和平合作区”的建议》《关于进一步加强海峡两岸青少年交流工作的建议》《关于加强海峡两岸客家人、客家文化交流的建议》《关于隆重纪念辛亥革命100 周年的建议》等多项提案被全国政协评为重点提案。

民革率先提出的建设“海峡经济区”的构想，如今已经上升成为国家战略。2005 年，民革中央联合民革福建省委会、福建省台办就“关于设立海峡两岸人民和平合作试行区”课题进行深入调研。11 月，民革中央向中共中央、国务院提交了《关于设立“海峡两岸人民和平合作试行区”的建议》。2007 年，“支持海峡西岸建设”被写入民革十一大报告。2009 年，民革中央提交《关于构建“海峡经济区”的几点建议》的提案引起强烈反响；5 月，《国务院关于支持福建省加快建设海峡西岸经济区的若干意见》正式发布。

2012 年，民革中央在多方调研的基础上，向全国政协十一届五次会

议提交《关于两岸合作向金门供水的提案》，建议将“金门供水”纳入两岸协商，尽快完成签署，同时建议国家发改委、国台办加快工程审批进度。经过多年不懈努力，福建向金门供水项目的合同终于在 2015 年 7 月签署，工程于当年 10 月正式动工。两岸民众在福建泉州市晋江龙湖水库，见证了福建向金门供水电门启动的历史性的一刻，从此“两岸一家亲、共饮一江水”从愿景变为现实。该提案也被评为全国政协成立 70 年来有影响力的重要提案。

2. 密切合作、形成合力，提升涉台参政议政成果“含金量”

专委会是民革履行参政党职责的重要骨干力量和抓手。民革中央与各地祖统委员会深入学习、准确定位、发挥专长，加强涉台参政议政和研究工作。一方面，祖统委员积极参与民革中央举办的涉台参政议政方面的会议和课题研究，部分委员还承担了调研课题或提案的策划、撰写工作。另一方面，以内刊《台湾研究》为平台，凝聚包括祖统委员在内的党内外台情专家等力量开展研究，提升了民革台情研究的能力和水平。

长期以来，民革中央在充分发挥祖统委员桥梁作用的同时，不断探索、持续加强与大陆高等院校、科研机构及台湾相关社团的合作道路，充分发挥专家学者的“党外智库”功能，理论与实践相结合，形成了一批有见地、有水平、务实、可操作性强的提案和调研报告。2007 年 4 月，民革中央与有关高等院校联合在台湾开展调研，比较清晰地描述了台湾南部民众对两岸关系和台湾政局的观点、倾向，并以此为基础向中共中央、国务院提交了建议，得到了中央领导同志的重要批示。

根据中共中央关于发挥各民主党派在对台工作中的优势、做好台湾人民工作的要求，民革中央于 2005 年在全党范围内建立了涉台工作联络员和信息员制度，有力地推进了涉台信息工作的开展。各省级组织围绕海峡两岸形势的发展变化和一些涉台重大事件，通过民革中央上报中共中央、全国政协和政府有关部门。

（三）丰富两岸交流活动形式

2002 年至 2012 年，以民革各级组织名义组成的出访团组百余个，接待和邀请中国台、港、澳地区及海外人士上万人次。通过长期不懈的努力，岛内一批赞成“九二共识”的高层人士、社会各界代表与民革的交流更加密切。民革对台交流的视野更加开阔，联系渠道更加宽广，工作面覆盖台湾全岛，乃至世界各国侨界。

1. 深挖特色资源，开辟新的工作领域

民革十大以后，民革工作触角由过去的国民党中上层人士逐步向台湾中南部、青少年、岛内基层民众代表人士等重要群体延伸和倾斜，注意挖掘坚持“九二共识”的重要人士在台湾地区和海外的人脉关系，形成了对国民党、亲民党、新党三党工作、台湾中南部民众工作和台湾青少年工作等工作领域新的优势增长点，出现了有重点、多领域、多层次的新的工作格局。

2002 年至 2005 年，民革中央先后接待了由原国民党高层、原民意代表、新党领导人、台湾知名学者、妇女界代表人士等率领的数十个认同“九二共识”的社团和上百位重要人士。2006 年 4 月，民革中央邀请“台湾客家文化交流之旅参访团”来大陆进行“文化之旅”“寻根之旅”。2006 年 10 月，应民革中央邀请，“台湾新同盟会中南部会员（会友）大陆参访团”回祖国大陆访问，这是民革中央首次直接开展对台湾中南部同胞的工作。多年来，民革中央持续深化和台湾新同盟会的合作，继续接待“台湾新同盟会中南部会员（会友）大陆参访团”组团参访。同时，将工作重心继续“向下沉，向南移”，组织接待了“台湾南部基层乡里长大陆参访团”“南台湾社团精英大陆参访团”。2012 年 5 月，民革中央邀请“台湾中华工商业联合协会大陆参访团”赴北京、重庆、湖北等地参访，这是深化做台湾南部人民工作的又一个新渠道。

为做好台湾“统派”团体和代表人士的工作，2009 年 3 月，民革中央邀请台湾新同盟会、海峡两岸和平统一促进会、中国统一联盟岛内“统派”三团体有关人士联合组团到北京参访。这是“统派”三团体首次公开联合开展活动，对于团结岛内反“独”促统力量、扩大岛内统派声音意义重大。

2007 年、2008 年、2010 年，民革中央分别邀请并接待了三届“中国国民党青年精英大陆参访团”，成员既包括资深政治人物，也有国民党中生代代表人士及地方实力派人物。特别是 2010 年的参访团是民革中央近年来所邀请的中国国民党层级最高、涵盖面最广、中生代与新生代代表人士最集中的来访团队。通过交流，拓展了联络资源，增进了与国民党的互动与了解。

2010 年，民革中央正式邀请台湾奇美集团董事会高层和奇美爱乐管弦乐团访问祖国大陆，进行参访和公益性巡回演出。此次活动被岛内人士称为标志性事件，在海峡两岸产生了广泛反响，也实现了民革祖统工作一次新的重要开拓。

这些接待活动，是民革开展对坚持“九二共识”的岛内重要人士沟通交流的有效渠道，是开辟台湾中南部人民工作新领域的重要突破，使民革对台湾基层政治生态和中南部普通民众有了更深的了解，并得到了有关部门的高度肯定和赞许。

2. 聚焦精品，注入新的工作活力

为弘扬中华民族传统文化，团结海内外各界人士，推进祖国和平统一，2002 年中华中山文化交流协会成立。2003 年、2004 年中华中山文化交流协会先后举办了“转型期的中国证券市场——海峡两岸暨香港地区证券市场”和“在全球化视野下的中华文化”学术研讨会。这些活动，弘扬了中华传统文化，探讨了中国特色社会主义市场经济建设，联络了一批台港澳和海外的知名知识分子，扩大了民革祖统工作范围。

与台湾开展插花花艺交流是民革扩大与台湾各界联系和做台湾人民工作的重要项目，其内容和形式随着形势的发展而常变常新，吸引力和影响力不断增强，在海峡两岸间发挥着越来越大的“品牌”效应。2009 年，修福金、李惠东分别率团赴台参访，使中断了近五年的民革入岛交流得以恢复。2011 年，齐续春率团赴台，巩固和发展了与岛内各界人士的联系和友谊。北京、上海、江苏、重庆、浙江、云南、山东、福建等十余个省市民革组织也分别与台湾“中华花艺文教基金会”合作，共同举办了十

余场次插花花艺展览。

民革逐步深入开展对台湾青年学生的工作，并取得了成功经验。2004 年，民革中央创办了台湾高校杰出青年赴大陆参访团（以下简称杰青团）活动，组织了一批台湾高校学生会、学生议会干部到大陆参访。杰青团至今已成功举办 18 届，共接待台湾数十所知名高校约 700 名青年学生，生源覆盖台湾全岛，成为民革做台湾青年工作的响亮品牌。2011 年“十届杰青团”全体团员参加了国务院台办、共青团中央等 17 家单位联合在北京人民大会堂举办的“两岸同心，我们同行”主题联欢活动，部分杰青团成员受到胡锦涛总书记的亲切接见。杰青团在台湾的影响力日益扩大，被许多台湾青年誉为“第一天团”，大批参加过杰青团的台湾青年领袖通过这一平台和纽带逐渐凝聚为岛内青年的一股重要力量。2008 年 4 月，以历届杰青为基础的“中华杰出青年交流促进会”在台湾成立。

★ 民革中央以中华中山文化交流协会的名义创办了台湾高校杰出青年赴大陆参访团，图为 2011 年“十届杰青团”全体团员参加国务院台办、共青团中央等 17 家单位联合在北京人民大会堂举办的“两岸同心，我们同行”主题联欢活动。

2010年6月29日，《海峡两岸经济合作框架协议》的成功签署，为两岸青年创新创业提供了更为有利的发展环境。为了在两岸关系和平发展的新形势下进一步促进两岸青年交流，民革中央于2010年、2011年分别在北京、大连举办了“两岸青年创新创业论坛”。在此基础上，2012年，民革还创新工作思路，围绕国家文化发展战略，与北京歌华文化发展集团共同主办了以“创意创造、共创未来”为主题的第三届两岸青年创新创业论坛。论坛期间，由国台办批准建立的大陆首个“两岸文化创意人才服务基地”揭牌，北京市6个文创园区向台湾青年介绍了园区特色和优惠扶持政策。同时民革与相关文创园区和企业合作，安排了20位台湾青年学生在北京进行了为期一至两个月的实习，倍受岛内关注。

3. 交流联谊，拓展新的工作空间

广泛团结海外反“独”促统力量，形成合力，推动两岸关系和平发展，是民革祖统工作的主要任务之一。2002年和2005年，周铁农率中华中山文化交流协会出访团先后赴加拿大和澳大利亚访问，增进了与两国侨界之间的了解和友谊，广泛结交了朋友，宣传了中国共产党的各项方针政策，增强了广大侨胞对祖国的向心力。美国海外兴中会，国民党美东、美西支部，“三民主义统一中国大同盟”等一批美国侨界的团体组织，是民革中央的老朋友。民革多年来一直保持着与他们的联系，并多次邀请他们组团来访，向他们介绍祖国大陆的建设成就和开展反“台独”斗争的情况，与他们交换思想、达成共识，并帮助他们解决一些实际困难和问题，使他们的心与祖国大陆更贴近，反对“台独”、支持祖国统一的立场更坚定，在反“独”促统事业中发挥着越来越大的作用。

中华中山文化交流协会每年组团赴境外参访，参加了柏林、东京、悉尼、莫斯科、曼谷、维也纳、澳门、布达佩斯、洛杉矶、香港、华盛顿、马德里等地召开的全球性和洲际性反“独”促统大会，并以此为新的工作平台开展海外交流活动。民革与世界各国侨界的联系渠道更加通畅，领域更加广阔。通过长期不懈的努力，侨界一些社团和人士已由过去的“反共斗士”转变成为中共与民革的朋友，成为海外侨界反“独”促统的

中坚力量，甚至成为祖国大陆社会主义现代化建设的直接参与者。

孙中山研究是民革与台湾同胞、海外侨胞开展交流的一个共同课题，具有独特优势。2002 年 5 月，李赣骝率团赴美国芝加哥，参加“孙中山与中国现代化”学术研讨会，就孙中山与中国发展问题与当地华人社团、学者、台湾学子进行了座谈交流，达成了共识，建立了良好的联系。2004 年，民革中央孙中山研究学会与台湾“国父”纪念馆等单位在武汉举办了以“孙中山与中国现代化”为主题的国际学术研讨会，来自美国、加拿大、日本、中国台湾等国家和地区的专家学者参加了会议。2005 年 5 月，该学会再次与有关单位在天津联合举办了“孙中山与中华民族崛起国际学术研讨会”。这些活动被台湾地区和海外侨界朋友称为孙中山研究的盛事。

民革各地省委会以中山纪念堂和孙中山研究会为平台，以有关孙中山思想及历史研究为主题，积极开展工作。2005 年 9 月，民革福建省委会与福建省孙中山研究会成功地承办了“纪念中国同盟会成立 100 周年研讨会”，30 多位台湾知名人士，以及海内外专家学者、同盟会会员后裔等共 300 多人出席了会议。2006 年，为纪念孙中山诞辰 140 周年，上海、福建、湖南、广西等省级民革组织举办了有关系列活动。民革上海市委会与有关单位联合举办了“纪念孙中山诞辰 140 周年国际学术研讨会”“纪念孙中山诞辰 140 周年文物文献档案展”；湖南民革举办了“孙中山先生诞辰 140 周年纪念大会”和征文活动；民革广西区委在桂林举办了“桂台两地纪念孙中山先生诞辰 140 周年暨孙中山思想研讨会”。

4. 把握节点，提升民革社会影响

2011 年是辛亥革命 100 周年，民革牢牢把握这一重要历史机遇，围绕深化和巩固两岸和平发展的大好局面这一主题，充分发挥民革对台渊源和资源优势，积极开展各项工作。

2011 年 3 月，应台湾新同盟会邀请，周铁农率中华中山文化交流协会出访团一行赴台开展了为期 8 天的“回访之旅”。民革中央主席亲自率团赴台，历史上尚属首次，是民革对台交流工作的重大突破；参访行程覆

盖地域之广，接触人数之多，涉及岛内各阶层、各族群和领域之全面，更为民革历次组团赴台之罕见。周铁农也是首位跨过台湾“浊水溪”的在任国家领导人。该活动取得了圆满成功，在岛内引起热烈反响，为海峡两岸高端参访写下了浓重的一笔。

根据中共中央关于隆重纪念辛亥革命100周年活动的总体规划和部署，按照民革十一届四中全会提出的“以隆重纪念辛亥革命100周年为契机，进一步深化促进祖国和平统一工作”的要求，2011年9月，中国辛亥革命研究会、中华中山文化交流协会与台湾新同盟会联合在北京举办了纪念辛亥革命100周年座谈会。相关单位领导、辛亥革命前辈的后裔、台港澳及海外人士等140多人出席了座谈会，通过研讨、论述辛亥革命的重要历史意义，致力加强海内外中华儿女大团结，开创两岸关系和平发展新局面。

民革中央领导同志率团赴北美、中南美洲等地区，参加各国侨社举办的纪念辛亥革命100周年大会。民革与“欧洲华侨华人联合会及欧洲中国和平统一促进会联合参访团”就纪念辛亥革命100周年举行座谈，与中国国际文化传播中心联合在人民大会堂举办了纪念辛亥革命100周年论坛等重要纪念活动。同时，民革作为主办单位之一，参加了由全国政协牵头在人民大会堂举办的首都各界隆重纪念辛亥革命100周年大会，周铁农在大会上作了发言。

这一系列活动，突出了和平发展主题，在社会上引起了极大的反响，充分展现了民革以继承和发扬孙中山先生爱国、革命、不断进步为优良传统和基本特色的参政党的社会形象，提升了民革的社会影响力。

（四）宣传对台大政方针

涉台宣传工作是祖统思想建设的有机组成部分，也是配合全党开展学习的重要方式。民革不断加强涉台宣传和台情研究，以增强民革涉台工作的政治性、思想性，加深广大党员特别是各级领导干部对大政方针的理解和认识，同时创新对台宣传策略方法，着力提升对台宣传效果。

1. 加强对台工作舆论引导力

2004年，国务院台办受权发表了“5·17声明”，指出当前两岸关系形势严峻，坚决制止旨在分裂中国的“台湾独立”活动，维护台海和平稳定，是两岸同胞当前最紧迫的任务。这次声明首次把反“独”列为“最紧迫的任务”，受到海内外高度关注。何鲁丽于次日发表电视谈话，明确表示完全拥护和坚决支持我国政府的严正立场。

2005年3月14日，第十届全国人大三次会议高票通过《反分裂国家法》。次日，民革中央召开《反分裂国家法》座谈会，何鲁丽代表民革公开表示坚决拥护这部法律。何鲁丽表示，民革完全赞成并坚决拥护《反分裂国家法》，这部法律无论是在维护国家主权和领土完整方面，还是在顺应民心、凝聚全民族的国家统一意志方面，都有着重大的现实意义和长远的历史意义。

由于民革与国民党的历史渊源关系，在国民党主席连战和亲民党主席宋楚瑜相继率团访问大陆后，境内外的记者纷纷要求采访民革领导人。周铁农、贾亦斌、刘民复等分别接受了中央电视台、台湾《中国时报》、台湾中天电视台、香港有线电视台等境内外媒体的采访。

2008年胡锦涛总书记“12·31”重要讲话发表后，民革中央立即下发通知，要求全党各级组织组织广大党员认真学习，并积极撰写稿件在《团结报》发表。为配合和推动民革全党的学习宣传，还组织编写并出版了《民革祖统工作读本》。

2. 与时俱进，拓广有效的对台宣传渠道

民革以创新的精神办宣传，努力走一条高水准、多形式、深内涵的祖统宣传之路。在全党范围内组织交流学习、征文征稿、开辟稿源等各种类型的宣传、写作活动。与新华社、《人民日报》、《光明日报》、《人民政协报》等一批主流媒体建立了互动式的密切联系，充分调动社会资源，扩大宣传。与时俱进、创新思维，采取网络、音像等现代化宣传手段面向更广大的人群特别是青年一代开展宣传工作。同时注重涉台宣传队伍的培养，经多年努力，民革已建立起涉台宣传、台湾研究特邀撰稿人和台

湾问题、国际问题专家学者三支队伍。这三支队伍各有侧重，又互相联系，综合起来构成了民革多侧面、广视角的涉台宣传、研究骨干力量。

做实事、重效果，开展有影响、有意义的主题活动，也是民革祖统宣传工作的突出特点。通过举办“纪念辛亥革命100周年座谈会”“纪念昆仑关大捷70周年”“电视剧《中国远征军》海峡两岸座谈会”“纪念上高会战胜利70周年暨公祭抗战忠烈典礼”等一系列大型主题活动，与相关部门团体联动，共同挖掘资源，开展业务协作，同时与主流媒体密切互动合作，加大宣传力度，产生了广泛的社会影响。

注重与平面媒体、电视媒体特别是网络新媒体的互动合作，是近年来民革祖统工作的鲜明特征。2011年，周铁农赴台参访结束后，新华社、中央电视台、中新社、中国台湾网、《团结报》等媒体对其进行了采访报道，影响范围很广。2009年，民革中央与《团结报》、中国台湾网、新浪网等主流媒体联合开展了“台湾记忆”系列活动，遴选100篇优秀征文稿件出版了《台湾记忆——图说宝岛》画册，先后邀请了台湾政界、军界、文化界知名人士做客新浪网名人访谈节目。节目播出后立即受到网友的高度关注和评价，取得了非常好的宣传效果。

（五）深化对台工作机制建设

发挥民主党派的整体优势，是新时期新阶段多党合作和政治协商制度发展的需要，也是民革中央对祖统工作一贯的工作思路。采取不同形式、不同方法，优势互补、上下配合，共同推动全党的祖统工作，使全党的工作资源得到了更加有效的配置和整合。

1. 加强中央对地方的指导和带动

积极开展地方祖统工作调研，全面了解各地祖统工作基本状况，传达中央有关精神，及时发现新情况、新问题，准确把握民革全党祖统工作的发展脉络，规划长短期工作，统筹和调动全党祖统工作资源。同时与各地联合开展活动，以推动全党祖统工作的发展。民革中央每次组团出访，都会有目的地选择有关省市民革组织的同志参加；民革中央接待海外和台湾访问团，也会精心选择参访路线，让地方组织有较多机会参与接待活动，从而把中央与地方的工作资源和好的工作经验融汇起来，形成全国对台工作一盘棋的局面。

民革中央与地方组织联合开展专题调研的规模和次数也都呈大幅上升趋势。2005 年，民革中央与民革福建省委会共同就“充分发挥海峡西岸经济区建设在对台工作中的作用”为题开展调研，向中共中央、国务院报送了《关于设立“海峡两岸人民和平合作区”的建议》，直接促成了海峡西岸经济区建设宏图战略的出台。2006 年，民革中央分别与民革北京市委会和民革福建省委会共同开展调研，向全国政协提交了《关于反制“法理台独”的几点意见和建议》和《关于加强海峡两岸客家人、客家文化交流的建议》。2007 年，民革中央与民革北京、上海、福建、江苏、浙江等省市委会联合以“以和平发展为主题，开拓两岸关系新格局”为题，开展深入调研。

2. 充分发挥地方组织的积极性

民革各级地方组织在涉台参政议政方面也作出了显著的成绩。通过紧密结合当地祖统工作实际，充分依托、大力整合各地涉台参政资源，就地方涉台政治、经济、文化交流方面的问题，提交了一批优秀的提案、建议。例如，民革北京市委会连续九年提交的涉台调研报告，均获“北京市涉台调研课题一等奖”；民革福建省委会和党员个人近年来在全国和省级“两会”上，提出了涉台提案百余件，绝大多数被有关部门采纳。民革黑龙江省委会、民革齐齐哈尔市委会提交的《关于进一步开发建设齐齐哈尔江桥抗战爱国主义教育基地的建议》，被中共中央采纳，江桥抗战遗址已被列为国家级红色旅游暨爱国主义教育基地；民革江苏省委会关于建设太仓港的建议被采纳，并被列入江苏“十二五”期间要着重抓好的重大项目之一；民革浙江省委会关于《应加强〈反分裂国家法〉出台后的对台宣传工作》的建议被全国政协采用；民革湖北省委会提交的《关于在湖北举办 2009 鄂台专利技术交易会的建议》受到中共湖北省委、省政府的高度重视；民革江西省委会提出的《关于留学人员归国情况的调研》，被省政府列为重点督办十件提案之一；民革杭州市委会《关于加快推动西湖—日月潭结成“姐妹湖”的建议》，得到中共杭州市委书记的高度评价，并责成有关部门进行专题研究，推进建议实施。民革广东省委会提交的关于拍摄电视纪录片《丘逢甲》的提案被采纳，由广东省政协组织拍摄完成并公映。民革天津、吉林、上海、浙江、广西等省、直辖市级民革组织，还分别围绕两岸青少年交流、建设“台湾产品集散中心”、创办中国长春国际高中生文化节、构建“两岸三地”区域资本市场、建设台湾农民创业园、台资企业转移工作等议题提交提案、报告和发言，均受到当地中共党委和政府职能部门的重视和好评。

3. 深化对台工作机制建设

对台工作机制建设是对台工作开展和深化的重要保障，也是民革全党制度建设的一个方面。对台工作具有长期性、艰巨性和复杂性，必须建立健全一套长期、有效、运转灵活的工作机制，才能适应形势不断发展的需要，确确实实把工作做好，做出实效。为此，民革中央在工作实践中，逐步建立健全了包括对台对外联系机制、工作运作机制、思想建设机制、队伍建设机制和经费保障机制等，同时还建立了与各项工作机制相配套的请示汇报制度、保密制度、学习制度、培训制度、会议制度、工作催办督办制度、外事经费使用制度、台湾研究撰稿人制度、信息员与联络员制度、接待与出访工作流程、文件收发阅办流程等一系列具体制度，形成了一套相对完整的具有梯次结构的制度体系，保障了对台工作的顺利进行。

民革中央领导同志指出，要进一步加强机制建设，以推动民革全党祖统工作整体水平全面提升。为此，民革中央先后赴湖北、北京等省市级组织开展专项调研，组织祖统委员、有关专家和祖统工作骨干召开了八场座谈会，在充分听取各方意见、反复论证的基础上，于 2010 年 11 月形成了《关于民革祖统工作联动协调机制建设的意见》，并下发全党。民革祖统工作联动协调机制建设，是民革全党通过机制创新推动祖统工作的重要实践，也是民革祖统工作持续保持民革鲜明特色、长期取得比较优势的重要保证。

为推动联动协调机制的贯彻落实工作，民革中央领导同志多次赴基层民革组织进行祖统工作宣讲，以提高广大党员对两岸关系形势及民革祖统工作的认识，并明确方向；同时亲自率调研组赴各地就进一步推动民革祖统工作和联动协调机制建设进行专题调研，认真总结当地民革组织贯彻联动协调机制、推动民革祖统工作取得的丰硕成果和鲜活经验。此外，民革中央领导同志还积极参加各级地方组织的各种类型的会议、活动，以提升民革祖统工作的层次和水平。

第八章

按照“四新”“三好”要求，建设新时代中国特色社会主义参政党

一、新时代多党合作事业发展的前进方向和根本遵循

中共十八大以来，以习近平同志为核心的中共中央，加强对多党合作事业的全面领导，作出一系列重大决策部署，召开中央统一战线工作会议、中央政协工作会议等，印发一系列重要文件，中共十九大把坚持和完善中国共产党领导的多党合作和政治协商制度纳入党的基本方略。习近平总书记就坚持和完善我国政党制度发表一系列重要论述，作出“新型政党制度”的重大政治论断和理论概括，为新时代多党合作事业发展指明了前进方向、提供了根本遵循。

（一）中国特色社会主义参政党的新定位

2012年11月，中共十八大胜利召开。中共十八届一中全会选举习近平为中央委员会总书记。中共十八大是在我国进入全面建成小康社会决定性阶段召开的一次十分重要的大会，是一次高举旗帜、继往开来、团结奋进的大会。大会确立了科学发展观的历史地位。报告关于“坚持走中国特色社会主义政治发展道路和推进政治体制改革”的论述，特别是对“健全社会主义协商民主”“巩固和发展最广泛的爱国统一战线”的论述，体现了中国共产党对多党合作事业一以贯之的高度重视，为多党合作事业发展搭建了更加广阔的舞台。[①]

12月24日、25日，各民主党派和全国工商联分别召开全国代表大

① 《巩固和发展最广泛的爱国统一战线——党外人士学习贯彻中共十八大精神座谈会发言摘要》，《人民日报》2012年11月29日第15版。

会、顺利实现新老交替仅三天，中共中央总书记习近平和中共中央政治局常委俞正声一起，走访八个民主党派中央和全国工商联，看望工作人员，并同各民主党派中央和全国工商联领导人分别座谈，共商巩固和发展爱国统一战线、坚持和完善中国共产党领导的多党合作和政治协商制度的大计。

2013 年 2 月 6 日，习近平总书记邀请各民主党派中央、全国工商联新老领导人和无党派人士代表，共迎新春。习近平指出，各民主党派是同中国共产党通力合作的中国特色社会主义参政党。这一重大论断，进一步明确了当代民主党派的基本属性、历史方位、时代使命和目标追求，是多党合作理论的重大创新。这一重大论断，蕴含着对多党合作事业的战略思考：中国特色社会主义参政党建设，事关我国多党合作政治格局的巩固，事关我国政治制度和政党制度优势的体现，事关中国特色社会主义事业的兴旺发达。①

2015 年，中共中央召开中央统战工作会议，颁布实施《中国共产党统一战线工作条例（试行）》《中共中央关于加强社会主义协商民主建设的意见》和《中共中央关于加强政党协商的实施意见》，为统一战线和多党合作事业发展提供了重要遵循。

同年 5 月 18 日至 20 日，中央统战工作会议在北京召开。习近平总书记出席会议并发表重要讲话。习近平总书记指出，坚持和完善中国共产党领导的多党合作和政治协商制度，更好体现这项制度的效能，着力点在发挥好民主党派和无党派人士的积极作用。要支持民主党派加强思想、组织、制度特别是领导班子建设，提高政治把握能力、参政议政能力、组织领导能力、合作共事能力、解决自身问题能力。②

2015 年 5 月 18 日起正式施行的《中国共产党统一战线工作条例（试行）》（以下简称《条例》）是中国共产党关于统一战线工作的第一部党内法规，是统一战线工作制度化规范化程序化的重要标志。《条例》将民主

① 《习近平同党外人士共迎新春 代表中共中央，向各民主党派、工商联和无党派人士，向统一战线广大成员，致以新春的祝福》，《人民日报》2013 年 2 月 8 日第 1 版。

② 《习近平在中央统战工作会议上强调 巩固发展最广泛的爱国统一战线 为实现中国梦提供广泛力量支持》，《人民日报》2015 年 5 月 21 日第 1 版。

★ 2018 年 2 月，习近平总书记在北京同党外人士共迎新春时，与万鄂湘亲切握手。

党派职能完善为“参政议政、民主监督，参加中国共产党领导的政治协商”，并对支持民主党派履行职能的内容、程序、形式等作了进一步规范。

2017 年 10 月，中国共产党第十九次全国代表大会在北京召开。中共十九届一中全会选举产生了新一届中央领导机构，习近平任中共中央总书记、中央军委主席，充分体现了包括民主党派成员在内的全国人民的共同心愿。中共十九大把习近平新时代中国特色社会主义思想确立为党必须长期坚持的指导思想，实现了中国共产党的指导思想又一次与时俱进。中共十九大报告指出，“坚持长期共存、互相监督、肝胆相照、荣辱与共，支持民主党派按照中国特色社会主义参政党要求更好履行职能”，进一步明确了中国特色社会主义政党制度的基本方略。

（二）“新型政党制度”的重大政治论断和理论概括

2018 年春节前和全国两会期间，习近平总书记对民主党派提出“四新”“三好”要求，作出了“新型政党制度”的重大政治论断。

2 月 6 日下午，习近平总书记在人民大会堂同各民主党派中央、全国工商联负责人和无党派人士代表座谈并共迎新春。他强调，中国特色社会主义进入新时代，多党合作要有新气象，思想共识要有新提高，履职尽责要有新作为，参政党要有新面貌，引导广大成员增进对中国共产党和中国特色社会主义的政治认同，使新时代多党合作展现出勃勃生机。①

3 月 4 日下午，习近平总书记看望了参加全国政协十三届一次会议的民盟、致公党、无党派人士、侨联界委员，并参加联组会，听取意见和建议。习近平总书记指出，中国共产党领导的多党合作和政治协商制度作为我国一项基本政治制度，是中国共产党、中国人民和各民主党派、无党派人士的伟大政治创造，是从中国土壤中生长出来的新型政党制度。“说它是新型政党制度，新就新在它是马克思主义政党理论同中国实际相结合的产物，能够真实、广泛、持久代表和实现最广大人民根本利益、全国各族

① 《习近平在同党外人士座谈并共迎新春时强调 多党合作要有新气象思想共识要有新提高 履职尽责要有新作为 参政党要有新面貌》，《人民日报》2018 年 2 月 7 日第 1 版。

各界根本利益，有效避免了旧式政党制度代表少数人、少数利益集团的弊端；新就新在它把各个政党和无党派人士紧密团结起来、为着共同目标而奋斗，有效避免了一党缺乏监督或者多党轮流坐庄、恶性竞争的弊端；新就新在它通过制度化、程序化、规范化的安排集中各种意见和建议、推动决策科学化民主化，有效避免了旧式政党制度囿于党派利益、阶级利益、区域和集团利益决策施政导致社会撕裂的弊端。”它不仅符合当代中国实际，而且符合中华民族一贯倡导的天下为公、兼容并蓄、求同存异等优秀传统文化，是对人类政治文明的重大贡献。习近平总书记希望各民主党派和无党派人士要做中国共产党的好参谋、好帮手、好同事，增强责任和担当，共同把中国的事情办好。[①]

习近平总书记这一重要思想，立足国情，将中国政党制度置于世界政党政治发展的广阔背景，用三个“新”和三个“有效避免”，精辟阐述了新型政党制度的鲜明特色和独特优势，深刻揭示了我国“共产党领导、多党派合作，共产党执政、多党派参政”的政治制度与西方多党制、两党制的本质区别，彰显了宽广的世界眼光、恢宏的中国气派，对坚持和完善中国特色社会主义政党制度、发挥好人民政协这一实行我国新型政党制度重要平台的作用，具有重要指导意义。

2019 年 9 月 20 日，中央政协工作会议暨庆祝中国人民政治协商会议成立 70 周年大会在北京召开。习近平总书记出席大会，并发表重要讲话。习近平指出，要把强化思想政治引领同经常性思想政治工作结合起来，求同存异、聚同化异，推动各党派团体和各族各界人士实现思想上的共同进步。要发挥人民政协作为实行新型政党制度重要政治形式和组织形式的作用，对各民主党派以本党派名义在政协发表意见、提出建议作出机制性安排。[②]

---

① 《习近平在看望参加政协会议的民盟致公党无党派人士侨联界委员时强调 坚持多党合作发展社会主义民主政治 为决胜全面建成小康社会而团结奋斗》，《人民日报》2018 年 3 月 5 日第 1 版。

② 《习近平在中央政协工作会议暨庆祝中国人民政治协商会议成立 70 周年大会上发表重要讲话》，《人民日报》2019 年 9 月 21 日第 1 版。

二、努力建设新时代中国特色社会主义参政党

作为新时代中国特色社会主义参政党，民革全党牢牢把握新时代政治方向，毫不动摇坚持中国共产党领导，不断增强“四个意识”、坚定“四个自信”、做到“两个维护”，自觉用习近平新时代中国特色社会主义思想武装头脑、指导实践、推动工作，把思想和行动统一到中共十八大、十九大精神上来；牢牢把握新时代发展目标，坚定不移践行新型政党制度，认真贯彻“四新”“三好”要求，以思想政治建设统领民革事业发展，奋力开启建设高水平新时代中国特色社会主义参政党的新征程。

（一）民革十二大、十三大召开

1. 第十二次全国代表大会

2012 年 12 月 12 日至 18 日，民革第十二次全国代表大会在北京召开。出席大会的正式代表有 631 人，代表全国 101000 多名党员。

中共中央政治局常委、国务院副总理张德江会见全体与会代表，并代表中共中央致贺词。全国人大常委会副委员长、民建中央主席陈昌智代表各民主党派中央和全国工商联致贺词。周铁农作了题为《高举中国特色社会主义伟大旗帜，全面开创民革工作新局面》的工作报告。

周铁农在报告中回顾了民革十一大以来的工作，总结了过去五年民革全党在参与社会主义现代化建设和加强自身建设实践中的基本经验和体会。报告明确提出了今后一个时期工作的指导思想、总体要求和主要任务。

第一，全面准确学习领会和认真贯彻落实中共十八大精神，提高民革全党的思想理论水平。报告强调，要深刻领会中共十八大的主题、历史地位和时代意义。要坚持联系实际、推动工作、少说空话、多干实事，全面履行好参政党职能。要把全面准确学习领会和认真贯彻落实中共十八大精

神与学习和践行社会主义核心价值体系活动相结合。

第二，强化组织和制度建设，努力把民革建设成为高素质、有作为的参政党。要以政治交接为主线，不断加大组织建设的制度性保障力度。要搞好政治交接和领导班子建设，重点做好后备干部队伍建设工作。要高度重视组织发展工作，建立健全党内监督体系。要坚持把制度化、规范化、程序化作为制度建设的重点，制定和完善各项规章制度，逐步形成按制度办事、靠制度管理的工作理念。

第三，大力加强参政能力建设，进一步做好新形势下的参政议政、民主监督及社会服务工作。要充分发挥人才优势，突出民革特色，继续巩固和加强在“三农”、祖统、社会法制等参政议政重点领域的工作，努力创新参政议政工作的形式、途径、内容与方法。要进一步完善工作机制，大力加强专委会建设，做好搭建参政议政平台的工作。要本着“讲原则、讲真话、讲方法、讲团结”的方针，积极探索、创新民主监督的理论与渠道、途径、方法，不断提高监督意识和监督水平，不断推进民革的民主监督工作。要努力适应经济社会发展的新要求，积极创新社会服务工作的思路、形式与方法，把民革在“三农”、祖统、社会法制等方面的优势、特点与社会服务工作更好地结合起来。

第四，发挥民革优势，坚持民革特色，进一步做好促进祖国和平统一工作。要紧紧围绕两岸关系和平发展的主题，紧紧抓住广泛团结广大台湾同胞这条主线，坚持“和平统一、一国两制”方针，坚持发展两岸关系、推进祖国和平统一进程的八项主张，坚决反对“台独”分裂活动，全面推进民革的促进祖国和平统一工作。要进一步做好涉台参政议政和研究工作。加大做好台湾基层群众工作力度，努力打造对台交流工作新品牌。要完善祖统工作联动协调机制，加强祖统工作干部队伍建设。

民革十二大修改通过产生新的民革章程。新章程根据中共十八大精神，把中共十八大有关指导思想、奋斗目标等重要内容，写入总纲，并对有关表述做适当调整。万鄂湘向大会作了《关于〈中国国民党革命委员会章程〉（修改草案）的说明》。

大会选举产生了由225人组成的民革十二届中央委员会。会议期间举行的中国国民党革命委员会第十二届中央委员会第一次全体会议选举产生了由50人组成的第十二届中央常务委员会，万鄂湘当选主席，齐续春、修福金、刘凡、程崇庆、傅惠民、何丕洁、田惠光、郑建邦、邓力平、刘家强当选副主席。中央主席会议决定由齐续春担任常务副主席。第十二届中央常务委员会第一次会议任命李惠东为第十二届中央委员会秘书长。

2. 第十三次全国代表大会

2017年12月20日至24日，民革第十三次全国代表大会在北京召开。出席大会的正式代表有638人，代表全国127000多名党员。

民革十三大是民革在全面建成小康社会决胜阶段、中国特色社会主义进入新时代的关键时期召开的一次大会。这次会议，对民革进一步夯实共同思想政治基础、进一步履行好中国特色社会主义参政党职能、进一步开创民革事业新局面，具有十分重要的历史意义和重大的现实意义。

这次大会适逢民革成立70周年。中共中央政治局常委、中央书记处书记王沪宁会见与会代表，并代表中共中央向大会致贺词。全国政协副主席、致公党中央主席万钢代表各民主党派中央和全国工商联向大会致贺词。齐续春在中国国民党革命委员会第十三次全国代表大会暨民革成立70周年纪念大会开幕词中强调，民革前辈选择接受中国共产党领导，并在中国共产党领导下为实现中华民族伟大复兴而不懈奋斗，这是民革永不动摇的初心，也是民革70年始终坚持、不断传承的立党之本。

万鄂湘代表民革第十二届中央委员会作了题为《不忘合作初心，筑梦伟大时代，为实现中华民族伟大复兴的中国梦而不懈奋斗》的工作报告。报告回顾总结了民革五年来的主要工作和基本经验，指出民革全党要以习近平新时代中国特色社会主义思想为指导，高举中国特色社会主义伟大旗帜，深入学习贯彻中共十九大精神，继承和发扬孙中山爱国、革命、不断进步精神，全面加强自身建设，积极履行参政党职能，推动民革各项工作取得新的成绩，为把民革建设成为适应新时代发展要求的高素质、有作为的参政党而努力，为决胜全面建成小康社会、开启全面建设社会主义现代化国家新征程作出新贡献。

报告指出，总结民革十二大以来的经验，得到“五个必须”的重要启示：一是必须旗帜鲜明讲政治；二是必须举全党之力抓参政议政；三是必须营造团结与学习的党内氛围；四是必须加强队伍建设和人才培养；五是必须继承和发扬孙中山爱国、革命、不断进步精神。

报告对之后五年的工作作了总体部署。

第一，全面学习领会和认真贯彻落实中共十九大精神。要把深入学习和宣传贯彻中共十九大精神作为首要政治任务，在学懂弄通做实上下功夫，用习近平新时代中国特色社会主义思想武装头脑、指导实践、推动工作，坚决维护习近平同志的核心地位，坚持好、完善好、发展好中国共产党领导的多党合作和政治协商制度。要不断提高思想理论工作水平，以继续开展“不忘合作初心，继续携手前进”主题教育活动为载体，提高思想工作的说服力和感染力。

第二，大力加强组织建设。要加强人才队伍建设，坚持质量、数量并重的原则，抓好党员发展工作和高层次人才工作。要立足政治交接，着眼中央和省级组织换届，在未来发展一批素质高、代表性强、优势突出、具有发展潜力的高层次人才。要加强地方组织建设，探索制定地方组织发展绩效评估办法，做好地方组织发展规划。要加强领导班子建设，进一步增强领导班子的政治把握能力、参政议政能力、组织领导能力、合作共事能力和解决自身问题能力，营造扎实干事、团结和谐的良好工作氛围。要完善内部监督工作制度，提高工作的制度化水平。

第三，更好履行参政党职能。继续坚持举全党之力抓参政议政，提升参政议政、民主监督能力，提高参加中国共产党领导的政治协商水平。要充分重视反映社情民意信息工作，把信息工作作为基础性工作抓紧抓好。紧紧围绕中共十九大报告提出的一系列科学论断，选择中共中央、国务院密切关注的重大问题和涉及广大人民群众对美好生活向往的重要问题，聚焦实施乡村振兴战略、深化依法治国实践、提高保障和改善民生水平、加强和创新社会治理等重大问题，深入开展调查研究，提出真知灼见，协助中共党委和政府做好矛盾化解工作，积极营造团结稳定的社会环境。要继续巩固社会和法制、“三农”、促进祖国和平统一等重点领域的优势，不断提高经济金融领域的研究水平。

第四，持续开展社会服务工作。要聚焦如期完成脱贫攻坚任务。贯彻落实中共十九大有关打赢脱贫攻坚战的部署和有关文件精神，按照“寓监督于帮扶之中，寓帮扶于监督之中”的工作思路，以协助贵州省打赢脱贫攻坚战为出发点和落脚点，集中力量开展脱贫攻坚民主监督，重点关注深度贫困破解之策。要加强社会服务平台建设。支持民革中央企业家联谊会开展工作，办好中山博爱基金会，着力提升民革非公经济人士政治素质和服务社会的能力，发挥民革法律人才优势，推进志愿服务制度化建设，突出民革在书画、社会办学方面的传统特色。

第五，为实现祖国完全统一凝聚力量。要按照中共中央推进祖国统一大业的新理念、新主张、新要求，发挥民革传统优势，不断创新工作思路，努力推进民革祖统工作，为实现祖国完全统一凝聚力量。要提高涉台调查研究水平。要深化交流反对“台独”，加强与台湾所有认同一个中国原则的政党和团体的接触交流，扩大两岸经济、文化等各领域民间交流，特别是将青年一代、基层一线作为重点工作对象，讲好新时代中国故事，促进两岸经济社会融合发展。继续积极参加海外侨界反“独”促统运动，加强与各国侨界的联系，积极创建民革侨务工作的新品牌。

十三大修改通过产生了新的民革章程，确立了将“习近平新时代中国特色社会主义思想”与“邓小平理论、‘三个代表’重要思想、科学发展观”一起作为民革全党的指导思想。修福金向大会作了《关于〈中国国民党革命委员会章程（修正案）〉（草案）的说明》。

大会选举产生了由220人组成的第十三届中央委员会，实现了新老交替，深化了政治交接。会议期间举行的民革十三届一中全会选举产生了由46人组成的第十三届中央常务委员会，万鄂湘当选主席，郑建邦、邓力平、刘家强、李惠东、高小玫、何报翔、张伯军、田红旗、王红、冯巩当选副主席。中央主席会议决定由郑建邦担任常务副主席。第十三届中央常务委员会第一次会议任命李惠东为第十三届中央委员会秘书长（兼）。

（二）以思想政治建设为统领，沿着正确政治方向前进

民革十二大以来，民革全党高度重视思想政治工作，通过召开宣传思想工作会议，民革省级、副省级市组织宣传部门负责人培训班，宣传工作研讨会等，对宣传思想工作进行专门研究部署推动。

2015年11月，民革中央在北京市召开民革全国宣传思想理论工作会议，万鄂湘等民革中央领导出席会议并作重要讲话。万鄂湘强调，思想政治工作绝不能松懈，宣传工作绝不能弱化，理论工作要常抓不懈。2017年9月，民革中央在浙江召开民革宣传思想工作会议。万鄂湘等民革中央领导、各省级组织主委等共同出席会议。万鄂湘强调，意识形态工作不容有失。民革广大党员，特别是各级领导干部，在原则问题上，脑子要特别清醒、眼睛要特别明亮、立场要特别坚定、表达要特别精准，不能出丝毫偏差。

为全面加强思想政治建设，推动民革宣传思想工作发展，民革全党主要做了以下几方面工作。

1. 以学习实践活动、主题教育活动为主线，不断提高民革全党思想政治建设水平

2013年至2017年，民革全党精心组织、认真开展坚持和发展中国特色社会主义学习实践活动，以此为主线，深入学习贯彻中共十八大，十八届三中、四中、五中、六中全会精神，认真学习习近平新时代中国特色社会主义思想，不断加强自身建设，夯实共同思想政治基础，积极为坚持和发展中国特色社会主义贡献力量，并取得了显著成效。

2013年4月，民革中央下发了《关于纪念中共中央“五一口号”发布65周年，深入开展“薪火相传，圆多党合作之梦”学习教育活动的通知》和《试点工作方案》，在全党深入开展“薪火相传，圆多党合作之梦”学习教育活动。

10月，民革在全党开展坚持和发展中国特色社会主义学习实践活动。民革中央中心学习组举行扩大会议，部署开展学习实践活动，民革中央领导同志先后在《团结报》上发表署名文章。12月，民革十二届二中全会审议并通过《民革中央关于开展坚持和发展中国特色社会主义学习实践活动的决定》，并于会后召开学习实践活动动员培训会。

民革十二届二中全会要求，要把坚持和发展中国特色社会主义学习实践活动，作为学习贯彻中共十八大和十八届三中全会精神的聚焦点、着力点、落脚点，以学习实践活动统领民革自身建设，巩固多党合作的政治基础。要强化思想建设，把“薪火相传，圆多党合作之梦”学习教育活动与坚持和发展中国特色社会主义学习实践活动结合起来。要积极利用自身宣传阵地、社会主流媒体及新媒体，宣传好民革各级组织开展学习实践活动的先进经验和党员干部先进事迹。要大力推进民革前辈史料收集、生平事迹研讨会、纪念场馆保护利用等工作，将民革传统和基本特色融入坚持和发展中国特色社会主义学习实践活动之中。

民革中央制定了《民革坚持和发展中国特色社会主义学习实践活动实施方案》，使活动有部署、有抓手、有辅导、有督导，组织了一系列特色鲜明的活动，对民革各级组织开展学习实践活动提出了具体要求。学习实践活动以坚持和发展中国特色社会主义为主题，以学习贯彻中共十八届三中全会精神为重点，坚持“自觉、自主、自为”的原则，通过成立活动领导小组和办公室、制定具体规划、编发学习资料、撰写理论文章、召开报告会、培训班、研讨会等多种形式，将活动覆盖到所有基层组织，使民革各级干部和广大党员能够深入理解和把握中国特色社会主义的主要内涵和基本特征，统一思想认识、传承优良传统、巩固政治基础、加强自身建设，切实履行好参政党职能。2014 年 3 月、2015 年 10 月，民革中央先后编印了《民革坚持和发展中国特色社会主义学习实践活动学习读本》《中国特色社会主义学习实践活动民革党员应知应会知识手册》下发民革各级组织和广大党员，以方便广大党员干部的学习。

民革中央主席班子采取“分片包干”的形式，实现省级组织全覆盖，形成了领导同志带头、广大党员积极参与的良好态势。各级组织积极创新活动方式，丰富活动内容，通过学习培训、交流座谈、辅导讲座、演讲征文、表彰优秀等形式把学习实践活动推向深入，广大党员的思想政治素质得到进一步提高。

宣传优秀党员，树立民革良好社会形象。2015 年起，民革中央组织力量撰写并出版了《亲历者赞——民革人物报道集》第一至第六辑，由团结出版社出版。丛书约 150 万字，收录了 106 位获得国家级表彰和曾任、现任全国人大代表、全国政协委员的民革党员的先进事迹，展示了民革党员作为中国特色社会主义事业的亲历者、实践者、维护者、捍卫者的风采。福建泉州民革党员、援疆医务工作者蔡立忠同志的事迹引起了强烈反响，中共泉州市委、市政府将他树立为模范典型，并下发文件号召全市党员干部向他学习。2015 年 2 月，民革中央发出关于开展向蔡立忠同志学习活动的通知，并将其作为学习实践活动的一项重要内容。《团结报》、《团结》杂志、民革中央网站推出长篇人物通讯《蔡立忠：一个纯粹的人》，得到全国政协主席俞正声的高度评价，并在民革党员中引起很大反响。2016 年 3 月，民革中央下发通知，开展向“宝贝回家寻子网”创始人、感动中国 2015 年度十大人物张宝艳、秦艳友同志学习的活动，并以此作为 2016 年学习实践活动的一项重要内容。

2016 年，民革中央下发《关于开展“不忘合作初心，继续携手前进”主题教育活动的通知》，把主题教育活动作为学习实践活动的重要内容和载体，精心组织，扎实推动，深入开展。民革各级组织精心开展形式多样的学习活动，领导干部带头谈学习体会、撰写文章，带动广大党员深刻理解“不忘合作初心，继续携手前进”的重大意义。

2017年，民革十三大明确提出要求，要继续开展“不忘合作初心，继续携手前进”主题教育活动。民革全党深入开展主题教育活动，坚持把思想政治建设放在首位，牢记民革最大的政治使命就是坚定不移接受中国共产党领导，始终在思想上政治上行动上同以习近平同志为核心的中共中央保持高度一致。同时建立起中心学习组集体学习、主席班子务虚会、主题报告会、中常会学习讲座、中央委员培训学习、机关干部轮训等相结合的学习体系，深入学习贯彻习近平新时代中国特色社会主义思想和中共十九大精神。

2018年，结合纪念中共中央发布“五一口号”70周年、民革成立70周年和庆祝改革开放40周年，民革中央开展了内容丰富、形式多样的主题教育活动。1月14日，民革中央在北京举行“不忘合作初心，继续携手前进——纪念民革成立70周年”知识竞赛决赛，30个民革省级组织均派代表队参加。经过多轮次的激烈角逐，最终湖南、陕西、宁夏代表队分别获冠、亚、季军。4月20日，民革中央中心学习组召开了纪念中共中央发布“五一口号”70周年学习座谈会。座谈会采取读书会的形式，中心学习组成员就学习中共中央发布“五一口号”相关文献的心得体会进行了分享交流。5月24日，民革中央在北京举办“不忘合作初心，继续携手前进”——纪念中共中央发布“五一口号”70周年朗诵会。朗诵会进行了现场网络视频直播。以上系列活动使广大党员加强了对“五一口号”历史地位和进步作用的理解，深化了对这一历史事件赋予新时代的现实意义的认识。4月起，民革中央开展了庆祝改革开放40周年主题征文活动，共收集征文600余篇。12月17日，民革中央庆祝改革开放40周年座谈会在北京召开。在座谈会上，民革中央领导为征文活动获奖代表颁奖。万鄂湘在会上表示，对改革开放40周年的最好庆祝和致敬，就是按照习近平总书记提出的“四新”“三好”要求，为改革开放再出发贡献更大力量。

★ 2018 年 1 月，“纪念民革成立 70 周年”知识竞赛现场。

★ 2018 年 5 月，民革中央举办“不忘合作初心，继续携手前进”——纪念中共中央发布“五一口号”70 周年朗诵会。

★ 2019 年 9 月“不忘合作初心，继续携手前进”——庆祝中华人民共和国成立 70 周年演讲比赛参赛选手合影。

2019 年，民革以主题教育活动为主线，扎实开展思想政治建设年各项工作。在全国上下共庆中华人民共和国 70 华诞之际，民革中央领导同志在人民网和《人民政协报》《中国政协》《团结报》等主流媒体发表寄语和署名文章，隆重庆祝中华人民共和国成立 70 周年和中国人民政治协商会议成立 70 周年。2019 年 9 月，民革中央在全党举办了“不忘合作初心，继续携手前进”——庆祝中华人民共和国成立 70 周年演讲比赛。通过选手的演讲，重温民革的初心和使命，歌颂多党合作的辉煌历程，赞美中华人民共和国 70 年的发展成就，达到以活动促进学习、以学习深化共识的目的。

5 月底，民革召开思想政治建设研讨会，明确了新时代民革思想政治建设的着重点。7 月，民革召开十三届七次中常会，专题研究部署民革思想政治建设等工作。会后，民革中央印发了《关于加强思想政治建设的意见》和《“不忘合作初心，继续携手前进”主题教育活动实施方案》，对全党的思想政治建设和主题教育活动做出部署安排。

民革中央领导班子成员带头开展主题教育。通过主题教育活动专题会、民主生活会、中心组学习座谈会、主席办公会、支部活动等形式，开展理论学习研讨，进行批评与自我批评，深刻剖析检视问题，列出问题清单对照整改。8月底，万鄂湘赴辽宁就主题教育活动作首站专题调研。9月至11月，郑建邦在上海、广东、吉林、贵州等地和民革中央机关为党员作了"中国近现代政党制度发展之路"等主题教育宣讲。10月起，按照《民革中央主席班子成员联系省级组织制度》的要求，主席班子成员参加了全部30个所联系省级组织领导班子民主生活会，督促查摆整改，增强主题教育活动对省级组织自身建设的引领作用。

2. 加强学习研究，夯实新时代团结奋斗的共同思想政治基础

民革全党以学习贯彻习近平新时代中国特色社会主义思想为首要政治任务。万鄂湘在《人民日报》《求是》《人民政协报》《中国统一战线》《团结报》等报刊发表《参政党要做社会主义协商民主的全力推动者》《共同开创新形势下统战工作新局面》《继承和发扬民革优良传统　筑梦伟大新时代》《砥砺前行忆往昔　风好扬帆正当时》《彰显大国自信　指引工作方向》等署名文章，带动全党形成良好的学习氛围。

民革中央中心学习组每年召开专题座谈会，把认真学习习近平新时代中国特色社会主义思想作为主要学习内容，认真学习中共十八大、十九大及历次中央全会精神，学习习近平总书记系列重要讲话精神。中共十九大召开后，民革十二届二十次中常会作出《关于学习贯彻中国共产党第十九次全国代表大会精神的决定》，要求全党认真学习宣传贯彻中共十九大精神和习近平新时代中国特色社会主义思想，在学懂弄通做实上下功夫，用习近平新时代中国特色社会主义思想武装头脑、指导实践、推动工作。2015年，民革中央组织全党认真学习贯彻宣传中央统战工作会议和《中国共产党统一战线工作条例（试行）》等重要文件精神。2016年，民革中央把学习"七一"重要讲话精神与学习习近平总书记系列重要讲话精神相结合，作为学习实践活动的核心内容。民革中央下发《关于认真学习习近平总书记在庆祝中国共产党成立95周年大会上的重要讲话精神的通知》，号召民革各级组织和广大党员持续深入学习"七一"重要讲话精

神。2017年，下发《民革中央关于认真学习贯彻习近平总书记“7·26”重要讲话精神的通知》。2018年，下发《民革中央关于开展学习贯彻习近平总书记关于加强和改进人民政协工作的重要思想活动的通知》。2019年，民革中央办公厅下发《关于学习贯彻落实习近平总书记在中央政协工作会议暨庆祝中国人民政治协商会议成立70周年大会上的重要讲话精神的通知》。

坚持和大力弘扬孙中山精神。2013年9月，在广东省中山市召开了孙中山研究学会理事会换届暨“拓展孙中山研究新境界”学术研讨会，并在孙中山故居纪念馆举行了中国国民党革命委员会孙中山研究基地揭牌仪式。2014年6月，召开中国辛亥革命研究会理事会换届暨“拓展辛亥革命研究新境界”学术研讨会。两个研究会成功换届，进一步充实了研究队伍，提高了理事会整体研究水平，为进一步推进孙中山和辛亥革命研究打下了坚实基础。2015年12月，民革中央孙中山研究学会、中山市政协在广东中山联合举办“孙中山振兴中华的理想与中国梦”学术研讨会。2016年，隆重纪念孙中山先生诞辰150周年。民革各级组织和广大党员认真学习习近平总书记在纪念孙中山先生诞辰150周年大会上的重要讲话，弘扬中山精神，进一步坚定为维护两岸和平发展、实现中华民族伟大复兴而团结奋斗的信念。万鄂湘在《求是》杂志发表署名文章《继承中山精神　继续携手前进》。《团结报》、团结网刊发两千余篇纪念专题文章，《团结》杂志开设“孙中山振兴中华与中国梦”专栏，团结出版社推出《孙中山大传》《孙中山文集》等图书。2019年，在南京举办孙中山实业思想与民族复兴学术研讨暨民革中央孙中山研究学会第六届理事会换届会议。

深入开展中国特色社会主义参政党理论等研究。民革中央理论研究和学习委员会就政协协商与公共政策、发挥参政党在政协作用、社会主义协商民主乡镇治理创新等主题开展多次学术研讨与调研。2014年，民革中央赴5省调研民革地方组织参与协商民主现状并向中共中央提交《关于民革组织参与协商民主现状的调研报告》，得到俞正声同志批示。民革中央与上海师范大学联合成立了协商民主与公共政策研究中心，就民主党派参与公共政策评估的协商民主试验等开展调研并举办学术研讨会，取得了一系列成果，《团结》杂志出版了增刊《协商民主与公共政策》，新设了“协商民主与公共政策的理论研究”专栏。

促进民革优良传统的学习和研究。2013 年到 2014 年，民革在全党内开展了民革前辈史料采集工作，为民革前辈中年事已高的黄埔老人、抗战老兵和民革老领导留下了珍贵的影像资料。2013 年 8 月，民革中央下发了《关于开展抢救性采集民革前辈史料工作的通知》。9 月，在湖南长沙召开了民革前辈史料收集工作现场会。在民革 30 个省级组织和团结出版社的积极参加下，共采访了 227 名抗战老兵和民革前辈，采集高清视频 16000 多分钟、容量 7700 多 GB。史料采集工作为民革保存了数量可观的第一手珍贵资料，为民革党史研究与宣传奠定了坚实的基础。2015 年 10 月，在北京召开民革前辈史料采集工作表彰会。2020 年 1 月，在全党范围内开展民革党史文献和实物情况摸底工作，以充分了解民革史料保存、利用情况。

2017 年，民革中央举办了“不忘合作初心，继续携手前进”——民革优良传统巡回讲座，有近万名民革党员现场聆听。万鄂湘出席 4 月在北京的首场报告活动并在开讲动员讲话中指出，民革优良传统是民革历史的生动写照和高度升华，是民革全党继往开来的精神动力和宝贵财富，近 70 年来，民革形成了许多无比珍贵的优良传统，其中“不忘初心，坚定不移地接受中国共产党领导；携手前进，致力于国家富强、民族复兴、人民幸福；继承和发扬孙中山爱国、革命、不断进步精神；发挥优势，积极促进祖国和平统一”这四点，是民革优良传统的核心。

2019 年，民革中央结合主题教育活动和庆祝新中国成立 70 周年活动，编辑出版了《民革与新中国的建立》《民革前辈与新中国》两本图书。这两本图书呈现了民革和民革前辈们在参与中华人民共和国建立和建设历史进程中的奋斗和贡献，反映了中华人民共和国成立前后民革组织和民革前辈们坚定的政治选择、进步的政治追求、高尚的政治情操，以及中国共产党领导的多党合作和政治协商制度的发展历程。同时，两本图书为党员学习多党合作历史和民革优良传统提供了生动教材，得到汪洋同志的充分肯定。

3. 与时俱进，注重宣传效果，不断扩大民革社会影响力

民革中央充分利用好《团结报》、《团结》杂志、团结出版社等传统媒体和单位，建好管好用好民革中央网站、民革微信公众号等新媒体平台，增强阵地意识，加强正面引导，弘扬正能量。《团结》杂志不断提升办刊质量和学术水平，入选 2018 年度中国人文社会科学期刊（A 刊）扩展期刊，入选社会科学评价中心引文数据库来源期刊，并顺利通过第二批全国学术期刊认定，影响因子指数在统战系统刊物中位居前列。2019 年，《团结》杂志开设“民革与新中国的建立”等特色专栏，用生动事例讲好民革故事。民革中央网站经过不断发展和完善，已经成长为特色鲜明、内容丰富、实用性强的党派中央网站，在宣传我国多党合作制度、宣传民革工作、对党员开展思想教育等方面取得了显著成效。网站突出权威性、理论性和资料性，积极探索移动端建设，年发稿量突破一万篇，居统战系统网站前列。学习实践活动期间，民革中央网站开设了“亲历者赞”“捍卫者说”“实践者行”等专题，得到中共中央统战部高度肯定。2017 年，民革中央开通了民革微信公众号。公众号开通运营后，建成中央、省、地市三级联动微信矩阵，新闻报道水平、稿件数量质量、内容展示效果和用户浏览体验等方面进一步提升，社会影响力不断扩大，“动动手指宣传民革”蔚然成风。

宣传民革履职尽责的成功实践，讲好多党合作故事。民革中央进一步加强与《人民日报》、新华社、中央电视台等主流媒体的合作，提升自有媒体影响力，加大对民革自身建设和参政议政成果的宣传力度，及时充分多渠道宣传民革各项工作。积极宣传民革代表性人物及其先进事迹，提高民革组织认知度。每年两会期间，集中向新闻媒体介绍民革的重点提案和大会发言，联系安排民革中央领导同志和党员中的人大代表、政协委员接受主流媒体的专题访谈和采访。积极向主流媒体介绍民革重要的履职成

果，《人民日报》、新华社、中央电视台等中央级媒体采编了一批有影响、有分量的民革要闻。

《团结报》积极顺应改革发展大势和传媒格局新变化，紧紧围绕“服务民革事业、服务多党合作”这个大局，牢牢把握“提高新闻传播力、增强舆论引导力、扩大社会影响力、提升媒介公信力”这个关键，构筑了包括《团结报》、团结网、法人微信微博、多媒体阅报屏、团结舆情、移动客户端等在内的“六位一体”发展平台，促进报网融合，努力发挥民革中央机关报、统战主流新媒体的独特作用。为纪念中国人民抗日战争暨世界反法西斯战争胜利 70 周年，团结报社自 2014 年 9 月起，组织了“镜头中的抗战老兵·团结行”系列活动。2015 年 8 月中旬，正式出版《山河记忆——镜头中的抗战老兵》。2017 年，《团结报》首次入选“全国百强报刊”，“多党合作制度宣传融媒体平台建设项目”获得国家支持。2019 年，团结报社以庆祝新中国成立 70 周年为主题主线，与“人民政协成立 70 周年、多党合作制度确立 70 周年”报道有机融入、有效衔接，独家策划“壮丽 70 年，最美同心圆”等系列报道。2020 年，重点报道了民革组织和广大党员参与新冠肺炎疫情防控的难忘历程和感人故事，生动展现了各民主党派履行参政党职责的担当作为和动人画卷。历史上首次推出 32 个全彩印刷版面——“民主党派战‘疫’同心曲——好参谋、好帮手、好同事”特刊，全景展示民主党派各级组织及广大成员全力以赴投入疫情防控阻击战的生动故事。

团结出版社坚持正确政治方向、出版导向、价值取向，坚守底线，不碰红线，严把图书出版导向关，坚持走中小出版社“专精特新”的发展之路，努力为民革工作服务、为统战工作服务。2012 年至 2019 年，出版社出版了一大批具有广泛社会影响力的精品图书，六次被评为“中国图书海外馆藏影响力出版 100 强”。2013 年，“中国梦”学生系列读本得到教育部的高度肯定，并进行全国推广；2015 年，《虎贲万岁》被中宣部、新闻出版广电总局列入“百种抗战”经典图书；《抗日战争与中华民族复兴》丛书荣获第四届中国出版政府奖提名奖第五名；2017 年，孙春兰同志主编的《大道》入选《中华读书报》年度百佳作品，被中央统战部指定为各党派的学习用书；在优秀传统文化的出版方面，推出了《群书治要》《谦德国学文丛》《中华传统美德青少年读本》《给孩子讲论语》《讲给孩子的国学经典》等国学图书，成为特色图书品牌。团结出版社积极促进数字出版转型升级和新媒体融合发展。2013 年，在“人物传记音视网”的基础上进行“中国近现代名人传记多媒体数据库”的建设；2016 年，开发了全流程服务平台“人物传记（非虚构）多媒体服务平台 App”。出版社还加强与各级民革组织的紧密联系，为各级组织建设民革党员之家、民革书屋提供服务。2019 年 3 月，团结出版社转制更名为团结出版社有限公司。改制以来，团结出版社有限公司积极探索符合新时代要求的发展方向与模式，产品特色有了新气象，导向把关有了新提高，选题策划有了新创意，图书质量有了新品质。

4. 积极打造思想政治建设新阵地新平台，不断提升思想政治工作实效

民革中央领导在调研过程中发现，一些基层支部在开展活动时还存在无固定场所、无经费保障、时间也无法保证的“三无”现象。长期以来，“三无”对于全国各地的基层民革组织来说，几乎是一个共性的难题，影响了基层组织的活力和凝聚力。为此，民革中央在全党发出建设民革党员之家的号召，先后下发通知，召开现场推动会、中期推进会、表彰会，加以部署推动。建设民革党员之家，是民革为基层组织和党员创造良好工作和活动条件的创新举措，是加强和改进思想政治工作的重要阵地，是增强组织凝聚力和向心力的有效平台，是提升参政党履职能力的有力抓手。

2017 年 9 月，民革中央在浙江省召开民革党员之家建设调研暨现场推动会，总结和推广建设民革党员之家的做法和经验。9 月 18 日，万鄂湘在参加民革杭州西湖区基层委员会的座谈时说：“我曾有一个梦想，希望所有民革党员，走遍全国都能看到自己的家。”2018 年 9 月，民革中央决定在浙江省德清县莫干山镇设立“民革莫干山之家”，以此作为民革开

展学习、宣传、教育等活动的场所和阵地。12 月，民革中央制定下发《关于做好“民革党员之家”建设的通知》，要求各地高度重视民革党员之家建设工作，大力推动民革党员之家建设；强化民革党员之家阵地意识，凝共识，聚人心，扩大民革的社会影响；将民革党员之家打造成为民革形象宣传阵地、提升组织活力阵地、优良传统教育阵地。

2019 年 6 月，民革中央在广州召开民革示范支部创建、党员之家建设中期推进会，交流各省工作开展情况，对进一步建好、用好民革党员之家提出明确要求。在民革各级组织和广大党员的共同努力下，民革党员之家建设扎实推进，建家数量初具规模、建家方式合理多样、用家方式丰富多彩，呈现出遍地开花、辐射带动、成效显著的局面。12 月，民革中央从已建成的 1611 个党员之家中评选表彰了 200 个“优秀民革党员之家”，并对建好用好党员之家，不断提升组织凝聚力提出了新的要求。2020 年，赴广西、湖北、福建等地对管好用好党员之家进行深度调研。

以“观故居，走多党合作之路”活动为载体，积极推动民革党史教育基地、民革党员教育基地建设，进一步拓展优良传统教育的水平。2011 年，民革中央下发《关于开展“观故居，走多党合作之路”活动的决定》，得到了各级民革组织的积极响应。2015 年，民革中央宣传部下发了《关于继续组织好“观故居，走多党合作之路”活动的通知》，以此作为继续深入开展坚持和发展中国特色社会主义学习实践活动的一项重要内容。据不完全统计，活动开展以来，共有上百个民革组织开展了活动，各级组织参与党员数万人次，在各种报纸和网站上发表文章近千篇，举行座谈会近百场，其中包括与纪念场馆所在地统战部门、政协组织之间的座谈。有的支部还根据自身情况，以读书、写作来响应活动的开展，丰富了活动的形式和内容。党员们还纷纷以诗歌、散文、书画等形式，表达了坚定走中国特色社会主义道路的信心与决心。

探索利用纪念场馆进行爱国主义和革命传统教育的新途径、新办法。2012 年 7 月，何香凝生平事迹研讨会暨民革前辈纪念场馆联谊会第一次年会在广州市召开。2012 年至 2019 年，民革中央共召开了六次民革前辈纪念场馆联谊会会议，分别在何香凝、朱蕴山、邓宝珊、蒋光鼐、孙越崎、柳亚子等民革前辈纪念场馆所在地，就民革前辈的生平事迹及民革前辈纪念场馆保护与利用工作进行研讨。民革中央还组织编辑出版了民革前辈纪念场馆丛书。出版了《李济深与苍梧故居》《王昆仑与太湖别墅》《朱学范与枫泾故居》《朱蕴山与六安纪念馆》《龙云与昭通龙氏家祠》《刘文辉与安仁故居》等，为民革党史宣传提供了新的资料和素材。

民革中央积极推动了30多处民革前辈纪念场馆的保护和开发利用。选取与民革组织联系紧密、有一定社会影响、管理较为完善的纪念场馆命名为民革党史教育基地和民革党员教育基地，为民革组织开展活动、民革党员学习党史提供平台。为进一步规范民革党史、党员教育基地的管理，民革中央还下发了《民革教育基地管理办法（试行）》，严格申请审核工作，提升相关管理工作水平。截至2020年10月，民革中央已经命名民革党员教育基地16处、党史教育基地17处。2019年，在民革中央与安徽、湖南、广东等省级组织的共同推动下，张治中故居、野寨抗日阵亡将士公墓、程潜公馆、湘西雪峰山会战旧址、蒋光鼐故居等5家场馆成功申报第八批全国重点文物保护单位，大大提升了民革前辈纪念场馆的社会知名度和影响力。

（三）全面加强组织建设，努力夯实组织基础

民革十二大以来，民革全党以建设高素质参政党为目标，全面加强组织建设，组织建设各项工作都取得了显著进步，为民革更好地履行参政党职能，实现民革可持续发展提供了坚强的组织保障。

2014年，民革全国组织工作会议在北京召开。会议明确了今后一个时期民革组织建设的指导思想是：“深入学习贯彻中共十八大和十八届三中、四中全会精神，深入学习贯彻习近平总书记系列重要讲话精神，围绕全面建成小康社会、全面深化改革、全面推进依法治国的战略部署，以建设高素质参政党为目标，全面推进领导班子建设、后备干部队伍建设、组织发展和基层组织建设，切实增强各级组织的凝聚力和战斗力，为民革全

面履行参政党职能提供坚实的组织保证。”会议提出了组织建设的工作重心和到2020年的总体目标，要求根据民革全党和各省实际情况，着眼于组织建设总体目标，认真研究，精心编制组织建设规划，以规划为蓝本，健康有序地做好今后一个时期的组织建设工作。这次会议以后，组织建设的工作思路从侧重组织事务性工作转向认真研究谋划民革全党自身建设的组织战略和组织保障工作。在这一工作思路指导下，民革各级组织认真落实中央要求，推动组织建设更好地服务于全党工作重点，通过扎实细致、开拓创新的工作，组织建设呈现出良好的发展态势，不断取得新的成绩。

2015年6月，民革组织工作座谈会在山东淄博召开。会议围绕中央与省级组织联动协作机制、民革组织发展规划、高层次人才发展、实职干部培养与推荐、2015至2020年民革全党培训规划、示范性支部建设及支部志愿活动进社区等七个课题开展深入研讨，达到了统一认识、明确方向、推动民革组织建设更加健康发展的目的。

2018年，万鄂湘在民革十三届三次中常会上作了题为《全面加强自身建设，努力建设高水平的新时代中国特色社会主义参政党》的讲话。讲话指出：“组织建设是参政党自身建设和履职能力建设的基础性工程，是提高整体素质、建设新时代高水平参政党的根本保证，要全面加强组织建设，努力夯筑扎实的组织基础。”7月，民革全国组织建设工作会议暨省级组织组织处长会议在北京召开，郑建邦在开幕会上对贯彻落实民革十三届三次中常会精神、做好今后一个时期组织建设的工作任务提出了明确具体的要求。民革全党贯彻落实会议精神，围绕高层次人才发展、地方组织建设、示范支部创建、制度建设及内部监督等重点工作，全面加强组织建设，各项工作都取得了新的进展。

2019年9月，民革中央在内蒙古召开民革全国组织工作研讨会，确定了今后一个时期的组织工作重点，包括全面加强领导班子建设、稳妥有力推进党员发展工作、科学谋划合理布局地方组织建设、积极配合做好民革代表人士队伍建设工作、切实加强基层组织建设等方面。

民革全党不断完善组织工作制度和机制，提高组织工作科学化水平。民革中央依据《民革章程》，在总结工作经验和征求各方意见的基础上，对《基层组织工作条例》等五个组织工作文件进行修订，使组织工作机制更加适应新时代民革组织工作的要求。探索实行地方组织发展绩效评估制度，发挥《组织工作通讯》等平台作用，有效推动了地方组织工作均衡发展。民革中央建立与省级组织联动协作机制，着眼于民革组织建设基础性、全局性、长远性问题，就组织建设的各项工作与省级组织联合开展专题调研，认真研究解决组织建设存在的问题和困难，提出解决问题的对策和措施，指导民革各级组织做好组织建设各项工作。

民革十三届三中全会把2020年确定为民革组织建设年。2020年2月，民革中央印发《2020年民革组织建设年工作方案》，明确了民革组织建设年的主要任务，即：以习近平新时代中国特色社会主义思想为指导，不断增强“四个意识”、坚定“四个自信”、做到“两个维护”，贯彻落实“三个文件”精神，深入践行“四新”“三好”要求，落实民革十三大和十三届三中全会提出的工作任务，全面提升全党组织建设水平，为建设高水平新时代中国特色社会主义参政党打下坚实的组织基础。同月，万鄂湘发表书面部署讲话，强调各级组织要学懂学透中央精神，对标对表，全面推进各项工作。8月，民革十三届十一次中常会专题研究部署组织建设工作。万鄂湘在讲话中指出，加强组织建设是建设高水平参政党的基础工程。组织建设是参政党组织体系、组织功能、组织制度和组织力的综合体现。民革要努力建设成为政治坚定、组织坚实、履职有力、作风优良、制度健全的高水平新时代中国特色社会主义参政党，必须要有坚实的组织基础。万鄂湘要求，当前和今后一个时期，民革各级组织要以贯彻落实中共中央关于加强参政党建设“三个文件”精神为主线，积极巩固已有成绩，高度重视存在的问题，毫不松懈推进和加强组织建设，全面提升全党组织建设水平。会议审议并通过了《民革中央关于加强组织建设的意见》，为更好地开展今后一个时期组织建设工作提供了有力指导。

1. 大力加强领导班子建设，打造各级组织坚强领导集体

民革全党始终把加强领导班子建设放在突出位置，用政治交接统领领导班子建设的各项工作，切实加强领导班子的思想建设、制度建设和作风建设，各级组织领导班子的战斗力、凝聚力、向心力明显增强。2018 年，万鄂湘在十三届三次中常会上提出，各级组织领导班子要认真总结、学习领导班子建设经验，全面加强“五种能力”建设，打造“讲政治、重团结、干实事”的坚强领导集体。民革各级组织落实中央要求，充分发挥领导班子示范引领作用，统筹谋划民革事业发展。

各级组织在换届后把加强领导班子思想建设放在首位，以政治交接为主线，加强统一战线和多党合作光辉历史和优良传统的学习。民革中央通过建立中心学习组集体学习、主席班子务虚会、中常会学习讲座、中央委员培训学习、机关干部轮训等相结合的学习体系，深入学习贯彻习近平新时代中国特色社会主义思想和中共十九大精神。民革中央领导班子带头学习、带头宣讲、带头实践，带动全党形成良好的学习氛围，推动思想政治建设往深里走、往实里走、往心里走。

各级组织把团结作为领导班子建设的重要课题，像爱护眼睛一样爱护团结，满怀对民革事业的热情和忠诚，想大事、抓大事。认真贯彻执行民主集中制，完善领导班子议事规则，提高整体决策水平。落实民主生活会制度，开展批评与自我批评，增进班子团结，凝聚队伍合力。2018 年开始，民革中央主席班子每年召开一次民主生活会，万鄂湘代表主席班子做对照检查，主席班子成员逐一发言，开展批评与自我批评。通过民主生活会，达到统一思想、促进团结、互相监督、共同提高的目的。

2019 年，各民主党派中央协商形成了《各民主党派中央关于建立健全领导班子民主生活会制度座谈会纪要》。2020 年，民革中央制定出台了《民革中央关于建立健全领导班子民主生活会制度的意见》，进一步明确了中央和地方组织领导班子民主生活会的主题内容、会议程序、参加范围和要求等，更加具有可操作性。该意见对加强各级组织领导班子建设、促进班子团结、规范民革政治生活具有重要意义，是发扬党内民主、加强内

部监督、提高领导班子解决自身问题能力的重要举措。

2018年，民革中央建立了领导班子成员联系省级组织制度，加强对各省级组织的联系和指导。领导干部带头参加支部活动，到地方开展活动期间积极走访看望党员干部，加强同基层党员的联系，团结带动广大党员增进共识、发挥作用。各级领导班子发挥好“关键少数”的表率作用，形成了团结出凝聚力、出战斗力，也出好干部的良好态势。

民革各级组织领导班子把参政议政放在最重要工作位置，充分发挥界别特色和人才优势，根据本地区实际和党员特点，集体商定年度调研主题，制订年度调研计划，聚焦推动高质量发展、保障和改善民生、打赢三大攻坚战等重大课题，深入开展调查研究，为中共党委和政府提供有价值的决策参考。各级组织领导班子高度重视自身建设，紧紧抓住思想政治教育、高层次人才发展、干部队伍建设、基层组织活力提升等重点环节，摸清情况、找准问题、确定目标、落实对策，使民革自身建设取得了良好的成效。

2. 坚持标准注重质量，做好党员发展

民革十二大以来，党员发展工作着眼于多党合作事业全局和民革事业发展，始终牢固树立人才意识，把吸引人才、引进人才作为全党长期坚持的一项重要战略性任务。2014年，万鄂湘在十二届六次中常会上指出：“民革各级组织要按照‘质量与数量并重，质量优先’的原则，和发展‘中上层人士’的要求，兼顾民革特色范围，下大力气发展一批优秀党员，改善党员结构和质量，为民革事业的长远发展固本强基。”各级组织严格按照组织发展有关文件要求，坚持把党员发展与履行参政党职能、加强人才队伍建设相结合，发展了一批高素质、高层次的优秀人士。

社会和法制方面的专业人士确定为民革发展主体对象之后，一大批这方面的优秀人才加入民革，为民革特色发展注入了新的活力。民革以国家加强立法、执法、司法队伍建设，畅通立法、执法、司法部门相互之间及与其他部门的干部人才交流渠道为契机，吸收和培养了一支优秀的法制人才队伍，为民革围绕全面推进依法治国开展参政议政工作提供了人才支

撑。通过加强对社会领域优秀人士的吸收和培养力度，壮大了民革在国家民生建设方面的参政议政力量，为民革参政议政工作重点领域输送了新鲜血液。截至2019年年底，民革党员中司法机关界别共有1461人，社会团体界别共有1293人，在全国各级司法机关担任处级以上职务的共有100人。

2019年6月，各民主党派中央在协商一致基础上提出了新时代组织发展要坚持“三个为主”的基本方针，坚持发展与巩固相结合，坚持质量优先，坚持体现党派界别特色；民革的重点分工领域增加了“三农”研究领域专业人士。2020年，民革中央结合新形势下民革的工作任务和组织工作实践需要，制定了《民革中央关于新时代组织发展工作的意见》，对民革重点分工领域范围进行明确界定，要求各级组织在继续做好传统渊源人士发展的同时，重视新增领域的党员发展，优化民革的党员特色结构。按照这一组织发展意见要求，民革中央每年制定党员发展年度规划，以确保党员发展工作更加规范，党员队伍质量进一步提升、结构进一步优化。

2015年，民革组织工作座谈会提出：“各级组织要适应参政议政工作的需要，在保持界别重点分工的前提下，适当发展其他方面的高层次人才，积极努力把业务精湛、政治成熟、影响广泛的党外代表人士更多地吸收进来。”民革中央专题研究中央国家机关及直属单位、部分省市的高层次人才发展工作，探索建立与中央国家机关、高等院校及科研院所中共党委统战部门的日常联络沟通交流机制，密切与国务院国资委等部门的联系，加强国有企业中高层次人才发展工作。2017年起，民革将发展高层次人才确定为组织工作的一项重点工作。8月，民革中央在吉林首次召开部分省市民革高层次人才发展座谈会，提出了高层次人才发展的阶段性目标，并决定在北京等10个省级组织先期开展这项工作，次年又增加了安徽等3个省级组织。万鄂湘在2018年民革十三届三次中常会上的重要讲话中进一步强调：“在一至两届时间内逐步解决民革高层次人才不足的问题，为民革的人才队伍建设和可持续发展打下良好的基础。”2019年，民革中央将30个省级组织全部纳入高层次人才发展工作中，并制订了高层次人才年度发展计划。2020年，民革中央对高层次人才范围进行了界定。民革中央领导率先垂范，赴各地开展高层次人才发展专题调研，对当地的高层次人才发展工作起到了积极的推动作用。各省级组织领导班子高度重视高层次人才发展工作，落实一把手负责制，主委或分管组织的副主委亲自筹划和联系。在中央和地方的共同努力下，一批政治素质高、履职能力强、代表性突出的高层次人才加入民革，民革人才队伍得到充盈，党员发展水平得到有效提升。到目前为止，民革共有1200余位高层次人才。

民革中央着眼组织发展中的重点、难点问题，持续开展调查研究。2015年年底，为进一步了解掌握党员发展情况，深入剖析党员发展过程中存在的问题及产生原因，民革中央选取典型地区的省级和省辖市级地方组织，开展了党员发展工作专项调研。2016年7月，民革中央与山东省委会、福建省委会组成联合调研组，开展组织发展专项调研，分析省以下地方组织建设中存在的问题和困难，提出解决对策和建议，形成了《民革组织发展调研报告》。2018年，针对新疆党员发展呈现出停滞态势、所属部分地方组织出现萎缩的问题，民革中央赴新疆进行深入调研，通过调研掌握的情况，加强了对地方组织发展工作指导的针对性，有力促进了当地党员发展和地方组织建设。

为适应时代要求，民革不断加强组织工作信息化建设，提高组织管理效率。2015年，民革中央从夯实党籍基础数据入手，充分利用现代网络技术，将党籍信息管理软件升级为民革组织信息管理系统，进一步推进民革组织信息管理的规范化和科学化。民革中央组织部于2017年1月1日开始启用新的党籍编号编排规则，即采用11位纯数字方式编排编码以反映党员入党备案年份、省份和顺序编号，即“入党年份（4位）+省份（2位）+顺序编码（5位）”。各省级组织开展了党员信息清查和核对工作，积极配合中央做好数据的收集、整理及系统调试和运行工作，通过共同努力，把全党组织工作信息化管理水平提升到一个新的层次。

总体来看，近十年来，民革的党员发展工作平稳有序，重点明确。至

2020年年底，民革党员总数为15.1万余人，平均年龄53.8岁，女党员5.9万余人，占38.9%；具有大学以上文化程度的党员10.3万余人，占68.1%。

3. 着眼参政履职需要，统筹推进干部和人才队伍建设

民革中央从履职尽责、建设适应时代要求高素质参政党的战略高度，把干部和人才队伍建设作为组织工作的重中之重，努力培养一支数量充足、结构合理、素质优良、作用突出的干部和人才队伍。

民革十二届二中全会指出，要重点抓好民革干部队伍建设，积极推荐一批优秀干部到各级政府及部门、司法机关等担任领导实职。民革各级组织坚持培养与引进并重的原则积极做好实职干部建设工作，一方面积极培养有潜力的民革党员，帮助他们成长；另一方面各级领导班子成员带头做好高层次人才发展工作，积极争取优秀人才加入民革组织。多渠道多层次推荐人才，民革党员担任实职岗位领导职务不断取得新的进展，担任实职干部的数量和层次不断提高。2013年1月省级政府完成换届，有1名民革党员担任副省级市副市长，22名民革党员担任地市级副市长，53名民革党员在政府部门、司法机关担任厅局级领导职务，其中担任省高级人民法院副院长的6人，担任省人民检察院副检察长的4人。在中共党委统战部门的大力支持下，民革党员在省级政府、司法机关等部门担任领导实职方面取得新突破，2013年，湖南省副省长何报翔加入民革。2015年，山西省副省长张复明加入民革。2016年，田红旗被任命为中国工程院副院长。2017年，张雪樵被任命为最高人民检察院副检察长。

为进一步充实实职干部队伍，满足参政议政工作需要，2018年开始，民革中央领导班子通过约谈督促的形式，要求各级组织加大对实职干部推荐任职情况的工作力度。各地采取发展和培养相结合的工作模式，极大促进了实职干部队伍建设工作的推进。截至2020年10月，民革党员担任全国政协专职副秘书长1人，最高人民检察院副检察长1人；省级人大常委会副主任6人，副省（直辖市）长6人，省级政协副主席11人；985院校校长1人；省级政府部门副厅级以上领导职务23人，法检两院副厅级以上领导职务15人，地方高等院校校长9人、副校长27人，科研院所副

厅级以上领导职务4人，人大、政协、民革机关、人民团体、国有企业、其他事业单位副厅级以上领导职务202人。

在做好推荐民革代表人士担任实职工作的同时，民革中央注重加强对已担任实职领导的民革党员的培训教育。2014年7月，民革中央首次举办厅级以上实职干部“坚持和发展中国特色社会主义”专题研究班，推动在政府、政府部门和司法机关担任领导职务的民革党员坚定理想信念，更加自觉地参与中国特色社会主义实践，为坚持和完善中国共产党领导的多党合作和政治协商制度，推动全面深化改革作出贡献。

2012年年底，刚刚当选民革中央主席的万鄂湘表示，民革中央将进一步把民革后备干部队伍建设同中共中央党外干部队伍建设相统一，建立和完善后备干部选拔、培养和使用机制，积极争取让民革的优秀人才进入中共考察干部的体系中，培养一批与中国共产党真诚合作、素质好、有影响的新一代代表人士。2014年，民革中央出台《关于加强2014—2017年民革省级组织领导班子后备干部队伍建设工作的意见》，规范后备干部的培养使用机制，促进后备干部培训和使用有机结合，为民革更好地履行参政党职能和换届工作做好人才储备。各级组织严格遵循“党管干部”原则，紧紧依靠中共党委和统战部门，建立健全后备干部的选拔、培养、锻炼和使用机制，采取一系列行之有效的工作方法，一大批优秀人士脱颖而出。2013年以来，共有23名党员到中共中央统战部建立的党外代表人士实践锻炼基地挂职锻炼，民革中央向教育部、审计署、最高人民法院、监察部、最高人民检察院、公安部等中央国家机关推荐特邀约人员，共有22名党员担任。81位民革党员荣获“国家科学技术奖励”“全国五一劳动奖章”“全国劳动模范”“全国先进工作者”“全国三八红旗手”等国家级表彰，两位民革党员当选2015年度感动中国人物。2019年，为切实开展好“不忘合作初心，继续携手前进”主题教育活动，在全党表彰先进、树立典型，民革中央决定开展民革榜样人物评选表彰活动，共评选出20名“民革榜样人物”，隆重予以表彰，取得了很好的效果。

★ 2019 年 12 月，首次在全党范围内开展评选并表彰民革榜样人物、民革示范支部和优秀民革党员之家，图为民革中央领导同志与代表合影。

2018 年 7 月，民革中央召开青年党员代表座谈会，围绕如何加强青年党员思想政治工作，青年党员如何更好履行参政党党员各项职责及如何进一步做好青年党员工作进行讨论。以此为开端，推动青年党员工作纵深发展。2020 年 11 月，民革中央在成都举办以“同心筑梦，不负韶华”为主题的首届中山青年论坛。论坛专门面向 45 岁以下青年党员，聚焦“两个展现”：展现新时代民革青年党员新风采，展现新形势民革青年党员新担当，分层次、多维度地展现了民革青年党员积极投身于新时代中国特色社会主义的伟大实践，努力在新时代新形势下发挥主观能动性，为国家建设和社会发展作出贡献的新风采和新担当。论坛安排了谈心会、主题论坛、分论坛和拓展活动等环节。郑建邦、张伯军出席论坛开幕会，与民革青年党员代表交流谈心。郑建邦回顾了民革的优良传统，深刻阐释了民革接受中国共产党领导的必然性，站在民革建设高水平新时代中国特色社会主义参政党的高度，对民革党员提出“要有强烈的政治情怀、高尚的情操人格、无私的奉献精神”等殷切希望。

★ 2020 年 11 月，在四川成都举办以“同心筑梦，不负韶华”为主题的首届中山青年论坛。

2016 年年初，民革中央制定了《2016—2020 年民革全国党员、干部教育培训工作规划》，逐步建立和完善从中央到地方分层、分级、分期教育培训体系。按照培训规划要求，民革中央每年举办两期培训班，主体班和专题班各一期。五年来，民革中央针对新任中央委员、民革中青年干部、地市级组织领导班子负责人、省级组织专职副主委及秘书长等举办了 11 期培训班，共培训学员 900 余人次，培训规模得到有效扩大。2018 年，首次面向国有企业中的民革党员举办国有企业民革骨干党员培训班，在培训期间成立了在京国有企业民革党员参政议政活动联络组，整合国企中民革党员的资源力量，搭建参政议政平台。民革中央着眼 2021 年省辖市级组织换届，为进一步加强省辖市级组织后备干部队伍建设，从中发现更多的优秀党员，为民革全党干部队伍建设充实力量，自 2018 年起连续三年举办民革省辖市级组织骨干党员培训班，培训范围覆盖全国 275 个省辖市级组织。各省级组织也在不断健全和完善培训体系建设，按照分级负责、分层培训的原则，形成相互交流、共促发展的培训合力。2017 年省级组织换届以来，各省级组织共举办培训班 899 班次，培训党员 39948 人次。

2020 年，民革中央制定《民革党员、干部教育培训工作规划（2021—2025 年）》，进一步完善培训体系，明确培训对象，丰富培训内容。

2018 年年底，中共中央办公厅印发了《民主党派代表人士队伍建设规划（2018—2027 年）》，立足当前、着眼长远，对当前和今后一个时期民主党派代表人士队伍建设进行了整体谋划，提出民主党派代表人士队伍建设的目标任务是：整体素质进一步提高，数量规模进一步合理，队伍结构进一步优化，体制机制进一步完善。规划明确，代表人士队伍建设既要满足今后五年民主党派领导班子建设和换届需要，又要考虑今后十年乃至更长远的发展需要。2020 年，为进一步做好民革全党人才队伍建设，培养符合建设高水平新时代中国特色社会主义参政党要求的党员干部队伍，民革中央着手制定《民革干部和人才队伍建设规划（2021—2030 年）》，将代表人士队伍、实职干部队伍、基层干部队伍、机关干部队伍、履职人才队伍等五支队伍作为民革干部和人才队伍建设的重点工程部署谋划，努力建成一支政治坚定、素质优良、代表性强、结构合理、履职有力、作风务实的干部和人才队伍。

4. 切实加强地方组织和基层组织建设，增强各级组织组织力

民革中央认真规划、积极筹备，科学谋划、合理布局地方组织，民革地方组织基本格局已经形成。河北、山西、浙江、福建和江西 5 个省份全部建立省辖市级委员会，北京、上海等 13 个省份在所有省辖市都建立了民革组织。全国 15 个副省级市 138 个市辖行政区中，有 127 个市辖区建立了民革组织，占总数的 92%，其中 10 个市的组织覆盖率达到 100%。民革地方组织建设呈现出合理布局、有序发展的局面，为民革参政议政、服务地方经济社会发展构建了组织平台。2019 年，民革中央着手调研规划新建地方组织工作，通过调查摸底，掌握各省级组织新建地市级地方组织和副省级市区级地方组织的情况和意向，在此基础上，于 2020 年编制了《民革组织发展规划（2021—2025 年）》，科学谋划今后一个时期民革组织发展工作的重点目标任务，稳步推进和加强民革组织发展工作，更好地服务于民革履行参政党职能各项工作。

2013 年民革十二届三次中常会的主要议题是加强基层组织建设，大力加强全党参政议政工作。万鄂湘在会上提出，要以基层组织建设为抓手，推动全党参政能力建设，更好地履行参政党职能，发挥参政党优势。民革全党按照全面加强自身建设的基本要求，把基层组织建设工作作为组织工作的重点，坚持不懈地抓基层、打基础，努力为基层组织顺利开展工作创造条件，切实推动基层组织建设。

民革各级组织在基层组织建设中，把制度建设作为开展各项工作的有力保障。各基层组织也根据自身实际，制定必要的、保证工作正常开展的规章制度，并在执行过程中不断健全完善，用制度促工作，用制度抓落实。根据形势要求和时代特点，因地制宜，适时调整基层组织架构，探索区域和行业共建、联合等形式，促进优势资源合理配置，使基层党员能够更好地融入组织、发挥作用，切实增强了基层组织的活力、凝聚力和向心力。

民革各级组织以开展特色活动为载体，激发党员参与活动的积极性、主动性和创造性。民革中央在全党先后倡导开展了“博爱·牵手”活动、支部活动进社区、民革党员之家建设、关爱老党员等活动，为基层组织开展特色活动提供了具体抓手，丰富了基层组织活动的方式和内容。各地发挥党员中法律工作者相对较多的优势，开展法律咨询服务和援助工作，帮助弱势群体，在社会上产生了积极的影响，展示了民革良好的社会形象。十三大修改后的《民革章程》首次明确“组织党员开展社会服务活动”为基层组织的基本任务之一。

为探索基层组织发展的有效模式，规范基层组织生活，激发基层组织活力，民革中央自 2018 年起启动了民革示范支部创建活动。2018 年 2 月，民革中央下发了《关于开展民革示范支部创建活动的通知》，对示范支部创建活动的指导思想与工作目标、实施原则、开展范围、支部建设要求等进行了详细部署，提出：“全部参创支部须达到‘达标支部’的基本要求，部分支部根据工作实际情况，努力达到‘示范支部’要求。”民革中央还为全党所有支部按年度配发《支部工作手册》。第一轮创建活动为时两年，共有5722个支部参与，占支部总数的98.3%；有5030个支部达标，占参与支部的87.9%，形成了各级组织共建共创、广大党员踊跃参与的良好态势。通过创建活动，支部工作制度不断健全，基本实现了基层组织工作制度化、规范化、程序化。在此基础上，各支部结合自身特色，创新工作形式，丰富活动内容，基层组织凝聚力不断提升，民革组织建设基础进一步夯实。2019年12月，民革中央从中评选出200个"民革示范支部"予以表彰，为全面推进民革基层组织建设起到了示范带动作用。2020年年初，民革中央开展了第二批民革示范支部创建活动，争取通过两至三轮创建活动，最终实现全党十分之一左右的支部成为示范支部的目标。

5. 深化内部监督理论实践探索，进一步完善内部监督体系

民革十二大以来，内部监督工作作为民革自身建设的重要环节迎来了新的发展阶段。中央监督委员会在中央委员会的领导下，依据民革章程和《民革内部监督工作条例》（以下简称《监督条例》），以深化监督理论研究和工作实践为重点，探索创新工作方式方法，不断完善内部监督制度，进一步健全内部监督体系，推动内部监督工作更加适应新时代中国特色社会主义民主政治发展需要。

中央监督委员会坚持制度化、系统化建设，注重顶层设计，构建自上而下的内部监督体系。2016年，民革湖南省委会监督委员会正式成立，至此，全国30个省级组织均成立了监督委员会。江苏、浙江、广东等各省级组织积极探索在省辖市级组织建立监督委员会，目前共建立98个省辖市级监督委员会，有8个省级组织在所有省辖市级组织均建立监督委员会。内部监督工作无论从广度还是深度都有了进一步的延伸，内部监督体系不断健全完善。

新形势下，内部监督在注重理论研究的同时，更加注重对工作实践经验的总结。中央监督委员会探索建立中央和地方联动合作机制，充分发挥省级监督委员会人才优势，每年设立一个专题调研课题，与省级监督委员会开展联合调研，总结各地实践经验。通过研讨会、座谈会等形式，将调

研成果上升为全国适用的原则、制度，对中央和地方监督委员会工作起到了推进作用。

2015 年，中央监督委员会联合天津市监督委员会赴多地开展调研，在调研基础上形成了《〈民革内部监督工作条例〉实施细则》（建议稿），在十二届十三次中常会上通过并实施，这是中央和地方联动合作机制建立后的第一个调研成果。实施细则从内部监督对象、监督重点内容、监督机构、监督职责、监督制度和监督保障等多个方面明确了内部监督工作的重点和依据，为细化民革内部监督工作内容，完善具体操作制度，进一步推动内部监督工作提供了规范依据。

2016 年至 2017 年，民革地方组织和中央领导机构陆续进行换届，中央监督委员会把监督换届工作、确保换届工作风清气正作为工作重点。2016 年，中央监督委员会制定下发了《民革中央关于严肃换届纪律，加强换届工作监督的通知》和《民革监督委员会监督省级组织换届工作办法》。省级组织换届期间，中央监督委员会派遣委员参加各省级组织代表大会，指导省级监督委员会对省级组织换届过程中的重点程序和关键环节进行监督。各省级代表大会换届过程严肃严谨，换届程序严格细致，是民主党派内部监督工作的一次开拓和创新。

2017 年民革十三大期间，中央监督委员会向十三大全体代表印发了《民革中央监督委员会关于严肃民革第十三次全国代表大会纪律的通知》《民革中央监督委员会关于民革第十三次全国代表大会监督工作办法》《中央监督委员会第十三次全国代表大会监督工作事项》等文件。中央监督委员会委员全程参与代表大会的各个环节进行监督，为确保中央领导机构换届工作严肃有序、代表大会顺利圆满奠定了基础，也推动了内部监督制度化建设水平不断提高。

2017 年，为了更好地适应民革内部监督工作需要，中央监督委员会在联合调研的基础上形成了《监督条例》修改意见和《民革党内纪律处分办法》建议稿。

2018 年，在《中华人民共和国监察法》（以下简称《监察法》）颁布实施的背景下，为推动《监察法》实施和民革内部监督制度有效衔接，中央监督委员会面向各方面开展论文征集活动，从中评选出59篇优秀论文。11月，中央监督委员会在广州召开“监察法实施与民主党派内部监督制度衔接”专题研讨会，形成了《“监察法实施与民主党派内部监督制度衔接”研讨会论文集》，这是国内第一本研究这一主题的论文集。活动和成果受到了中共中央统战部及有关方面的关注。

2019年9月，民革中央积极适应《监察法》颁布实施、监察“全覆盖”的新形势，首次针对民革厅级实职干部举办廉政警示教育会，教育民革厅级实职干部牢固树立纪律和规矩意识。会议得到中央纪委国家监委的大力支持，中央纪委国家监委驻中央统战部纪检监察组组长周小莹作专题报告，中央纪委国家监委党风政风监督室负责人作八项规定解读。张伯军以《坚守合作初心，不负时代使命》为题作专题报告。受万鄂湘委托，郑建邦在开幕会讲话中指出，加强廉政建设不仅是国家治理、社会发展、组织建设的需要，同时也是民革组织建设和每一位民革党员干部自身健康成长的需要。民革必须始终坚持在中国共产党的领导下推进反腐工作，要紧跟中共廉政建设步伐，以执政党为师，管好党员，带好队伍，深入开展党员干部廉政警示教育活动，提高广大党员干部特别是实职干部廉洁自律的意识，营造全党洁身自好、克己奉公的氛围。为切实提高民革廉政建设水平，郑建邦强调，要加强思想政治建设，坚持思想政治引领，强化教育引导，牢记初心使命；加强作风建设，坚持求真务实，树立正气，弘扬正能量；加强制度建设，切实发挥制度的规范和保障作用。会议取得了良好效果，从中央层面起到示范带头作用。各级组织对标对表抓好廉政教育，确保党员干部清正廉洁的政治本色。

2020年，为贯彻落实《各民主党派中央关于加强内部监督工作座谈会纪要》，民革中央制定出台《民革中央关于加强内部监督工作的意见》，对民革内部监督主要任务、监督内容、监督形式、监督机构等进行了更明确规定，使其更加具有可操作性。民革中央举办第二期民革厅级实职干部廉政警示教育会，实现了厅级实职干部廉政警示教育全覆盖。

★ 2019 年 9 月，民革厅级实职干部廉政警示教育会。

中央监督委员会积极探索创新完善工作模式。2018 年起，根据监督条例规定，中央监督委员会派员参加省级组织领导班子谈心会和民主生活会，了解省级组织领导班子各方面工作情况，对加强省级组织领导班子建设进行监督指导。探索对重大工作事项的监督，各级监督委员会对民革榜样人物评选、民革示范支部创建等活动的关键环节进行监督，丰富了监督工作的形式，拓展了监督实践工作的范畴。

中央监督委员会办公室作为中央监督委员会的具体办事机构，认真履行职责，做好各项具体工作。中央监督委员会办公室参照《民革中央机关信访工作原则》和《〈中国国民党革命委员会内部监督工作条例〉实施细则（试行）》的规定，认真办理涉及党内监督的来信来访和举报事项，与有关的省级组织监督委员会及时联系沟通，跟踪监督检查重要信访事项的处理情况，直至妥善解决，有效维护党员权益，畅通了内部监督的渠道。按照《民革章程》规定，2013 年至 2019 年，民革全党共开除 68 人，留党察看 1 人，警告 3 人，严重警告 2 人。

（四）着力推动履职能力建设，充分发挥参政党作用

加强履职能力建设，是民主党派履行好参政党职能的重要保证。十二

大以后，民革坚持“举全党之力抓参政议政”，上下联动、横向联合，统筹全国“一盘棋”，凝聚党内外智慧力量，依托专委会和“中山议政会”等平台，紧扣大局履职尽责，整合资源献计出力，不断推进参政议政工作规范化、制度化，不断提高参政议政质量和水平，推动参政议政工作不断做实、做深、做出成效。

始终牢记参政党定位。民革的参政议政工作在中国共产党领导的多党合作和政治协商制度这个框架内进行，始终牢记参政党定位，坚持中国共产党的领导，把思想和行动统一到中共中央的决策部署上来，把智慧和力量凝聚到改革发展和稳定大局上来，准确把握国内外发展环境和条件的深刻变化，认真落实“四新”“三好”要求，坚持围绕中心、服务大局，秉持“认真履职不越位，全力帮忙不添乱”的理念，在融入大局、服务大局、保障大局中找准履职尽责的切入点和突破口，扎实开展调研，积极建言献策。民革在“三农”领域深耕多年、在祖统领域特色明显、在社法领域人才济济，参政议政工作就从这些优势出发，探寻与全面深化改革和全面推进法治中国建设各项具体任务的契合点。

把参政议政作为“一把手”工程。明确参政议政的调研课题要经过领导班子的集体讨论和批准，领导班子除了具体布置参政议政工作，还必须亲自对参政议政工作进行检查和督促。重大课题必须由主要领导亲自带队，深入基层调研考察，切实担负“一把手责任”。各省级组织普遍建立了领导班子办公会议讨论和审议参政议政重大事项的议事制度，通过领导同志会商研定重大课题，并带头开展调查研究。2013 年，中央召开中常会、主席会等进行专题研究部署，首次建立向中央全会专题报告参政议政工作制度，规范调研报告和相关建议报送程序，提高工作制度化水平。健全报送社情民意信息长效机制，明确中央常委参政议政的硬性指标。完善“领导抓、层层抓、抓基层”的工作责任，落实中央常委的领导责任，发挥代表人士的示范作用。

把专委会作为重要抓手和平台。民革十一大以后，中央对原有的三个专委会进行调整和充实，设立了经济、促进祖国和平统一、教科文卫体、人口资源环境、社会和法制、理论研究与学习、妇女和青年工作等7个专门委员会。民革十二大之后，中央高度重视发挥专委会的抓手、平台和参谋作用，积极整合资源，创新方法。2013年，民革中央各专委会相继换届，新增补一批高素质的委员，积极吸纳民革党内外的专家学者，努力提高参政议政成果的专业性、权威性和针对性。中央安排所有副主席分别担任专委会主任，加大指导。在原有7个专委会基础上，增设了“三农”委员会，优势领域更加凸显。遴选了284名专委会委员，实行动态管理。按照“为高层协商服务、为政协参政议政服务、为地方经济社会发展服务”的原则，专委会组建了金融、法治、国际问题、城镇化等6个研究中心，加强与民革党外专家、社会力量合作。统筹协调专委会、机关部门和省级组织重点课题，制定长、中、短不同阶段研究重点和工作计划，狠抓落实，形成合力。

2014年，民革中央各专委会进一步加强与民革党外专家、社会力量的联系与合作，先后组建以创新驱动战略、安全与健康问题、台湾问题、涉台国际政治问题、协商民主与公共政策、妇女儿童问题、青年问题为主题的研究中心，形成以中央专委会13个研究中心为平台，法制、“三农”、对台、科技创新、医卫体育等诸多领域的党内外专家学者广泛参与、密切合作的长效机制，为民革中央参政议政工作增添更多动力。在民革中央当年向全国政协提交的集体提案中，有32篇是根据专委会调研和委员研究成果形成的，占全部提案的三分之二，充分发挥了专委会的参政议政重要抓手作用。

2015年，教科文卫体委员会与华北电力大学共同构建“能源软科学研究中心”，人口资源环境委员会密切与科技部中国农村技术开发中心的合作，共同构建高水平的专业智库。同时，专委会开始强化量化考核、动态管理和激励保障制度，探索建立专委会委员退出机制。

2018年，中央建立了专委会申领中央年度重点调研课题制度，明确工作任务，促进专委会切实发挥平台和抓手作用。出台《民革中央专门委员会委员管理与考核暂行办法》，明确对委员履职情况进行量化考核，并以此为基础对委员开展动态管理，督促委员认真履职尽责。

坚持健全的制度保障。2016 年年初，民革中央出台首个有关参政议政工作的一号文件——《关于进一步加强参政议政工作的意见》，总结并确定了民革参政议政工作多年以来形成的行之有效的工作制度，包括书面报告制度、会议联系制度、专家论证制度、支持各级组织开展参政议政工作制度、信息工作制度、工作培训制度、工作评优制度，等等。这些工作制度是切实提高民革参政议政工作成效的根本保障。从 2016 年到 2020 年，民革中央连续五年出台“一号文件”来部署当年的参政议政工作，将参政议政实践中形成的许多行之有效的工作原则和方法确定为必须坚持的工作制度，如“中央统筹、全党实施”“立足本地、放眼全国”等。同时在“一号文件”中发布当年中央拟开展的重点调研课题，给予各级组织指导和参考，调动各省级组织提前准备、积极融入中央重点调研。

创新和丰富工作机制。2015 年，在互联网浪潮席卷各个领域的新形势下，民革中央提出要把“互联网 +”战略落实到参政议政工作中来。如：借助团结网实现《专委会通讯》电子版改版，使专委会工作的宣传报道更加及时，与委员的沟通更加高效便捷；在“民革 e 家”上开设“民革指数”版块，借助大数据形成独具民革特色的决策参考数据，为民革参政议政工作提供定量研究支撑。推进“互联网 +”参政议政，不仅提高了民革参政议政工作效率，也进一步密切了各级组织之间的沟通协作。2017 年，依托“民革 e 家”，民革反映社情民意信息报送系统正式启用，流程更加顺畅，反馈更加高效，优秀信息实现及时互通共享，提升了信息工作整体水平。

2018 年，中央成立“民革中央经济研究中心”，聘请多位国内一流专家学者担任委员，着力提升经济方面的建言资政质量。依托专委会多次举办“中山议政会”，邀请国家有关部委、民革党内外专家广泛参与，进一步拓宽知情渠道，增强建议的科学性、前瞻性和可行性。两年多来，“中山议政会”已经成功举办 28 次，成为参政议政重要品牌之一。同年，还成立了“民革中央康养产业研究会”，通过专题调研和举办论坛等形式，持续推动康养产业发展。2020 年，在新冠肺炎疫情背景下，还举办了 3 期“网上中山议政会”。

推动全党上下联动、横向联合。民革中央通过组织协调，整合各级组织优势资源，结合各地实际，联合开展调研或联合举办论坛、研讨会，为促进区域经济社会协调发展和产业转型升级、为推动国家各项战略的实施献计出力，实现中央和地方参政议政工作统筹规划，促进民革全党参政议政工作整体跃上新台阶。坚持“上接天线，下接地气”，通过预调研、联合调研和委托调研等形式，不断强化中央统筹、地方参与，推动全党上下联动。同时支持地方民革组织加强横向合作，推动中央与地方、地方与地方优势互补、任务共担、成果共享，实现全国“一盘棋”。

借鉴“外脑”、协同发力。结合参政议政工作的重点，民革中央与中央部委、研究机构、地方党委、政府和政协开展多方位合作，丰富参政议政工作的形式和内容。2015 年，围绕民革参政议政工作三大重点领域，民革中央分别与农业部、司法部、最高人民法院、全国政协社法委等建立了日常联络沟通机制和联合调研长效机制。在日常工作中，通过相互走访、参与提案办理调研、邀请部委参加重点调研等形式，增进与国家发展改革委、教育部、财政部、农业农村部、最高人民法院等单位的合作沟通。在每年的中央重点课题调研中邀请有关部委的领导和专家，通过联合调研、协商座谈等形式，不断巩固与加强同有关部门和研究机构的合作沟通。充分利用民革中央经济研究中心、国家高端智库武汉大学国际法研究所等机构的智力资源，着力提升经济、社法等领域的建言质量。涉台研究方面，民革中央与国务院台办等单位长期密切合作，组建民革中央台湾问题研究中心和涉台国际问题研究中心。参加由厦门大学、上海师范大学、复旦大学和中国社科院台湾研究所发起的两岸关系和平发展协同创新中心，并成为理事单位。

民革中央通过与省级政协同合作，成功举办了“助力乡村振兴——首届莫干山会议”“2018‘健康中国’发展大会”“2018 实体经济发展大会”“2018 年中国赤水河流域生态保护治理发展协作推进会”“助力乡村

振兴 共建美好家园——第二届莫干山会议""中国·重庆（石柱）第三届康养大会""2019 中国康养产业（新疆）发展大会""第四届中国康养产业发展论坛""2019 中国赤水河流域生态文明建设协作推进会""2020 中国·山西（晋城）康养产业发展大会""第二届'健康中国'发展大会暨中医药产教融合发展大会""2020 年中国赤水河流域生态建设协作推进会"等重大论坛和会议，为推进国家重大战略部署、推动地方经济社会发展，积极献计出力，也进一步扩大了民革的社会影响力。

培养一批有能力有责任心的参政议政干部。机关参政议政干部对于参政议政工作来说十分重要，是做好参政议政工作的桥梁和窗口，他们既是参与者，也是组织者；既是领导者，也是被领导者；既参与调研，也参与调研报告的撰写。机关参政议政干部队伍建设得好，参政议政工作才能做得好。因此，开展对参政议政干部的培训和表彰工作非常重要。民革十二大以来，中央在每年的参政议政工作会议上都要举办"民革省级组织参政议政成果评选表彰活动"，有效调动了地方组织和民革党员履职的积极性、主动性。积极回应地方民革呼声，中央分别于 2012 年、2015 年、2016 年、2017 年、2019 年组织举办了 5 次"民革全国参政议政工作培训班"，2020 年举办了"反映社情民意信息工作基层专干培训班"，对各级组织的参政议政干部进行培训，大力加强参政议政专职工作人员队伍建设，取得良好效果。

（五）以制度建设和作风建设为保障，营造干事创业良好氛围

中共十八大以来，新时代新气象新要求，敦促民主党派机关必须在制度上与时俱进、不断改进和充实。民革十二大以来，民革高度重视制度建设，把制度建设作为一项基础性工作来抓并贯穿于自身建设、履职尽责全过程，制定、完善了一批规章制度，对于规范、保障、促进民革各项工作发挥了重要作用。

民革十二大工作报告提出，要强化组织和制度建设，努力把民革建设成为高素质、有作为的参政党。制度建设是保障各项工作顺利进行的基

础，民革各级组织要按照《民革中央关于进一步加强制度建设的意见》要求，坚持把制度化、规范化、程序化作为制度建设的重点，制定和完善各项规章制度，逐步形成按制度办事、靠制度管理的工作理念。在此基础上，强化机关建设，合理设置机构，提高机关干部的政治素质和业务水平，使民革各级机关呈现团结和谐、积极向上的良好工作氛围，为民革各级组织及广大党员履行职责提供良好服务和坚强保障。

制度建设的重要性、必要性和紧迫性在民革全党已经形成了共识，民革各级组织都将制度建设摆在加强参政党自身建设工作中的重要位置。民革十三大审议通过的《中国国民党革命委员会章程修正案》，包含了加强思想、组织、制度特别是领导班子能力建设，提高政治把握能力、参政议政能力、组织领导能力、合作共事能力、解决自身问题能力的内容。

2018 年 6 月 12 日，民革十三届三次中常会指出，制度建设是自身建设和履职尽责的重要保障，要不断加强制度建设，努力建立科学完备的制度体系。要以《民革章程》规定的组织制度、领导制度和工作制度为基础和依据，加强整体规划和统筹协调，健全和完善各项具体工作制度和机制，形成严密的制度规范体系，推进制度建设系统化。加强工作机制建设，促进制度科学化、规范化、程序化。围绕参政议政重点职能的发挥和民革加强自身建设的需要，把制度建设与建立健全民革工作机制紧密结合起来。要完善参政议政工作机制，建立健全从选题、调研到成果等环节的程序，完善领导参与、人才选派、后勤保障等方面的保障机制，保证参政议政工作有序进行、规范运作、务实高效，取得良好成果。要及时修订《基层组织工作条例》等 5 个组织工作文件，使组织工作机制更加适应新时代民革组织工作的要求。要健全党的各级代表大会、全委会、常委会的工作机制，不断规范和优化议事决策程序，保证决策科学性、民主性和有效性。要配合国家监察法的实施，做好《民革内部监督工作条例》及其实施细则的修订和执行，健全内部监督机构，加大监督力度，增强内部监督的权威性和有效性。注重贯彻落实，强化制度执行力。

2019 年 7 月 27 日，民革十三届七次中常会在贵州召开，学习贯彻中共中央关于加强中国特色社会主义参政党建设的三个文件精神，研究进一步加强民革自身建设。会议指出，中共中央关于加强中国特色社会主义参政党建设的文件，明确了加强中国特色社会主义参政党建设的目标，提出把民主党派建设成为政治坚定、组织坚实、履职有力、作风优良、制度健全的中国特色社会主义参政党，做自觉接受中国共产党领导、同中国共产党通力合作的亲密友党和好参谋、好帮手、好同事。要牢牢把握中国特色社会主义参政党建设的目标和总体布局，全面加强民革自身建设；牢牢把握民主党派代表人士队伍建设的目标任务，积极加强民革代表人士队伍建设；牢牢把握新时代民主党派组织发展的工作原则，稳妥有力推进组织发展。

民主党派建立健全民主生活会制度，是适应新时代新要求、全面加强中国特色社会主义参政党建设的有力举措。在推进制度化建设的过程中，领导班子自身的制度化、规范化和程序化尤为关键。民革十二大以来，民革中央主动完善领导班子议事决策规则，制定《民革中央主席办公会议事规则》，修改完善《民革中央常委会议事规则》《民革中央主席会议议事规则》《民革中央秘书长办公会议制度》，进一步提高了民革中央层面议事决策的规范性。2018 年年底，民革中央还建立了中央主席班子成员联系省级组织制度，规定主席班子成员每年对所联系省份的思想建设工作、组织建设工作、机关建设工作、参政议政工作、祖统工作、社会服务工作等作出部署和指导，并围绕民革中央当前重点工作提出意见建议，督促各省级组织按时高质量完成；每年至少一次到联系省份调研、指导工作等。2019 年 8 月，民革中央印发了《“不忘合作初心，继续携手前进”主题教育活动实施方案》，规定民革省级组织召开领导班子民主生活会，均有民革中央主席班子成员参与。

坚持举全党之力抓参政议政，建立完善了“中央与地方组织相结合、集中与分散相结合、专家与群众相结合”的参政议政工作机制，上下联动、横向联合，统筹全国“一盘棋”，凝聚党内外智慧力量。进一步强化了专委会的平台和抓手作用。在原有 7 个专委会基础上增设“三农”委员会，每个专委会相应成立一至两个研究中心，积极吸纳民革党内外的专家学者，努力提高参政议政成果的专业性、权威性和针对性。针对调研报告和相关建议报送程序、信息直报点和特约信息员制度、民革中央常委信息报送、反映社情民意信息奖励工作、向中全会提交参政议政书面报告等建立了一系列新机制，进一步提升了参政议政工作规范化、制度化、程序化水平。修订《民革中央专门委员会工作条例》，严格落实委员考核与动态管理，实现委员有进有出，着力提高委员履职的积极性和实效性；修订《民革中央反映社情民意信息工作评选表彰办法》。巩固、拓展与行政部门、司法机关、党外政策研究机构、科研机构、高校的合作，民革中央建立健全了与最高人民法院、最高人民检察院、民政部、司法部、环保部、农业部、国务院台办等国家机关日常联系、联合调研的长效机制，加速专委会和研究中心的成果转化，更好地发挥民革参政议政的品牌效应。

组织工作方面，2013 年和 2019 年分别修订了《地方委员会组织规程》《发展党员手续及审批办法》《支部工作条例》《党员交纳党费及党费管理办法》《党员组织关系转移办法》《基层组织工作条例》等文件，突出质量优先，规范发展程序，确保新发展的民革党员政治素质高、社会形象好。为配合示范支部建设，规范民革支部工作，制定了示范支部创建活动方案，编制了《支部工作手册》。

2016 年，在民革中央推动下，30 个省级组织均已成立监督委员会，部分省级组织积极探索建立地市级内部监督委员会，制定出台《民革内部监督工作条例实施细则（试行）》。探索发挥监督委员会在换届中发挥监督作用，制定了《关于严肃换届纪律、加强换届工作监督的通知》和《民革监督委员会监督省级组织换届工作办法》。制定了《2016—2020 年民革全国党员、干部教育培训工作规划》，逐步建立和完善从中央到地方分层、分级、分期教育培训体系。

充分发挥民革的渊源特色和资源优势，不断完善工作机制，积极推动两岸经济社会融合发展，促进两岸同胞的心灵契合。开展两岸新锐设计竞赛"华灿奖"、杰青团、"台湾励志青年大陆参访团"、两岸青年创新创业论坛等促进两岸友好人士尤其是青年的深层次交流系列活动，已成为品牌项目，推动民革不断在涉台参政议政、交流联谊、涉台宣传等方面取得新的突破。

从 2016 年起，按照中共中央部署，民革中央对口贵州省开展脱贫攻坚民主监督工作。民革中央按照“寓监督于帮扶之中，寓帮扶于监督之中”的原则，有序开展脱贫攻坚民主监督和精准扶贫工作，不断提高社会服务工作实效。不断完善全党参与、重点结对贫困乡镇的帮扶联系机制和东西部扶贫协作制度，主要领导亲赴纳雍部署工作、压实责任，并选派机关干部到纳雍扶贫一线挂职。北京、天津、上海、江苏、浙江、山东、广东等 7 个东部民革省级组织与纳雍 7 个极贫乡的结对帮扶机制，建立联席会议制度，将做样板、创模式、重示范的帮扶工作落到实处。

民革组织各级机关认真贯彻落实中共中央“八项规定”及其实施细则精神，民革中央多次召开以学习习近平总书记系列重要讲话精神，贯彻落实中共中央“八项规定”精神，进一步加强机关作风建设为主题的全国机关建设工作研讨会。将加强制度建设和切实改进工作作风结合，从严要求，出台了一系列规章制度，坚决整治机关存在的庸、懒、散等不良风气，推行勤、快、实的优良作风，大力改进文风、会风、学风，开短会、写短文，讲实话、讲真话，提高办事效率；能不开的会就不开，压缩各类会议时间，减少各类参观考察，杜绝各种铺张浪费。严格控制“三公经费”开支，制定了一批规章制度和管理办法，如民革中央机关修订出台了《差旅费管理办法》《会议费管理办法》等，健全了审批制度，规范了工作程序。

顺应改革发展的需要，民革中央机关成立公车改革领导小组，稳妥推进机关公务用车制度改革，制定出台了《公务用车制度改革实施方案》和《公务用车管理办法》。为适应信息化发展潮流，民革中央成立信息化工作领导小组，制定出台《民革中央信息化建设规划（2017—2021 年）》《民革中央机关信息化办公设备管理办法》《民革中央机关使用正版软件管理办法》，建成“民革 e 家”信息平台，平台集信息发布、党务管理、辅助办公、互动交流为一体，能让各级组织和每位党员在平台上汇聚智慧、分享党内资源、助推参政议政民主监督工作，加强党员之间沟通联系，营造积极和谐创新的党务文化，增强党员归属感、荣誉感和责任感。从2017年，审计署对民革中央机关审计常态化，根据审计要求，出台了《民革中央机关书画档案资料管理办法》《民革中央机关图书出版管理办法》等。为促进机关决策法治化，从2015年开始民革中央机关聘请了法律顾问，为机关提供司法诉讼、法律咨询和合同审查等服务。

2018年8月23日，民革中央在湖北召开民革全国机关建设工作研讨会，专题研讨民革机关制度建设。会议强调，各级机关要牢记职责使命，大力加强机关制度建设，全面推进机关建设工作。不断深化对民主党派机关制度建设规律的探索，构建系统完备、科学规范、运行有效的制度体系，形成良性的工作秩序和工作行为。要确保机关各项制度健全、完备，形成用制度管权、按制度管事、靠制度管人的有效机制。要加大制度的执行力度，强化制度的贯彻落实，在落实中促完善，推动机关工作作风有所转变，形成遵规、学规、守规、用规的良好氛围。2019年8月30日至31日，民革中央在甘肃召开民革全国机关建设工作研讨会，会议提出要以思想建设为统领、以三个文件精神为指导、以主题教育活动为抓手、以制度建设为保障、以干事创业为目标，加强民革机关干部队伍建设的明确要求。

民革十三届三次中常会以来，民革中央机关开展了制度“废、改、立”工作，全面梳理规章制度，完成制定和修订60余项制度，确保机关办事有章可循，管理规范有序，并于2020年印发了《民革中央机关规章制度汇编》。

三、举全党之力，参政议政谱新篇

民革十二大报告中提出：“要高度重视、大力加强参政议政工作，切实把参政议政作为工作的重中之重。要举全党之力抓参政议政，把得力的干部、最好的资源用在参政议政工作上，把政治安排、干部使用与参政议政工作联系在一起，充分调动广大民革党员的参政议政工作积极性、主动性、创造性，真正在民革党内形成‘以参政议政为第一要务’的良好氛围。”“举全党之力抓参政议政”成为新时期民革参政议政工作的总方针。

多年来的实践表明，围绕中心服务大局，上接天线、下接地气，才能找准履职工作的焦点；注重聚集民革党内外智慧，注重加强上下联动，才能不断提高履职水平；把得力的干部用在参政议政工作上，把政治安排、干部使用与参政议政工作联系到一起，才能为履职工作提供可靠保证。

（一）凝聚力量参与高层协商

2013 年至 2020 年，民革中央参加中共中央召开或委托中央统战部召开的协商会、座谈会、情况通报会共 205 次，充分运用重点调研和专家研讨论证成果，发挥专委会及研究中心的抓手作用，围绕全面依法治国、落实新发展理念、促进经济平稳健康发展、推进供给侧结构性改革、加强生态文明建设等重点任务集中发力，先后就许多战略性、全局性问题提出意见和建议，得到中共中央、国务院领导同志的高度重视，一批建议被采纳。

2013 年，在中共中央、国务院和有关部门召开的党外人士协商会、座谈会、情况通报会上，万鄂湘在发言中分别提出了：持续加大“三农”支持力度，加大农村困难群体的权益保障，建立健全城乡统一的建设用地市场，提高农业科技投资比重，对农业龙头企业给予金融政策大力支持，千方百计把强农惠农富农的政策措施落到实处；在经济发展和宏观调控中注重强化法治思维，树立诚信政府形象；深化行政执法和司法管理体制，健全司法权力运行机制，建立涉诉上访终结机制，依法追究污染环境者的刑事责任；深化行政审批制度改革，探索建立中国特色的机关法人制度；建立科学的评估体系，健全中央财政转移支付制度，完善区域发展规划，加大养老产业、国际互联网经济和海水淡化产业发展；加大党外实职干部安排力度，提高民主党派参政能力等一系列意见和建议。

2014 年，在中共中央、国务院和有关部门召开的党外人士协商会、座谈会、情况通报会上，万鄂湘分别就《政府工作报告》、当前经济形势和下半年经济工作、《中共中央关于全面推进依法治国若干重大问题的决定》、中共中央协调党外人士开展考察调研等重大议题，提出了探索设立专门机构维护宪法权威地位、加快行政法院试点、以法治思维和方式深化行政体制改革、保障粮食安全、深化农村土地制度改革、大力发展康养产业、发展资本市场、在“营改增”中精准减税、重视非洲在“走出去”战略中的作用等富有针对性的意见和建议，得到中共中央、国务院的高度重视和充分肯定。在中共中央就十八届四中全会文件框架性问题听取意见过程中，民革中央提出的“科学立法、公正司法、依法行政、社会守法”十六字建议得到中共中央重视和采纳；关于将铁路法院整体改造成为跨行政区域的行政法院的建议，最高人民法院已开始试点；关于大力发展康养产业、深化农村土地制度改革等建议，在国务院后续出台的有关文件或措施中得到采纳。

2015 年，民革中央在中共中央、国务院和有关部门召开的党外人士协商会、座谈会、情况通报会上，先后就 2014 年经济形势和 2015 年经济工作、《政府工作报告》、2015 年上半年经济形势和下半年经济工作、《中共中央关于制定国民经济和社会发展第十三个五年规划的建议》、2015 年经济形势和 2016 年经济工作等重大议题，提出：重视自贸区的顶层设计；以民生为导向，寻找新的内需增长点；建立股票市场健康稳定发展的长效机制；改革统计制度，鼓励环境友好和创新型增长；更加重视对台湾岛内青年的工作；切实保障被征地农民权益，重视粮食安全，发展农村金融；为经济发展营造良好的法治环境；运用法治思维，进一步提高简政放权的实效；促进国内统一市场法治建设；以人为本，促进中医药事业发展等一系列意见和建议。此外，民革中央还就《最高人民法院工作报告》、《最高人民检察院工作报告》、党外人士重点调研安排等提出意见和建议。

2016 年，民革中央在中共中央、国务院和有关部门召开的党外人士协商会、座谈会、情况通报会上，先后就《政府工作报告》和“十三五”规划纲要、2016 年上半年经济形势和下半年经济工作、2016 年经济形势和 2017 年经济工作等重大议题，分别提出了加强法治政府建设、加强农业科技自主创新、处理好过桥贷款问题、推动消费品标准升级、保护知识产权、做好台湾青年工作、成立中小微企业政策性银行等多项建议。民革中央还就《最高人民法院工作报告》、《最高人民检察院工作报告》、党外人士重点考察调研安排、中共十八届六中全会有关文件等发表了意见和建议。

2017 年，民革中央在中共中央、国务院和有关部门召开的党外人士协商会、座谈会、情况通报会上，先后就《政府工作报告》、脱贫攻坚民主监督、2017 年上半年经济形势和下半年经济工作、中共十九大报告等重大议题，提出了创设“一带一路”争端解决机制、加快推进农村基层基础设施建设、更好释放“营改增”改革的政策红利、继续推动全面从严治党向基层延伸等多项建议。民革中央还就 2016 年最高人民法院工作、2016 年最高人民检察院工作、《中国教育现代化 2030》等提出意见和建议。

2018 年，在中共中央、国务院及有关部门召开的协商会、座谈会、情况通报会上，民革中央围绕《政府工作报告》、中共十九届三中全会有关文件、当前经济形势和下阶段经济工作等重大议题，提出了：发扬改革精神，加快建设创新型国家；关注“一老一小”经济，推动服务业供给侧结构性改革；推广“扶贫车间”，助力精准脱贫；深化农业供给侧结构性改革，满足人民对安全食品的需求；加快推进老旧小区改造；防范金融风险，促进金融业健康发展；减轻中小学生课外负担，发展公平而有质量的教育；大力实施乡村振兴战略；加快推广新能源汽车，扩大蓝天保卫战成果；加强集中统一领导，妥善应对中美经贸摩擦；以改革开放再出发的决心，把全面深化改革推向深入；进一步扩大内需，着力培育新的经济增长点等一系列意见和建议。

2019 年，在中共中央、国务院及有关部门召开的协商会、座谈会、情况通报会上，民革中央围绕中共十九届四中全会有关文件、当前经济形势和下阶段经济工作、《政府工作报告》等重大议题，提出：制定或修改相关法律法规，推进放管服改革和其他相关改革，进一步优化营商环境；以进一步优化营商环境为抓手，推动行政管理体制改革；做大做强国内市场，有效扩大内需；妥善处置地方政府隐性债务，防范化解风险；推进海南自由贸易港建设，扩大对外开放；进一步妥善应对台海形势新变化，推动祖国和平统一进程；进一步加强法治政府建设，更好提升国家治理体系效能；进一步加强智慧政府建设，占领未来全球治理体系竞争的制高点；改革巡回审判制度，保障国家司法统一和司法权威等一系列意见和建议。

2020 年，在中共中央、国务院及有关部门召开的协商会、座谈会、情况通报会上，民革中央围绕经济形势和经济工作、脱贫攻坚民主监督、新冠肺炎疫情防控工作、《政府工作报告（征求意见稿）》、制定国民经济和社会发展第十四个五年规划和 2035 年远景目标、“提升治理效能，保障改善民生”等重大议题，提出了一系列意见和建议，得到中共中央、国务院领导同志高度重视，其中一些意见和建议在国家大政方针和政府决策中得到采纳和借鉴。

（二）专项调研成果丰硕

2013 年至 2020 年，民革中央开展调研共 331 次，通过“直通车”形式向中共中央、国务院领导同志报送调研报告 127 篇，得到批示 359 次，专项调研取得了丰硕成果。

重点考察调研成效显著。受中共中央委托，中央统战部组织各民主党派开展年度重点考察调研。中共十八大以来，中共中央更加重视民主党派重点考察调研工作，2015 年中共中央办公厅印发《关于加强政党协商的实施意见》，首次以中共中央文件的形式对这项工作进行规范。

2013 年，民革中央年度大调研选择“农村困难群众权益保障”课题，首次将社会法制与“三农”两方面特色相结合，取得了良好的效果。民革中央与最高人民法院、民政部、人力资源和社会保障部、农业部等在湖南开展调查研究，并形成了关于进一步加强农村困难群众权益保障工作的建议，提出推动相关立法进程、建立多层次农村社保体系等建议，得到了中共中央多位领导同志的批示。

2014 年，民革中央响应中共十八届三中全会“深化司法体制改革”的号召，将“深化司法体制改革若干重大问题”确定为年度重点调研课题，主席、常务副主席分别率领调研组赴 12 地调研，召开了 20 多场座谈会，最终形成的书面建议得到中共中央、国务院领导同志的高度评价；北京、上海、广东等地推进了司法体制改革试点，民革中央建议的方案被广泛采纳。

2014 年 11 月，万鄂湘陪同习近平总书记赴福建平潭调研。遵照习近平总书记的嘱托，2015 年年初，民革中央将“推进平潭综合实验区建设”确定为年度重点调研课题，由 6 位主席、副主席带领专家学者齐赴平潭岛开展实地考察，并围绕促进“闽台合作”中的法治保障、金融发展等问题，进行了深入研讨，开展重点考察调研，形成了关于加快推进平潭综合实验区建设的建议，得到中共中央领导同志的重要批示。报告提出的绝大部分建议得到采纳，海峡两岸仲裁中心在平潭挂牌，两岸青年创业谷顺利投入运营。

★ 2015 年 1 月，万鄂湘（左九）、齐续春（左七）带队考察平潭口岸二线卡口总控制室。

2016 年，民革中央将“京津冀能源结构调整”定为年度重点调研考察课题，赴北京、天津、河北深入了解情况。在组织能源专家和京津冀三地民革组织进行多次研讨论证基础上，向中共中央、国务院报送了关于京津冀协同发展中能源结构调整问题的建议，得到中共中央领导同志的重要批示。国家发改委、科技部、工信部、财政部等有关部委积极研究落实报告所提建议。

2017 年，民革中央受中共中央委托并经主席会议研究，将“‘一带一路’西北发展战略”确定为民革中央年度重点考察调研课题。在陕西、甘肃、宁夏、青海、新疆、内蒙古等省（自治区）民革组织开展预调研的基础上，民革中央邀请来自国家发改委、农业部、国务院参事室等单位的专家学者及部分民革党员企业家共同参与，由万鄂湘、齐续春同志带队，深入其中 5 个省（自治区）开展调研考察，努力为西北地区可持续发展和“一带一路”建设深入推进出谋划策。经过多番研究论证，向中共中央、国务院报送了有关确立“‘一带一路’西北发展战略”的建议，得到了中共中央领导同志的重要批示。国家发改委、交通运输部、商务部、推进“一带一路”建设工作领导小组办公室等相关部委按照领导同志批示要求，对建议内容进行了研究落实。

2018 年，民革中央围绕“助推西部发展，建设‘一带一路’南向通道”开展年度重点考察调研，在组织内蒙古、广西、重庆、四川、贵州、云南、陕西、甘肃、青海、宁夏、新疆等西部 11 个省级组织在当地开展预调研的基础上，民革中央领导同志带队赴广西、重庆、四川、贵州、云南等地调研。关于助推西部发展，建设“一带一路”南向通道的建议得到中共中央领导同志的批示，推进“一带一路”建设工作领导小组办公室积极研究民革中央所提建议，国家发改委将南向通道（即国际陆海贸易新通道）建设纳入“一带一路”重大项目库。

2019 年，民革中央将“完善法治建设，优化营商环境”定为年度重点考察调研课题，分别前往上海、浙江、广东、四川、重庆等 11 个省区市开展系列调研，从健全法律法规体系、加快法治政府建设、发挥司法职能作用等方面，提出了关于完善法治建设，优化民营企业营商环境的建议，得到中共中央领导同志的重要批示。建议中多项内容得到重视、回应和采纳，全国人大常委会法工委还对其中涉及的立法问题逐项提出研究意见并向民革中央反馈。最近，中央全面依法治国委员会办公室部署开展了

“营造法治化营商环境　保护民营企业发展”专项督察，改善营商环境、保护民营企业发展越来越得到全社会的关注和支持。此外，民革中央还配合国务院清欠专项行动，报送了《部分地方政府、国有企业拖欠民革党员企业账款情况报告》，得到国务院减轻企业负担部际联席会议办公室逐一核实、处理和回复，帮助民革党员企业家追回欠款累计约 1.2 亿元，已列明清偿计划和协商处理中的款项约 5.4 亿元，实实在在维护了党员企业家的合法权益。

★ 2017、2018、2019 年，民革中央先后就“一带一路”中有关问题开展系列调研。

2020 年，民革中央将“探索建设现代化农业特区，更好服务保障民生”定为年度重点调研课题，委托 30 个民革省级组织开展预调研，收集了大量基础材料。疫情防控形势稳定后，民革中央先后在内蒙古、江苏、山西、广东、北京等省市区开展实地调研，形成调研报告呈送中共中央、国务院，得到中共中央主要领导同志 9 次重要批示。围绕“精品农业、智慧农业、绿色农业发展”，民革中央通过开展实地调研和举办中山议政会，深入了解情况问题，广泛听取党内外专家意见，形成调研报告直送中共中央、国务院，得到有关领导同志 4 次重要批示。农业农村部为此专门两次走访民革中央，研究领导同志有关批示的落实举措。同时，民革地方各级组织和广大党员立足实际，积极服务本地疫情防控工作大局，如民革湖北省委会、北京市委会分别针对湖北疫情防控、北京新发地疫情筛查工作提出建议，得到中共湖北省委、中共北京市委主要领导同志的批示，山西、上海、湖南等省民革组织报送的建议、信息得到当地党委、政府重视采纳，为打赢疫情阻击战贡献了民革智慧。

改革发展调研屡出精品。民革中央的调研课题大多选择国家改革发展中全局性、战略性和前瞻性问题，对一系列重点难点问题提出意见建议，如关于加强环渤海地区水域治理与保护的建议，关于设立“一带一路”国际争端解决中心的建议，关于尽快完成香港基本法第23条有关国家安全立法的建议，关于将宜昌、荆州纳入“长江中游城市群”的建议，关于进一步规范地方政府债务管理、防范隐性债务风险的建议，关于完善跨行政区划人民法院设置的建议，关于进一步加强涉外法律服务、推进有效参与全球法律治理、助力“一带一路”建设的建议均得到中共中央领导同志的重要批示。国家发改委、科技部、工信部、财政部、农业部等部门高度重视民革中央的建议，就落实中共中央、国务院领导同志的重要批示精神多次与民革中央进行协商，推动了相关工作开展。

民革十二大以来，中央就康养产业发展多次开展系列调研，并先后在四川省攀枝花市、河北省秦皇岛市、贵州省遵义市、湖北省宜昌市、山东省威海市等地，与省级政协共同举办健康与养老产业发展论坛或座谈会，总计带动投资超过2000亿元，取得了较好的经济和社会效益，推动健康与养老产业等新时代民生经济发展已经成为民革参政议政工作的重要品牌。

2017年，为践行绿色发展理念，推动生态文明建设和环境保护工作，民革中央就环渤海地区水域治理与保护问题，在天津、山东、辽宁、河北四省市开展调研，形成了关于加强环渤海地区水域治理与保护的建议，得到中共中央多位领导同志的重要批示，国家发改委、国家海洋局等相关部委正抓紧研究落实有关建议。民革中央还就西部地区荒漠化治理工作、可再生能源利用、湖泊环境保护与治理等问题开展广泛调研，向中共中央、国务院报送了关于创新沙漠治理体制，促进防沙治沙事业发展的建议和关于提高云南水电等可再生能源利用效率的建议，得到中共中央领导同志的重要批示，推动了相关工作开展。

2019年，民革中央围绕中医药保护、传承与发展问题，先后前往江苏、河南、海南、云南、陕西等13个省区市开展系列调研，听取近百位中医药一线从业者的意见建议，相继报送了关于深入推进中医药事业传承发展的建议、关于深化中医药管理体制改革的建议，提出积极推动中西医并重发展、发挥中医药特色优势、保障中医药人才供给、重点攻关中医药发展薄弱环节等建议，得到中共中央领导同志的重要批示，其中大部分建议在《中共中央国务院关于促进中医药传承创新发展的意见》中得到体现。中共中央有关领导同志就建议内容当面与民革中央主要领导交换意见，并在全国中医药大会上对民革中央所作贡献给予了口头表扬。同年，民革中央围绕“一带一路”建设和区域经济合作发展课题，率吉林、黑龙江、辽宁、山西、内蒙古和大连等省、市、区组织和国家机关部委有关同志开展联合调研，报送了关于深化图们江区域国际合作发展，打造“一带一路”北向新通道的建议，得到中共中央领导同志的重要批示，部分内容在《中共中央国务院关于支持东北地区深化改革创新推动高质量发展的意见》中得到体现。国家发改委等18个相关部门对民革中央建议高度重视、充分肯定，就建议中所提内容专程赴吉林开展调研，并将有关情况当面向民革中央反馈，相关规划修编工作也即将启动。

2020年，民革中央加强与国家部委、智库机构、高等院校的沟通合作，就“以法治手段推进黄河流域生态保护和高质量发展”“打造长三角对外开放新高地”“打通交通梗阻，推动西部地区高质量发展”等课题开展调研，取得丰硕成果，为助推相关工作发挥了积极作用。

参政议政重点领域成果显著。社会和法制、“三农”、促进祖国和平统一是民革参政议政工作的重点领域，民革中央每年都要在这三个领域中选择重点课题，开展调查研究。

社会和法制领域。2014年，民革中央在四省深入调研志愿服务法治化问题，并落实中共十八届四中全会提出的“探索委托第三方起草法律法规草案”，联合有关部门和研究机构共同起草了《志愿服务条例》（示范文本），得到不少省市地方立法机关的积极响应，为推动我国志愿服务法制化进程做出了积极努力，有关调研报告得到中共中央领导同志的重要批示。2016 年，民革中央在 12 省深入调研精准立法促进社会文明问题，形成关于精准立法促进社会文明的建议，得到中共中央领导同志的重要批示。为落实中共中央领导同志批示精神，民革中央起草了《中华人民共和国社会文明促进条例》（示范文本），助力厦门市、荆州市制定出台相关规定。2018 年，民革中央社会法制方面围绕长江大保护、完善检察机关提起公益诉讼制度、智慧政府建设等开展调研，《关于加强法治建设，依法推进长江大保护的建议》得到中共中央多位领导同志的批示，推动全国人大常委会将制定长江保护法作为一类立法项目列入立法规划，《长江保护法》于 2020 年 12 月 26 日经全国人大常委会通过，自 2021 年 3 月 1 日施行；与最高人民检察院联合调研形成《关于进一步完善检察机关提起公益诉讼制度的建议》，不仅得到领导同志批示，有关内容还在新修订的人民检察院组织法中得到体现。2020 年，为缓解疫情给中小企业带来的巨大冲击，民革中央联合民革上海市委会，研究提出“采用适度宽松和灵活务实的司法政策减轻企业负担”等建议。相关报告呈送中共中央、国务院后，得到中共中央领导同志八次重要批示。最高人民法院院长周强专程与民革中央座谈交流，部分建议内容在中央政法委及最高人民法院、最高人民检察院有关文件中得到体现。为了应对美欧国家一些人对我国毫无事实依据的“追责”和滥诉，民革中央的建议从法律上逐一驳斥并分类提出应对举措。同时针对美国向中国加大长臂管辖和经济制裁力度造成的一系列问题，民革中央也提出多条对策建议。这些报告都得到中共中央领导同志高度重视和肯定，在协助政府有效防范外部风险挑战方面发挥了积极作用。

“三农”领域。2016 年，为破解环京津贫困带问题，民革中央在河北省涞源县、张北县和隆化县开展深入调研，通过“解剖麻雀”，建立精准扶贫“试验田”，探索新形势下精准扶贫新思路、新途径、新办法。《关于解决京津冀协同发展中贫困问题的建议》得到中共中央领导同志的重要批示，京津冀协同发展领导小组办公室、国家发改委、国务院扶贫办等部门认真研究民革中央的建议，农业部为此专门出台《关于加快推进“环京津贫困带”农业扶贫行动（2016—2020年）》。

祖统领域。民革中央围绕加强对台工作、“惠台31条措施”落实情况等开展调研，形成了关于进一步推进新时代对台工作的建议和关于做好新时代台湾青年工作的建议，均得到中共中央领导同志的批示。民革中央对2014年《政府工作报告》中涉台部分有关表述的建议得到国务院采纳。

（三）突出重点参与政协建言

2013年至2020年，民革中央向全国政协提交了63篇大会发言和301篇集体提案，参与承办了8场双周协商座谈会。大会发言工作屡创佳绩，《以法治思维和方式推进行政体制改革》等大会口头发言引发热烈反响。提案质量稳步提升，《关于加强金融消费者权益保护的提案》等6篇集体提案、《关于加快发展学生营养午餐工作的提案》等5篇个人提案被评为政协第十二届全国委员会优秀提案。

2013年，民革中央在全国政协十二届一次会议上提交大会发言1篇，书面发言4篇，集体提案53件，会后提交2篇平时提案，12件被列为重点督办提案。民革中央作了题为《以农业转移人口市民化为核心，稳步推进城镇化健康发展》的大会口头发言。有65位委员提交个人提案233件，13件被重点督办；提交联名提案44件，4件被重点督办。在中共中央领导同志参加的联组会上，5位委员分别就对台工作、环境外交等发言，受到充分肯定；在中共中央台办、环保部、审计署负责同志参加的民革联组会上，10位委员的发言得到了积极回应。十二届一次会议后，中央领导同志先后参加全国政协常委会、有关专题协商和重点督办提案调研6次，分别提交了口头和书面发言各4篇。民革中央的大会提案受到中共中央、国务院各部委办高度重视，收到27个部委办关于50篇提案的56件答复，提案办复率94.3%。其中，已经解决或采纳的占26%，列入计划拟解决或拟采纳的占 70%，用作参考的占 4%。《加快完善国土资源节约集约利用立法，推进生态文明法制建设》的部分建议已在修改后的《矿产资源法》中得到体现；《利用市场化机制解决钢铁产能过剩问题》的部分建议被国家发改委采纳；《关于采用先进信息技术构建国家人才资源库，打造人才资源强国》提出的“为每个学生建立唯一‘学籍卡’”建议，在同年秋季入学新生中落实。

2014 年，民革中央在全国政协十二届二次会议上作了题为《以法治思维和方式推进行政体制改革》的大会口头发言，提交了《建设文化创意小镇，让城镇化记得住“乡愁”》等 10 篇大会书面发言，并以委员联名发言和委员个人发言的形式作了题为《生态粮仓、健康土地、安全食品》和《坚持司法为民，努力破解“诉讼贵”》的大会口头发言。同时，民革中央还提交了《关于统筹推进新丝绸之路经济带战略的提案》等 46 件集体提案。其中《关于加快我国金融监管体制改革的提案》被列为财税金融类一号提案，《关于以商事法律制度改革为突破口，深化法治中国建设的提案》等 5 件被列为重点提案。2014 年，民革中央在祖统工作方面也有多份提案得到有关部门的高度重视，国务院台办法规局等部门就推动两岸金融合作、共同维护国家海洋权益、进一步推进两岸关系和平发展进程等提案专程来民革中央机关座谈。《政府工作报告》涉台部分的有关表述采纳了民革中央提出的建议，发表后引起岛内巨大共鸣和广泛热议。民革中央提交全国政协十二届二次会议的《加强两岸四地消费者权益保护合作机制建设的提案》被评为唯一一件对台工作重点提案。民革中央先后在全国政协议政性常委会议、有关专题协商会、双周协商座谈会上作了 10 篇口头发言和 7 篇书面发言，得到全国政协和有关部门的充分肯定。特别是与全国政协社法委合作承办的以“确保依法独立公正行使审判权检察权”为主题的第十次双周协商座谈会，得到全国政协领导和有关单位负责人的高度评价。此外，民革党员中的全国人大代表和全国政协委员也充分依托“两会”舞台，认真履行职能，以亮眼的成绩为民革添彩，孙继业等 5 位代表领衔提出 8 件议案，莫小莎、钱宗飞等 34 位代表提交了169份建议，其中《关于建立京张生态补偿机制的建议》等3篇被列为重点办理建议；93位委员共提交178件个人提案和170件联名提案，其中7件个人提案和8件联名提案被重点督办。

2015年，在第十二届全国政协三次会议上，民革中央作了题为《大力推进志愿服务事业，不断促进社会文明进步》的大会口头发言，提交了《切实推进医养结合，让老年人养老无忧》《关于大力推进社会主义协商民主建设的几点建议》等6篇大会书面发言，口头发言得到了中共中央领导同志的重要批示。在中共中央总书记、国家主席、中央军委主席习近平参加的民革、台盟、台联界别联组会上，6位委员分别就加快推进平潭综合实验区建设、推动改革措施落实到位、做好台湾青年工作、建设两岸文化产业带等发言，得到充分肯定。同时，民革中央还提交了《关于扩大直接融资，防范金融风险的提案》等35件集体提案。其中，《关于完善我国农村土地承包经营权中相关法律的提案》《关于大力发展康养产业的提案》等5件被列为重点督办提案，受到中共中央、国务院有关部委的高度重视。全国政协十二届三次会议后，民革中央在全国政协召开的各类议政性常委会议、有关专题协商会、双周协商座谈会上，分别就“十三五”规划编制、积极培育和践行社会主义核心价值观、人民法院司法体制改革、农村土地确权登记中的法律问题、深化行政审批制度改革等重大问题和难点问题，作了题为《提升“一带一路”建设的金融保障能力》《理顺司法机关关系，优化司法职权配置》《明确农村集体经济组织成员身份认定条件，推动确权登记工作顺利开展》《增强系统性、整体性、协同性，进一步提高行政审批改革质量》等11篇口头发言，以及《领导干部是培育和践行社会主义核心价值观的关键》《关于人民政协各界别、全体政协委员积极弘扬、忠诚践行社会主义核心价值观的建议》《关于促进中医药事业发展的建议》等4篇书面发言，得到全国政协和有关部门的积极评价。民革党员中的全国人大代表和全国政协委员也认真履行职能，努力展现自身良好的参政议政能力和水平。在第十二届全国人大三次会议上，有7位代表领衔提出议案11件，40名代表领衔共提交159件建议，其中

《关于建立健全跨流域调水水源地保护生态补偿机制的建议》《关于加快发展现代职业教育的建议》被列入重点督办建议。在全国政协十二届三次会议上，有62位委员提交167件个人提案，民革党员作为第一提案人的联名提案有133件，《关于进一步加强黄河流域湿地保护工作的提案》《关于推进西部地区棚户区改造的提案》等多篇被列入全国政协重点提案督办方案。

2016年，在全国政协十二届四次会议上，民革中央再创佳绩，作了《有“九二共识”神针定海，两岸关系方能行稳致远》《让分享经济助力新常态》《加强电商监管，促进电子商务健康发展》3篇大会口头发言，提交了《关于提升“一带一路”建设金融保障能力的建议》《以改革开放思维推动我国职业教育发展》等7篇大会书面发言。同时，民革中央还提交了《关于多措并举　打赢边民脱贫攻坚战的提案》等41篇集体提案。其中，《关于以高科技创新突破，补农业现代化“短板”的提案》《关于做好去产能过程中人员安置工作的提案》等5件被列为重点督办提案，受到中共中央、国务院有关部委的高度重视。同年，民革中央在全国政协召开的各类议政性常委会议、有关专题协商会、双周协商座谈会上，分别围绕提高扶贫实效、促进社会主义文艺繁荣发展、健全现代农业推广体系等重大问题和难点问题，作了《发挥民主党派自身优势，助推脱贫攻坚同步小康》等6篇口头发言，以及《以京津冀协同发展的战略思路协同推进区域内扶贫攻坚》等4篇书面发言，得到全国政协和有关部门的积极评价。民革党员中的全国人大代表和全国政协委员也认真履行职能。在十二届全国人大四次会议上，有6位代表领衔提出议案10件，35名代表领衔共提交186件建议。在全国政协十二届四次会议上，有58位委员提交185件个人提案，民革党员作为第一提案人的联名提案有25件，《关于“十三五”期间继续高度重视民族地区发展的提案》《关于健全三江源生态补偿机制的提案》等8篇提案被列入全国政协重点提案督办方案。

2017年，在全国政协十二届五次会议上，民革中央作了题为《关于构建完整的跨行政区划人民法院体系的建议》的大会发言，提交了《精准立法促进社会文明》等8篇书面发言和《关于进一步推进金融精准扶贫的提案》等33件集体提案。其中，《关于完善我国环保技术专利制度的提案》《关于设立跨行政区划人民法院和人民检察院的提案》被列为全国政协重点提案。国务委员王勇对《关于完善我国环保技术专利制度的提案》作出批示，国家知识产权局邀请民革中央参与该件提案办理调研工作。在全国政协常委会议上，民革中央分别就“深化供给侧结构性改革，促进经济平稳健康发展”“实施精准扶贫中存在的问题和建议”“深入学习贯彻中国共产党第十九次全国代表大会精神”等议题，作了题为《深入贯彻习近平新时代中国特色社会主义思想，加快西北地区发展推动区域协调发展》的口头发言和《加强电能在终端能源的消费比重，改善能源结构和用能效率》等6篇书面发言。民革中央还参与主办第65次双周协商座谈会，应邀参加第75次双周协商座谈会，多位民革党员就“《水污染防治法》修订”和“推进粮食定价机制、补贴政策和收储制度改革”的议题分别作了发言。民革党员中的全国人大代表和全国政协委员也认真履行职责，在第十二届全国人大五次会议上，鲍家科、李小亭等代表领衔提出议案6件，李爱青、户思社、朴广钟等代表提交建议172件，其中《关于促进我国农民工返乡创业的建议》《关于推进医养结合深入健康发展的建议》《关于中小学生午餐健康及营养问题的建议》被纳入重点督办建议。在全国政协十二届五次会议上，傅惠民、田惠光等委员提交210件个人提案，民革党员作为第一提案人的联名提案有25件，《关于保护南方古村落，建设美丽乡村的提案》《关于采取更有力措施治理过度包装，促进绿色生产和消费的提案》被列入全国政协重点提案。同年9月，全国政协对本届优秀提案作出表彰，民革共有11件提案入选。其中，民革中央集体提案6件，分别是《关于加强金融消费者权益保护的提案》《关于进一步推进环境污染责任保险的提案》《关于加强两岸四地消费者权益保护合作机制建设的提案》《关于加快推进平潭综合实验区建设的提案》《关于进一步推进金融精准扶贫的提案》《关于完善校园欺凌防范和治理机制的提案》；民革党员中的全国政协委员个人提案5件，分别是田惠光等委员的《关于加快发展学生营养午餐工作的提案》、李霭君委员的《关于两岸合作开发南方海上丝绸之路文化产业带的提案》、黄健儿委员的《关于完善生态补偿机制的提案》、汤维建委员的《关于尽快出台〈快递条例〉，完善快递纠纷解决机制的提案》、郑军委员的《关于提高农民法律意识，加强依法治村的提案》。

2018年，在全国政协十三届一次会议上，民革中央作了题为《加强西北区域统筹协调　推进“一带一路”建设》的大会口头发言，提交了6篇大会书面发言，同时还提交了28件大会提案和3件平时提案，其中3件被列为重点提案。共收到19个部委关于29件提案的32件答复，提案办复率93.5%。国家发改委、工业和信息化部、司法部、银保监会等有关办复单位对提案反映的问题高度重视，表示将认真研究建议，推动相关工作开展。在全国政协召开的3次议政性常委会上，民革中央作了2篇口头发言，提交了4篇书面发言，得到全国政协和有关部门的积极评价。7月，民革中央与全国政协教科卫体委员会共同承办“解决中小学生课外负担重问题”双周协商座谈会，6位民革党员在会上发言，为全面系统推进“减负”工作提供了重要参考。民革党员中的全国人大代表和全国政协委员也认真履行职责，展现出良好的参政议政能力和水平。44位代表领衔提出议案13件、提交建议150件，其中孙继业、辛琰、王静成等代表提交的3件建议被纳入重点督办建议。88位委员向全国政协十三届一次会议提交提案230件、参与联名提案242件，其中何报翔、田惠光、王红玲等委员提交的9件个人提案被列为全国政协重点提案。在全国政协专题议政性常委会上，修福金、吴晶、马志伟常委作了口头发言，傅惠民、谷振春等19位常委提交了30篇书面发言，均取得了良好反响。张复明、汤维建等8位委员受邀参加5场双周协商座谈会，就一系列重点、难点问题提出意见和建议。

2019年，在全国政协十三届二次会议上，民革中央作了题为《实现幼有所育关系国家未来》的口头发言，提交了5篇大会书面发言。同时，民革中央还提交了《关于进一步整治P2P网贷机构，防范化解金融风险的提案》等29件提案。其中《关于应用大数据手段和互联网技术，保障食用农产品安全供给的提案》《关于推动优质供给，杜绝劣质校服的提案》被选为全国政协重点提案。共收到17个办复单位关于28件提案的答复，提案办复率96.6%。国家发改委、中央网信办等有关办复单位对提案反映的问题高度重视，表示将认真研究建议，推动相关工作开展。在全国政协召开的第七次、第八次、第九次常委会上，民革中央作了题为《推进教育资源均衡发展，切实解决大班额问题》《坚定不移跟共产党走，大道同行民族复兴路》的口头发言，提交了6篇书面发言，得到全国政协和有关部门的积极评价。2019年1月，民革中央与全国政协社会和法制委员会共同举办“网络环境下的知识产权保护”双周协商座谈会，郑建邦、高小玫、朱新力等3位民革党员在会上发言，为打造网络环境下知识产权保护多元共治体系提供参考。民革党员中的全国人大代表和全国政协委员认真履行职责。在第十三届全国人大第二次会议上，36位代表领衔提出议案9件、提交建议167件，其中蒋胜男、辛琰、杨林花等代表提交的3件建议被列入重点督办建议。在全国人大常委会会议上，6位委员认真审议有关议案、草案、报告等，积极围绕多部法律的制定修订工作提出意见建议。在全国政协十三届二次会议上，82位委员共提交个人提案198件、联名提案82件，其中潘明、马珺委员提交的2件提案被列为全国政协重点提案。在全国政协专题议政性常委会上，傅惠民、蒋平安、田惠光常委作了口头发言，杨保建、吴晶等多位常委提交了20余篇书面发言，取得了良好反响。冯巩、张复明、汤维建、王红玲、史小红、曾蓉、温香彩、郑军、郭文圣等委员参加了双周协商座谈会、远程讨论会和网络议政远程协商会，就一系列重要议题提出意见和建议。

2019年也是人民政协成立70周年，全国政协表彰了70年来100件有影响力重要提案，民革中央的《关于尽速制定反分裂国家行为法的提案》《关于推进司法改革实现司法公正的提案》《关于两岸合作向金门供水的提案》等3件集体提案，李济深、何香凝、孙越崎等民革前辈和民革组参与联名的《请以大会名义急电联合国否认国民党反动政府代表案》《关于提请以大会名义劳军案》《拟请先就各大行政区各择若干县或乡实行土地改革案》《关于三峡工程建设的若干提案》等4件提案入选。此外，民革中央的《关于促进快递行业绿色发展的提案》被选为“全国政协十三届一次会议好提案”。

2020年，在全国政协十三届三次会议上，民革中央作了题为《坚持“九二共识”，坚决反对“台独”》的口头发言，提交了5篇大会书面发言。同时，民革中央还提交了31件提案，其中《关于建立“后2020”时期稳定脱贫长效机制的提案》《关于将社区养老做深做实做到位的提案》《关于倡导文明生活方式，培养健康公共卫生习惯的提案》《关于打造法治化营商环境，保护民营企业家权益的提案》《关于完善我国应急管理法律体系的提案》《关于推进先进制造业与现代服务业深度融合的提案》等6篇被选为全国政协重点提案。民革党员中的89位全国政协委员共提交个人提案326件、联名提案132件，其中刘同德、巫家世等同志提交的12件提案被列为全国政协重点提案。在全国政协“《行政复议法》修改”“完善外卖行业食品安全监管”双周协商座谈会、“关爱农村留守老人儿童”网络议政远程协商会、“推进粤港澳大湾区创新合作”专题协商会、“三农”工作对口协商座谈会等会议上，李惠东、田惠光、吴晶、张兴凯、王悦群、沈瑾、周世虹、傅莉娟、夏涛、白清元、程永波等同志就有关议题提出意见和建议。在全国政协召开的第十二次、第十四次常委会上，民革中央作了题为《用信息化助力持续巩固脱贫成果》《深化长三角对外开放，助力国内国际双循环》的口头发言。在“解决农产品销售难问题”“讲好中国人权事业发展成就的故事”等双周协商座谈会上，郑建邦代表民革中央作了主题发言，王红玲、陈星莺、温雪琼、欧阳泽华、吴晶、户思社、赵梅等同志作口头发言，多位民革界别委员通过网络议政平台，就破解农产品销售“卡脖子”难题、进一步做好我国外宣工作等提出意见建议。

（四）信息工作质量稳步提升

民革十二大以后，民革中央建立了中央常委报送社情民意信息制度和信息直报点、特约信息员制度，有效调动了各级组织和广大党员的积极性，信息工作质量显著提高。2013 年至 2020 年，共收到信息素材 12779 篇，向全国政协报送 2257 篇，被采用 445 篇。整体采用率不断提高，持续在各民主党派和全国工商联中排名前列。

2013 年，民革中央共收到各省级组织和中央专委会、机关部门报送的信息素材 2630 篇，经过归纳和提炼，向全国政协报送 512 篇，被采用 51 篇，其中《加强工业技术研究院建设，助推经济转型升级》《将青海设立为国家生态文明先行试验区》等 4 篇被单篇采用，综合采用 10 篇，转送有关部门 37 篇，单采篇数同比增加 100%，信息采用率同比提高 3 个百分点。中共中央领导同志对《将青海设立为国家生态文明先行试验区》作出批示，国务院台办、证监会分别对《关于台湾部分便民服务门户网站解除屏蔽的建议》《加强对会计师事务所监管，杜绝上市公司 IPO 财务造假》回函。《从源头加强中小学校服质量安全监管，促进青少年健康成长》等 10 篇信息被《人民政协报》刊载。

2014 年，民革中央共收到各省级组织和中央专委会、机关部门报送的信息素材 2299 篇，经过归纳和提炼，向全国政协报送 330 篇，被采用 62 篇，其中《完善三江源生态补偿机制的建议》《无障碍环境建设应与新型城镇化建设同步》等 7 篇被全国政协单篇采用，《关于在家庭农场大力推广滴灌技术的建议》《关于推进城镇化过程中的文化建设的建议》等 12 篇被综合采用，《清理规范变相的培训中心、招待所势在必行》《关于严禁党政干部就读 EMBA 的建议》《建议将原国民党抗战老兵纳入优抚对象》等 43 篇被转送有关部门，采用篇数较往年有较大提升。其中，《关于尽快解决青藏边界冲突，维护区域和谐稳定的建议》《关注台湾农田水利会联合会换届后的新情况，做好台湾人民工作》《台湾新住民群体代表人士反映的情况》《海峡论坛期间新党人士反映的情况》《应对暴力恐怖事件应注意“四个苗头”，强化“四个防范”》等 4 篇信息得到中共中央领导同志重要批示。《建议完善我国高新技术企业认定管理工作》《三峡枢纽不应在少雨季节高位蓄水》《关于进一步提高全国铁路车站管理服务水平的建议》分别收到科技部、国务院三峡办、中国铁路总公司的回函。《利用西方政治生态和游戏规则，做好外交工作》被中央统战部采用，《关于遏制农村医疗纠纷多发的建议》等多篇信息被《人民政协报》刊载，有效促进了高质量社情民意信息的转化利用。

2015 年，民革中央深入贯彻落实万鄂湘主席“既要有数量，更要有质量”的批示要求，着力加强对信息工作的领导，进一步完善机制，研究考核办法，成效显著，民革中央报送全国政协的社情民意信息年度采用率达到 20.5%，在各民主党派中央和全国工商联中位列第一。民革中央全年共收到中央领导同志、中央专委会和各省级组织报送的信息素材 1404 篇，经过归纳和提炼，向全国政协报送 162 篇，被采用 34 篇，包括《“九合一”选后岛内统派对大陆对台工作的看法》等 2 篇被单篇采用，《把好混合所有制的进入规则关是改革成功的基础和关键》《注册资本登记制度改革工作面临的挑战及应对建议》等 9 篇被综合采用，《建议将西部地矿局所属地勘单位划入公益一类》《建议医疗机构全面建立单剂量配药系统》等 23 篇被转送有关部门。其中，《关于自贸区进出口货物商标保护问题的若干建议》获中央领导同志两次重要批示，并责成商务部认真办理。同时，信息上报渠道进一步拓展，通过全国政协委员履职平台报送的《关于进一步健全台生助学金制度，并做好台生辅导服务工作的建议》，得到中央领导同志重要批示。

2016 年，民革中央贯彻落实万鄂湘主席“持之以恒做好反映社情民意信息工作”的要求，进一步完善机制和考核办法。全年共收到信息素材 1403 篇，经过归纳和提炼，向全国政协报送 140 篇，被采用 32 篇，整体采用率达到 22.9%，在各民主党派中央和全国工商联中继续排名第一。其中，《关于当今台湾岛内绿营青年的思想动态和工作建议》《进一步提高行政审批改革的质量》等 4 篇被单篇采用，《适度放宽台湾个体工商户经营范围和从业人数限制》《关于“营改增”后加强地方税收征管的建议》等 6 篇被综合采用，《应尽快建立失能老人长期照护制度》《推动上市公司积极参与国际并购的建议》等 22 篇被转送有关部门。在全国政协和中央统战部采用的36篇信息中，4篇信息得到了中共中央领导同志的批示。

2017年，为进一步提升社情民意信息质量，民革中央对信息工作思路和方法进行了适时调整。一是根据全国政协季度参考选题，主动联系民革省级组织、专家和党员撰写相关信息，同时注重在考察调研过程中及时收集整理社情民意信息。二是加强工作培训，先后为17个省（市、自治区）的基层信息工作人员举办信息专题讲座，讲政策、提要求、教方法，各地来稿数量和质量均有明显提升。三是优化工作机制，确定分层责任制，进一步严把质量关，新增山东济南市委会为信息直报点，使直报点制度焕发更大活力。民革中央以中央领导同志、中央专委会和各省级组织报送的1185篇信息素材为基础，经过归纳和提炼，向全国政协报送163篇社情民意信息，被采用22篇，政协信息采用率在各民主党派中央中保持领先。其中，《“一带一路”沿线省份同质化竞争问题值得高度重视》被单篇采用，《关于推进农村一二三产业融合发展的意见建议》等4篇被综合采用，《关于在民事诉讼法中确立调查令制度的建议》等17篇被转送有关部门。此外，《加强推进海外中国文化中心建设》被中共中央统战部《零讯》采用。

2018年，民革中央以中央领导同志、中央专委会和各省级组织报送的1115篇信息素材为基础，经归纳提炼，民革中央向全国政协报送了189篇社情民意信息，被全国政协采用26篇，信息整体采用率在各民主党派中央和全国工商联中排名前列。其中，根据全国政协专题约稿要求，积极发动多位在专业领域有深入研究的党员，针对上市公司信息披露、机构重组后部门职能调整等问题提出具有针对性、可行性的意见建议，得到全国政协重视和采纳。《实现家庭医生签约服务第二阶段目标的困难与对策》《关于加强氨酚羟考酮使用监管的建议》等信息被转送后，得到国家卫生健康委、国家药监局等单位积极回应。

2019年，民革中央积极适应反映社情民意信息工作新形势新要求，重新修订《民革中央反映社情民意信息工作评选表彰办法（试行）》，完善激励机制，整合全党资源，着力做好专题约稿工作。全年共收到1254篇信息素材，经归纳提炼，民革中央向全国政协报送了260篇社情民意信息，被全国政协采用78篇，信息整体采用率在各民主党派中央和全国工商联中排名第二。其中，根据全国政协专题约稿要求，充分调动各省级组织积极发动多位有专业素养的党员，针对积极有效应对中美贸易摩擦、乡村振兴战略实施中的问题及对策、进一步加强和改进政协工作等主题提出具有针对性、可行性的意见建议，得到全国政协重视和采纳。

2020年年初，我国新型冠状病毒感染的肺炎疫情防控形势严峻复杂。民革中央认真贯彻落实习近平总书记有关重要指示精神，第一时间快速响应，密集开展专题征稿、定向约稿，广泛收集党员大量意见建议，认真遴选采编具有原创性、针对性、可行性的高质量建议，及时向全国政协、中央统战部等有关部门反映，为进一步做好疫情防控工作积极建言献策。从民革中央领导同志到地方基层普通党员，围绕疫情防控工作中的重点、难点和人民群众反映强烈的热点问题，通过各种渠道，提出了1500余条宝贵建议。经遴选、整合，民革中央聚焦有效控制疫情扩散趋势、做好各类防护物资供应和分配、加强信息公开和舆论宣传、积极应对疫情对国内经济的负面影响、保持市场及物价稳定、修订完善相关法律法规、经济社会复工复产、确保脱贫攻坚决战决胜等多个方面，截至2020年年底，全年共向全国政协报送510篇信息，被采用140篇，向中共中央统战部报送190篇信息，其中疫情相关信息向全国政协报送189篇，向中共中央统战部报送96篇。

四、社会服务助力全面建成小康社会

进入新时代，民革社会服务工作把握正确的政治方向，围绕执政党和政府中心工作，服务全面深化改革大局，为执政党和政府工作分忧解难，协助解决社会民生问题，促进社会和谐与公平，不断为实现民族复兴、国家富强、人民幸福的中国梦贡献力量。

（一）尽锐出战，助力打赢脱贫攻坚战

中共十八大以来，以习近平同志为核心的中共中央从全面建成小康社会要求出发，把扶贫开发工作纳入“五位一体”总体布局、“四个全面”战略布局，作为实现第一个百年奋斗目标的重点任务，作出一系列重大部署和安排，全面打响脱贫攻坚战。脱贫攻坚力度之大、规模之广、影响之深，前所未有，取得了决定性进展，显著改善了贫困地区和贫困群众生产生活条件，谱写了人类反贫困历史新篇章。民革全党认真贯彻落实习近平总书记关于扶贫工作重要论述，整合全党资源，在持之以恒做好毕节市和纳雍县的定点扶贫工作基础上，创新开展了“博爱·牵手”等具有新时代特点的扶贫济困工作，民革全党扶贫工作呈现新亮点。

1. 以持续做好毕节试验区和纳雍县定点扶贫工作为示范，积极做好智力支边扶贫工作

民革十二大以来，民革牢牢把握毕节试验区“三大主题”，坚持积极参与与量力而行相结合、体现优势与立足实际相结合、出主意与办实事相结合、发挥作用与深化认识相结合，不断提高政治站位，协助毕节市和纳雍县贯彻落实各项政策措施，切实帮助解决“两不愁三保障”突出问题，倾情打造民革扶贫工作品牌，紧密配合统一战线参与支持毕节试验区联席会议要求，为毕节市和纳雍县经济社会发展作出了新的贡献。

进入新时代，民革中央建立健全“全党动员，重点结对贫困乡镇”的帮扶联系机制，先后印发《关于进一步加强定点扶贫工作的意见》《部分民革省级组织对口纳雍县贫困乡开展结对帮扶工作方案》《定点扶贫纳雍县结对帮扶工作联席会议制度》，明确了由北京、天津、上海、江苏、浙江、山东、广东等 7 个东部地区省级组织和民革贵州省委会结对帮扶纳雍县 8 个贫困乡镇，由民革中央企业家联谊会对口全县帮扶，并建立结对帮扶联席会议制度。万鄂湘、郑建邦、李惠东等民革中央领导同志多次到毕节和纳雍调研指导工作，民革中央及有关省级组织累计组织赴纳雍县考察 1300 余人次，安排 8 人到当地挂职锻炼；向纳雍投入帮扶资金、物资

合计3600余万元，为纳雍争取项目70个，引进投资近2亿元；培训基层干部500余人次；举办各类培训班70余期，培训技术人员4700余人次；组织开展消费扶贫购买农产品300余万元；帮助销售贫困地区农产品1700余万元。同时还开展医疗义诊100余次，诊疗困难群众2万余人次。2020年年底，纳雍县如期实现脱贫摘帽。

教育帮扶是民革全党在纳雍开展智力帮扶的品牌项目。近年来，民革先后邀请教育部、生态环境部、中华职业教育社等有关单位和部分民革学校负责人、教育专家赴毕节市和纳雍县就西部贫困山区教育改革发展试点进行专题调研，重点在职业教育、劳动力转移培训等方面提出建议、展开合作。各地民革组织、党员企业家相继募集成立“沪纳助学基金”“粤纳助学金”“鲁纳助学基金”“同心·博爱志城奖励基金”等多个助学奖学基金，捐建了一批山区学校，改善当地办学条件，提高教学和管理水平。民革还利用在民办教育领域的资源优势，在纳雍县开展讲座、研讨、岗位实践等多种形式的暑期教师培训和教学交流。民革在纳雍的教育帮扶工作，对统筹城乡教育资源共享，推进教育均衡和公平发展起到了重要作用。如由民革党员创办的上海新纪元教育集团发挥教育行业资源优势，力求通过教育扶贫“拔穷根”解决以往受帮扶对象返贫的问题。新纪元教育集团累计捐助资金3000余万元，为纳雍县免费培养500余名家庭贫困的高中学生，有10届学生毕业，100%考取本科，97%就读重点大学。此外，新纪元教育集团还开展系统培训，累计培训贫困地区农村学校校长和教师7400多人次。根据万鄂湘“在重视物质脱贫的同时，高度重视精神脱贫问题”指示精神，中山博爱基金会和北京、上海、浙江等省市民革组织先后开展“中山博爱夏令营”活动，累计有600余名贵州贫困地区的孩子走出大山，来到北京、上海、杭州等大城市，开阔了视野，增长了见识。

民革在帮扶工作中着力支持纳雍县发挥环境和生态优势，协助调整农业产业结构，发展优势和特色种养殖产业，促进农民增收致富。通过组织一系列专题调研、学术研讨和管理培训，从产业布局、品牌建设和市场开拓各个层面协助纳雍制定产业发展规划、组织市场推广。如天津、河北等省市民革组织和纳雍县签署茶产业品牌建设与市场营销策划服务帮扶协议，同时北京、山东等省市民革组织协助建立销售渠道和合作关系，纳雍县茶产业发展势头良好。江苏、浙江等省民革组织扶持建立扶贫车间和特色产业基地，先后建立多个苗绣手工艺品扶贫车间，带动近200名贫困家庭妇女就业并实现稳定收入。民革南京市委会帮助建立的“民革博爱·香姜种植产业基地”，实现定点帮扶村的贫困户户均增收3000余元。民革中央还组织企业家到纳雍开展投资考察，协调纳雍县参加“全国民族地区发展大会”“民革企业助力贵州产业招商发展大会”等重大招商推介活动，推动贵州金蟾大山生物科技有限责任公司、纳雍博爱茗心茶业有限公司、北京农友商盟有限公司等企业到纳雍参与产业扶贫。

★ 2017年7月，万鄂湘（前排右三）、李惠东（前排右一）在纳雍县一中参加以关爱贫困家庭留守儿童健康成长为主题的“博爱牵手 情暖童心”中山博爱夏令营开营仪式。

切实改善山区群众生产生活条件和医疗条件始终是民革扶贫工作的重点。民革积极与贵州省有关部门沟通联系，协调了一批交通枢纽设施、村级道路、民居改造和水利设施建设项目，着力改善山区百姓生活和出行条件。北京、天津、上海、江苏、广东等地民革组织及民革中央企业家联谊会筹措资金先后援建了纳雍县居仁街道路嘴社区卫生室、新房乡以角村龙群卫生室、勺窝镇巴雍社区卫生室、昆寨乡千秋村卫生室、龙坝镇岩脚社区卫生室等一批基层卫生设施，上海、江苏、广东等省市民革组织还多次组织纳雍乡村医生赴当地进修培训，提高当地基础医疗服务水平，对今后的医疗帮扶工作起到了积极示范带动作用。上海、江苏、山东、广东等省市民革组织还向对口帮扶乡镇卫生院捐赠医疗救护车，为当地解决了危重病人特别是高危产妇转院送诊的燃眉之急。

按照习近平总书记指示要求，为进一步推动各民主党派中央、全国工商联黔西南“星火计划、科技扶贫”试验区建设，民革作为组长单位积极组织协调，加强了联合推动组与国家部委、贵州省和黔西南州三个层面的工作联系与互动，成员单位协同参与，积极配合，开展联合调研、教育培训、招商引资等一系列大型活动，各自结合实际推进落实了一批具体项目。

此外，民革有关省级组织还积极配合当地中共党委、政府开展定点扶贫工作，有 23 个民革省级组织确定了 25 个定点扶贫地区，共组织赴定点扶贫地区考察 1098 人次，选派赴当地挂职锻炼的各级干部 17 人，在基础设施建设、产业引导扶持、文化教育发展、科技医疗下乡等领域开展多角度、全方位的定点帮扶工作。

★ 2016 年 9 月，万鄂湘（前排右一）带队在贵州省黔西南州惠水县开展脱贫攻坚民主监督调研。

2. 弘扬博爱精神，探索民革扶贫济困工作新领域

为弘扬孙中山博爱精神，发扬民革扶贫济困优良传统，民革十二大以来，民革全党陆续开展了“伸出博爱之手——民革基层组织牵手困难群众”等扶贫济困活动。2013 年 8 月，民革中央调研组到北京市就民革基层组织牵手所联系的困难群众情况进行调研，慰问病中的百岁民革党员。以此次调研为开端，北京、河北、山西、吉林、上海、浙江、安徽、福建、湖南、广东、重庆、四川、贵州、云南、宁夏、新疆等民革省级组织积极行动起来，以基层组织为载体，通过捐款捐物、慰问困难群众、与抗战老兵促膝长谈、给乡村小学生送温暖、关爱孤残儿童等多种形式，帮助所联系的困难党员群众解决实际问题，使所联系的困难群众切身感受到民革基层组织的关爱。民革中央领导同志外出调研时，也都抽出时间深入基层，走访慰问当地困难家庭，与农民话家常，共商脱贫之举。近年来，民革中央及各级民革组织共开展“博爱·牵手”等相关活动 17000 多场，活动捐款捐物总价值近 6.7 亿元，直接受益人数 184.6 万人。

为传承中华民族优良传统、弘扬博爱精神、汇聚民革非公有制经济人士和社会爱心人士力量，致力于社会公益慈善事业，在民革中央支持下，由民革党员发起设立非公募中山博爱基金会。2016 年 4 月，基金会得到国家民政部批复正式成立，四年来共接受民革党员捐款 8295.98 万元，以及价值 860.87 万元的物资。中山博爱基金会在做好各项善款管理工作的同时，认真履行社会义务，充分发挥基金会在服务脱贫攻坚战略，助推民革重点工作，促进民革自身建设等方面的作用，积极参与各项社会公益事业，截至 2020 年年底，中山博爱基金会向各类社会公益事业累计捐款 4746.35 万元、捐物 860.87 万元。贵州省纳雍县昆寨乡属贵州省 100 个一类贫困乡之一，也是毕节市 18 个极贫乡镇之一，作为该乡唯一的初级中学——昆寨中学基础设施设备极为落后。2017 年，中山博爱基金会投入 400 万元，为昆寨中学重修了教学楼和宿舍楼，新建了学生食堂，以及公厕、线型跑道、篮球场等基础设施，极大改善了学校的办学条件。

2020 年年初，武汉暴发新冠肺炎疫情，并在全国蔓延。民革中央迅

速响应中共中央和国务院决策部署，组织和动员民革全党力量为疫情防控和经济社会发展献计出力，在统筹推进疫情防控和经济社会发展工作中发挥了积极作用。疫情防控期间，民革中央向中共中央、国务院报送涉疫建议6篇，得到中央领导同志重要批示29次。孙继业、王世杰分别带领山东、贵州两省援鄂疫情防控工作队驰援湖北。全国69名民革党员医务工作者参加援鄂医疗队，1000余名党员医务工作者奋战在抗疫一线。民革各级组织和党员通过各种渠道捐款捐物累计达6.5亿元。中山博爱基金会收到疫情防控捐款2809万余元和总价值约857万元的口罩、防护服、药品等防疫物资512448件，拨付捐款2043万余元、各类防疫物资512448件，面向疫情严重地区开展多个重大疫情防控捐赠项目，并向192名奋战在湖北一线的民革医务工作者及3位罹患新冠肺炎不幸去世的民革党员家庭各发放10000元慰问金。9位民革党员被评为全国抗击疫情先进个人。2020年12月，民革中央在十三届四中全会上，隆重表彰了257名民革抗击新冠肺炎疫情先进个人和45个民革抗击新冠肺炎疫情先进集体。

（二）扎实推动脱贫攻坚民主监督工作开展

打赢脱贫攻坚战是中共中央向全体人民的庄严承诺，也是全面建成小康社会、实现第一个百年奋斗目标最艰巨的任务。2016年6月以来，受中共中央委托，各民主党派中央对口8个脱贫攻坚任务重的中西部省区，开展脱贫攻坚民主监督工作。习近平总书记对这项工作高度重视，强调这是中共中央赋予各民主党派的一项新任务，是民主党派履行民主监督职能的新领域，希望各民主党派中央坚持问题导向，深入调查研究，对脱贫攻坚决策部署的执行和落实情况进行监督，为打赢脱贫攻坚战作出贡献。为此，中共中央统战部与国务院扶贫办联合印发《关于支持各民主党派中央开展脱贫攻坚民主监督工作的实施方案》，明确了脱贫攻坚民主监督的工作原则、重点内容、主要形式和保障机制。

按照中共中央统一部署，民革中央对口贵州省开展脱贫攻坚民主监督工作。2016年9月，民革中央成立了由万鄂湘任组长的民革中央脱贫攻坚民主监督工作领导小组和由分管副主席任组长，民革党内专家、中央各职能部门负责人为成员的工作小组。民革中央结合长期参与毕节试验区和黔西南试验区建设、对口帮扶贵州省纳雍县的工作实践，针对贵州省脱贫攻坚任务较重的8个州市的具体情况，制定了《开展脱贫攻坚民主监督工作方案》《调研组组建及监督工作实施意见》《脱贫攻坚民主监督工作规则》等一系列文件，组织四川、湖北、浙江、江苏、上海、广东等经济发达省市民革组织的精干力量，不断丰富完善“1个领导小组+1个工作小组+2个联络组+6个调研组”的“1126”工作机制，明确开展持续性监督工作的责任主体和信息渠道，依托当地民革组织建立民革中央常驻贵州的“工作队”，在参与当地脱贫攻坚的政策制定、落实、检查全过程的同时，选取日常调研点长期跟踪了解情况，形成了运行有效的民主监督工作体系。

按照“寓监督于帮扶之中，寓帮扶于监督之中”的工作原则，民革中央充分发挥民主党派人才荟萃、渠道畅通的优势，积极调动民革优势资源投向贫困地区，形成了民主监督与脱贫攻坚相互促进、相辅而行的工作格局。在万鄂湘、郑建邦、李惠东等领导同志亲自带领下，共开展各类脱贫攻坚民主监督调研185次，足迹遍布贵州省8个州市的所有贫困县，召开各类座谈会、院坝会220余次，走访农户3000余户，访谈县乡村三级干部730余人次，在24个村开展了驻村调研，考察产业扶贫项目400余个、易地搬迁项目150个，向各级党委政府提出意见建议340余条，共形成监督报告9篇，专题报告3篇。

在脱贫攻坚民主监督调研中，各调研组、联络组坚持问题导向，力戒形式主义，深入脱贫攻坚第一线，明确监督重点，聚焦热点难点问题，了解精准识别、精准脱贫现状及实现“两不愁三保障”目标任务存在的问题，听取贫困群众对脱贫攻坚各项举措的真实感受和看法，与各级干部进行广泛交流，着重听取来自基层干部的意见和想法，掌握大量第一手材料；对调研中发现的问题进行梳理分析，并研究提出有针对性的意见建议。

2016年，万鄂湘带队赴贵州开展脱贫攻坚民主监督调研后，向中共中央、国务院报送了《关于脱贫攻坚民主监督中发现的问题的建议》，就“帮扶易地扶贫搬迁群众就业的企业、增强脱贫识别阶段精准度、重视贫困人口同步实现精神脱贫”等问题提出意见建议，得到习近平总书记等领导同志的重要批示。

2017年，民革中央从进一步加大对深度贫困地区的支持力度、科学实施产业扶贫、发挥贫困群众主体作用、打破扶贫资金使用瓶颈、完善农村低保制度与精准扶贫的有效衔接等方面提出了意见建议，得到了贵州省主要负责同志的高度重视和积极反馈，有效推动了相关领域工作。

2018年，万鄂湘、郑建邦、李惠东分别率队赴毕节市、安顺市和黔南州开展脱贫攻坚民主监督专题调研，针对脱贫攻坚中存在的系统性、苗头性问题，向中共中央、国务院提交《关于防范和化解脱贫攻坚工作中相关风险的建议》，得到李克强、汪洋、胡春华等领导同志的批示。

2019年，针对东西部扶贫协作制度执行、易地扶贫搬迁工作进展等情况，民革中央向中共中央、国务院专门提交了《关于进一步加强东西部扶贫协作制度建设的建议》，并向全国政协反映了《关于易地扶贫搬迁工作面临的困难和问题》等社情民意信息。各调研组、联络组也及时向贵州有关地方反馈情况、提出意见建议，形成了形式多样的民主监督成果。

在民革中央认真开展脱贫攻坚民主监督工作的同时，有关民革省级组织认真落实当地中共党委要求，对口本省（自治区、直辖市）脱贫攻坚任务较重的地区，积极开展脱贫攻坚民主监督工作。在工作推进中，有关省级组织通过开展考察调研、参与专项监督评估、加强日常联系、进行政策宣讲等活动，深度融入脱贫攻坚主战场，切实履行民主监督职能。仅2019年就有20个民革省级组织，赴对口的28个地区开展脱贫攻坚民主监督工作，共调研98次，提交调研报告63篇，为推动中共中央和省（自治区、直辖市）委关于脱贫攻坚的一系列决策部署的贯彻落实，为打赢脱贫攻坚战作出了积极贡献。

通过开展脱贫攻坚民主监督工作，民革全党深度参与精准扶贫精准脱贫，对中共地方党委和政府贯彻落实精准扶贫精准脱贫基本方略情况进行监督，同时发挥自身智力密集的优势，帮助中共地方党委和政府出主意、想办法，共同研究应对之策，提出整改落实办法，将民主监督的过程变成共同发现问题、共同研究问题、共同解决问题的过程，变成推动政策落实的过程，变成推动贫困地区贯彻落实创新、协调、绿色、开放、共享发展理念，走出一条可持续的脱贫攻坚之路的过程。

（三）开创民革非公有制经济工作新局面

为做好民革非公有制经济代表人士工作，民革中央企业家联谊会于2015年10月正式成立，为民革党员中的企业家和从事经济管理者提供参政议政、社会服务的平台。

自民革中央企业家联谊会成立以来，民革党员企业家和所联系经济界人士相继参与民革中央联合举办的攀枝花市中国阳光康养产业发展论坛、中国赤水河流域生态经济发展论坛、贵州省产业扶贫招商推介会、吉林省辽源市龙山区招商引资推介会、中国重庆（石柱）康养大会、中国康养产业（新疆）发展大会、助力乡村振兴莫干山会议、中国赤水河流域生态文明建设协作推进会、秦皇岛中国康养产业发展论坛等活动，洽谈投资合作，为经济建设献计出力。

2017年，第二届民革中央企业家联谊会成立，张桂平任会长。2018年，民革中央企业家联谊会集中力量参与民革重大调研、专题论坛和脱贫攻坚工作，参加“凝心聚力　振兴东北——民革全国企业家助推沈阳发展大会”等活动，引导会员依法诚信经营、积极履行社会责任。2019年，民革中央以企业家联谊会为抓手，与广西壮族自治区党委和政府联合举办“民革全国企业家广西交流大会”，邀请民革党员和所联系企业家600多人参会，共签约意向资金920亿元。与中共贵州省委、省政府联合举办“民革企业助力贵州产业招商发展大会”，组织300余位民革党员及所联系企业家到贵州考察投资，共签约项目合同资金985亿元，为巩固脱贫攻坚成果提供了产业支撑。

全国成立的民革企业家联谊会或类似组织 26 个，成员 2549 人。参与民革中央组织的座谈会、调研考察活动、康养产业论坛，组织投资考察和各类慈善公益活动，有力促进民革党员企业和区域经济共同发展。2020 年年初，新冠肺炎疫情暴发后，民革中央企业家联谊会响应民革中央号召，发布《关于公开征集防护物资采购渠道的公告》，会长张桂平同志代表联谊会发出倡议书，积极号召广大党员企业家捐款捐物。据不完全统计，各地民革党员企业家通过各种渠道累计捐款、捐赠各类物资、减免费用折合人民币达 5. 6 亿元。

2015 年以来，民革中央在中央社会主义学院连续举办了 6 期“民革非公经济人士培训班”，有针对性地开展非公有制经济人士培训工作，共培训学员 412 人，坚定民革非公有制经济人士的理想信念，促进民营经济健康发展和非公有制经济人士健康成长，引导民革非公有制经济人士爱国、敬业、创新、守法、诚信、贡献。同时，发挥非公有制经济党员在经济领域优势，积极建言献策和参与社会公益事业，履行社会责任。

（四）法律服务、书画工作展现新面貌

2012 年以来，结合民革组织新形成的社会法制界别特色，为发挥民革人才优势，各地民革组织根据本地实际开展法律咨询、法律援助、法律服务工作，开拓形成了民革社会服务工作新的重点领域。

全国共成立了 27 个省级法律咨询或服务机构、192 个市级法律咨询或服务机构，其中 4 个省级组织和 36 个市级组织所属的法律咨询或服务机构被纳入国家法律援助工作体系，法律界党员 5595 人，累计实施法律援助 11300 多例，开展法律咨询和普法活动 24000 多次，25 万人次受益，

2014 年 12 月，万鄂湘主席带队走访司法部并签订了合作协议。各地民革组织相继成立法律服务机构。2015 年，民革中央在吉林省召开民革全国法律服务工作经验交流会，总结民革开展法律援助、法律服务工作取得的成绩和不足，挖掘和宣传典型案例，推广先进经验，吉林省等六个民

革组织代表作经验交流发言。2019 年，民革中央举办首期民革法律服务工作骨干培训班，指导基层提升法律服务质量和水平。

民革大力开展咨询服务、普法教育、法制讲座、法律援助等法律服务，努力化解社会矛盾、维护社会稳定、促进社会和谐。各地民革法律服务组织积极主动与当地司法部门及法律援助中心建立不同程度联系合作。随着工作的不断深入，涌现出一些先进典型，如专注于服务政府的民革乐山同心法律服务团、专注于服务台胞的云南省台胞法律咨询服务中心。民革吉林省中山法律援助工作探索网络化渠道，通过建设吉林省中山法律援助网、吉林省中山法律援助微信订阅号、“智慧东风社区、数字中山法援”项目，为律师与困难群体搭建沟通平台。在司法部第五届全国法律援助工作表彰活动中，吉林省中山法律援助总站被评为先进集体，两名民革党员被评为先进个人。

2012 年以来，民革各级组织团结和引导广大民革书画工作者，围绕重大政治活动主题，开展一系列具有民革特色、形式多样的活动。民革中央相继主办了“祖国岛屿风情书画展”“民革中央画院首届油画展”“民族魂——纪念中国人民抗日战争暨世界反法西斯战争胜利 70 周年美术作品展览”及六地巡展、“天下为公——纪念孙中山先生诞辰 150 周年美术作品展览”。民革中央画院先后在北京怀柔举办了第三期山水画写生培训班、在山东临沂举办了第四期中国画写生培训班，积极培养和推介民革的优秀中青年美术人才；相继举办了“伸出博爱之手——情系雅安公益笔会”“伸出博爱之手——支援鲁甸抗震救灾”公益笔会，共收到捐赠和现场创作书画作品 95 幅，捐款 200 多万元；此外，还不定期开展送文化下乡等活动。民革各级组织主办书画院社 159 家，成员 6921 人，其中中国美协会员 358 人，中国书协会员 363 人，省级美协会员 881 人，省级书协会员 622 人，任省级美协、书协秘书长及以上职务党员 35 人，中国美协理事 7 人，中国书协理事 3 人，书画工作力量日益壮大。

2017 年，第三届民革中央画院成立，孔维克任院长。民革中央画院与民革中央企业家联谊会开展深度合作，书画工作蒸蒸日上。2018 年，民革中央与中国美术家协会联合主办，中国文联美术艺术中心、民革中央画院、民革中央企业家联谊会、中山博爱基金会共同承办纪念何香凝先生诞辰140周年暨首届“香凝如故”全国美术作品展，并在吉林长春、广西贺州举办巡展，在社会上引起了强烈的反响。同年，民革中央在中央社会主义学院举办第一期民革全国美术书法专业骨干培训班，旨在提升民革书画工作骨干的政治素质和履职能力。

2019年，民革中央画院成功举办庆祝中华人民共和国成立70周年暨首届“风雨同舟”民革全国书画作品展，从1739件征集和推荐的作品中精心选拔出268件作品进行展出，全面展现民革全体党员的艺术造诣和精神风貌，配合民革中央“不忘合作初心，继续携手前进”主题教育活动，展览还分别在河北、浙江等地举办了巡展。同年，民革中央画院举办“携手共进——民革中央画院书画家系列作品联展”第一回、第二回，在广西壮族自治区贺州市举办写生培训班，努力发现和培养中青年民革书画骨干力量。

2020年年初，我国暴发严重的全国范围的新型冠状病毒疫情，危急时刻民革中央画院按照民革中央指示，配合中共中央、国务院的防疫部署，发挥艺术人才优势，开展了抗疫主题网络展、公益捐赠等活动，自3月6日至4月10日通过民革中央微信公众号、团结网微信公众号等媒体平台连续7期推送230幅优秀作品网上展览，各省级组织发动所属书画院社、联系书画家捐赠优秀书画作品151幅、捐款150万元，民革书画工作者以实际行动表达对战“疫”英雄的敬佩和抗“疫”必胜的信心，以较高的艺术水准和勇于担当的时代精神，向全社会释放传递出强烈的家国情怀和民族团结的正能量。2020年11月，民革中央与中国美术家协会联合主办，中国文联美术艺术中心、民革中央画院、民革中央企业家联谊会、中山博爱基金会共同承办全面建成小康社会暨第二届“香凝如故”全国美术作品展，并在广西贺州、江苏淮安巡展。

书画工作还成为两岸联系的纽带。民革辽宁中山画院举办“北国风情进台湾文化艺术交流展”，马英九、吴伯雄、洪秀柱等题词或电贺。民革陕西省委会联合陕西省台办等单位主办“清明公祭轩辕黄帝海峡两岸名家书画展”等活动，展出台湾作品500余幅，新党主席郁慕明率参访团连续参加三届书画展并致辞，推动两岸文化交流和联系。

2017年11月，为全面总结民革全国社会服务工作，充分发挥先进典型的示范带动作用，进一步激发民革各级组织和广大党员服务社会的积极性和创造性，民革中央在京召开民革全国社会服务工作表彰会，万鄂湘出席并讲话，李惠东作工作报告，对2012年以来在社会服务工作中作出突出成绩的先进集体和先进个人进行表彰，授予民革北京市委会经济建设与社会发展工作处等156个单位“民革全国社会服务工作先进集体”称号，授予225位同志“民革全国社会服务工作先进个人”称号。

五、增进同胞心灵契合，做好新时代祖统工作

中共十八大以来，以习近平同志为核心的中共中央高瞻远瞩、统揽全局，妥善应对台海局势变化，牢牢把握两岸关系的主导权，坚决维护一个中国原则和“九二共识”，有效遏制“台独”分裂势力，维护台海和平稳定，持续推动两岸关系和平发展，实现了两岸领导人历史性会晤。两岸各领域交流合作蓬勃开展，经济社会融合不断深化，落实台湾同胞同等待遇，率先与台湾同胞分享大陆改革开放成果，促进两岸同胞相互了解与心灵契合。民革十二大以来，全党认真学习贯彻习近平总书记治国理政的新理念、新思想、新战略和对台工作重要论述，充分发挥民革的渊源特色和资源优势，坚持“九二共识”，反对“台独”分裂，践行“两岸一家亲”理念，积极助推两岸经济社会融合发展，多层次多领域争取台湾民心，祖统工作成效持续提升。

（一）学习贯彻对台工作大政方针

民革全党历来高度重视学习中共中央对台工作大政方针。各级组织以

高度的政治责任感和使命感，精心组织，迅速行动，利用各种宣传形式和教育手段，切实把思想和行动统一到中共中央对台工作大政方针和整体部署上来。

2012 年，民革十二大提出“通过学习，切实提高对全面贯彻两岸关系和平发展重要思想的认识，切实提高对中共中央对台工作指导思想、基本判断、战略决策、主要目标和方针政策的认识，继续深入做好民革的祖统工作”。根据两岸关系的发展变化，民革中央同年提出了祖统工作的“三个坚持”，即“坚持将促进两岸关系和平发展作为祖统工作的核心内容，坚持将做好台湾人民工作成效作为祖统工作的重要标准，坚持将开拓创新作为推动祖统工作的根本动力”。在民革十二大上，关于祖统工作的“三个坚持”被写入大会报告，成为今后一段时期民革祖统工作的指导思想。“三个坚持”的提出，开创了民革祖统工作的全新局面。民革在发挥传统渊源优势的同时，把工作重心向台湾青少年群体、中南部基层民众等重点领域延伸拓展，不断在台情研究、涉台参政议政、交流合作、对台宣传等方面取得新突破。

2015 年 3 月，中共中央总书记习近平看望出席全国政协十二届三次会议的民革、台盟、台联委员，听取委员们的意见和建议。会后，各级民革组织认真学习贯彻习近平总书记讲话精神，以更加旺盛饱满的热情投入到祖统工作中，在平潭综合实验区建设、做好台湾青年工作、改革台湾居民在大陆通行证件等领域积极献策出力。

2017 年，民革十三大提出“按照中共中央推进祖国统一大业的新理念、新主张、新要求，发挥民革传统优势，不断创新工作思路，努力推进民革祖统工作，为实现祖国完全统一凝聚力量”。会议期间，民革中央特意邀请了中共中央台湾办公室负责人为全体参会代表做对台工作报告。

2018 年 5 月，民革中央在哈尔滨召开民革全国祖统工作会议。郑建邦在会上强调：“坚决服从中共中央的领导、坚持服务两岸关系大局是民革祖统工作保持正确方向的前提基础，民革全党在祖统工作上要牢固树立‘四个意识’，坚决贯彻执行中共中央对台工作决策部署。”会议要求民革各级组织和广大党员都要以习近平总书记对台工作重要论述作为祖统工作的根本准则和行动指南，在学懂弄通做实上下足功夫。

2019 年 1 月 2 日，习近平总书记在《告台湾同胞书》发表 40 周年纪念会上的重要讲话全面阐述了立足新时代、在民族复兴伟大征程中推进祖国和平统一的重大政策主张，为今后一个时期两岸关系发展提供了根本遵循和行动指南。1 月 8 日，万鄂湘在《团结报》发表《共济大业促统一，同心圆梦谋复兴》的署名文章，号召民革全党坚决贯彻中共中央对台工作方针和决策部署，继承传统，发挥优势，努力开创祖统工作新局面。1 月 15 日，万鄂湘参加统一战线学习贯彻习近平总书记重要讲话精神座谈会，在会上作了题为《发挥对台渊源优势，从“情”入手，做好“人”的工作》的发言。郑建邦在两会期间接受媒体专访，介绍民革学习贯彻习近平总书记重要讲话的体会和开展各项祖统工作的情况。自 6 月起，中国国民党前主席洪秀柱、新党主席郁慕明、台湾民意代表高金素梅等有识之士先后率团到大陆，参加国务院台办举办的“两岸关系与民族复兴”座谈会，共同探索建立两岸对话协商机制。民革中央派员参加了上述活动，并作了题为《传承中华文化，促进心灵契合》的主题发言。

（二）加强涉台参政议政

各级民革组织不断完善体制机制，加大与高校、研究机构及台湾岛内社团的联系协作，围绕对台工作大局和两岸关系和平发展重大课题，积极组织，精心策划，深入研究，提出了许多兼具前瞻性、针对性、可操作性的良策实招，为有关部门决策提供了有价值、有分量的参考。

1. 加强涉台基础研究，为两岸关系发展建言献策

2013 年，民革中央祖国和平统一促进委员会成立台湾问题研究中心、涉台国际问题研究中心，标志着民革涉台基础研究迈上了新台阶。中心依托高等院校、科研机构等专家智库，定期召开台湾问题专题研讨会，分析研判台海形势。各级民革组织充分发挥优势，强化祖统委员会的抓手作用，特色鲜明地开展涉台调研。在实际工作中，民革注重发掘内外资源，

坚持从祖统工作中定选题、找素材、出成果，紧紧围绕两岸关系重点、焦点、热点和难点问题开展调查研究。

近年来，民革中央围绕加强对台工作、“惠台31条措施”落实情况等开展调研，开展涉台参政议政调研几十次，通过“直通车”的形式，向中共中央、国务院领导同志报送有关对台工作建议多次得到了有关领导同志批示。

历年来，民革在各界瞩目的全国两会积极建言献策，提交多篇涉台集体提案。2014年两会《政府工作报告》涉台部分的有关表述采纳了民革中央提出的建议，发表后引起岛内共鸣和热议。2013年至今，民革共在全国政协会议上提交了50篇涉台集体提案。这些提案聚焦两岸关系和平发展，彰显了民革在祖统领域的参政议政特色。其中，《加强两岸四地消费者权益保护合作机制建设的提案》《关于加快推进平潭综合实验区建设的提案》被选为政协第十二届全国委员会优秀提案。

此外，民革充分发挥对台交流丰富、人脉广等优势，及时将了解到的信息以社情民意信息方式报送有关部门。民革中央提交《关注台湾农田水利会联合会换届后的新情况，做好台湾人民工作》等社情民意信息得到中央领导批示。2015年4月，上海民革党员陶庆提交的《关于有条件地为在大陆工作生活的台湾同胞核发IC卡式台胞证的建议》被全国政协采用并转送国务院台办，9月这一举措在全国全面推开。

2. 深入研究，助力平潭综合实验区发展

2014年11月，万鄂湘陪同习近平总书记赴福建平潭调研。遵照总书记的嘱托，民革围绕平潭综合实验区建设开展深入调研。2015年年初，民革中央将其定为年度重点工作。1月，民革中央赴平潭开展了专题调研。3月，习近平总书记在参加民革、台盟和台联联组讨论时，对民革中央有关加快推进平潭建设的发言给予高度肯定。两会后，习近平总书记、李克强总理和张高丽副总理对民革中央提交的调研报告作出批示。6月8日，俞正声主席主持召开调研协商座谈会，民革中央汇报了调研情况和工作进展。7月初，民革十二届十一次中常会在福建召开，中常委重点考

察了平潭综合实验区，并就平潭发展和民革参与平潭建设提出大量建议。

对民革中央提出的建议，国家发改委、商务部、国务院台办、银监会等部委都给予了高度肯定，报告提出的绝大部分建议得到采纳。具体建议如投资、贸易、航运、金融等方面的政策建议绝大部分已经吸纳进相关文件。2015 年，两岸青年创业谷顺利投入运营，海峡两岸仲裁中心在平潭挂牌。海峡两岸仲裁中心是全国首家两岸常设仲裁机构。通过仲裁方式在涉台民商事案件适用台湾地区的相关法规，是在目前法律框架下，推动两岸民商事法律纠纷解决便利化、推进两岸经贸融化、深化两岸法律事务合作的有效措施，对两岸民众共同探索构建多元纠纷解决机制，充分发挥对台先行先试优势具有重要意义。

3. 邀请台湾青年精英直接参加涉台调研活动

近些年来，民革中央发现，随着联系在陆台湾青年不断广泛，交往不断深入，越来越多的台湾青年对民革作为参政党发挥的作用兴趣日益浓厚。为此，民革抓住契机，在中央统战部的指导下，于 2015 年开始邀请常住大陆青年参与参政议政调研及提案起草，使他们全方位、全过程参与和体验大陆多党合作和政治协商制度的运行。几年来，民革先后十余次邀请台湾青年参与调研，主题涉及京津冀一体化、“一带一路”建设、自贸区涉台政策、两岸文化产业合作、两岸新媒体融合、两岸青创园区建设、“两岸青年创新大联盟”发展建设、台资中小企业转型升级等领域，累计邀请超过 100 位台湾青年学者、专业界人士参与调研和提案起草。

通过创新形式，民革积极吸纳台湾同胞参与，聚焦台湾民众关切的热点问题，拓展了台湾同胞意见表达、思想转化、排忧解困的渠道。此举一方面丰富了民主党派参政议政工作的内容与形式，另一方面也使台湾青年从旁观者变为共建者，大大增强了他们对祖国的归属感和荣誉感，促使台湾青年以更强的主人翁意识，直接为两岸关系发展、大陆现代化建设建言献策，在实践中体验大陆政党制度的优势。这项创新之举得到了中央统战部和国务院台办的高度好评。

（三）广泛凝聚两岸各界共识

民革全党坚决贯彻执行党中央对台工作决策部署，紧密围绕对台工作大局，旗帜鲜明地阐述政治立场，凝聚广泛共识，持续助推两岸关系和平发展。

1. 围绕“九二共识”积极发声

2016年1月，台湾岛内政党轮替。民进党当局拒不承认“九二共识”，不断加大对两岸交流的限制和干扰，台海局势日趋复杂严峻。3月召开的全国政协十二届四次会议上，郑建邦代表民革中央作大会口头发言《有“九二共识”神针定海，两岸关系方能行稳致远》。此后历次全国政协会议上，民革中央都围绕相关议题积极发声，充分彰显了参政党的政治担当。2017年至2019年的大会发言题目分别为《撼山易，撼一个中国原则难》《时代潮流不可逆，两岸民意不可违》《两岸沧桑七十载，砥砺前行谱新篇》。2020年何报翔代表民革中央作大会口头发言《坚持“九二共识” 坚决反对“台独”》。上述发言阐述坚持“九二共识”、反对“台独”的政治立场，得到社会舆论的广泛好评，引起海内外广泛反响。民革中央领导同志在新春茶话会、国庆招待会、两岸各项论坛、参访交流等重要场合，多次阐明民革的政治立场，努力做好所联系台湾同胞、海外侨胞的工作。

2. 联络岛内友好政党和社团

与中国国民党、统派团体及重要代表人士交流交往是民革祖统工作的优势和特色，也是民革祖统工作的重点。民革坚持利用传统的优势和资源，创造性地开展工作，使民革祖统工作特色得到进一步发挥。民革十二大以来，民革中央共组织赴台考察参访6次，走访台北、桃园、台中、彰化、嘉义、屏东、台南、高雄等岛内县市，与超过20余家社团交流座谈，广泛团结联系岛内坚持“九二共识”的政党和社团。在“走出去”的同时，民革延续多年传统，重视“引进来”的工作，邀请台湾政党社团来大陆参访交流300余次、接待台湾同胞近万人次。

近年来，国民党籍有代表性的重要人士来大陆参访交流，一般都会拜访民革中央机关。民革中央领导人在会见时向他们介绍中国新型政党制度和中央对台大政方针，强化坚持“九二共识”、反对“台独”的共同政治基础。2015 年，民革与黄埔军校同学会共同主办第六届“中山 · 黄埔 · 两岸情”论坛，两岸黄埔师生、亲友和各界嘉宾 200 余人出席论坛，参加人数、规模和层级为历届之最。此后举办的历届论坛分别以纪念孙中山先生诞辰 150 周年、纪念抗日战争全面爆发 80 周年等为主题召开。论坛通过发扬中山精神，回顾抗战史实，缅怀黄埔先烈，凝聚与彰显论坛所涵盖的中山、黄埔与两岸和平发展之主题，为爱国、革命的黄埔精神注入新的时代内涵，倡导海内外黄埔同学及亲友共同为振兴中华、强国富民而奋斗。该论坛已经成为与台湾退役将领和黄埔后代交流的重要平台，得到有关方面的高度重视与肯定。2018 年，为有效团结国民党青年政治精英，民革组织了首届中国国民党青年精英大陆访问团，团员包括国民党青年“中常委”、“中央委员”、“县市议员”等。2019 年，民革组织了第二届访问团。通过该系列活动，民革拓展了与国民党中生代和新生代骨干的联络渠道，进一步巩固和加强了与国民党代表人士的联系。

新党是台湾岛内重要统派政党。民革在与新党长期交往的基础上，联合发起了“抗战缅怀之旅”活动，以“两岸共写抗战史，同走抗战路”为主题，编纂抗战系列丛书。2016 年，系列丛书的首部《长城与抗战》出版，受到中共中央军委和国家新闻出版广电总局的重视。两岸学者在编写过程中，秉持客观、全面的精神，真实再现长城沿线抗战的历史。两岸的各地博物馆、档案馆、文史馆、长城沿线抗战参与者的后人等提供了近 300 张图片。该书编辑过程是两岸学者和社会各界搁置分歧、坦诚合作、构建共识的集中体现，让这段承载了厚重爱国主义、英雄主义精神的抗日史实，焕发出了青春的光彩和全新的价值。2018 年，系列丛书第二部《长江与抗战》已经完稿，后续出版工作正在积极推进。

3. 凝聚两岸青年政治共识

民革始终注重不断壮大促进祖国统一的有生力量，广泛联系国民党、新党、其他统派组织及有法律、农业、科技、少数民族社团背景的台湾青年，通过他们的关系与有关政党、社团深化交流，把面铺开，辐射岛内。2014 年，民革创立“两岸青年和平发展论坛”，作为两岸青年开展政治对话的重要平台，旨在促进两岸青年精英思想对接、情感融合、观点共筑、事业共进。首届论坛正值岛内所谓“太阳花学运”期间，民革排除干扰，与岛内进步青年团体联合发表《两岸青年海峡倡议》，号召两岸青年共同承担历史使命，坚决反对“台独”势力开历史倒车，以实际行动正面发声，产生了积极影响。论坛至今共举办 5 届，主题分别为“跨越海峡、青春同行”“共担使命、共享发展”“融合梦想、共赢未来”“携手同心、融合发展”“和平、创新、发展”。

4. 团结海外爱国力量

民革中央多次以中华中山文化交流协会名义，组团赴国外参访交流，积极参加全球性和洲际性反“独”促统大会。参访期间，团员广泛联系海外侨界，积极做好海外台胞工作。自 2014 年起，每年国庆前夕民革中央机关举办国庆招待会，民革中央主要领导同志参加了历次招待会，至今已有 40 多个国家和地区、500 多位海外重要侨团领袖和港澳台知名人士参加了活动。与会者开怀畅谈，共叙情谊，表达了喜迎国庆的美好祝愿及对祖国统一事业的热切期盼，成为凝聚海外反“独”促统力量的重要活动。

（四）持续推动两岸交流合作

民革秉持“两岸一家亲”理念，注重做好基层台湾人民的工作，坚持创新工作方式方法，为扩大两岸社会各界经济文化交流合作、实现互利共赢献计出力。

1. 促进两岸经济社会融合发展

民革始终坚持加强与台湾所有认同一个中国原则的政党和团体的接触和交流，扩大两岸经济、文化等各领域民间交流，特别将青年一代、基层一线作为重点工作对象，讲好新时代中国故事，促进两岸经济社会融合发展。

★ 2013 年 10 月，郑建邦在全球华侨华人促进中国和平统一大会开幕式上致辞。

民革和台湾新同盟会、台湾中华工商业联合协会等岛内民间团体合作，接待了“台湾新同盟会中南部会员（会友）大陆参访团”“台湾中华工商业联合协会大陆参访团”“台湾高雄基层代表人士大陆参访团”等参访团。团员涵盖台湾中南部基层社会的各个方面，取得了非常好的效果。通过农业、工商业、教育、社区建设等方面的交流，辅以中华传统文化参访，增进台湾中南部基层民众对大陆的了解和认同。

促进两岸农业交流合作，是做好台湾中南部基层民众工作的重要切入点和着力点。民革中央先后邀请组织台湾农业专家赴江西、四川、吉林、河北、宁夏、黑龙江等地开展结对子交流活动，务实探索两岸农业交流合作多元化新模式，试将台湾精致农业的高新技术与大陆中西部地区的优势气候、土壤等自然资源有机结合，在促进当地农业发展的同时，加深台湾同胞对大陆的思想认知和经济联络。几年来，“多家企业已与当地在农作物培育、茶叶种植、农产品精加工、海外销售等领域建立了长期合作，实现农业发展领域两岸‘双赢’”。

自 2012 年起，由民革中央与水利部共同主办、民革福建省委会承办的“海峡论坛·两岸乡村农田水利建设交流会”连续举办10届，共邀请台湾农田水利专家和台湾中南部基层民众2000余人次，组织台湾水利专家共同研讨两岸河水治理及农田水利设施建设，考察特色乡镇建设，被国务院台办列为海峡论坛两岸名乡名村交流板块重点活动项目。交流会期间，民革曾邀请大陆部分省市与台湾专家共同召开“两岸农业项目对接会”，直接为两岸农业项目对接穿针引线。

自2018年起，民革与中共宁波市委联合主办海峡两岸经济社会发展（宁波）论坛，两岸各界人士聚焦“同等待遇·融合发展”主题，就推动两岸经济社会融合发展进行深入研讨。

在各项交流中，民革联系了众多台湾学生、创业台胞、基层百姓、中小企业从业人员，涵盖了青年、新住民、农渔民、台湾少数民族、文创界人士、创客等群体。许多人成为民革的好朋友，时常通过手机信息、社交媒体、电子邮件等传递岛内基层民意，为民革祖统工作提供了不少一线讯息。

2. 多种形式开展台湾青年群体工作

20年前，民革中央就把眼光投向台湾青年群体，组织两岸青年交流活动。目前，民革已形成集参访、论坛、大赛、实习、沙龙、文化、共同调研等项目于一体，积极服务台湾青年群体的系统工程，实现了推动两岸青年交流合作的多领域全覆盖。

“台湾高校杰出青年赴大陆参访团”是民革中央开展台湾青年群体的品牌项目。近年来，民革中央在以往成功经验的基础上，创新工作方法，推出“项目负责人、课程设计、研学导师、调查问卷”相结合的形式引导团员思想，有效增强工作效果。在延续杰青团高层政治拜会、高校交流等特色的基础上，增加了大陆新型政党制度、根祖文化、科技生活体验等内容，持续增进台湾青年精英对祖国大陆的理解和认同。

2012年起，民革中央与台湾杰青会合作，举办8届“台湾青年暑期实习活动”，组织428名台湾青年学生到知名企事业单位实习，旨在让台湾青年了解大陆社会制度、发展环境及企业文化。暑期实习规模从最初的每年 20 多人逐年增加至现在近 100 人，实习单位从 4 家到 30 余家，绝大多数可双向选择转成就业岗。迄今为止，已有 43 名台湾青年通过实习活动实现了在大陆就业的梦想。

2014 年，民革中央和中国高等教育学会、北京歌华文化发展集团共同创办了“两岸新锐设计竞赛・华灿奖”活动，至今已成功举办 6 届。“华灿奖”活动重项目落地，重人才和获奖作品的市场转化，吸引了大批台湾文创领域优秀人才。由此孕育而生的华灿工场，由两岸共同运营，在北京、成都、珠海建立孵化器平台，先后服务 61 家台湾企业。

2014 年，民革中央为进一步加强与台湾青年的交流，在中央统战部的指导下创办“台青之友沙龙”，邀请就读于大陆高校的台湾学生，在陆创业、就业的台湾青年等开展联谊、研讨、考察等形式多样的活动。沙龙已成功举办 13 次，参与人士 200 余人，成员涵盖了经济、政治、哲学、法学、管理、国际关系、金融、城市规划、美术、音乐等多学科和领域的青年才俊。民革注重长线跟踪，建立微信群，保持活跃联系，深入了解常住大陆台湾青年。很多沙龙成员通过深入细致的帮扶工作，由浅层次的联谊伙伴逐步成长为民革的亲密挚友。

★ 2018 年 10 月，郑建邦（前排右二）参观“华灿奖”获奖作品五周年展。

2016 年，民革中央为有效整合和推介两岸青创资源，在中央统战部和国务院台办的指导和支持下，发起“两岸青年创新大联盟”，民革 30 个省级组织均为“联盟”成员单位，目前已整合 17 个省市 57 家创业（产业）园区，涉及文创、农业、科技、文化等领域。“联盟”采用网络平台方式，通过各省市成员单位和合作企业，为常住大陆台湾青年提供众多就业岗位，集中及时提供大陆市场资讯、各地青创园区入驻条件和优惠政策等，提供落地、融资、成果转化、市场开拓、权益保障、保险服务等全方位扶持，发挥出越来越重要的作用。

2017 年，民革中央创办了首届“台湾励志青年暑期大陆参访团”，邀请台湾中南部贫困家庭的大学生赴大陆开展交流活动，为台湾基层青年打开一扇感知、了解大陆的窗口。该活动已举办 3 届，成为民革青年工作的又一品牌。

通过上述两岸青年交流项目，民革为台湾青年了解大陆提供了一扇窗口，为他们来大陆求学求职、就业创业、生活工作提供更加便捷的服务，帮助其在大陆实现人生愿景。更为重要的是，民革结识了一批思想进步、心向祖国、能力突出、形象清新的台湾优秀青年代表人士，推动更多台湾青年成为促进祖国统一、实现民族振兴的生力军。

3. 积极推动两岸文化交流

中华文化是中华民族的根和魂，也是紧密团结台湾同胞的精神纽带。多年来，民革中央与“台湾中华花艺文教基金会”共同举办“海峡两岸插花艺术展”，弘扬中国传统插花艺术。为推进两岸知识精英交流合作，民革与吉林省教育厅、吉林省台办等单位在吉林长春共同主办了第一届至第三届“海峡两岸大学校长论坛”，两岸数十所大学校长积极参与。论坛活动每年围绕两岸高校共同关心的热点、重点、难点问题设置不同主题，开展内容丰富的活动，助力两岸教育资源深度融合，推动两岸教育事业共同发展。

民革中央与北京儿童艺术剧院、北京控股集团有限公司和台湾少数民族艺术家共同策划、共同创作、共同演出了大型音乐儿童剧《团仔圆妞》，该剧以大陆赠送台湾的大熊猫“团团”“圆圆”为原型，通过曲折感人的故事情节讴歌了“两岸一家亲”“没有任何力量能够把两岸同胞分开”的主题。2016 年儿童剧在国家大剧院公演，2017 年在全国巡演百场，并出版发行了《团仔圆妞》绘本。2018 年，《团仔圆妞》赴北美进行海外首演，为推动两岸文化产业合作进行有益探索。《团仔圆妞》动画电影、人文阅读丛书等系列文化产品也在开发。此外，民革积极通过妈祖文化、关公文化、根祖文化等传统文化内容开展活动，有效增进台湾同胞的文化认同、情感认同、民族认同、国家认同。

★ 2016 年 7 月，与北京儿童艺术剧院、北京控股集团有限公司和台湾少数民族艺术家共同策划、创作、演出大型音乐儿童剧《团仔圆妞》公演合影。

（五）完善机制建设，保障全党祖统工作有序开展

为切实做好新形势下的祖统工作，民革中央以建立健全民革祖统工作联动协调机制为突破口和着力点，加大了创新和完善祖统工作机制建设的力度。目前，民革祖统工作联动协调机制已经初步建立，民革党内上下组

织间的联系和互动局面已经基本形成，为民革祖统工作保持特色、提高水平提供了可靠的制度保障。

1. 建立健全民革祖统工作机制

民革中央2013年在海南省召开了民革全国祖统工作培训暨《台湾研究》特邀撰稿人换届大会，2016年在北京召开了民革全国祖统先进表彰暨工作会议，2018年在哈尔滨召开了民革全国祖统工作会议，2019年在合肥召开了民革全国祖统工作会议。几次会议通过学习培训，统一思想，展示成果，树立典型，强化了民革全国祖统干部队伍建设，进一步激发了广大民革党员的工作热情。会后，民革各级组织着力于祖统工作体制机制建设，通过加强祖统工作资源动态管理，形成以点带面、上下结合、信息共享、人才共用的局面，更好地发挥民革祖统工作的整体功能。全党重视祖统工作人才的发现、培养和使用，挖掘了许多政治强、干实事、出成绩的年轻党员，逐步建立起一支懂政策、有能力、善思考和勤奋工作的祖统干部队伍，从根本上推动了民革祖统工作水平的提高。

民革中央不断加强与地方组织的协调联动机制，摸底调查了全国各省级组织祖统委员会基本人员情况，建立了人员名单数据库。为不断加强祖统干部业务培训，民革中央领导同志、联络部相关同志应邀为地方民革组织党员干部作台湾形势与民革祖统工作专题报告百余次。民革中央组成调研组先后赴吉林、海南等地开展祖统工作专题调研。2019年4月，民革中央在中央社会主义学院举办了第一期民革祖统干部培训班，对民革各省级组织、副省级市具体负责祖统工作的干部及民革中央联络部的部分同志共59人进行了培训。培训班通过习近平新时代中国特色社会主义思想解读、当前宏观经济形势、台海形势及对台工作方针政策等课程的系统培训，提高了民革祖统干部的理论政策水平和业务能力。

2. 形成上下协调联动的生动局面

多年来，民革充分发挥了参政党人才资源优势，依靠地方组织和广大党员、依托外脑智库和社会各界力量，不断拓展祖统工作的有效途径，群策群力、统筹协作，形成了“一盘棋”的良好局面，民革祖统工作的新成果不断涌现，如探索与四直辖市、省际片区参政议政联席会议协调联动模式，组织开展重大涉台课题的联合调研。在借助外脑智库方面，民革中央参加由厦门大学、上海师范大学、复旦大学和中国社会科学院台湾研究所发起的两岸关系和平发展协同创新中心，并成为理事单位。民革中央和民革福建省委会参与推动的大陆向金门供水工程，历时多年正式通水，实现了“两岸一家亲，共饮一江水”的美好愿景。

在祖统实践中，一方面，民革中央加强了对各级民革组织的指导和支持，形成了任务共担、业务指导和成果共享的良性互动格局；另一方面，各地民革组织充分发挥自己的区位优势和文化特色，资源互补、分工合作、相互配合，从而真正形成了“纵向联动、横向协调”的生动局面。12 个民革省级组织与民革中央联合开展了涉台课题调研工作，23 个民革省级组织参与到民革中央牵头的对台交流活动中，做了大量深入细致的工作，为圆满完成各项任务做出了积极贡献。

3. 地方民革组织祖统工作亮点纷呈

各地民革组织充分挖掘地域优势和特色，主题鲜明地开展祖统工作。民革北京市委会接待台湾参访团组千余人次，结交了大批台湾朋友；民革福建省委会充分发挥闽台“五缘”优势，全面开展对台交流工作；民革天津市委会协助民革中央举办了第六届“中山·黄埔·两岸情论坛”等一系列活动；民革上海市委会组织的“中华文化寻根夏令营”活动已经成为祖统工作重要品牌；民革江苏省委会热情服务台商，为他们解决实际问题；民革吉林省委会成功举办两届两岸大学校长论坛；民革河南、山东、陕西省委会依托深厚的传统文化资源，努力增进台湾同胞的民族文化认同。河北、浙江、安徽、内蒙古、黑龙江、海南、甘肃、宁夏、新疆等省级组织开展两岸经济、文化、法律、教育、农业等领域的交流合作，可谓精彩纷呈，效果显著。北京、天津、上海、湖北、湖南、重庆、四川等省级组织积极利用区域优势，为台湾青年来大陆学习、工作牵线搭桥，务实推动两岸青年交流融合。

根据工作实践，民革各省级组织结合当地实际，围绕两岸青年交流、旅游产业合作、两岸农业交流合作等议题，提交一系列提案和报告。仅民革福建省委会近年来就累计完成了百余篇调研成果，报送涉台信息几百条，多篇提案信息获得中共中央领导同志的重要批示。

民革地方组织在工作中，注重研究和挖掘历史文化、丰富祖统工作内涵。如2015年是中国人民抗日战争暨世界反法西斯战争胜利70周年的重要历史节点，民革全党以此为契机，开展了形式多样的纪念和宣传活动。民革湖南省委会启动了“幸存抗战老兵关怀计划”，推动修建了湖南抗日战争纪念馆、湖南辛亥革命纪念馆、湖南和平起义纪念馆；民革广西区委会与有关部门签署《关爱老兵实施方案》；民革四川省委会联系公益组织，向抗战老兵发放“惠助金”；民革贵州省委会策划开展了“寻找身边的抗战老兵”大型公益活动；民革河南省委会组织修建了抗战老兵墓园；民革云南省委会采集史料拍摄抗战题材纪录片，并与民革天津市委会共同援建了腾冲国殇墓园纪念碑廊；广东、青海、辽宁、江西、湖北、重庆、山西等省级民革组织举办了座谈会、书画图片展、演讲征文比赛、文艺演出等，并开展走访慰问抗战老兵活动，取得了良好的宣传效果和社会反响。

附　录

大事记

1948 年

1 月 1 日　中国国民党革命委员会成立大会在香港举行，发表了《中国国民党革命委员会组织总章》《中国国民党革命委员会成立宣言》《中国国民党革命委员会行动纲领》。这次成立大会，就是民革历史上的一大。会议选举李济深为民革主席，宋庆龄为名誉主席。

1 月 14 日　冯玉祥被国民党开除党籍后，发表反蒋声明。

1 月 28 日　谭平山为纪念一二八淞沪抗战 16 周年，在香港发表文章，揭露蒋介石政权的卖国罪行。

2 月 16 日　何香凝和周颖、刘王立明等在香港发表宣言，声援上海女工、学生、舞女发起的抗暴运动。李济深发表书面谈话，抗议南京反动政府残酷屠杀人民的暴行。

3 月 12 日　孙中山先生逝世 23 周年，民革发表告国民党同志及全国同胞书，号召打倒蒋介石卖国政府。

4 月 20 日　李济深、蔡廷锴在香港发表声明，反对南京政府召开“国民大会”。

5 月 1 日　中共中央发布纪念五一国际劳动节口号。

5 月 5 日　李济深、何香凝代表民革，谭平山代表民联，蔡廷锴代表民促和其他各民主党派在香港联名通电响应“五一口号”。

5 月　南京“国民大会”选出“总统”。民革在香港《华商报》上发表否认“伪选”的声明。三民主义同志联合会、中国国民党民主促进会为反对“国大”及选举“总统”，也分别发表了声明。

6 月　民革、民盟等在香港扩办达德学院，训练培养干部。陈其瑗任院长，陈此生任教务长。

6月6日　民革及各民主党派领导人联名发表反对美帝扶植日本宣言。

7月7日　民革就纪念七七抗战11周年发表宣言。

8月　民革和其他民主党派响应毛泽东主席建议，在香港就召集新政协会议的有关问题进行讨论。民革召开了十几次会议，提出相关意见和建议。

8月　民革中央宣传委员会与上海迁港的《文汇报》合作，共同出版民革中央机关报《文汇报》。试刊后，9月正式出版。

民革中央派人到云南等地，策动国民党军队起义，支援人民解放战争。

9月　民革发表告国民党将士书，号召黄埔同学及其他国民党军人脱离蒋介石政权。

9月1日　冯玉祥响应中共中央的号召离美返国，途中因轮船失火罹难，终年66岁。

9月7日　华北人民政府成立，董必武任主席。

9月11日　李济深电祝华北人民政府成立。

10月8日　朱学范、谭平山、蔡廷锴等在哈尔滨解放区就召开新政协的问题参加会谈。中共中央东北局将会谈的情况转告在香港的李济深、何香凝、李章达等，并征求意见。

10月22日　民革和其他民主党派在香港反对美帝侵华，向联合国大会提出控诉。

11月1日　民革内部刊物《自由》（通讯版）在香港正式出版。

11月5日　李济深致电中共中央主席毛泽东和中国人民解放军总司令朱德，祝贺东北完全解放。

11月16日　民革在香港发表《告蒋管区内本党同志书》。

11月18日、12月8日　李济深分别会见美国《纽约邮报》和法国新闻社的记者，就时局问题发表看法。

12月16日　李济深在香港发表文章，反对美国侵犯中国主权、干涉中国内政。

12 月 26 日　李济深、朱蕴山、梅龚彬等应中共中央邀请进入解放区，参加召开新政协的准备工作。民革中央机关在香港的留守工作，由张文、蒋光鼐、陈汝棠等主持。

12 月 27 日　民革发表《告国内同胞和各国侨民书》，反对南京独裁政权破坏产业和迫害人民，号召他们为保护产业和保障人权而奋斗。

1949 年

1 月 1 日　李济深在香港《华商报》上发表题为《团结建国》的元旦献词。

1 月 22 日　各民主党派、人民团体负责人及其他民主人士 55 人（李济深等），先后到达东北解放区后，联名发表《我们对于时局的意见》。

1 月 27 日　民革在沈阳发表《对于时局声明》，揭露美帝国主义、南京国民党反动派的和平攻势与国际干涉阴谋。号召党内爱国民主分子，拥护中共中央主席毛泽东对于时局的主张及八项和平条件。

2 月 25 日　李济深等从沈阳抵达北平。民革中央机关暂时在北京饭店办公。

3 月 10 日　民革中央领导人为中央常务委员王葆真等在沪遭非法逮捕，向南京政府提出警告，并号召本党同志迎接人民解放军渡江。

4 月 4 日　民革与各民主党派发表联合声明，反对北大西洋公约。

4 月 6 日　李济深、蔡廷锴分别通令本会各级干部与各地同志，将各地部队分别并入当地人民解放军，接受人民解放军的统一指挥与统一领导。

4 月 21 日　中共中央主席毛泽东、中国人民解放军总司令朱德发布向全国进军的命令。民革与各民主党派于 4 月 23 日发表联合声明，表示竭诚拥护。

6 月 4 日　民革发表《告前南京国民党系统党员书》。

6 月 15 日　中国人民政治协商会议筹备会开幕。参加会议的民革代表有李济深、何香凝、李德全、张文、李锡九、陈劭先、梅龚彬等人。李济深、蔡廷锴、谭平山当选筹备会常务委员，李济深当选副主席，余心清被任命为副秘书长。李济深在筹备会开幕式上致辞。

7 月 7 日　李济深发表广播讲话，强调坚决反对美帝国主义侵占台湾。

8 月 17 日　李济深发表文章，斥责美国政府 8 月 5 日公布的《美国与中国的关系》白皮书。

9 月 1 日　民革中央机关在北京东皇城根南街新址开始办公。

9 月 19 日　民革中央委员杨杰在香港遭国民党特务暗杀牺牲。

9 月 21 日　中国人民政治协商会议第一届全体会议在北平中南海怀仁堂隆重开幕。参加政协会议的民革、民联、民促代表和候补代表共 39 人。宋庆龄、李济深当选中央人民政府副主席。

10 月 1 日　开国大典在北京天安门广场举行，李济深、何香凝等出席典礼。

10 月 2 日　民革中央领导人参加在北京天安门广场举行的人民英雄纪念碑奠基典礼。

10 月 9 日　中国人民政治协商会议第一届全国委员会第一次会议举行，选举毛泽东为主席，周恩来、李济深、沈钧儒、郭沫若、陈叔通为副主席。

10 月 19 日　中央人民政府委员会举行第三次会议，任命谭平山为人民监察委员会主任。

10 月 21 日　中央人民政府政务院成立。朱学范任邮电部部长，何香凝任华侨事务委员会主任委员，程潜任人民革命军事委员会副主席。

11 月 12 日至 16 日　中国国民党民主派代表会议在京举行，这是民革历史上的第二次全国代表大会。民革、民联、民促和国民党其他爱国民主人士，共 58 人参加会议。民革、民联、民促和国民党其他爱国民主人士合并为中国国民党革命委员会，民联、民促同时宣告结束。会议通过《中国国民党革命委员会关于当前政治任务决议案》，决定以《中国人民政治协商会议共同纲领》作为民革的政治纲领。通过《中国国民党革命委员会组织总章》《中国国民党民主派代表会议宣言》。会议选举产生民革第二届中央委员会，李济深当选主席。会议还决定成立以联系和团结国民党爱国民主人士为任务的民革中央团结委员会。

1950 年

4 月 20 日　中共中央统战部举办的各民主党派、无党派人士双周座谈会举行第一次会议，李济深等出席。

5 月 6 日　民革第二十二次中常会召开，决定成立学习委员会，推陈铭枢为主任委员，许宝驹为副主任委员。

6 月 30 日　民革中央编印的内部刊物《民革汇刊》创刊号出版。

7 月 5 日　李济深在北京人民广播电台发表《反对美国的侵略行为》的讲话。

7 月 11 日　民革中常会扩大会议召开。李济深主持，会议决定在部队、军事教育机关、公安、外交机关不发展党员，停止组织活动。

8 月 5 日　民革第二十七次中常会决定：许宝驹参加全国人民反对美国侵略台湾朝鲜运动委员会，蔡廷锴参加该委员会所组织的赴朝慰问团。

8 月 12 日　民革发出《关于参加土地改革工作的指示》，发动党员参加土地改革。

8 月 22 日　民革与各民主党派、各人民团体联合发表声明，抗议美国空军滥炸朝鲜。

9 月 10 日　民革在北京第一批参加土改的同志，随政协土改工作团分赴华东、中南区和北京市郊区农村。

9 月 17 日　民革中央团结委员会在京委员召开第一次会议。

11 月 4 日　中国共产党和各民主党派及政协无党派人士发表联合宣言，全力拥护全国人民正义要求，为抗美援朝保家卫国而奋斗。

11 月 12 日　民革中央在北京西山碧云寺举行仪式，纪念孙中山诞辰 84 周年。

11月27日至12月6日　民革二届二中全会召开，会议决议以抗美援朝保家卫国为本党当前中心政治任务。

1951年

1月5日　民革中央发表声明，谴责英政府及马来亚殖民当局迫害和驱逐我国侨胞。

1月20日　李济深发表《和平解决朝鲜问题和亚洲重要问题》的讲话。

2月5日　民革第四十八次中常会通过关于《发展组织决议案》的实施方案。

2月28日　民革中央发言人发表谈话，拥护中央人民政府公布的《惩治反革命条例》。

3月31日　民革中央常务委员会发出关于改进各地组织对学习工作报告的指示，确定建立学习工作月报和每单元学习结束后的总结报告制度。

5月　民革中央常务委员会通过决议，要求各地发动党员，在自愿的原则下，分期参加土改工作。

5月28日　民革中央发言人为拥护和平解放西藏办法的协议发表谈话。

6月9日　民革中央下发《关于实践爱国公约，捐献飞机大炮，做好优抚工作的决定》，成立抗美援朝捐献总会，何香凝任主任委员。

6月21日　民革和其他民主党派及无党派民主人士联合发出通知，热烈庆祝中国共产党成立30周年。

8月18日　民革中央发言人就北京市军管会判决美政府特务间谍阴谋武装暴动案发表谈话。

9月29日　民革中央发出通知，要求各地组织对一年来组织党员参加抗美援朝、土地改革、镇压反革命三大运动的情况进行总结。

10月25日　民革与各民主党派联合发出贺电，庆祝中国人民志愿军出国作战一周年。

12 月 25 日　民革中央举行反贪污、反浪费、反官僚主义动员大会，成立民革中央节约检查委员会，开展“三反”运动。

12 月 28 日　民革中常会扩大会议通过《关于贯彻执行第一届政协第三次会议三项中心任务的决定》，号召继续加强抗美援朝运动，推动爱国增产节约运动和思想改造运动。

1952 年

1 月 15 日　民革中央向各地组织发出指示，号召全体党员积极投入增产节约运动与反贪污、反浪费、反官僚主义的斗争。

2 月 29 日　民革中央向全党发出关于加强“三反”运动，坚决反击资产阶级猖狂进攻的指示。李济深等发表文章。

3 月 8 日　民革与各民主党派对美国帝国主义进行细菌战提出严正抗议。

5 月 12 日　民革第七十四次中常会作出《关于民革在缅甸华侨中的组织问题的决议》。

5 月 13 日　港英当局罗织罪名逮捕民革在港新闻界人士费彝民、梅文鼎、李子诵等，民革中央提出严正抗议。

6 月 24 日　为纪念朝鲜人民抗美战争两周年，民革和各民主党派联合发出致敬电。

8 月 27 日　民革第八十次中常会通过《关于在新形势下进一步地发展与巩固组织的决定》。

9 月　《民革汇刊》发表短论，动员党员积极参加全国司法改革运动。

1953 年

1 月 9 日至 19 日　民革二届三中全会（扩大）通过《关于中央常务委员会报告的决议》《关于民革组织总章的决议》《关于审查各项提案的报告》。

3月4日　李济深发表谈话，拥护实行人民代表大会制度和人民代表大会选举法。民革中央通过《民革各级地方组织试行组织通则草案》。

3月6日　民革中央致电苏共中央，对斯大林逝世表示哀悼。

3月14日　民革中央作出关于反官僚主义运动的指示。

3月31日　民革第八十八次中常会召开，确定民革的发展对象为原来的国民党员及与国民党有历史关系的人士，着重在大中城市发展组织，决定设置中央理论政策研究委员会。

10月20日　民革中央常委会决定成立过渡时期总路线学习干事会。

12月21日　民革中央发出《关于在全党展开对国家过渡时期总路线的学习》的指示。

12月28日　民革中央号召各地组织和党员大力宣传并积极认购国家经济建设公债。

1954年

1月1日　《民革汇刊》组织关于国家过渡时期的总路线、总任务中本党工作的笔谈会。何香凝、熊克武、谭平山、蔡廷锴、蒋光鼐、陈绍宽、朱学范、赵祖康等分别发表书面谈话。

3月下旬　李济深及在京民革中央委员、候补委员、民革中央各部门负责人参加《中华人民共和国宪法（草案）》（初稿）讨论。

6月14日　中央人民政府委员会第三十次会议通过《中华人民共和国宪法（草案）》。李济深在会上发言，表示拥护和赞同宪法草案。21日，民革中央通知各地组织讨论和宣传宪法草案。

7月25日　李济深发表谈话，庆祝印度支那恢复和平问题达成协议。

8月22日　民革中央与各民主党派、各人民团体发表联合宣言，宣告：台湾是中国的领土，中国人民一定要解放台湾。

9月20日　第一届全国人民代表大会第一次会议通过《中华人民共和国宪法》。10月16日民革中央发出通知，要求全体成员认真学习宪法。

9月27日　第一届全国人民代表大会常务委员会公报：李济深当选

全国人大常委会副委员长，王昆仑、邵力子、柳亚子、张治中、陈劭先、程潜、黄绍竑、熊克武、蔡廷锴、龙云、谭平山等当选全国人大常委会委员。

12月21日至25日　中国人民政治协商会议第二届全国委员会第一次全体会议在京举行。李济深、何香凝当选副主席。

1955年

2月　李济深、谭平山、邵力子分别发表文章，反对美国政府干涉中国人民解放台湾，呼吁全面开展反对使用原子武器的签名运动。

6月13日　民革中央发出通知动员成员参加肃反运动。

9月22日　民革第一百二十八次中常会召开。通过《关于学习、宣传和贯彻实现第一个五年计划的指示》。张治中报告赴苏联参观的情况和感想。

10月25日　民革中央举行座谈会，座谈毛泽东关于农业合作化问题的报告和中共七届六中全会关于农业问题的决议。

1956年

2月21日至29日　民革第三次全国代表大会召开。出席大会的代表337人，列席47人，大会通过《中国国民党革命委员会章程》，发表《告台湾军政人员书》。

3月5日　民革三届一中全会举行。会议选举李济深为主席，何香凝、程潜、谭平山、蔡廷锴、张治中、熊克武、龙云、邓宝珊、陈绍宽等为副主席。

4月25日　民革中央主办的《团结报》出版。

4月26日　民革三届二次中常会召开。会议通过《各级地方组织试行组织规程》《党员入党手续及审查试行办法》《党员违反纪律处分试行办法》。

5月5日　民革中央社会联系工作委员会成立并举行第一次会议。

9月15日　中国共产党第八次全国代表大会开幕。李济深致贺词，张治中、黄绍竑、邵力子、陈劭先、梅龚彬、陈铭枢等列席。

9月28日　中共八大于9月27日闭幕，民革中央举行庆祝会并号召全体成员认真学习中共八大会议文件。

10月10日　李济深以《孙中山先生的爱国思想和革命主张》为题，向在台湾和海外的国民党军政人员发表广播演说。

11月5日　李济深、程潜、龙云参加中国人大代表团，出访苏联、捷克斯洛伐克、罗马尼亚、保加利亚、阿尔巴尼亚和南斯拉夫。

11月19日　民革三届九次中常会召开，决定派工作组赴地方组织进行调查研究。

1957年

2月18日　民革三届十次中常会召开，决定成立和平解放台湾工作委员会和妇女工作委员会。

3月25日至30日　民革三届二中全会召开，会议听取组织发展情况报告，并指出新形势下工作方针。

4月15日　李济深在《团结报》上发表文章欢迎苏联最高苏维埃主席团主席伏罗希洛夫来华访问。

5月8日至14日　中共中央统战部邀请各民主党派负责人和无党派民主人士举行座谈会，征求对统战工作的意见，帮助共产党开展整风运动。李济深、蔡廷锴、熊克武和部分常委出席。

5月22日、25日、29日　为帮助中国共产党开展反官僚主义、反宗派主义、反主观主义的整风运动，民革中央小组、中央各委员会委员和民革中央机关干部分别举行座谈会，提出一些批评意见，民革中央下发《关于积极帮助中共进行整风运动的指示》。

5月27日　李济深、张治中、邵力子分别在中央人民广播电台发表谈话，声援台湾同胞的爱国反美斗争。

6月12日　民革中央举行扩大座谈会，程潜、熊克武、刘文辉等就如何帮助中共整风的问题分别发表意见。

6月19日　民革中央和平解放台湾工作委员会召开第一次会议。

7月6日　民革三届十四次中常会通过《关于党内整风的决定》，决定开展反右派斗争，并成立民革中央整风办公室。

9月12日至21日　民革召开全党整风工作会议，通过决议，将反右派斗争进行到底。

10月7日　民革中央向所属各级组织发出指示，号召开展各种纪念活动，隆重庆祝十月革命40周年，并进行广泛的社会主义和国际主义的思想教育。

11月9日　民革中央在首都剧场举行大会，庆祝十月社会主义革命40周年。

11月28日　民革中央发出通知，要求广大成员深入学习讨论《社会主义国家共产党和工人党代表会议宣言》和共产党与工人党代表会议发出的《和平宣言》。

1958年

1月19日至26日　民革三届十九次中常会（扩大）对民革反右派斗争进行初步总结，决定开展一般整风运动，并对被划为“右派分子”的中委、候补中委作处理。

3月3日　民革中央举行一般整风动员大会。

3月16日　各民主党派和无党派民主人士一万多人在天安门前举行集会游行，表示接受中国共产党领导，走社会主义道路。李济深、程潜、张治中、熊克武和各民主党派负责人参加集会游行。

9月8日　民革中央举行座谈会，坚决拥护周恩来总理发表的《关于台湾海峡地区局势的声明》。

10月7日　民革中央举行座谈会，表示拥护国防部部长彭德怀发表的《告台湾同胞书》。

11月12日至12月2日　民革第四次全国代表大会召开。

12 月 4 日　民革四届一中全会召开，选举李济深为主席，何香凝、程潜、蔡廷锴、张治中、熊克武、邓宝珊、陈绍宽等为副主席。

1959 年

1 月 25 日　北京举行万人群众大会，支持古巴、刚果人民的反帝斗争。张治中参加并发言。

2 月 7 日　民革四届二次中常会召开，通过第四届中央团结委员会、社会联系工作委员会、和平解放台湾工作委员会委员名单。

3 月 28 日　民革中央举行座谈会，拥护国务院为彻底平息西藏叛乱、维护祖国统一所采取的措施。

5 月 6 日　民革中央举行座谈会，反对印度总理尼赫鲁 4 月 27 日和 5 月 4 日就西藏局势发表的两次谈话。

5 月 11 日　民革省、自治区、直辖市地方组织工作会议召开。

6 月 13 日　民革四届五次中常会（扩大）讨论通过关于响应国务院总理周恩来号召开展增产节约运动案和关于加强《团结报》工作的决定。

7 月 21 日　民革四届六次中常会召开，决定设立民革中央文史资料收集整理委员会。

8 月 24 日　国家主席刘少奇召开第十七次最高国务会议（扩大），李济深、何香凝、程潜、蔡廷锴、张治中、熊克武、朱学范等出席。

9 月 15 日　中共中央主席毛泽东邀集各民主党派、各人民团体负责人举行会议，李济深、何香凝、程潜、蔡廷锴、张治中、熊克武、卢汉、邵力子、梅龚彬出席会议。

9 月 28 日至 29 日　中华人民共和国成立十周年庆祝大会举行，李济深献词。

10 月 9 日　李济深逝世，终年 75 岁。

1960 年

4 月 12 日　民革四届九次中常会（扩大）召开，号召全党认真学习二届全国人大二次会议、全国政协三届二次会议有关重要文件。

4月13日、14日　民革中央举行工作座谈会，讨论民革成员如何为社会主义建设贡献力量、如何进行政治学习以及如何加强世界观的改造等问题。

4月30日　民革中央发出《关于学习纪念列宁诞辰90周年重要文件的通知》，号召全党学习《列宁主义万岁》《沿着伟大列宁的道路前进》《在伟大列宁的革命旗帜下团结起来》三篇文章。

5月9日　首都各界100多万人举行示威和集会，支持日本人民反对日美军事同盟条约的正义斗争。何香凝发言。

6月18日　各民主党派领导人和无党派民主人士举行集会，谴责美国总统艾森豪威尔的台湾之行。张治中等发言。

8月15日至9月19日　民革四届二中全会（扩大）选举何香凝为中央主席。

10月8日　民革中央召开动员会，号召全体成员认真学好《毛泽东选集》第四卷。

1961年

5月26日　民革四届十七次中常会召开，决定派四个工作组分赴北京、上海、山西、福建等省市民革组织进行调查研究工作，并通过了关于改进《团结报》的决议。

6月　民革中央根据全国政协文史委的要求，发动各地成员撰述史料。何香凝、程潜、熊克武、邓宝珊和各地民革成员撰写有关辛亥革命的史料。

7月2日　庆祝中国共产党成立40周年大会举行。何香凝代表各民主党派中央、无党派民主人士、全国工商联向中共中央和毛泽东献词。

10月9日　首都各界人民隆重纪念辛亥革命50周年。何香凝代表各民主党派中央、无党派民主人士和全国工商联发言。

12月15日　民革四届二十二次中常会召开，听取翁文灏、甘祠森关于北京、河北、山东、河南、山西四省一市民革地方组织工作经验交流会议情况的报告。

1962 年

1 月 19 日　各民主党派、无党派民主人士和全国工商联负责人在政协礼堂举行集会，谴责美国肯尼迪政府迫害美国共产党的暴行。集会由程潜主持。

2 月 1 日　首都各界人士在政协礼堂举行集会，纪念郑成功收复台湾 300 周年。何香凝在会上发言。

3 月 7 日　民革四届二十三次中常会通过《民革中央 1962 年工作要点》，听取朱蕴山、陈离关于华东、东北工作经验交流会议情况的报告。

5 月 22 日　民革中央和民革北京市委会的和平解放台湾工作委员会联合举行座谈会，纪念五二四台湾人民反美爱国大示威五周年。

7 月 5 日　民革中央举行集会，纪念七七抗战 25 周年。张治中、前二十九军将领孟绍濂、张维藩，前远东国际法庭法官梅汝璈等人在会上讲话。

8 月 15 日　民革中央举行扩大座谈会，庆祝苏联两艘新的载人宇宙飞船安全返回地面。

9 月 15 日　民革中常会举行扩大座谈会，祝贺我空军击落美制 U－2 飞机，谴责美帝国主义侵略罪行。

10 月　民革在京中央委员、各委委员和机关干部分别前往京郊通县、顺义、房山等县的人民公社参观访问。

10 月 26 日　民革中央与各民主党派中央、全国工商联发表联合声明，拥护我国政府关于支持古巴反对美国战争挑衅的声明。

12 月 25 日　民革四届三十次中常会通过部分候补中委递补为中央委员。

12 月 27 日　民革四届三中全会开幕。

1963 年

1 月 19 日　民革四届三中全会闭幕。

5 月 21 日　民革中央社会联系工作委员会举行第十八次全体会议，讨论如何加强对社会人士及家属进行爱国主义、国际主义和社会主义思想教育，以及如何帮助他们正确对待子女升学就业等问题。

11 月 8 日　何香凝就解放军再次击落 U－2 飞机发表谈话，代表民革向空军部队致敬。

12 月 23 日　民革四届三十九次中常会召开。

1964 年

1 月 15 日　民革中央在京集会，一致拥护毛泽东关于支持巴拿马人民反对美帝国主义的正义斗争的讲话。

2 月 17 日　民革四届四十次中常会通过民革中央有关社会主义教育运动的学习计划要点。

8 月 7 日　民革中央举行座谈会，拥护我国政府声明，谴责美帝国主义侵略越南。

10 月 16 日　民革中央举行集会，庆贺我国第一颗原子弹爆炸成功。

1965 年

1 月 4 日　三届全国人大一次会议闭幕。何香凝、程潜、张治中当选全国人大常委会副委员长。

1 月 5 日　全国政协四届一次会议闭幕。蔡廷锴当选全国政协副主席。

6 月 28 日　各民主党派、无党派民主人士，全国工商联和首都知识界人士为反对美帝国主义侵占台湾 15 周年举行集会。蔡廷锴主持集会并发言。

8 月 7 日　民革中央举行宴会，欢迎李宗仁夫妇返国定居。

1966 年

6 月 25 日　“文化大革命”开始。民革四届五十二次中常会决定《团结报》暂行停刊，进行检查。

7 月 30 日　民革四届五十四次中常会召开，决定成立民革中央机关“文化大革命”运动办公室，梅龚彬、陈此生分任正、副主任。

1969 年

4 月 1 日　解放军某部派军代表进驻民革中央机关，组织民革中央机关同全国人大常委会、全国政协及其他各民主党派等单位一起，先抽调部分干部、公勤人员到吉林舒兰县建立人大、政协五七干校。

10 月，干校迁至湖北荆门县沙洋镇。

11 月，民革中央机关工作人员除少数留京外，都下放干校劳动，并进行“清理阶级队伍”。

1970 年

11 月 1 日　八个民主党派中央机关留在北京的工作人员全部迁入全国工商联大楼办公。在中共中央统战部系统军代表的组织下，各民主党派和工商联机关负责人及在京委员成立了四个学习组。

1971 年

11 月 3 日　林彪反革命集团被粉碎后，中共中央组织各民主党派在京负责人集中学习有关文件材料，为时两个月。

1972 年

9 月 1 日　何香凝逝世，终年 95 岁。

10 月 30 日　中共中央统战部召集各民主党派、工商联负责人，宣布恢复委员学习，民革委员为一个学习组。

11 月 18 日　民革中央机关全体干部从湖北五七干校返回北京，部分在沙河干校劳动，部分在工商联大楼办公、学习。

1973 年

8 月 30 日　民革中央学习组学习中国共产党第十次代表大会文件。

10 月　民革中央学习组传达中共中央副主席叶剑英关于统一战线工作的讲话，并组织学习。

1974 年

9 月 19 日　全国政协组织各民主党派、全国工商联和无党派民主人士召开“批林批孔”大会，为期三天。

10 月 30 日　全国政协组织各民主党派、全国工商联和无党派民主人士中部分人员去天津参观大港油田。

1975 年

1 月 20 日　各民主党派、全国工商联和无党派民主人士学习组座谈讨论四届人大的公报和新宪法。

3 月 12 日　首都各界人士在中山公园中山堂举行集会，纪念孙中山逝世 50 周年。民革在京中央委员参加仪式。

5 月 5 日　全国政协与港澳爱国新闻界参观团举行座谈会。郑洞国、覃异之、李俊龙、侯镜如等参加座谈。

1976 年

1 月 8 日　周恩来逝世。民革中央领导人和干部代表向周恩来遗体告别，参加追悼会。

9 月 9 日　毛泽东逝世。全国各地举行大规模哀悼，民革领导人和干部参加悼念活动。

10 月 6 日　民革中央负责人和机关干部参加在天安门广场举行的声讨“四人帮”反革命罪行和庆贺粉碎“四人帮”的大会。

1977 年

2 月 18 日　全国政协举办春节联欢会，庆贺粉碎“四人帮”反党集团。民革中央负责人应邀出席。

5 月 3 日　民革成员参加修建毛泽东纪念堂的义务劳动。

10 月 18 日　中共中央统战部召集各民主党派中央、全国工商联联合办事组临时领导小组成员开会，传达中共中央关于各民主党派、全国工商联恢复活动的指示。

12 月 24 日　中共中央统战部部长乌兰夫召集各民主党派中央、全国工商联负责人开会，宣布各民主党派中央、全国工商联中央临时领导小组成员名单。民革中央临时领导小组召集人为朱蕴山、王昆仑、陈此生，成员有屈武、刘斐、甘祠森。

1978 年

2 月 5 日　全国政协召开各民主党派中央、全国工商联秘书长会议，宣布各党派中央、全国工商联均已单独成立临时领导小组，各党派、全国工商联中央机关联合临时领导小组撤销。

3 月 8 日　朱蕴山任政协第五届全国委员会副主席。

3 月 10 日、11 日　民革中央临时领导小组举行座谈会，听取地方组织负责人对开展工作的意见。

3 月 12 日　孙中山逝世 53 周年纪念仪式举行。陈此生主持，朱蕴山献花篮。此后这一活动每年连续举行。

3 月 30 日　民革中央临时领导小组举行座谈会，就民革进一步开展工作的问题征求意见。

8 月 11 日　民革在京常委座谈会（扩大）召开，决定增加民革中央临时领导小组成员，并在临时领导小组下，成立三个组和一个办公室，逐步恢复民革中央机关工作。

8 月 20 日　民革在京常委座谈会（扩大）召开，报告地方组织工作情况和对今后工作的意见。

1979 年

1 月 10 日　民革中央学习座谈中国共产党十一届三中全会公报。

1 月 19 日　民革中央落实政策工作组正式成立。

2 月 18 日　刘斐、甘祠森、吴茂荪、侯镜如接见英国路透社记者麦肯齐和意大利安莎社记者甫迷诺。

4 月 14 日至 21 日　民革全国工作会议开幕，筹备第五次全国代表大会。

7 月 1 日　朱蕴山在五届全国人大二次会议上当选全国人大常委会副委员长。

7 月 2 日　王昆仑在全国政协五届二次会议上当选政协全国委员会副主席。

8 月 10 日　民革中央机关迁回原址（北京市东皇城根南街）办公。

9 月 18 日　民革中央临时领导小组召开扩大会议。

10 月 9 日　民革四届四中全会召开。

10 月 11 日至 22 日　民革第五次全国代表大会召开。会议通过了《政治决议》并选举第五届中央委员会。

10 月 23 日　民革五届一中全会召开，选举朱蕴山为主席，王昆仑、陈此生、刘斐、屈武、朱学范、裴昌会、李世璋、刘仲容、钱昌照、郑洞国、甘祠森、吴茂荪、贾亦斌等为副主席。

11 月 6 日　民革五届一次中常会召开，决定设立妇女工作委员会。

12 月 15 日　民革五届二次中常会召开，通过《中国国民党革命委员会地方组织试行组织规程》《中国国民党革命委员会关于党员党费的交纳、使用及保管试行办法》《民革中央关于对台工作的意见》《关于团结委员的工作和学习的规定》。

12 月 18 日　民革中央对台工作委员会召开在京委员会议。

1980 年

1 月 17 日　全国政协和民革中央联合召开知识分子问题座谈会。

2月2日　民革五届三次中常会召开，决定恢复出版《团结报》，通过《中国国民党革命委员会简介》和《民革中央妇女工作委员会简则》。

2月29日　《团结报》复刊。

3月10日　民革中央举行纪念孙中山逝世55周年座谈会。

3月20日　民革五届四次中常会召开。

6月4日　民革中央决定派出三个工作组分赴京津、四川、广东进行调查研究。

6月27日　龙云、陈铭枢、黄绍竑1957年被错划为“右派分子”的问题，经过复查得到改正。

7月19日　民革中央小组恢复活动，推举陈此生、屈武、朱学范、钱昌照、吴茂荪为中央小组召集人。

9月10日　中华人民共和国宪法修改委员会举行第一次会议。朱蕴山、王昆仑、陈此生、刘斐、朱学范、钱昌照为宪法修改委员会委员，甘祠森为秘书长。

9月12日　钱昌照当选全国政协副主席。

11月20日　最高人民法院特别法庭开庭公审林彪、江青反革命集团案。吴茂荪被选派为特别法庭审判员。

12月17日至26日　民革全国工作会议召开。民革省、直辖市、自治区一级组织先后举行党员代表大会或党员大会，重建领导机构，已全部恢复活动。

1981年

3月25日　民革中央举行座谈会，纪念黄花岗72烈士殉难70周年。

4月30日　朱蕴山逝世，终年94岁。

6月26日　民革中央举行庆祝中国共产党成立60周年座谈会。王昆仑发表题为《共产党引导我们在社会主义大道上前进》的文章，屈武、朱学范、钱昌照、郑洞国、甘祠森、吴茂荪发表讲话。

7月3日　民革五届十次中常会召开。

8 月 30 日　民革中央在中国美术馆举办纪念辛亥革命 70 周年书画展览。

9 月 10 日　民革五届十一次中常会召开，推选王昆仑为中央代主席，屈武为中央常务副主席。

9 月 25 日　民革中央在政协礼堂举行报告会，纪念辛亥革命 70 周年。

9 月 30 日　王昆仑发表谈话，拥护叶剑英对台重要谈话。

10 月 12 日　民革中央举行茶话会，招待来京参加辛亥革命 70 周年纪念活动的国内外来宾。

12 月 14 日　五届全国人大四次会议选举朱学范为全国人大常委会副委员长，全国政协五届四次会议选举刘斐为政协全国委员会副主席。

12 月 20 日　民革五届二中全会召开，王昆仑当选中央主席，增选侯镜如、孙越崎、赵祖康为副主席。

1982 年

1 月 19 日　民革五届十六次中常会召开。

3 月 20 日　郑洞国发表谈话，赞扬全国人大常委会释放在押原国民党县团以下党、政、军、特人员的决定。

3 月 26 日　吴茂荪、侯镜如接受美国《洛杉矶时报》记者采访，就台湾问题和中美关系发表谈话。

5 月 4 日　民革五届十八次中常会召开，决议号召全体成员积极参加宪法修改草案的讨论。

5 月 5 日至 12 日　民革中央召开统一祖国工作会议。

5 月 10 日　民革中央决定对成员中落实知识分子政策的情况和问题进行调查。

7 月 27 日　民革中央在京常务委员举行座谈，寄语台湾当局当机立断，接受和谈，早日实现国家统一。

8 月 14 日　刘斐、裴昌会、郑洞国、贾亦斌、赵祖康分别发表谈话，谴责日本文部省篡改日本侵华历史的行径。

8月26日　全国人大常委会、全国政协联合举行大会，缅怀廖仲恺先生、纪念何香凝先生逝世十周年。王昆仑发表纪念文章《中国国民党革命派的光辉旗帜》。

8月31日　民革东北三省工作经验交流会在哈尔滨市举行。

9月12日　民革中央向各地组织发出关于学习、宣传和贯彻中共十二大文件精神的决议。

10月2日　《团结报》改为每周出版，版面由四版扩充为八版，并向海外发行。

11月20日至12月11日　朱学范率领全国人大代表团前往澳大利亚和新西兰访问。

12月9日　民革五届二十次中常会召开。

12月15日至20日　民革五届三中全会召开，决定提前召开第六次全国代表大会。

1983年

2月10日　民革、民盟、民进、农工民主党、九三学社就智力支边问题召开挂钩会，共与边远地区达成150项协议，其中与民革挂钩的有25项。

3月19日至26日　民革五届二十三次中常会召开，通过《关于民革六全大会代表名额分配和选举工作的几点意见》《民革中央1983年工作要点》。

6月18日　六届全国人大一次会议召开，朱学范当选全国人大常委会副委员长，裴昌会、吴茂荪当选人大常委会委员。全国政协六届一次会议召开，王昆仑、钱昌照、屈武当选副主席。

6月25日　民革五届二十四次中常会召开。

7月29日　《邓小平文选》出版发行。民革中央要求各地组织开展学习。

9月29日　全国政协成立祖国统一工作组，屈武任组长，侯镜如、王力、苏子蘅、贾亦斌、王匡任副组长。

10 月 19 日　民革五届二十五次中常会召开。

12 月 20 日　民革五届四中全会召开，通过民革章程（修改草案）、第五届中央委员会的报告。

12 月 21 日至 30 日　民革第六次全国代表大会召开。12 月 28 日，民革六届一中全会召开，选举王昆仑为主席，屈武、朱学范、裴昌会、钱昌照、郑洞国、吴茂荪、贾亦斌、侯镜如、孙越崎、赵祖康、徐起超、彭清源、李赣骝为副主席。决定成立执行局，吴茂荪为执行局主任，贾亦斌为副主任，彭清源、李赣骝、邵恒秋、吴京、沈求我为委员。

1984 年

1 月 1 日　民革六届一次中常会（扩大）召开。

1 月 16 日　民革中央举行茶话会，纪念中国国民党第一次全国代表大会 60 周年。

3 月 16 日　民革六届二次中常会召开。

4 月　民革中央召集部分在京中央委员学习中共中央有关整党的文件，召开五次座谈会，帮助中共整党。

4 月　吴茂荪赴瑞士，参加在日内瓦召开的各国议会联盟大会，并出任该理事会理事。

5 月 26 日　民革六届三次中常会召开，决定成立民革中央孙中山研究学会。

5 月 28 日至 30 日　民革中央召开工作座谈会，研讨加强组织建设和思想建设等问题。

6 月 17 日　民革中央举行宴会，招待参加黄埔军校建校 60 周年纪念活动的部分黄埔军校校友。

6 月 26 日至 7 月 4 日　沿海 14 个开放城市民革工作座谈会召开。

7 月 9 日　民革中央孙中山研究学会正式成立。

10 月 22 日　民革六届五次中常会（扩大）召开。

12 月 16 日至 23 日　民革全国工作经验交流会召开。

1985年

1月30日　民革中央内部刊物《民革工作》出版。

4月15日至19日　民革六届二中全会召开。会议决定1986年召开民革全国代表会议，选举贾亦斌为执行局主任、彭清源为副主任，张克明为民革中央祖国统一工作委员会主任。

4月27日　民革中央召开教育体制改革座谈会。

7月6日　民革中央组织参加七七抗战的原国民党官兵、抗战烈属，前往卢沟桥瞻仰凭吊。

7月6日　北京中山学院成立。北京中山学院是按民革中常会建议，经北京市成人教育局批准筹办的。

8月5日至10日　民革中央“四化”工作委员会在青岛召开“四化”建设服务工作座谈会。

8月23日　王昆仑逝世，终年83岁。

9月6日　民革中央和民革北京市委会联合举行教师座谈会，祝贺第一届教师节。

9月27日　民革六届十一次中常会召开，推选屈武为民革中央代理主席。

10月28日　民革中央学习委员会举行座谈会，研讨如何深入学习中共全国代表会议文件。

11月6日　民革中央举行李济深诞辰100周年纪念会。

11月8日至14日　民革中央组织工作座谈会召开。

11月23日　民革六届十二次中常会召开，通过《民革中央关于进一步做好引进新人工作的决定》和《民革中央关于省级组织设立执行组的决定》。

1986年

4月12日　民革六届十四次中常会（扩大）召开，通过《关于全国代表会议代表名额和产生办法的决定》。

7月9日　民革中央召开纪念“长期共存、互相监督”方针提出30周年座谈会。

9月6日至20日　民革祖国统一工作研讨会召开。

10月11日至18日　民革中央组织工作会议召开。

11月9日　民革中央在京常委、中委在香山碧云寺举行敬谒孙中山先生衣冠冢仪式，纪念孙中山诞辰120周年。

11月11日　民革中央和中国革命博物馆联合举办《伟大的革命先行者——纪念孙中山诞辰120周年展览》。

11月11日至14日　民革中央孙中山研究学会举办首届孙中山学术讨论会。

12月18日至20日　民革六届十六次中常会（扩大）召开。

1987年

1月20日　民革六届十七次中常会召开。

2月5日　民革六届三中全会召开，选举屈武为第六届中央委员会主席。

2月8日至11日　民革全国代表会议在京举行。通过《关于中央和省级设立荣誉职务的决定》《关于建立中央监察委员会的决定》《关于中央执行局设候补委员、省级组织设执行组的决定》。

2月12日　民革六届四中全会召开。

2月12日　民革中央监察委员会第一次全体会议召开，选举朱学范兼任中央监察委员会主席，谭惕吾、程星龄、焦实斋、陈铭德、傅学文为副主席。

3月21日　民革中央监察委员会举行第一次常委扩大会议。

4月1日　屈武邀请1949年参加国共和平谈判的原国民党政府代表团在京的部分人员和家属聚会。

4月5日　中国通和经济开发咨询服务中心正式成立。

4月9日　民革六届十八次中常会（扩大）召开，通过《关于主席办公会议的暂行办法》，决定设立民革中央理论政策研究委员会。

5月28日　民革中央联合发起的纪念柳亚子先生诞辰100周年和南社发起80周年学术讨论会在苏州市开幕。

6月21日至30日　民革思想政治工作研讨会召开。

12月25日　团结出版社成立。

12月28日至1988年1月3日　民革六届五中全会召开，选举朱学范为中央主席，推举屈武为名誉主席。

12月30日　民革成立40周年纪念大会召开。

12月31日　民革成立40周年展览在中国革命博物馆开幕。

1988年

1月13日、14日　朱学范致电蒋经国治丧委员会，屈武致电蒋方良女士，悼念蒋经国先生逝世。

6月28日　民革发言人就国民党即将召开十三大，向日本共同社发表谈话。

8月26日　民革工作研讨会召开。

9月14日　朱学范、屈武会见台湾地区民意代表、政论家、中国统一联盟名誉主席胡秋原。

10月12日　民革全国组织工作会议召开。

11月12日至20日　民革第七次全国代表大会召开。大会选举产生第七届中央委员会。11月19日，民革七届一中全会召开，选举屈武为名誉主席，朱学范为主席，裴昌会、赵祖康为名誉副主席，郑洞国、贾亦斌、侯镜如、徐起超、彭清源、李赣骝、何鲁丽、李沛瑶为副主席，孙越崎为中央监察委员会主席。

1989年

3月26日至28日　民革七届二次中常会召开，通过了民革中央关于建立举报中心的决定。

3月27日　全国政协七届二次会议召开，侯镜如当选全国政协副主席；李赣骝、何鲁丽当选全国政协常委。

4月22日　民革中央“四化”工作研讨会召开。

4月28日　屈武、朱学范会见台湾中国民主和平统一访问团全体成员。

8月26日　朱学范会见台湾中国统一联盟第一副主席、台湾青年中国党执行长谢学贤。

9月12日　朱学范电贺陈立夫先生90诞辰。

10月6日　民革中央召开组织宣传工作会议。

10月30日　彭清源代表民革中央向中国南极中山站捐赠孙中山铜像。

1990年

2月10日　朱学范在《团结报》发表题为《社会主义民主政治建设的大事》。

2月10日　《团结报》发表社论《建设有中国特色社会主义政党制度的重要保证》。

2月13日至18日　民革七届二中全会召开，会议决议拥护《中共中央关于坚持和完善中国共产党领导的多党合作和政治协商制度的意见》。

2月18日　屈武、朱学范会见台湾中国统一联盟大陆访问团全体成员。

5月7日至11日　民革中央支边工作研讨会召开。

5月16日　孙越崎、贾亦斌会见台湾全民爱国会会长钟树楠。

10月15日至19日　民革全国办学工作会议召开。

10月23日　中共中央举办党外人士座谈会，侯镜如、彭清源参加。

10月23日至25日　民革七届八次中常会召开。

12月20日至25日　民革全国工作会议召开。

12月25日至28日　民革七届三中全会召开。

12月25日至28日　民革中央监察委员会举行全体会议。

1991 年

4 月 5 日　民革七届十一次中常会（扩大）召开。

6 月 19 日　民革中央举行座谈会，庆祝中国共产党成立 70 周年。

7 月 6 日　民革中央祖国和平统一促进委员会举行第一次会议。

10 月 7 日至 9 日　民革中央第二届孙中山学术讨论会召开。

11 月 26 日至 30 日　民革思想政治工作经验交流会召开。

12 月 20 日至 24 日　民革七届四中全会召开，增选沈求我为中央副主席。

1992 年

3 月 14 日　中共中央举行党外人士座谈会，彭清源出席。

3 月 29 日　民革七届十五次中常会召开，通过《中国国民党革命委员会章程（草案）》。

5 月 15 日　孙越崎会见台湾“中华经济研究院”经济政策研究顾问，前“经济部部长”赵耀东和台湾“中国技术服务社”董事长，前“中油公司”董事长董世芬。

6 月 13 日　屈武逝世，终年 94 岁。

7 月 16 日　民革中央举行座谈会欢迎台湾中国统一联盟大陆访问团。

9 月 9 日　民革中央举行座谈会，强烈谴责美国向中国台湾出售战斗机。

11 月 17 日　中共中央政治局常委李瑞环约请各民主党派中央、全国工商联主要负责人和无党派人士座谈，贾亦斌在会上发言。

12 月 13 日　民革七届五中全会召开。

12 月 14 日至 22 日　民革第八次全国代表大会召开，通过民革章程修正案，选举产生第八届中央委员会。12 月 22 日，民革八届一中全会召开，选举朱学范、侯镜如、孙越崎为中央名誉主席，李沛瑶为主席，贾亦斌、赵祖康为名誉副主席，彭清源、徐起超、李赣骝、何鲁丽、沈求我、周铁农、童傅、程誌青、胡敏为副主席。

12月22日　民革中央监察委员会举行全体会议。

1993年

3月15日　八届全国人大一次会议召开，李沛瑶当选全国人大常委会副委员长。

6月14日　民革中央举行《论“台独”》一书首发座谈会。

9月4日至20日　李沛瑶前往贵州、云南两省考察智力支边扶贫和边境贸易情况。

9月22日至25日　民革中央对台工作座谈会召开。

10月13日至15日　民革中央组织工作会议召开。

11月2日　民革中央发出通知，要求全党认真学习《邓小平文选》第三卷。

11月3日至20日　李沛瑶率考察组在江浙沪考察港口建设。

11月22日至26日　民革全国宣传思想工作研讨会召开。

12月17日　民革八届二中全会召开。

12月23日　全国政协主席李瑞环、中共中央统战部部长王兆国等走访民革中央。

1994年

2月7日　彭清源参加中央统战部邀集的各民主党派中央负责人会议。

2月15日　应国务院邀请，彭清源参加李鹏总理主持召开的国务院第五次全体（扩大）会议。

2月17日　彭清源、李赣骝参加李鹏总理主持召开的政府工作报告征求意见座谈会。

3月13日　民革八届五次中常会召开。

4月8日至5月5日　李沛瑶带队赴四川、云南、贵州、广西、湖南五省（区）调研农村剩余劳动力问题。

5月11日　民革中央智力支边扶贫工作现场会召开。

5月12日　贾亦斌带队赴美国访问，与当地台湾同胞和华侨座谈。

5月26日至6月1日　民革八届六次中常会召开。

9月11日至14日　民革八届七次中常会召开。

9月26日　李沛瑶、彭清源、朱培康会见台湾“中央日报”国际版总编胡有瑞女士。

10月25日　侯镜如逝世，终年92岁。

11月5日至9日　民革全国工作会议召开。

11月18日至21日　民革全国基层组织工作交流会召开。

11月28日至12月1日　民革八届三中全会召开。

1995年

2月2日　民革中央举行座谈会，学习中共中央总书记江泽民关于台湾问题的重要讲话。

2月28日　李沛瑶会见越南和平委员会代表团。

2月28日至3月1日　八届九次中常会（扩大）通过《民革中央关于加强后备干部建设的通知》。

4月22日　全国政协主席李瑞环召集民主党派负责人座谈，李沛瑶参加。

5月6日　民革全国妇女工作经验交流暨工作研讨会召开。

5月14日至30日　李沛瑶赴四川、陕西、上海调研社会保险体系的现状和改革问题。

6月1日　民革八届十次中常会（扩大）召开。

6月15日　民革中央举行座谈会，谴责李登辉访美进行分裂祖国的活动。

7月10日　民革中央接待台湾中国文化大学大陆研究所暑期学术观摩团并座谈。

7月14日　民革中央纪念抗日战争胜利50周年座谈会召开。

8月6日至11日　民革全国秘书长工作研讨会召开。

8月25日　民革中央主办的纪念抗日战争胜利50周年书画展开幕。

9月23日　民革中央与中共四川广安地委、广安地区行署正式签署定点联系协商纪要，确立扶贫定点联系关系。

10月4日至16日　李沛瑶率领全国人大代表团前往匈牙利、保加利亚、罗马尼亚三国访问。

11月13日　李沛瑶率和平与裁军代表团赴越南、老挝、泰国进行友好访问。

11月16日至19日　民革全国“学习《邓小平文选》，推动民革工作经验交流会”召开。

11月16日至19日　民革中央参政议政座谈会召开。

12月9日　孙越崎在京病逝，终年103岁。

12月16日至19日　民革中央召开全国组织工作会议。

12月21日至24日　民革八届四中全会召开。

1996年

1月7日　朱学范逝世，终年91岁。

2月2日　李沛瑶逝世，终年63岁。

3月10日　民革八届十三次中常会（扩大）召开。

3月10日　民革中央举行《再论“台独”》一书出版座谈会。

4月26日至29日　民革中央换届工作会议召开。

5月4日　民革中央经济委员会在京委员及有关专家召开参政议政座谈会。

6月13日至28日　彭清源率全国人大代表团赴俄罗斯访问。

6月18日　中共中央召开座谈会，何鲁丽、沈求我、李赣骝参加。

7月8日至10日　环渤海地区民革组织促进环渤海地区经济发展研讨会召开。

7月22日　西南、西北地区民革组织智力支边扶贫工作会议召开。

7 月 23 日至 8 月 7 日　李赣骝应美中贸易促进会的邀请访问美国。

9 月 10 日至 12 日　民革全国祖统工作研讨会召开。

10 月 15 日至 16 日　民革八届十五次中常会召开。

10 月 22 日　中国辛亥革命研究会纪念孙中山诞辰 130 周年学术研讨会召开。

11 月 8 日至 11 日　民革八届五中全会召开，选举何鲁丽为中央主席。

11 月 12 日　孙中山诞辰 130 周年纪念大会举行，何鲁丽代表民革中央讲话。

12 月 5 日至 8 日　民革全国参政议政工作研讨会召开。

12 月 12 日至 14 日　民革全国企业家和经济咨询机构研讨会召开。

1997 年

1 月 28 日　中山舰沉没 58 年后在湖北武昌金口镇附近长江水域整体打捞出水，何鲁丽出席打捞仪式。

2 月 17 日　国务院总理李鹏主持召开座谈会，何鲁丽、彭清源出席。

2 月 21 日　民革中央召开在京中常委座谈会，沉痛哀悼邓小平逝世。

3 月 25 日　国务院副总理邹家华、姜春云主持召开党外人士座谈会，何鲁丽、彭清源、李赣骝出席。

5 月 4 日至 5 日　民革中央召开座谈会，讨论京九铁路沿线经济发展良策。

6 月 20 日　民革中央举行迎香港回归座谈会。

7 月 1 日　何鲁丽作为中国政府代表团成员参加中英两国政府香港政权交接仪式。

8 月 6 日至 21 日　程誌青应美国中国和平统一协会邀请访美。

8 月 7 日至 18 日　何鲁丽、李赣骝率队赴内蒙古呼伦贝尔盟、大兴安岭林管局林区、草原考察防火工作。

9 月 7 日至 12 日　民革中央全国办学工作研讨会召开。

9 月 29 日　中共中央政治局常委会召开座谈会，何鲁丽、彭清源、李赣骝、沈求我、童傅参加。

10月5日至7日　民革八届二十次中常会（扩大）召开。

10月8日至10日　环渤海地区民革组织促进地区发展研讨会召开。

10月28日　何鲁丽会见法国和平运动代表团。

11月17日　民革中央与中国历史博物馆共同主办纪念民革成立50周年大型书画展。

11月24日至30日　民革成立50周年纪念大会暨民革第九次全国代表大会在京举行。大会通过修改后的章程，选举第九届中央委员会。11月29日，民革九届一中全会召开，会议选举何鲁丽为主席，贾亦斌、彭清源、徐起超、沈求我为名誉副主席，李赣骝、周铁农、童傅、程誌青、胡敏、徐志纯、厉无畏、钮小明、朱培康为副主席。大会决定撤销中央监察委员会这一荣誉机构，推举方少逸等19人为中央委员会顾问。

12月12日至14日　民革全国思想宣传工作会议召开。

12月15日　何鲁丽率中国人民争取和平与裁军协会代表团赴越南参加会议。

12月23日　何鲁丽、彭清源参加中共中央召开的党外人士座谈会。

12月25日至30日　何鲁丽率代表团访问老挝。

1998年

1月10日至11日　民革中央召开京津沪等地金融专家座谈会。

2月6日　国务院总理李鹏主持座谈会，何鲁丽、周铁农出席。

2月26日　中共中央召开民主协商会，何鲁丽出席。

3月3日至14日　全国政协九届一次会议召开，周铁农、李赣骝分别代表民革中央作大会发言，民革中央提交提案11件。

3月12日　民革九届二次中常会召开，审议并通过中央常务委员会议事规则和中央专门委员会组成人员名单。

3月13日　全国政协九届一次会议第五次全体会议选举周铁农为全国政协副主席。

3月16日　九届全国人大一次会议第四次全体会议选举何鲁丽为全国人大常委会副委员长。

3月21日　何鲁丽会见亚非人民团结组织访华团。

4月18日　何鲁丽会见蒙古和平与友好组织联合会代表团。

5月6日至20日　何鲁丽率队赴四川、贵州就扶贫、改善农村医疗卫生状况、计划生育等课题进行调研。

5月21日　何鲁丽会见国际和平基金会联合会代表团。

5月27日　中共中央统战部召开党外人士座谈会，何鲁丽、周铁农出席。

6月20日至21日　民革九届三次中常会（扩大）听取并讨论民革中央今年以来参政议政调研工作进展情况及设想。

7月9日　何鲁丽会见约旦国际事务协会代表团。

8月20日至21日　民革中央关于做好再就业工作座谈会召开。

8月25日　何鲁丽会见埃塞俄比亚政府高级考察团。

9月11日　中共中央召开党外人士座谈会，何鲁丽、周铁农出席。

9月17日　民革中央召开我国当前宏观经济形势座谈会。

9月18日至20日　民革全国省级组织秘书长工作会议召开。

9月23日　何鲁丽会见埃塞俄比亚政府文化代表团。

10月9日至12日　民革祖统工作会议召开。

10月10日至13日　民革全国地方报刊工作研讨会召开。

10月24日　民革九届四次中常会召开。

11月12日至14日　民革全国组织工作会议召开。

12月15日　民革九届五次中常会召开。

12月16日至19日　民革九届二中全会召开。

12月17日　民革中央召开纪念中国共产党十一届三中全会20周年座谈会。

1999 年

1 月 8 日　民革中央召开台情研讨会。

2 月 3 日　国务院总理朱镕基主持召开座谈会，何鲁丽、周铁农、李赣骝、童傅出席。

2 月 12 日　中共中央举行党外人士迎春座谈会，何鲁丽、周铁农参加。

2 月 27 日　何鲁丽会见朝鲜政府文化代表团。

2 月 27 日至 3 月 1 日　全国政协第九届常务委员会第四次会议任命何鲁丽为中央社会主义学院院长。

3 月 3 日至 11 日　全国政协九届二次会议召开，周铁农代表民革中央作大会发言，民革中央提交提案 7 件。

3 月 12 日　民革九届六次中常会召开。

3 月 17 日　何鲁丽会见法国巴黎市副市长、司法部前部长雅克·杜蓬。

3 月 24 日　何鲁丽会见芬兰赫尔辛基市市长埃·西托宁。

5 月 9 日　民革中央召开座谈会，谴责以美国为首的北约集团的侵略行径。

5 月 12 日至 24 日　李赣骝率团赴美国访问。

5 月 25 日　民革全国参政议政工作会议召开。

6 月 1 日至 12 日　周铁农、朱培康率队赴新疆调研伊犁河开发情况。

6 月 19 日至 21 日　民革九届七次中常会召开，通过《关于参政议政工作的若干规定》。

7 月 3 日　民革中央孙中山研究学会主办的“孙中山与二十一世纪中国学术研讨会”召开。

7 月 20 日　民革中央发表声明，强烈谴责李登辉分裂祖国言论。

8 月 11 日至 15 日　民革全国祖统工作研讨会召开。

8 月 31 日　民革举行庆祝中华人民共和国成立 50 周年书画大展。

9 月 14 日　民革中央集会庆祝中华人民共和国成立 50 周年。

9 月中旬　中共中央举行党外人士座谈会，何鲁丽出席。

9 月 22 日　民革九届八次中常会召开。

10 月 11 日　民革智力支边扶贫工作暨小尾寒羊推广现场会召开。

11 月 2 日至 4 日　民革全国优秀基层党务工作者暨先进支部表彰会召开。

11 月 28 日　民革九届九次中常会召开。

11 月 29 日至 12 月 2 日　民革九届三中全会召开。

12 月 20 日　何鲁丽作为中国政府代表团成员参加中葡两国政府澳门政权交接仪式。

2000 年

1 月 5 日至 7 日　民革中央召开参政党自身建设理论与实践研讨会。

3 月 3 日至 11 日　全国政协九届三次会议召开，周铁农代表全国政协作提案工作情况的报告，朱培康、李赣骝代表民革中央作大会发言，民革中央提交集体提案 12 件。

3 月 12 日　民革九届十次中常会召开。

4 月 13 日　何鲁丽会见越南和平委员会代表团。

4 月 20 日　民革中央和民革广西区委会共同举办民革系统民办教育工作研讨会。

4 月 25 日至 29 日　第九届全国人大常委会第十五次会议任命万鄂湘为最高人民法院副院长。

5 月 18 日至 6 月 3 日　周铁农参加各民主党派中央、全国工商联西部大开发考察团赴新疆调研。

5 月 22 日至 28 日　何鲁丽率团对比利时、荷兰和卢森堡三国进行友好访问。

5 月 30 日至 6 月 2 日　民革全国西部大开发研讨会召开。

6 月 18 日至 20 日　民革九届十一次中常会召开，通过《民革中央关于积极参与西部大开发的意见》。

6 月 21 日至 24 日　全国政协第九届常务委员会第十次会议任命齐续

春为政协第九届全国委员会副秘书长。

10 月 14 日　中共中央召开座谈会，周铁农出席。

10 月 17 日　民革九届第十二次中常会召开。

11 月 1 日至 4 日　民革全国咨询机构、企业家 2000 年年会召开。

11 月 27 日　民革九届十三次中常会召开。

11 月 28 日　民革九届四次中全会召开，会议修订了《民革中央关于加强和改进思想政治工作的意见》，增选刘民复为中央副主席。

12 月 12 日　民革中央承办第二次六台联席会议。

2001 年

1 月 21 日　中共中央举行党外人士迎春座谈会，何鲁丽、周铁农出席。

2 月 5 日　国务院总理朱镕基召开座谈会，何鲁丽出席。

2 月 9 日　民革中央举行声讨“法轮功”座谈会。

3 月 3 日　全国政协九届四次会议召开，李赣骝代表民革中央作大会发言，民革中央提交书面发言 1 件、集体提案 10 件。

3 月 12 日　民革九届十四次中常会召开。

4 月 20 日至 22 日　民革换届工作会议召开。

4 月 20 日至 29 日　李赣骝率团访问美国。

5 月 15 日　民革全国经社工作研讨会召开。

5 月 28 日至 30 日　民革全国思想政治工作会议召开。

6 月 5 日　民革全国参政议政工作机制研讨会召开。

6 月 12 日至 15 日　民革九届十五次中常会召开，研究民革换届工作。

6 月 22 日　民革中央召开庆祝中国共产党成立 80 周年座谈会。

6 月 28 日　周铁农接受台湾 TVBS 电视台采访。

7 月 15 日至 21 日　徐志纯率团赴日本东京参加全球华人华侨促进中国和平统一大会。

7 月 20 日至 30 日　何鲁丽、周铁农率队赴吉林省调研农业和农村经济结构调整、农业产业化经营及农村税费改革等问题。

8 月 14 日至 16 日　民革中央召开对台工作研讨会。

9 月 26 日至 27 日　民革九届十六次中常会召开。

9 月 26 日　中共中央举行党外人士座谈会，何鲁丽、周铁农出席。

10 月 10 日　民革中央召开纪念辛亥革命 90 周年座谈会。

10 月 11 日至 13 日　民革地方报刊工作研究暨编辑骨干培训会议召开。

11 月 1 日　民革全国咨询机构企业家 21 世纪首次年会召开。

11 月 26 日　民革九届十七次中常会召开。

11 月 27 日至 30 日　民革九届五中全会召开。

12 月 10 日至 14 日　民革全国参政议政骨干培训暨成果汇报会召开。

12 月 17 日　中共中央召开党外人士座谈会，何鲁丽出席。

2002 年

3 月 3 日至 13 日　全国政协九届五次会议召开，厉无畏代表民革中央作大会发言，民革中央提交书面发言 2 件、提案 9 件。

3 月 10 日　民革九届十八次中常会召开。

5 月 13 日至 16 日　民革民办教育研讨会召开。

7 月 6 日至 8 日　民革九届十九次中常会召开。

7 月 15 日至 21 日　何鲁丽、周铁农率队赴黑龙江调研矿业可持续发展问题。

9 月 10 日至 15 日　民革全国祖统工作会议召开。

11 月 8 日　民革中央举行庆祝中共十六大召开座谈会。

11 月 14 日　中华中山文化交流协会成立。

11 月 16 日　民革九届二十次中常会召开，通过《中国国民党革命委员会章程（修改草案）》。

11 月 17 日至 18 日　民革九届六中全会召开。

12 月 3 日　民革九届二十一次中常会召开。

12月5日至9日　民革第十次全国代表大会召开。通过民革章程修正案，选举产生第十届中央委员会。12月8日，民革十届一中全会召开，会议选举何鲁丽为中央主席，贾亦斌、彭清源、徐起超为名誉副主席，周铁农、李赣骝、童傅、程誌青、徐志纯、厉无畏、钮小明、朱培康、刘民复、万鄂湘为副主席。

12月8日　民革十届一次中常会召开，通过刘民复兼任第十届中央委员会秘书长。

12月17日　民革全国反映社情民意工作暨参政议政成果汇报会召开。

12月23日　中共中央总书记胡锦涛，中共中央政治局常委贾庆林，中共中央政治局常委、书记处书记曾庆红等走访民革中央机关。

2003年

1月7日　中华中山文化交流协会参与主办的“转型期的中国证券市场——海峡两岸暨香港地区证券市场研讨会”召开。

1月26日　中共中央召开党外人士迎春座谈会，何鲁丽、周铁农出席。

2月12日　国务院总理朱镕基主持座谈会，何鲁丽、周铁农出席。

2月20日　最高人民法院院长肖扬、副院长姜兴长、万鄂湘走访民革中央并征求意见。

2月26日　中共中央召开民主协商会，何鲁丽、周铁农出席。

3月3日　全国政协十届一次会议召开，刘民复代表民革中央作大会发言，民革中央提交集体提案11件。

3月13日　民革十届二次中常会召开，修订中央常务委员会议事规则。

3月13日　周铁农在全国政协十届一次会议上当选全国政协副主席。

3月15日　何鲁丽在十届全国人大一次会议上当选全国人大常委会副委员长。

4 月 11 日　国务院总理温家宝主持召开座谈会，周铁农、朱培康出席。

7 月 5 日至 7 日　民革十届三次中常会召开。

7 月 11 日　中共中央召开党外人士座谈会，何鲁丽、周铁农出席。

7 月 15 日至 22 日　周铁农率队赴云南省调研农村卫生工作和合作医疗制度建设问题。

7 月 22 日　中共中央召开党外人士座谈会，何鲁丽、周铁农出席。

8 月 26 日至 28 日　中共中央召开党外人士座谈会，何鲁丽、周铁农出席。

9 月 5 日　国务院召开党外人士座谈会，刘民复参加。

9 月 8 日至 18 日　李赣骝率团赴俄罗斯参加“全球华侨华人推动中国和平统一大会——莫斯科大会”。

9 月 23 日　何鲁丽会见丹麦议会代表团。

9 月 25 日至 27 日　民革中央召开民革组织办学工作会议。

9 月 28 日　李赣骝会见并宴请俄罗斯侨界代表团。

10 月 7 日　何鲁丽会见越南和平委员会代表团。

10 月 9 日　民革中央召开扶羊助学工程现场会。

10 月 11 日　孙中山与中华民族精神学术研讨会召开。

10 月 12 日　民革中央召开智力支边扶贫工作研讨会。

10 月 15 日　民革十届四次中常会召开。

10 月 17 日　何鲁丽会见并宴请巴基斯坦和平组织代表团。

10 月 20 日　何鲁丽会见老挝和平与团结委员会代表团。

10 月 21 日　周铁农在全国政协会见赞比亚代表团。

10 月 23 日　国务院召开民主人士座谈会，周铁农、朱培康出席。

11 月　民革中央下发《关于进一步开展〈民革章程〉学习活动的意见》的通知，编印《民革章程学习问答》。

11 月 18 日　中共中央召开党外人士座谈会，何鲁丽、周铁农出席。

11 月 24 日　李赣骝会见新党前主席谢启大。

11月29日　民革十届五次中常会召开。

11月30日至12月3日　民革十届二中全会召开。

12月10日至12日　民革全国参政议政成果汇报会召开。

12月15日至27日　李赣骝率中华中山文化交流协会访问团赴台交流访问。

2004年

1月17日　中共中央召开党外人士迎春座谈会，何鲁丽、周铁农出席。

2月5日　国务院总理温家宝主持座谈会，何鲁丽出席。

2月6日　周铁农、李赣骝、朱培康会见第一届台湾高校杰出青年大陆参访团，此后基本上每年都开展该活动。

2月11日　民革中央中心学习组召开第一次学习座谈会（扩大），此后中心学习组会议不定期召开。

2月18日　何鲁丽会见并宴请罗马尼亚代表团。

3月2日至3日　朱培康率团出席2004年曼谷全球华侨华人反“台独”促统一大会。

3月3日　全国政协十届二次会议召开，刘民复代表民革中央作大会发言，民革中央提交书面发言1件、提案9件。

3月10日　民革十届六次中常会召开。

4月6日　中华中山文化交流协会主办的在全球化视野下的中华文化研讨会在北京市召开。

4月8日　周铁农会见并宴请德国社民党代表团。

4月10日至13日　民革全国宣传工作会议召开。

4月13日至21日　何鲁丽率团赴越南、老挝进行友好访问。

4月23日　何鲁丽会见泰国公主乌汶叻。

4月23日　周铁农会见布隆迪争取民族统一代表团。

5月11日　何鲁丽会见法国参议院法中友好小组代表团。

5月12日至13日　民革中央召开对台工作和对台方针政策研讨会。

5月18日　何鲁丽堂会见并宴请玻利维亚国会主席。

5月24日　何鲁丽会见哈萨克斯坦议会下院国际事务、国防和安全委员会代表团。

5月25日至30日　民革全国社会服务工作会议召开。

6月7日至16日　何鲁丽、周铁农率队赴浙江调研农民专业合作组织建设问题。

6月19日至30日　李赣骝率中华中山文化交流协会访问团赴加拿大访问。

7月2日　周铁农会见圭亚那人民进步党青年政治家考察团。

7月2日至4日　民革十届七次中常会召开。

7月19日　中共中央召开党外人士座谈会，何鲁丽、周铁农出席。

7月23日　何鲁丽会见爱尔兰共和党代表团。

8月18日　中共中央召开党外人士座谈会，何鲁丽、周铁农出席。

8月23日　民革中央召开邓小平诞辰100周年纪念座谈会。

8月23日至27日　民革全国办公室工作研讨会召开。

8月31日　何鲁丽会见波兰议会代表团。

9月7日　何鲁丽会见几内亚比绍国防部部长达尼埃尔·戈梅斯。

9月23日　何鲁丽会见沙特阿拉伯王国协商会议代表团。

9月23日　民革十届八次中常会召开。

10月8日　何鲁丽会见并宴请挪威议长。

10月9日至12日　民革中央孙中山研究学会举办孙中山与中国现代化学术研讨会。

10月19日　何鲁丽会见汤加王储图普托阿。

10月19日至31日　刘民复率中华中山文化交流协会代表团对法国、德国进行访问。

11月1日　何鲁丽会见加拿大加中议会协会代表团。

11月8日　中共中央召开党外人士座谈会，何鲁丽、周铁农出席。

11 月 8 日　何鲁丽会见斯里兰卡执政党联盟议员代表团。

11 月 22 日至 23 日　民革全国先进支部经验交流暨表彰会召开。

11 月 25 日　民革十届九次中常会召开。

11 月 26 日至 28 日　民革十届三中全会召开，增选齐续春为中央副主席，接受李赣骝、程誌青提出的不再担任中央领导职务的请求。

11 月 29 日　中共中央召开党外人士座谈会，何鲁丽、周铁农出席。

12 月 1 日　何鲁丽会见斯洛文尼亚国务协商会代表团。

12 月 5 日至 8 日　民革全国参政议政成果汇报会召开。

12 月 14 日　何鲁丽会见摩尔多瓦议会常设局代表团。

12 月 14 日　中共中央召开党外人士座谈会，何鲁丽、周铁农出席。

2005 年

1 月 9 日至 13 日　民革全国书画工作研讨会召开。

1 月 19 日　何鲁丽会见柬埔寨国会经济、计划、投资、农业、农村发展与环保委员会代表团。

1 月 19 日至 20 日　民革中央召开当前台湾政局和两岸关系专家学者研讨会。

1 月 27 日　何鲁丽会见巴基斯坦驻华大使。

2 月 1 日　国务院总理温家宝主持座谈会，何鲁丽、周铁农出席。

2 月 4 日　中共中央召开党外人士迎春座谈会，何鲁丽、周铁农出席。

2 月 22 日　中共中央召开党外人士座谈会，何鲁丽、周铁农出席。

3 月 3 日　全国政协十届三次会议召开，朱培康代表民革中央作大会发言，民革中央提交书面发言 3 件、提案 12 件。

3 月 9 日　民革十届十次中常会召开。

3 月 11 日至 23 日　朱培康率中华中山文化交流协会代表团赴台湾交流。

3 月 15 日　民革中央召开学习《反分裂国家法》座谈会。

4月1日至19日　何鲁丽率全国人大代表团赴爱尔兰、罗马尼亚、希腊访问。

4月6日至15日　周铁农率中华中山文化交流协会代表团赴澳大利亚访问。

4月9日至10日　民革中央在京召开司法体制改革专题研讨会。

4月21日　何鲁丽会见法国议员代表团。

5月10日　周铁农会见印度民族国大党代表团。

5月24日至26日　民革全国宣传工作会议召开。

5月26日　何鲁丽会见罗马尼亚青年议员代表团。

6月7日　何鲁丽会见并宴请爱尔兰众议院议长奥汉伦、参议院议长凯埃利。

6月11日至13日　民革十届十一次中常会召开，通过《关于民革全国代表会议代表名额和产生办法的决定》。

6月22日　何鲁丽会见巴基斯坦驻华大使。

6月22日　何鲁丽会见越南和平委员会代表团。

6月23日　何鲁丽会见并宴请格鲁吉亚议长布尔贾纳泽。

7月10日至17日　何鲁丽率队赴江苏省调研农村产业结构调整与农村劳动力转移问题。

7月26日　中共中央召开党外人士座谈会，何鲁丽出席。

8月12日　民革中央参与主办的长城抗战学术研讨会召开。

8月14日至23日　朱培康率团赴奥地利、德国访问。

8月16日　中共中央召开党外人士座谈会，何鲁丽、周铁农参加。

8月25日　何鲁丽会见老挝和平与团结委员会代表团。

8月28日　何鲁丽会见泛非议会议长蒙盖拉。

8月29日　何鲁丽会见希腊国防部部长斯皮利奥托普洛斯。

9月3日　何鲁丽参加纪念中国人民抗日战争暨世界反法西斯战争胜利60周年大会并讲话。

9月3日　民革中央召开纪念中国人民抗日战争胜利60周年座谈会。

9月9日　朱培康、刘民复、李赣骝会见2005年台湾青年公共事务访问团。

10月11日至13日　民革全国妇女工作研讨会召开。

10月15日　民革十届十二次中常会召开，通过《关于加强后备干部队伍建设的意见》。

10月18日　何鲁丽会见并宴请全印度和平与团结组织代表团。

10月19日　何鲁丽会见多米尼加革命党代表团。

10月19日至11月2日　周铁农率全国政协代表团出访俄罗斯、罗马尼亚、葡萄牙。

10月25日　何鲁丽会见日本禁止原子弹氢弹协议会代表团。

11月1日至2日　民革全国参政议政成果汇报会议召开。

11月22日　中共中央召开党外人士座谈会，何鲁丽、周铁农参加。

11月25日　民革十届十三次中常会召开。

11月26日　民革十届四中全会召开，会议决定召开民革全国代表会议。

11月29日　民革十届十四次中常会召开。

11月29日至30日　民革全国代表会议召开，会议增选18人为第十届中央委员会委员。

12月9日　何鲁丽会见所罗门群岛议员代表团。

12月14日至16日　民革中央在北京市召开台湾政局及两岸关系专家学者研讨会。

12月21日　民革全国社会服务工作经验交流暨表彰会召开。

2006年

1月17日　何鲁丽会见希腊泛希腊社会主义运动议员团。

1月24日　中共中央召开党外人士迎春座谈会，何鲁丽、周铁农出席。

2月9日　朱培康、刘民复会见台湾原“国防部部长”“监察部部长”

陈履安。

2月10日　国务院总理温家宝召开座谈会，何鲁丽、周铁农出席。

2月17日　民革中央召开《中国的参政党》出版座谈会。

2月27日　何鲁丽、周铁农、童傅、朱培康参加党外人士情况通报会。

3月3日　全国政协十届四次会议召开，朱培康代表民革中央作大会发言，民革中央提交书面发言6件、提案26件。

3月11日　民革十届十五次中常会召开。

3月15日　何鲁丽会见联合国非政府组织处主任梅佐伊及亚洲其他国家非政府组织代表。

3月22日　何鲁丽会见厄瓜多尔国防部长奥斯瓦尔多·哈林。

3月27日至28日　民革全国民办职业教育工作研讨会召开。

4月3日　何鲁丽会见希腊第一副议长哈齐哈基斯。

4月4日至5日　民革换届工作会议召开。

4月5日　何鲁丽、朱培康会见并宴请新党主席郁慕明。

4月10日至24日　何鲁丽率团访问埃塞俄比亚、津巴布韦。

5月10日至18日　何鲁丽、周铁农、齐续春率队赴湖南调研农村综合改革问题。

5月18日至28日　朱培康率团赴智利、阿根廷访问。

5月24日　何鲁丽会见日本和平委员会代表团。

5月25日　何鲁丽会见罗马尼亚和平联盟代表团。

5月25日　周铁农会见德国社民党政治家代表团。

5月30日　何鲁丽会见印度民族国大党代表团。

6月2日　周铁农、朱培康会见台湾新同盟会会长许历农。

6月6日　中共中央召开党外人士座谈会，何鲁丽、周铁农出席。

6月9日　中共中央召开党外人士座谈会，何鲁丽、周铁农出席。

6月12日至15日　十届十六次中常会召开，通过了《关于进一步加强制度建设的意见》。

6 月 19 日　周铁农会见喀麦隆人民民主联盟代表团。

6 月 20 日至 22 日　民革中央主办的推进社会主义新农村建设研讨会召开。

7 月 5 日　何鲁丽会见孟加拉国民族党代表团。

7 月 12 日　周铁农会见朝鲜代表团。

7 月 21 日　中共中央召开党外人士座谈会，何鲁丽、周铁农出席。

8 月 14 日　中共中央召开党外人士座谈会，何鲁丽、周铁农出席。

9 月 12 日至 15 日　民革全国祖统宣传工作会议召开。

9 月 21 日至 22 日　民革中央主办的马克思主义政党理论与多党合作学术研讨会召开。

10 月 12 日　周铁农、朱培康会见台湾新同盟会南部会员（会友）大陆参访团。

10 月 15 日　民革十届十七次中常会召开。

10 月 24 日　何鲁丽会见尼日尔争取民主和进步联盟代表团。

10 月 29 日至 11 月 11 日　周铁农率团出访德国、保加利亚。

11 月 7 日　民革中央举行南京中山陵谒陵仪式。

11 月 8 日　民革中央举办纪念伟大的革命先行者孙中山先生诞辰 140 周年书画作品展。

11 月 9 日　民革中央召开纪念孙中山先生诞辰 140 周年学术研讨会。

11 月 9 日　民革中央召开《爱国、革命、不断进步——中山精神读本》暨《孙中山图传》出版座谈会。

11 月 25 日　民革十届十八次中常会召开。

11 月 26 日　民革十届五中全会召开。

12 月 6 日至 8 日　民革中央召开当前台湾政局暨两岸关系专家学者研讨会。

12 月 8 日　何鲁丽会见蒙古和平与友好联合会代表团。

12 月 11 日至 12 日　民革全国参政议政工作经验交流暨表彰会议召开。

12月14日至15日　朱培康率团赴澳门参加全球华侨华人促进中国和平统一大会。

12月20日至22日　民革全国思想宣传工作会议召开。

2007年

1月4日　中共中央统战部召开党外人士座谈会，何鲁丽、周铁农参加。

1月5日　国务院总理温家宝主持召开党外人士座谈会，何鲁丽、周铁农出席。

1月9日　何鲁丽会见法国社会党代表团。

2月1日　温家宝主持召开党外人士座谈会，何鲁丽、周铁农出席。

2月14日　中共中央召开党外人士迎春座谈会，何鲁丽、周铁农出席。

3月3日　全国政协十届五次会议召开，朱培康代表民革中央作大会发言，提交书面发言2件、提案31件。

3月3日　何鲁丽会见法国国民议会议员代表团。

3月9日　民革十届十九次中常会召开，决定开展“坚持中国特色社会主义政治发展道路，搞好政治交接”教育活动。

3月19日　何鲁丽会见津巴布韦民盟代表团。

3月26日　何鲁丽会见罗马尼亚议会代表团。

3月27日至30日　民革全国祖统工作暨第四次台湾研究特邀撰稿人会议召开。

4月4日　何鲁丽会见奥地利联邦议会副议长哈泽尔巴赫。

4月17日　何鲁丽会见并宴请希腊议会代表团。

5月8日　何鲁丽会见越南和平委员会代表团。

5月9日至16日　何鲁丽、周铁农率队赴广东省调研发展县域经济问题。

5月29日　何鲁丽会见欧洲议会欧中友好小组代表团。

6月8日　何鲁丽会见萨摩亚议长托洛富艾瓦莱。

7月10日至12日　民革十届二十次中常会召开。

7月24日　何鲁丽会见圣多美和普林西比解放运动社会民主党代表团。

7月25日　中共中央召开党外人士座谈会，何鲁丽、朱培康出席。

7月26日至30日　民革中央举办省级组织新任主委培训班。

8月6日至17日　周铁农、朱培康率中国和平统一促进会代表团和中华中山文化交流协会代表团赴匈牙利访问。

8月19日至22日　民革全国办公室工作研讨会召开。

9月4日　何鲁丽、周铁农、朱培康、刘民复、李赣骝接见并宴请中国国民党青年精英大陆参访团。

9月5日至17日　何鲁丽率全国人大代表团赴乌兹别克斯坦、哈萨克斯坦、塔吉克斯坦访问。

10月10日至11日　民革十届二十一次中常会召开。

11月5日　民革中央画院为纪念民革成立60周年举办首届书画展——“丹青绘和谐，水墨写盛世”。

11月6日至7日　民革全国参政议政成果汇报会召开。

11月16日　民革十届二十二次中常会召开。

11月17日至18日　民革十届六中全会召开。

11月20日至30日　何鲁丽率全国人大代表团赴法国、西班牙访问并出席中法、中西论坛。

11月23日　中共中央召开党外人士座谈会，周铁农、朱培康出席。

12月8日　民革十届二十三次中常会召开。

12月9日至15日　民革第十一次全国代表大会在京召开。会议通过《中国国民党革命委员会章程（修正案）》，选举产生第十一届中央委员会。12月14日，民革十一届一中全会召开，选举周铁农为主席，厉无畏、钮小明、万鄂湘、齐续春、谢克昌、修福金、刘凡、程崇庆、傅惠民、何丕洁为副主席。

12月14日　民革十一届一次中常会召开，任命齐续春为第十一届中央委员会秘书长（兼）。

12月24日　中共中央召开各民主党派中央、全国工商联新老主要领导人座谈会，何鲁丽、周铁农、厉无畏出席。

2008年

1月24日　国务院总理温家宝主持召开党外人士座谈会，何鲁丽、周铁农、厉无畏出席。

1月30日　中共中央纪委在中央统战部召开通报会，何鲁丽、周铁农、齐续春、修福金、刘凡、傅惠民、何丕洁出席。

2月3日　中共中央召开党外人士迎春座谈会，何鲁丽、周铁农、厉无畏出席。

2月26日至28日　民革中央召开台湾问题与国际问题专家专题研讨会。

2月27日　中共中央举行民主协商会，周铁农出席。

3月3日　全国政协十一届一次会议召开，民革中央提交大会发言3件、提案36件。

3月10日　民革十一届二次中常会通过关于设立七个专门委员会的决定和专门委员会主任名单。

3月13日　厉无畏在全国政协十一届一次会议上当选政协全国委员会副主席。

3月15日　周铁农在十一届全国人大一次会议上当选全国人大常务委员会副委员长。

3月24日　民革中央下发《关于纪念中共中央“五一口号”发布60周年，发扬民革优良传统，深入开展政治交接教育活动的通知》。

3月26日　民革中央召开台湾情况研讨会。

4月11日　周铁农、厉无畏、齐续春、何丕洁在京会见台湾海峡两岸百名退役将领参访团。

5月8日至14日　周铁农、厉无畏率队赴安徽省调研健全农村公共服务问题。

5月12日　四川汶川发生特大地震，民革中央发出通知，要求全党参与抗震救灾和帮助灾区人民重建家园。

5月15日至22日　厉无畏率全国政协代表团赴埃及访问。

5月26日　齐续春与欧洲议会对华关系代表团团长斯特克斯特进行工作会谈。

5月29日至31日　民革十一届三次中常会召开，通过《关于进一步做好抗震救灾工作的决定》。

6月6日　民革中央办公厅发出《关于进一步以实际行动支援地震灾区的通知》。

6月18日至20日　民革中央在京召开民革全国对台工作会议。

7月6日至11日　民革省级、副省级市组织驻会副主委工作研讨班举办。

7月8日至10日　民革中央与黑龙江省人民政府联合举办新农村人才战略研讨会。

7月21日　中共中央召开党外人士座谈会，周铁农、厉无畏出席。

7月25日　最高人民检察院召开征求意见座谈会，何丕洁出席。

8月9日　周铁农、修福金会见并宴请台湾新同盟会会长许历农先生。

8月21日　中共中央召开党外人士座谈会，周铁农、厉无畏参加。

9月12日至21日　齐续春率全国人大代表团赴喀麦隆、尼日利亚访问。

9月17日　周铁农、修福金、何丕洁出席第十三届残疾人奥运会闭幕式。

9月28日　周铁农会见并宴请台湾人民推动中国和平统一促进会会长郭俊次。

10月14日　周铁农会见厄瓜多尔国防部部长庞塞。

10月17日　民革十一届四次中常会召开。

10月24日　齐续春参加第七届亚欧首脑会议开幕式。

11月3日至5日　民革全国秘书长工作会议召开。

11月21日　中共中央召开党外人士座谈会，周铁农、厉无畏出席。

11月24日至25日　齐续春参加中国全国人大—欧洲议会定期交流机制第27次会议。

11月28日　中共中央召开党外人士座谈会，周铁农、厉无畏出席。

11月30日　民革十一届五次中常会召开。

12月1日　民革十一届二中全会召开，会议通过《中国国民党革命委员会内部监督暂行条例》，成立中央监督委员会，并对民革全国抗震救灾先进集体、先进个人进行表彰。

12月4日至5日　民革新闻宣传暨团结报工作会议召开。

12月11日至14日　民革全国参政议政成果汇报暨反映社情民意信息工作会议召开。

12月12日　周铁农会见阿富汗议会长老院代表团。

12月18日　周铁农会见并宴请塞拉利昂议会代表团。

2009年

1月5日至17日　周铁农率全国人大代表团赴老挝、文莱、新加坡访问。

1月24日　周铁农、厉无畏出席国务院召开的党外人士座谈会。

2月9日　国务院总理温家宝主持召开党外人士座谈会，周铁农、厉无畏出席。

2月21日至22日　民革全国社会服务工作研讨会召开。

2月23日　齐续春参加最高人民法院与各民主党派中央、全国工商联负责人和无党派人士代表座谈会。

3月2日　民革中央下发《关于加强和改进反映社情民意信息工作的暂行规定》。

3月3日　全国政协十一届二次会议召开，民革中央提交大会发言3

件、集体提案23件。

3月7日　民革十一届六次中常会召开，修订通过了《中国国民党革命委员会地方委员会组织规程》《中国国民党革命委员会发展党员手续及审批办法》《中国国民党革命委员会支部工作条例》《中国国民党革命委员会党员交纳党费及党费使用办法》《中国国民党革命委员会党员组织关系转移办法》。

3月17日　中共中央统战部召开座谈会，修福金出席。

3月23日　周铁农、厉无畏、齐续春、修福金、何丕洁会见台湾新同盟会、海峡两岸和平统一促进会、中国统一联盟三团体北京参访团。

4月1日　中共中央统战部召开党外人士座谈会，修福金、何丕洁出席。

4月7日　齐续春会见并宴请欧洲议会对华关系代表团核心小组。

4月13日　周铁农会见加拿大议会代表团。

4月15日至22日　修福金率中华中山文化交流协会代表团赴台湾访问。

5月6日至10日　周铁农、厉无畏率队赴山东省调研进一步规范农村土地流转问题。

5月11日　民革中央下发《关于建立思想政治交接长效机制的实施意见（试行）》。

5月25日　周铁农会见韩国议会代表团。

5月25日　民革中央网站开通。

5月30日至31日　民革十一届七次中常会召开。

5月30日　民革十一届中央监督委员会第二次全体会议召开。

6月10日　周铁农会见意大利议会中国之友协会代表团。

7月1日至12日　周铁农率中华中山文化交流协会代表团赴巴西、阿根廷、智利访问。

7月6日　齐续春会见马耳他议会代表团。

7月7日　民革中央下发《关于进一步做好组织发展工作若干问题的意见》。

7月13日　全国政协召开专题协商会，修福金参加。

7月17日至26日　修福金率中华中山文化交流协会代表团赴美国、加拿大访问。

7月21日　中共中央召开党外人士座谈会，周铁农、厉无畏出席。

8月8日至10日　民革全国省级组织办公室工作研讨会召开。

8月19日　民革中央社法委与致公党中央法制委联合召开司法公正与司法环境专题座谈会。

8月19日至20日　修福金会见台湾新同盟会会长许历农。

9月8日至9日　民革中央、中共重庆市委联合主办2009年中国新农村法制建设论坛。

9月19日　中共中央召开党外人士座谈会，周铁农、厉无畏出席。

9月21日　民革十一届八次中常会召开。

10月15日至16日　民革中央孙中山研究学会和中国辛亥革命研究会联合主办孙中山研究与中山学学术研讨会。

10月21日　周铁农、修福金会见第三届台湾新同盟会中南部会员（会友）大陆参访团。

10月25日　民革中央与相关单位联合举办中国（安吉）休闲农业与乡村旅游高层论坛。

11月1日至9日　齐续春陪同澳大利亚参议长霍格在北京、上海、四川、西藏访问。

11月2日至4日　民革全国组织工作会议召开。

11月10日　周铁农会见塞尔维亚议会外委会代表团。

11月13日　民革中央主办纪念南社成立100周年大会。

11月22日至24日　民革全国参政议政工作暨成果交流会召开。

11月24日　中共中央召开党外人士座谈会，周铁农、厉无畏出席。

12月1日　《民革与新中国的建立》一书出版座谈会在民革中央机关举行。

12月1日　齐续春与爱沙尼亚议会外事委员会代表团进行工作会谈。

12月4日　民革十一届九次中常会召开。

12月4日　民革十一届中央委员会监督委员会第三次全体会议召开。

12月5日至7日　民革十一届三中全会召开。

12月11日至22日　厉无畏率中国人民争取和平与裁军协会代表团出访土耳其、塞浦路斯。

2010年

1月6日　民革中央与上海市社科院在上海联合举办2010年经济、社会形势分析座谈会。

1月11日　周铁农会见并宴请泰国国会主席兼下议长猜奇初。

1月12日　最高人民检察院召开会议通报检察工作情况并征求意见，修福金出席。

1月18日　厉无畏、修福金会见台湾第一届中华文创青年大陆参访团，此后该活动每年开展。

1月26日　中共中央纪委、监察部通报党风廉政建设和反腐败工作情况，周铁农、厉无畏、修福金、何丕洁出席会议。

1月29日　国务院总理温家宝主持召开党外人士座谈会，周铁农、厉无畏出席座谈会。

2月9日　最高人民法院召开党外人士座谈会，周铁农出席。

3月1日　民革中央举行民革全国优秀女党员表彰大会。

3月3日　全国政协十一届三次会议召开，民革中央提交大会发言4件、集体提案40件。

3月7日　民革十一届十次中常会召开。

4月12日至15日　周铁农、厉无畏率队赴河南省调研推进我国农村城镇化进程问题。

4月14日　青海玉树藏族自治州玉树县发生7.1级强烈地震，民革中央动员党员参与抗震救灾。

4月　民革中央编写的《学习践行社会主义核心价值体系辅导读本》

出版发行。

5月20日至22日　民革十一届十一次中常会召开。

5月25日至30日　周铁农率中联部国际交流协会代表团访问印度尼西亚。

6月17日　厉无畏会见马里非洲团结正义党代表团。

7月6日　民革中央召开组织建设工作座谈会。

7月11日至12日　民革全国专委会工作会议召开。

7月20日　中共中央召开党外人士座谈会，周铁农、厉无畏出席。

8月3日　中华中山文化交流协会参与共同主办的两岸青年创新创业高端论坛举行。

8月12日至13日　民革全国机关建设工作研讨会召开。

9月7日　厉无畏会见吉尔吉斯斯坦祖国党代表团。

9月10日至13日　民革全国思想宣传理论研究会议召开。

9月27日　周铁农会见并宴请马里国民议长特拉奥雷。

10月20日　民革十一届十二次中常会召开。

10月28日至31日　修福金率团赴澳门参加中山思想与国家统一报告会。

11月2日至3日　民革全国先进基层组织、基层工作先进个人表彰大会召开。

11月25日至27日　民革前辈纪念场馆暨辛亥革命史迹研讨会召开。

11月30日　中共中央召开党外人士座谈会，周铁农、厉无畏出席。

12月3日　民革十一届十三次中常会召开。

12月3日　民革十一届中央监督委员会第四次全体会议召开。

12月4日至6日　民革十一届四中全会召开，增选田惠光、郑建邦为副主席。

12月9日至10日　民革2010年度全国参政议政工作暨成果交流会议召开。

12月23日　最高人民检察院召开党外人士座谈会，郑建邦出席。

12 月 29 日　民革中央召开反映社情民意信息工作座谈会。

2011 年

1 月 13 日　最高人民法院召开党外人士座谈会，何丕洁出席。

1 月 21 日　国务院总理温家宝主持召开党外人士座谈会，周铁农、厉无畏出席。

2 月 22 日至 23 日　民革中央召开学习践行社会主义核心价值体系先进组织和先进个人表彰大会。

2 月 23 日　郑建邦会见台湾新同盟会陈兴国将军。

3 月 3 日　全国政协十一届四次会议召开，民革中央提交大会发言 7 件、集体提案 35 件。

3 月 9 日　民革十一届十四次中常会召开。

3 月 18 日至 25 日　周铁农率中华中山文化交流协会参访团赴台参访。

5 月 4 日至 8 日　周铁农、厉无畏率队赴河北省调研大力发展农村现代服务业、进一步推动我国农业现代化进程问题。

5 月 20 日　中共中央统战部和国家海洋局召开促进海洋事业发展党外人士座谈会，田惠光出席。

5 月 23 日至 24 日　郑建邦会见台湾新同盟会会长许历农。

6 月 10 日至 12 日　民革十一届十五次中常会召开。

7 月 21 日　中共中央召开党外人士座谈会，周铁农、厉无畏出席。

7 月 25 日　民革中央与相关单位联合主办纪念辛亥革命 100 周年全国中国画作品展览。

8 月 16 日至 28 日　厉无畏率中国人民争取和平与裁军协会代表团赴坦桑尼亚、乌干达、津巴布韦访问。

8 月 21 日至 22 日　民革全国机关建设工作研讨会召开。

8 月 26 日　周铁农、郑建邦会见台湾民意代表交流参访团。

9 月 2 日　民革中央召开纪念辛亥革命 100 周年暨《辛亥人物传记丛书》发布会。

9月2日至3日　民革内部监督工作研讨会召开。

9月30日至10月6日　谢克昌率中国工程院代表团赴台出席海峡两岸气候变化与能源可持续发展论坛。

10月9日　纪念辛亥革命100周年大会在北京人民大会堂举行，周铁农作大会发言。

10月18日　朱学范生平事迹研讨会暨民革前辈纪念场馆联谊会成立大会召开。

10月22日　民革十一届十六次中常会召开。

11月5日至19日　周铁农率全国人大代表团赴南非、津巴布韦、加纳、贝宁访问。

11月21日　民革中央召开《贾亦斌文集》《贾亦斌回忆录》出版座谈会。

11月30日　民革十一届十七次中常会召开。

11月30日　民革十一届中央监督委员会第五次全体会议召开。

12月1日至3日　民革十一届五中全会召开。

12月4日至5日　民革全国参政议政工作经验交流暨表彰会召开。

12月5日　中共中央召开党外人士座谈会，周铁农、厉无畏出席。

12月16日　民革全国机关工作先进集体、先进个人经验交流暨表彰会召开。

12月27日　最高人民法院召开党外人士座谈会，何丕洁出席。

2012年

1月9日　最高人民检察院召开座谈会，郑建邦出席。

1月16日　民革中央在京召开台湾暨两岸关系形势专题研讨会。

2月9日　国务院总理温家宝主持召开党外人士座谈会，周铁农、厉无畏出席。

2月16日至19日　周铁农赴土库曼斯坦出席该国总统别尔德穆哈梅多夫就职仪式。

3月3日　全国政协十一届五次会议召开，民革中央提交大会发言3件、集体提案46件。

3月9日　民革十一届十八次中常会召开。

3月20日　郑建邦会见台湾文化经贸访问团。

3月21日至27日　郑建邦接待台湾新同盟会会长许历农。

4月3日至15日　周铁农率全国人大代表团赴土耳其、以色列、印度访问。

4月14日至26日　厉无畏率全国政协代表团赴日本、越南、柬埔寨、朝鲜访问。

5月22日至25日　周铁农率队赴辽宁省调研推动农村文化建设、促进社会主义新农村和谐发展问题。

6月1日　周铁农、傅惠民、郑建邦在中共中央统战部参加党外人士情况通报会。

6月17日　民革中央与相关单位联合主办两岸农业水利合作发展论坛。

7月8日　周铁农宴请加纳第一副议长阿伽霍。

7月10日至11日　民革十一届十九次中常会（扩大）召开。

7月16日　郑建邦会见第一届台湾擎天协会暑期青年华夏文化参访团，此后该活动每年开展。

7月20日　厉无畏会见柬埔寨王国副首相涅本才。

7月26日　中共中央召开党外人士座谈会，周铁农、厉无畏、万鄂湘出席。

8月4日至6日　民革中央和黑龙江省政协联合举办加强和创新社会管理研讨会。

8月23日至24日　民革全国机关建设工作研讨会召开。

9月4日至6日　民革中央举办全国参政议政工作骨干培训班。

9月17日至29日　厉无畏率全国政协代表团赴印度、澳大利亚、新加坡访问。

9 月 27 日　民革中央召开自身建设理论与实践回顾展望学术研讨会。

10 月 10 日　民革中央举行《民革前辈与辛亥革命》出版座谈会。

10 月 11 日至 13 日　民革全国祖统工作表彰会召开。

10 月 27 日至 28 日　民革全国思想宣传工作暨优秀宣传干部表彰大会召开。

10 月 28 日至 11 月 7 日　周铁农率全国人大代表团赴澳大利亚、巴布亚新几内亚访问。

11 月 16 日至 17 日　民革全国社会服务工作表彰会召开。

11 月 22 日　民革十一届二十次中常会召开。

11 月 22 日　民革十一届中央监督委员会第六次全体会议召开。

11 月 23 日至 24 日　民革十一届六中全会召开。

11 月 24 日　周铁农会见贝宁议长纳戈。

11 月 30 日　中共中央召开党外人士座谈会，周铁农、厉无畏、万鄂湘出席。

11 月 26 日至 27 日　民革全国参政议政工作暨成果交流会议召开。

12 月 11 日　民革十一届第二十一次中常会召开。

12 月 12 日至 18 日　民革第十二次全国代表大会召开，会议选举产生第十二届中央委员会。12 月 17 日，民革十二届一中全会召开，会议选举万鄂湘为主席，齐续春、修福金、刘凡、程崇庆、傅惠民、何丕洁、田惠光、郑建邦、邓力平、刘家强为副主席。

12 月 17 日　民革十二届一次中常会召开，任命李惠东为第十二届中央委员会秘书长。

12 月 18 日　民革十二届中央监督委员会第一次全体会议召开。

12 月 24 日　中共中央总书记习近平走访民革中央机关并进行座谈。

12 月 28 日　最高人民检察院召开座谈会，齐续春出席。

2013 年

1 月 11 日　最高人民法院在京召开座谈会，何丕洁出席。

1月14日　郑建邦会见欧洲中国和平统一促进会主席张曼新等海外侨领。

1月25日　国务院总理温家宝主持召开党外人士座谈会，万鄂湘、齐续春出席。

2月6日　周铁农、厉无畏、万鄂湘、齐续春参加中共中央召开的党外人士迎春座谈会。

2月28日　中共中央举行民主协商会，周铁农、厉无畏、万鄂湘、齐续春出席。

3月3日　全国政协十二届一次会议召开，齐续春当选全国政协副主席，民革中央提交大会发言5件、集体提案53件。

3月5日　十二届全国人大一次会议召开，万鄂湘当选全国人大常委会副委员长。

3月10日　民革十二届二次中常会召开。

5月6日　万鄂湘会见世界法学家协会主席别洛赫拉韦克和第二副主席奈尔斯。

5月15日　齐续春、郑建邦会见台湾黄埔高级退役将领访问团成员。

5月16日至21日　齐续春率队赴湖南省调研农村困难群众的权益保障问题。

5月23日至24日　民革十二届三次中常会召开。

6月3日至8日　修福金率全国人大外事委员会代表团访问澳大利亚。

6月25日至26日　民革内部监督工作专题研讨会召开。

7月19日　民革中央召开当前金融形势分析及对策座谈会。

7月25日　中共中央召开党外人士座谈会，万鄂湘、齐续春出席。

7月28日　民革中央召开“三农”委员会土地制度研究中心成立大会暨专家座谈会。

7月29日　民革中央颁发《关于开展伸出博爱之手——民革基层组织牵手困难群众活动的通知》。

8月16日　修福金会见爱沙尼亚驻华大使托马斯·罗克。

8 月 23 日至 24 日　民革全国机关建设工作研讨会召开。

8 月 31 日　民革中央成立社会和法制委员会法治研究中心和国际问题研究中心。

9 月 7 日　民革中央成立“三农”委员会农村金融研究中心。

9 月 14 日至 15 日　齐续春会见匈牙利国会副议长乌伊海伊·伊什特万。

9 月 21 日至 29 日　齐续春率全国政协代表团赴莫桑比克、埃塞俄比亚访问。

9 月 23 日　民革前辈史料收集工作现场会召开。

10 月 17 日至 23 日　修福金接待巴布亚新几内亚议长祖伦诺克并陪同其赴上海、广州访问。

11 月 8 日　修福金会见乌兹别克斯坦参议院外委会主席萨法耶夫。

11 月 11 日至 19 日　修福金率全国人大外事委员会代表团出访阿尔及利亚、肯尼亚。

11 月 16 日　民革中央召开企业发展与行政审批制度改革座谈会。

11 月 18 日　民革十二届四次中常会修订并通过了《中国国民党革命委员会地方委员会组织规程》《中国国民党革命委员会发展党员手续及审批办法》《中国国民党革命委员会基层组织工作条例》《中国国民党革命委员会党员交纳党费及党费使用办法》《中国国民党革命委员会党员组织关系转移办法》等五个组织工作文件。

11 月 22 日　中共中央召开党外人士座谈会，万鄂湘、齐续春、修福金出席。

11 月 27 日　民革中央下发《关于建立民革中央反映社情民意信息工作信息直报点、特约信息员制度的通知》。

12 月 1 日　民革十二届五次中常会召开。

12 月 1 日　民革十二届中央监督委员会第二次全体会议召开。

12 月 2 日至 3 日　民革十二届二中全会召开，会议通过《民革中央关于开展坚持和发展中国特色社会主义学习实践活动的决定》。

12 月 4 日至 5 日　民革坚持和发展中国特色社会主义学习实践活动动员培训会召开。

12 月 11 日至 16 日　万鄂湘作为国家主席习近平特使赴肯尼亚出席肯尼亚独立 50 周年庆典活动。

12 月 13 日　修福金会见吉尔吉斯斯坦议会外事委员会代表团。

2014 年

1 月 6 日　民革中央与最高人民法院有关部门举行座谈会，万鄂湘、修福金出席座谈会。

1 月 10 日　最高人民检察院召开座谈会，郑建邦出席。

1 月 21 日　最高人民法院召开座谈会，修福金出席。

2 月 10 日　国务院总理李克强主持召开座谈会，万鄂湘、齐续春、修福金出席。

2 月 14 日、18 日　民革中央召开落实依法治国方略座谈会。

3 月 3 日至 12 日　全国政协十二届二次会议召开，民革中央提交大会发言 14 件、公开提案 44 件。

3 月 6 日　民革十二届六次中常会召开。

3 月 9 日至 10 日　民革中央举办党籍信息化管理研讨班。

3 月至 5 月　万鄂湘、齐续春率队分别赴北京、广东、重庆、上海、浙江、湖北等地就深化司法体制改革开展系列调研。

4 月 18 日　修福金会见南苏丹议会外委会代表团。

4 月 19 日　民革中央与相关单位联合主办首届两岸青年和平发展论坛。

4 月 22 日　修福金会见莫桑比克国际关系委员会代表团。

5 月 7 日　郑建邦会见台湾工党主席郑昭明。

5 月 12 日至 17 日　民革省级、副省级市组织宣传部门负责人培训班举行。

5 月 29 日至 30 日　民革十二届七次中常会召开。

6月15日至24日　齐续春率中国战略文化促进会代表团赴德国、匈牙利、奥地利访问。

6月29日　民革中央理论研究与学习委员会—上海师范大学协商民主与公共政策研究中心成立。

7月7日　修福金会见德国议员代表团。

7月30日至31日　民革全国社会服务工作会议召开。

8月28日至29日　民革全国机关建设工作研讨会召开。

9月11日　何丕洁会见第三届台湾中华工商业联合协会大陆参访团。

9月24日　民革中央召开我国志愿服务法制化建设专题座谈会。

9月29日　齐续春、郑建邦会见来自30多个国家和地区的港澳台同胞及海外侨胞代表，庆祝国庆65周年。

10月28日　民革十二届八次中常会召开。

11月1日　万鄂湘陪同习近平总书记赴福建调研。

11月5日　万鄂湘会见世界法学家协会主席贝洛拉维克。

11月17日　民革中央召开当前经济形势与对策座谈会。

11月25日　民革中央召开民革企业家代表座谈会。

11月29日　民革十二届九次中常会召开。

11月30日　民革中央举办“民革e家”信息交流平台建设情况介绍会。

11月30日至12月1日　民革十二届三中全会召开。

12月1日　中共中央召开党外人士座谈会，万鄂湘、齐续春、郑建邦出席。

12月2日至3日　民革全国组织工作会议召开。

12月6日至7日　民革中央、四川省政协联合举办首届中国康养产业发展论坛。

12月12日　修福金会见瑞典社民党议员、议会对华友好小组主席海斯泰特。

2015 年

1 月 6 日至 8 日　万鄂湘、齐续春率队赴福建调研推进平潭综合实验区建设问题。

1 月 20 日至 21 日　民革中央分别召开 2015 年国家经济工作与深化改革专家座谈会、企业家座谈会。

1 月 26 日　最高人民检察院召开座谈会，何丕洁出席。

1 月 27 日　国务院总理李克强主持召开座谈会，万鄂湘、齐续春、修福金出席。

1 月 28 日　民革中央召开《何鲁丽文集》出版座谈会。

1 月 30 日　最高人民法院召开座谈会，郑建邦出席。

2 月 3 日　民革中央发出《关于开展向蔡立忠同志学习活动的通知》。

3 月 3 日至 13 日　全国政协十二届三次会议召开，民革中央提交大会发言 7 件、集体提案 37 件。

3 月 7 日　民革十二届十次常委会召开。

3 月 16 日　民革中央召开环境领域专利技术推介交流座谈会。

4 月 8 日　齐续春、修福金会见阿尔及利亚国民议会阿中友好小组访华团。

4 月 13 日至 17 日　民革中央举办民革全国参政议政工作培训班。

5 月 15 日　民革中央聘任法律顾问签约仪式举行。

6 月 4 日至 5 日　民革组织工作座谈会召开。

6 月 11 日　修福金会见乌克兰议会代表团。

6 月 17 日　齐续春会见欧洲议员代表团。

6 月 25 日　郑建邦会见台湾工商业联合会代表团。

6 月 26 日　郑建邦会见台湾中国统一联盟代表团。

7 月 3 日至 5 日　民革十二届十一次中常会召开。

7 月 24 日　中共中央召开党外人士座谈会，万鄂湘、齐续春、修福金出席。

7 月 26 日至 27 日　民革全国机关建设工作研讨会召开。

8 月 15 日至 22 日　齐续春率全国政协代表团访问斐济、萨摩亚。

8 月 20 日至 24 日　民革中央与相关单位联合主办“民族魂——纪念中国人民抗日战争暨世界反法西斯战争胜利 70 周年美术作品展览”。

9 月 10 日至 11 日　民革全国法律服务工作经验交流会召开。

9 月 21 日　民革中央召开《亲历者赞——民革人物报道集》出版座谈会。

9 月 22 日至 27 日　修福金率全国人大代表团赴墨西哥参加中墨议会对话论坛第三次会议。

10 月 29 日　民革中央企业家联谊会成立大会暨第一次会员大会召开。

11 月 6 日　民革十二届十二次中常会召开。

11 月 18 日　民革中央召开当前经济形势座谈会。

11 月 24 日　民革中央召开“三农”问题专家座谈会。

11 月 25 日　民革全国宣传思想理论工作会议召开。

12 月 2 日至 3 日　民革全国参政议政工作暨成果交流会召开。

12 月 10 日　中共中央召开党外人士座谈会，万鄂湘、齐续春、修福金出席。

12 月 16 日　民革十二届十三次中常会召开。

12 月 16 日至 17 日　民革十二届四中全会召开。

2016 年

1 月 25 日　国务院总理李克强召开座谈会，万鄂湘、齐续春、修福金出席。

1 月 28 日　最高人民法院召开座谈会，修福金出席。

2 月 16 日　最高人民检察院召开座谈会，何丕洁出席。

3 月 3 日至 14 日　全国政协十二届四次会议召开，民革中央提交大会发言 9 件、公开提案 33 件。

3 月 7 日　民革十二届十四次常委会召开。

3 月 7 日　民革中央下发《关于开展向张宝艳、秦艳友同志学习活动的通知》。

3 月下旬　万鄂湘、齐续春率队赴北京、天津、河北调研京津冀能源结构调整问题。

3 月 22 日　民革中央发起成立全国性非公募基金会——中山博爱基金会，郑建邦任第一届理事会理事长。

3 月 24 日　齐续春会见非洲友好人士联合考察团。

4 月 15 日　召开住房公积金制度改革研讨会。

6 月 1 日　郑建邦会见中国台湾致公党主席陈柏光。

6 月 13 日　修福金会见斯里兰卡议会斯中友好小组代表团。

6 月 14 日　齐续春会见柬埔寨参议院外委会主席迪波拉西。

6 月 15 日至 16 日　民革宣传工作研讨会召开。

6 月 27 日　民革全国祖统先进表彰暨工作会议召开。

7 月 3 日至 4 日　民革十二届十五次中常会召开。

7 月 14 日至 15 日　民革全国办学工作经验交流会召开。

7 月 25 日　中共中央召开党外人士座谈会，万鄂湘、齐续春、修福金出席。

8 月 4 日　民革脱贫攻坚民主监督工作小组第一次会议暨调研工作座谈会召开。

9 月 6 日至 9 日　民革省级组织组织处（部）长会暨换届工作培训会召开。

9 月 8 日　民革中央下发《开展脱贫攻坚民主监督工作方案》。

9 月 9 日　民革中央信息化工作领导小组召开第一次会议。

9 月 20 日至 21 日　民革全国机关建设工作研讨会召开。

10 月 31 日　民革十二届十六次中常会召开。

11 月 9 日至 10 日　民革内部监督工作研讨会召开。

11 月 11 日　民革中央在北京香山碧云寺举行晋谒孙中山先生衣冠冢仪式，纪念孙中山先生诞辰 150 周年。

11 月 16 日　民革中央召开精准立法促进社会文明专题研讨会。

12月6日　中共中央召开党外人士座谈会，万鄂湘、齐续春、修福金出席。

12月8日　民革全国参政议政工作暨成果交流会召开。

12月16日　民革十二届十七次中常会召开。

12月16日　民革十二届中央监督委员会第七次全体会议召开。

12月17日至18日　民革十二届五中全会召开，增选李惠东为中央副主席。

2017年

1月18日　最高人民法院召开座谈会，修福金出席。

1月19日　国务院总理李克强召开座谈会，万鄂湘、齐续春、修福金出席。

2月10日　最高人民检察院召开座谈会，修福金出席。

3月3日至13日　全国政协十二届五次会议召开，民革中央提交大会发言10件、公开提案26件。

3月9日　民革十二届十八次中常会召开。

3月17日　中共中央统战部在京召开党外人士座谈会，万鄂湘、齐续春出席。

3月27日　脱贫攻坚民主监督工作座谈会在京召开，万鄂湘出席。

4月5日至9日　万鄂湘、齐续春率队赴陕西、甘肃、内蒙古调研“一带一路”西北发展战略问题。

5月18日至19日　民革微信公众号工作研讨会召开。

6月9日　民革中央教科文卫体委员会—华北电力大学能源软科学研究中心成立。

7月5日　民革中央召开当前经济形势与对策座谈会。

7月14日至15日　民革十二届十九次中常会召开。

7月21日　中共中央召开党外人士座谈会，万鄂湘、齐续春、修福金出席。

2 月 3 日　民革中央召开会议部署新冠病毒疫情防控工作。

2 月 6 日　民革中央向坚守在抗击新冠肺炎疫情前线的民革党员发出慰问信。

2 月 6 日　民革中央下发《关于进一步做好新型冠状病毒感染肺炎疫情防控工作的通知》。

4 月 21 日　中共中央统战部召开党外人士座谈会，万鄂湘出席。

5 月 7 日　最高人民法院召开座谈会，张伯军出席。

5 月 8 日　中共中央召开党外人士座谈会，万鄂湘、郑建邦出席。

5 月 11 日　国务院总理李克强主持召开座谈会，万鄂湘、郑建邦、张伯军出席。

5 月 21 日至 27 日　全国政协十三届三次会议召开，民革中央提交大会发言 6 件、公开提案 25 件。

5 月 26 日　民革十三届十次中常会以通讯形式召开。

6 月 3 日　民革脱贫攻坚民主监督 2020 年第一次工作推进会召开。

7 月 28 日　中共中央召开党外人士座谈会，万鄂湘、郑建邦出席。

8 月下旬至 9 月中旬　万鄂湘、郑建邦率队分别赴内蒙古、江苏、青海、四川、山西、广东等地就“探索建设现代化农业特区，更好服务保障民生”开展系列调研。

8 月 25 日　中共中央举办党外人士座谈会，万鄂湘、郑建邦参加。

8 月 27 日　民革十三届十一次中常会召开。

9 月 8 日　全国抗击新冠肺炎疫情表彰大会举行，八位民革党员获评全国抗击疫情先进个人，民革中央向获奖党员发出贺信。

10 月 20 日　民革内部监督工作会议召开。

11 月 4 日　民革首届中山青年论坛举办。

11 月 11 日　民革十三届十二次中常会召开。

11 月 26 日　民革中央、中国美术家协会共同主办全面建成小康社会暨第二届“香凝如故”全国美术作品展。

12 月 7 日　民革十三届中央监督委员会第五次全体会议召开。

12 月 8 日　民革十三届十三次中常会召开。

12 月 8 日　中共中央召开党外人士座谈会，万鄂湘、郑建邦、张伯军出席。

12 月 9 日　民革抗击新冠肺炎疫情先进个人、先进集体表彰大会召开，257 名先进个人和 45 个先进集体获表彰。

12 月 9 日　民革十三届四中全会召开。

12 月 24 日　民革中央脱贫攻坚民主监督工作总结会召开。

12 月 25 日　民革中央助力纳雍县打赢脱贫攻坚战总结暨巩固脱贫成果推进乡村振兴工作会召开。

后　记

中共中央统战部领导各民主党派中央共同编写“中国参政党丛书”，献礼中国共产党成立 100 周年，对民革来说，是一件具有重要意义的大好事。

中共中央统战部高度重视丛书的编写工作。相关部门多次召开会议，拟出方案和具体工作标准，督促进度，协助解决工作中的问题和困难，为本书体例尽可能与其他书统一，内容尽可能符合历史原貌，提供了坚强有力的保证。在此，谨向中共中央统战部致以衷心的感谢。

万鄂湘主席、郑建邦常务副主席等民革中央领导同志对本书编写工作极为重视，专门指示部署成立领导小组和编写工作组，积极协调推进工作开展。万鄂湘同志不仅在百忙之中多次过问并作出指示，还欣然作序。郑建邦同志担任领导小组组长，拨冗出席编写工作动员会并作讲话，提出要求，指明方向，还审阅了全部书稿。李惠东副主席作为分管领导，担任副组长，对编辑出版全过程给予具体指导和支持。民革中央机关各工作部门及相关单位负责人付悦余、叶赞平、刘良翠、张庆盈、边旭光、陶相宁、杨怀东、刘则永、邵丹峰、梁光玉担任成员。民革中央责成民革中央宣传部牵头，将编写工作组办公室设在宣传部党史处，负责日常工作，办公室主任由可玥担任。编写工作组成员由各工作部门抽调骨干力量组成。

在新冠肺炎疫情肆虐期间，本书编写任务得以顺利完成，除了中共中央统战部、民革中央领导同志的重视和支持，以及有关各方的努力付出外，还离不开以往的工作基础。

自从 1948 年 1 月 1 日在香港宣布成立以来，民革历届领导人非常重视党史研究与资料收集工作。一些珍贵的文献资料，如柳亚子手书的

《上孙夫人书》，李济深手书、李济深与何香凝联名写给谭平山、柳亚子、陈铭枢、郭春涛的绸巾密信，重要会议的签名簿、会议记录等，饱经洗礼，得以幸存，成为民革历史、民革初心和多党合作历史最直接、最有力的证明。

中华人民共和国成立初期，李济深主席有鉴于郭春涛、李章达、谭平山、柳亚子等民革创始人相继逝世，有鉴于周恩来总理对政协文史资料工作的指示，在全党范围内开展过党史资料的收集整理工作，他自己也在百忙之中作了口述回忆。非常可惜的是，由于李济深主席不久逝世，回忆的时间点戛然而止于民革成立之前。

中国共产党十一届三中全会之后，在多党合作春风吹拂下，民革中央相继编辑出版了《中国国民党革命委员会的历史道路》《中国国民党革命委员会 40 年》《中国国民党革命委员会 50 年》《中国国民党革命委员会 60 年》（以下简称《60 年》）等一系列图书和画册，对民革历史进行了系统全面客观的研究和总结。值得一提的是，1990 年，80 多岁高龄的民革创始人朱学范主席出版了回忆录《我与民革四十年》，对民革酝酿、成立之初的历史，进行了全面、细致、生动的记述，是唯一一部以亲历者的身份系统记载民革成立前后历史的著作，价值不言而喻。这一时期，民革各级组织和广大党员也积极行动起来，经过共同努力，党史资料的研究、整理趋于系统化，成果类型多样，大致可以分为文件汇编、通史、专题史、志书、文集、纪念文集、传记、回忆录、画册、音视频等，蔚为大观。

2013 年，在万鄂湘主席的指示下，民革中央首次在全党范围内开展大规模、抢救性采集民革前辈视频工作。这是民革历史上前所未有的、具有里程碑意义的创举，为民革党史研究与宣传增加了一个生动、丰富、可以持续开发利用的巨大宝藏。

本书对已有民革党史研究成果进行了充分吸收，时间截至 2020 年 12 月底。前七章的主要内容，在 2007 年出版的《60 年》基础上进行了若干修订和增补。《60 年》的编写人员为：刘英琪（第一章，在民主革命中孕育和诞生）、蔡永飞（第二章，为新中国而奋斗）、吴先宁（第三章，从新民主主义到社会主义)、刘雨田（第四章，在曲折发展中经受考验)、韩省之（第五章，新时期的新局面)、周丽萍（第六章，加强参政党建设发挥参政党作用)；第七章（跨世纪十年）的编写人员为吴先宁（第一节)，刘良翠、但昭颖（第二节)，周丽萍（第三节)，蔡永飞、杨海燕（第四节)，朱光明（第五节)。《60 年》统稿人员为吴先宁、刘雨田。

参加本书第一至第八章编写工作的人员有：徐庆康（办公厅)、练成（组织部)、刘则永（宣传部)、王恩泽（宣传部)、王承丞（联络部)、陈君婷（联络部)、牟洪建（社会服务部)、何鹏（社会服务部)、孟祥新（调研部)。大事记由张栋（宣传部）整理。全书由刘良翠（宣传部）统稿。

敬请批评指正。

2021 年 1 月